Greg Jenner
Neues von vorgestern

GREG JENNER

NEUES VON VORGESTERN

Die ganze Geschichte der alltäglichen Dinge

Aus dem Englischen von Bernhard Schmid

Lübbe

MIX
Papier aus verantwor-
tungsvollen Quellen
FSC® C083411

Dieser Titel ist auch als E-Book erschienen

Titel der englischen Originalausgabe:
»A Million Years in a Day«

Für die Originalausgabe:
Copyright © 2015 by Greg Jenner
Published by arrangement with Weidenfeld & Nicholson

Für die deutschsprachige Ausgabe:
Copyright © 2016 by Bastei Lübbe AG, Köln
Textredaktion: Sylvia Gredig, Köln
Umschlaggestaltung: Bürosüd, München
Einband-/Umschlagmotiv: © Harry Haysom Illustration and Design
Satz: hanseatenSatz-bremen, Bremen
Gesetzt aus der Adobe Caslon Pro
Druck und Einband: CPI books GmbH – Leck, Germany
Printed in Germany
ISBN 978-3-7857-2560-3

5   4   3   2   1

Sie finden uns im Internet unter: www.luebbe.de
Bitte beachten Sie auch: www.lesejury.de

INHALT

Einführung 7

9 Uhr 30: Reise, Reise, raus aus den Kojen! 11

9 Uhr 45: Dringende Geschäfte 43

10 Uhr 00: Gut gefrühstückt 81

10 Uhr 45: Ab unter die Dusche! 112

11 Uhr 15: Komm, Gassi gehen! 148

12 Uhr 00: Wir bleiben in Kontakt! 167

18 Uhr 00: Das richtige Outfit 215

19 Uhr 00: Champagner-Aperitif 256

19 Uhr 45: Abendessen mit Freunden 261

21 Uhr 30: Mehr als ein Digestif 297

23 Uhr 45: Zähneputzen 330

23 Uhr 53: Ab in die Federn 361

23 Uhr 59: Wir stellen den Wecker 390

Ein Wort zum Schluss 409

Dank 411

Literatur 415

Register 426

EINFÜHRUNG

Ich gehe vermutlich recht in der Annahme, dass Sie im Augenblick sitzen. Darf ich raten? In einem üppigen Polstersessel, jener Bastion aufrechten Sitzkomforts, einen Arm leicht angewinkelt, das Buch in der offenen Hand? Oder sind Sie die archetypische Couch-Potato, die sich gern quer über den Dreisitzer fläzt? Im Falle einer auch nur annähernden Seelenverwandtschaft mit mir lesen Sie dieses Buch im Stehen, in einem so überfüllten wie überteuerten Pendlerzug, die Nase eine Handbreit neben der verschwitzten Achselhöhle eines Fremden, auf dem Weg zur Arbeit oder nach Hause. Auf eines jedoch möchte ich wetten ... in einer Höhle lesen Sie dieses Buch mit Sicherheit nicht.

Auch wenn sich Abgründe aufzutun scheinen bei dem Gedanken, aber Sie und ich, wir unterscheiden uns anatomisch in keiner Weise von unseren Vorfahren von vor 30.000 Jahren. Wir mögen über Karikaturen sogenannter Neandertaler schmunzeln, die einander Keulen überbraten und ihre Frauen wie Müllsäcke in ihre Höhlen ziehen; die Wahrheit nimmt sich um einiges nuancierter aus. So waren die Neandertaler keinesfalls grunzende Honks. Sie waren sehr wohl der Sprache mächtig und verfügten über den zur Problemlösung nötigen Intellekt; sie beschützten ihre Lieben, begruben ihre Toten, und sie beweinten sie. Unsere Vorfahren waren in jeder Hinsicht moderne Menschen wie Sie und ich. Und doch unterscheiden sich ihre von unseren Lebensweisen ganz gewaltig. Wie also kommt es, dass wir heute so anders leben?

Na ja, sehen Sie sich doch nur mal um. Jeder Aspekt unseres Lebens ist ein Nebenprodukt der Geschichte und trägt Tausende von Jahren Entwicklung in sich. Machen Sie einfach mal eine Besichtigungstour durch Ihr Zuhause – die meisten Gegenstände werden vermutlich nicht sehr alt sein, manche vielleicht sogar kürzlich erst angeschafft, und doch trägt alles und jedes Ding ein außergewöhnliches Erbe in sich. Werfen Sie einen Blick auf die Uhr an der Wand. Sind Sie je davor stehengeblieben, um darüber nachzudenken, wer als Erster die Zeit zu messen versuchte und wie er das angestellt haben könnte? Oder warum man in manchen Ländern im Sommer die Uhren umstellt?

Sehen Sie sich nur mal das Buch in Ihrer Hand näher an – es wurde vor zweitausend Jahren erfunden, sowohl der heilige Paulus als auch Kaiser Nero hätten es als solches erkannt. Die Buchstaben darin sind in einem Alphabet zusammengefasst, das sich über Jahrtausende aus dem von den alten Phöniziern geschaffenen Prototyp entwickelt hat, und folgt einer Tradition der Kommunikation, die über Hieroglyphen und in Wachstafeln gepresste Keilschriftzeichen auf die ersten Strichmännchen an den Wänden prähistorischer Höhlen zurückgeht; die Lebensmittel in unseren Schränken kommen aus aller Welt und mochten einst vielleicht nur für die Azteken als solche erkennbar gewesen sein; die Kleidung in Ihrem Schrank könnte aus Fasern sein, die zum ersten Mal vor 5000 Jahren im alten Indien angebaut wurden, und Tutanchamuns Leinenunterhosen unterschieden sich vermutlich nicht wesentlich von der Wäsche auf Ihrem Bett.

Fast jeder von uns durchläuft tagtäglich gewohnheitsmäßige

Routinen, die Menschen seit Jahrtausenden wiederholen – aufstehen, auf die Toilette gehen, frühstücken, waschen, sich für etwas zum Anziehen entscheiden, auf die Uhr schauen, kommunizieren, gemeinsam essen, trinken, Zähne putzen, zu Bett gehen, den Wecker stellen … Und jedes dieser Alltagsereignisse birgt seine eigene, von ungezählten Generationen unserer Vorfahren geschriebene Geschichte.

Ich habe dieses Buch so angelegt, als schildere es den routinemäßigen Ablauf eines modernen Samstags; jedes Kapitel konzentriert sich auf eine ganz bestimmte Aktivität, die Ihnen vertraut sein dürfte, nur dass sie mir lediglich als Ausgangspunkt für eine historische Betrachtung ihrer Ursprünge dient. So erstaunlich die Vorstellung sein mag, wir könnten etwas mit den Höhlenbewohnern der Steinzeit zu tun haben, alles, was wir den lieben langen Tag tun, haben wir mehr oder weniger schon immer getan. Landläufiger Meinung nach waren die »Höhlenbewohner« schwerfällige Dummköpfe verglichen mit uns. Hätten sie tatsächlich mit einem Mobiltelefon umgehen können? Oder ein Auto fahren? Aber sicher – wenn ihnen jemand den Umgang damit erklärt hätte. Leider haben sie die Umstände dazu verurteilt, auf das Vergnügen einer Spritztour in einem Meisterwerk der Ingenieurstechnik ebenso verzichten zu müssen wie darauf, heimlich im Zug Bon Jovis *Greatest Hits* mit Flauberts *Madame Bovary* in der Hand zu hören. Während wir nämlich das jüngste Kapitel unserer monumentalen Saga bevölkern, mussten sie sich im langweiligen Teil ganz am Anfang abplagen.

So möchte dieses Buch zum einen den Ruf unserer Vorfahren wiederherstellen, während es sich zum anderen an Antworten auf einige lang gehegte Fragen versucht, warum wir so leben, wie wir das heute tun. Das soll nicht heißen, dass Sie nicht hier und da verwundert die Augen verdrehen werden ob der einen oder anderen Merkwürdigkeit vergangener Zeiten, zumal mir daran gelegen war, die Unterschiede des Humors damals und heute zu zeigen. Vor allem jedoch erhoffe ich mir Ihr Staunen über die vielen Gemeinsamkeiten mit Menschen, die Jahrhunderte, wenn nicht gar Jahrtausende vor uns gelebt haben, die Jahrhunderte, wenn nicht gar Jahrtausende vor uns gestorben sind.

Letztendlich geht es in diesem Buch um Sie und mich; nur dass es sich eben größtenteils der Vergangenheit widmet.

REISE, REISE, RAUS AUS DEN KOJEN!

Das Schrillen des Weckers schreckt uns aus dem Land der Träume. Wir heben den Kopf aus den sabberfeuchten Falten unseres warmen Kissens und sperren unsere vom Sandmann verklebten Augen auf, um nach der Uhrzeit zu schielen. Dabei hoffen wir inständig, dass unser Wecker falsch geht und uns noch zwei Stündchen Schlaf gegönnt sind. Leider bestätigt ein Blick auf unser Handy – es ist höchste Zeit.

Warum spielt die Anzeige unserer Uhr eine so große Rolle? Warum machen wir die Augen nicht einfach wieder zu, bis wir richtig ausgeruht sind? Nun, weil Zeit die Architektur ist, die die Rhythmen unserer Existenz bestimmt – sie zu ignorieren hieße, dem Chaos Tür und Tor zu öffnen. Und dennoch, so sehr die Zeit seit Millionen von Jahren eine stabile Größe ist, ihre Messung gab dem Menschen seit jeher Rätsel auf. Ihre strikte Einteilung in genormte Einheiten – Sekunden, Minuten, Stunden, Tage, Wochen, Monate, Jahre – ist keineswegs ewiges und universelles Gesetz, sondern auf Übereinkunft beruhender Usus, ein verzweifelter Versuch, einer heillosen Unordnung zu begegnen, der im Lauf vieler Jahrhunderte allgemeine Annahme fand. Die eingehendere Beschäftigung mit der Geschichte der Zeitmessung gleicht denn auch dem Versuch, einer belgischen Seifenoper ohne Untertitel zu folgen – zunächst unergründlich, entwickelt sie langsam, aber sicher eine merkwürdige Anziehungskraft.

Guten Tag!

Heute ist Samstag und wir wissen das, weil gestern Freitag war. Aber was meinen wir eigentlich, wenn wir von einem »Tag« sprechen? Es mutet irgendwie albern an, dass ausgerechnet das Englische, das gern als die wortgewaltigste aller Sprachen bezeichnet wird, mit einem Wort – *day* – zwei unterschiedliche Sachverhalte benennt: 1) den Zeitraum von 24 Stunden, in dem die Erde sich einmal um ihre Achse dreht, und 2) das Gegenteil von »Nacht«. Trotz eindeutig vorprogrammierter Missverständnisse beharren wir auf dieser nicht eben eleganten Lösung – stolz und stur wie wir nun mal sind und in diesem Fall buchstäblich eben auch ein bisschen schwer von Begriff. Das Deutsche hält es mit seinem *Tag* genauso; viele andere Sprachen dagegen haben keinen Sinn für derlei Albernheiten. Das Holländische etwa umgeht jede Verwirrung mit den Wörtern *dag* (die Zeit zwischen Sonnenaufgang und Sonnenuntergang) und *etmaal* (24 Stunden); Bulgaren, Dänen, Italiener, Finnen, Russen und Polen halten es ähnlich. Einem Begriff wie *etmaal* noch am nächsten kommt das Englische mit dem geradezu absurd prickelnden griechischen Wort *nychthemeron* (*Tagnacht*), hinter dem sich freilich auch eine finnische Heavy Metal Band verstecken könnte; im Deutschen muss man sich mit einem *ganzen* oder *vollen Tag* behelfen, will man besagte Zeitspanne von einem *lichten Tag* unterscheiden. Mir ist *nychthemeron* im Gespräch nie untergekommen, und selbst Wissenschaftler ignorieren das Wort; nur Etymologen halten es zu besonderen Anlässen hoch, um sich schwärmend über seine grandiose Absurdität zu ergehen.

Aber der Anglofone kommt durchaus zurecht oder behilft sich gelegentlich bei der Messung von Zeitspannen mit der *night*, etwa bei der Buchung von Hotelzimmern, wo er sich clever des angelsächsischen *fortnight* bedient, wenn er vierzehn Nächte im Stück bleiben will. Aber selbst das will nicht so recht aufgehen, weil das Reisebüro unweigerlich nachhakt: »Sind das vierzehn Tage, dreizehn Nächte?« Spätestens dann nehmen wir die Finger zu Hilfe wie Kinder beim Einmaleins. Aber gehen wir nicht zu hart mit uns ins Gericht, schließlich ist diese Schwäche nicht zuletzt erblich bedingt; die Terminologie für den Tag ist für die Menschheit seit jeher ein vertracktes Problem. Im 3. Jahrhundert sprach der römische Philosoph Censorinus sich dafür aus, den 24-Stunden-Zyklus als »bürgerlichen Tag« zu bezeichnen und die Stunden des lichten Tags als »natürlichen Tag«. Was sich zunächst einmal ganz vernünftig anhört, nur dass eine Schar Wichtigtuer im 7. Jahrhundert für ein heilloses Durcheinander sorgte, als sie den 24-Stunden-Rotationszyklus zum »natürlichen Tag« erklärte und die lichte Zeit zum »künstlichen Tag«.

Aber Sie brauchen das erst gar nicht auswendig zu lernen in der Hoffnung, ihre Bekanntschaft damit zu beeindrucken, da die moderne Astronomie zur Bezeichnung einer ganzen Erdumdrehung einmal mehr auf den »bürgerlichen Tag« zurückkam. Das hatte zur Folge, dass man sich heute unter einem »natürlichen Tag« nach der Bezeichnung zweier unterschiedlicher Konzepte überhaupt nichts mehr vorstellen kann, während man sich für den »künstlichen Tag« bei der Glühbirne bedanken muss. Alles klar? Na ja, mir auch nicht … aber ich fürchte, in diesem Kapitel ist nichts so ganz einfach, noch nicht einmal die Definition von Anfang und Ende des Tags.

Zu mitternächtger Stund

Öffnen wir unsere müden Augen etwas weiter, sehen wir, dass die Sonne sich durch einen Spalt zwischen den Vorhängen zwängt; es ist also definitiv Morgen – nicht dass Tageslicht notwendigerweise eine Voraussetzung für den Morgen wäre. Sowohl im Westen als auch im Osten beginnt heute ein Tag im Finstern um oo Uhr oo. Deshalb stimmt der Brite in feuchtfröhlicher Silvesternacht die ersten beiden Zeilen von *Auld Lang Syne* auf den Glockenschlag um Mitternacht an. Man stelle sich vor, die angeheiterten Partygäste müssten mit ihrem Gedenken der Verstorbenen bis zur Dämmerung warten, von Minute zu Minute betrunkener – das Ganze hörte sich weniger nach gemeinschaftlichem Gesang als nach einer ertrinkenden Viehherde an. Einerseits handelt es sich bei »Mitternacht«, wie die erste Hälfte des Wortes uns deutlich macht, um die Mitte der Nacht, andererseits signalisiert der Zeitbegriff auch das Einsetzen des Morgens. Es ist also nicht ganz richtig, eine um ein Uhr morgens ausgestrahlte Sendung als »*late-night TV*« zu bezeichnen; desgleichen sollten wir eigentlich nicht damit prahlen, »die ganze Nacht durchgemacht zu haben«, wenn wir um vier Uhr morgens nach Hause gekommen sind. Dieses Verwischen der Grenzen, wir lassen den Tag ja über seine offizielle Schlafenszeit hinaus aufbleiben, gibt unserem Tagesablauf eine überraschende Parallele zu dem einer Kultur, die ihren Höhepunkt vor 3500 Jahren erreichte: der des Alten Ägypten.

In dieser hyperreligiösen Kultur begann der neue Tag nicht um Mitternacht, sondern mit der Morgendämmerung. Folglich galt ihr der Sonnenaufgang als heiliges Ereignis, als der Augenblick, in dem der Sonnengott Ra in seinem Wagen die Reise über das Firmament und damit den heroischen Kampf gegen die Schlangengottheit Apophis antrat. Um dieser ewig wiederkehrenden Routine Sinn zu verleihen und die Sonne auch tatsächlich aufgehen zu lassen, musste der halbgöttliche Pharao bei einer morgendlichen Zeremonie in den heiligen Tempeln von Karnak und Heliopolis Reinigungsrituale zelebrieren. In der Praxis besorgte das allerdings eher ein Stellvertreter des Königs und es musste auch nicht unbedingt Karnak sein. Aber die Vorstellung hat doch etwas: Ein Priester, der hastig einige halb vergessene Worte murmelt, während eine Dienerschaft verzweifelt einen grantigen Tutanchamun aus dem Bett zu bekommen versucht.

Den Tag mit der Morgendämmerung zu beginnen war freilich auch in der Antike kein universeller Brauch. So hatten vor 4000 Jahren etwa die Babylonier, die die majestätischen Städte des heutigen Irak erbauten, zwar eine Menge gemein mit ihren ägyptischen Nachbarn der Bronzezeit, aber ihr Tag begann mit Einbruch der Dunkelheit, wenige Augenblicke vor dem Schlafengehen. Diesem Beispiel folgten später die alten Griechen, die Kelten, germanische Stämme und selbst noch die Italiener des Mittelalters, was ebenso zum Florentinischen Kalender gehörte wie der Umstand, dass das Jahr am 25. März begann und am 24. März endete. Und es handelt sich hierbei keineswegs um eine längst vergangene Praxis, bedenkt man, dass ein orthodoxer Jude noch heute zwischen dem Sonnenuntergang am Freitag und der Abenddämmerung am Samstag den Sabbat einhält. Wie ist also die moderne Welt darauf gekommen, den neuen Tag um Mitternacht beginnen zu lassen? Nun, die Antwort ist vermutlich bei den Römern zu finden, bei denen Tag und Nacht in Blöcke von jeweils zwölf Stunden eingeteilt waren.

Die große Frage bleibt natürlich, auf wen die Erfindung der Zeitmessung überhaupt zurückgeht? Ist ein Sumerer eines Morgens aufgewacht und sagte sich: Hm, sieht aus wie sieben Uhr morgens, und der Rest der Welt fand sich damit ab? Wohl kaum! Da müssen wir schon etwas weiter zurückblicken.

Die Uhr am Firmament

Das Makapan Valley in der südafrikanischen Provinz Limpopo mutet in seiner Großartigkeit an wie von CGI-Spezialisten für einen Hollywoodfilm erdacht. Fast erwartet man in diesem üppigen v-förmigen Tal voll grüner, im Herbst rostbrauner Bäume einen Schwarm Flugsaurier am Himmel zu sehen. Aus den Wäldern ragen imposante Kalksteinberge, in die das Wasser über Jahrmillionen ein Netz von Höhlen gegraben hat, in denen Archäologen einige ganz außergewöhnliche prähistorische Überreste gefunden haben wie etwa die Knochen eines unserer ältesten Vorfahren, des Australopithecus.

Dort musste, schon vor drei Millionen Jahren, eines dieser kleinwüchsigen, aber aufrecht gehenden Geschöpfe auf dem Weg in den Schutz dieser Höhlen die in der Abenddämmerung länger werdenden Schatten bemerkt haben. Der Schutz, den die Felswände ihnen geboten haben dürften, war jedoch nicht von Dauer; er konnte die dort Zuflucht suchenden Hominini nicht vor dem Unvermeidlichen bewahren, sodass die Gattung in diesen Kalksteinhöhlen schließlich auch ihren letzten Atemzug tat. Erst Paläontologen des 20. Jahrhunderts sollten sie entdecken. Der Australopithecus verfügte praktisch über keine unserer intellektuellen Fähigkeiten, er hätte mit Sicherheit kein Kreuzworträtsel lösen können, aber selbst diesen primitiven Kreaturen dürften die zyklischen Rhythmen der Natur nicht entgangen sein: das Zu- und Abnehmen des Monds, das Auf und Ab der Gezeiten, der Reigen der Jahreszeiten. Die Erde dreht sich unaufhörlich um ihre eigene Achse und taucht dabei in stetigem Herzschlag unser Leben in Licht und Dunkelheit; der Australopithecus könnte sich also sehr gut auf den von der Sonne Tag für Tag am Himmel beschriebenen Bogen verlassen haben, im festen Vertrauen darauf, dass sie ihre Reise am nächsten Tag aufs Neue antrat. Kurz gesagt, wir dürfen ihm ein elementares Verständnis von Zeit unterstellen.

Was freilich reine Vermutung blieben muss. Gibt es einen greifbaren Beweis für eine Zeitmessung in der Steinzeit? Drücken wir doch mal auf FAST FORWARD in die Zeit von vor 30.000 Jahren, eine Zeit, in der sich der moderne Mensch den Planeten mit dem Neandertaler teilte, dann stoßen wir auf ein Objekt von faszinierender Mehrdeutigkeit, das man bei Le Placard in der Dordogne gefunden hat. Es handelt sich um einen Adlerknochen, den eine Reihe horizontaler Kerben ziert, deren Abstände das Zunehmen des Mondes über 14 Tage hinweg, vom Neumond zum Vollmond, zu dokumentieren scheint. Man ist also stark versucht, in diesem Knochen den ältesten bekannten Kalender der Welt zu sehen.

Es ist zwar nicht völlig ausgeschlossen, dass dieser Kalender von einem Neandertaler gefertigt wurde, aber den Vermutungen vieler Archäologen nach hatte dieser rivalisierende Clan von Hominini unserer überlegenen kognitiven Anpassungsfähigkeit kaum etwas entgegenzusetzen – er war eher Judge Dredd als Sherlock Holmes: kräftiger, robuster, einer, der mit der blanken Faust auf einen Bären losgeht, aber wahrscheinlich in frustriertes Geheul ausbricht, wenn er die Uhr an einer Mikrowelle einstellen soll. Es war also wahrscheinlich eher ein Mensch wie wir – ein findiger, vor angeborener Neugier berstender *Homo sapiens*, der sich verwundert den Mond ansah und irgendwann auf die Idee kam, dessen Phasen auf einem vom letzten Abendessen übriggebliebenen Knochen zu dokumentieren, ein Wesen also, das sich mit seinem differenzierten Verstand an einem elementaren Verständnis des Kosmos versuchte. Freilich besteht auch die Möglichkeit, dass an dem Knochen einfach jemand rumgeschnitzt hat – womöglich bei der Verrichtung seines großen Geschäfts.

Nur weil wir heute die Zeit einheitlich mit Uhren messen,

heißt das noch lange nicht, dass unsere Vorfahren das auch so gehalten haben. Immerhin ist es gerade mal ein paar Jahrhunderte her, dass es zu einem großen Umsturz bei der Zeitmessung kam, der die uns so lieb gewordene 24-Stunden-Uhr mit großer Geste verwarf ...

Vive la révolution!

Wir schreiben das Jahr 1793, Frankreich windet sich unter dem gnadenlosen Griff der Revolution. Ludwig XVI. war bereits einen Kopf kürzer; er war dem Fallbeil der Guillotine zum Opfer gefallen, die bald das Kopfsteinpflaster der französischen Hauptstadt mit dem Rot sowohl noblen als auch bäuerlichen Bluts färben sollte. Europas Politiker verfolgten das Treiben starr vor Entsetzen ob der Vorstellung, der Aufruhr könnte ihr eigenes Volk infizieren. Die Welt war von großen Ideen entflammt; von der Philosophie der Aufklärung berauscht, richtete ein Kader radikaler Intellektueller die französische Gesellschaft auf einer Tabula rasa völlig neu aus. Nichts sollte seinem gestrengen Blick entgehen, und selbst die Zeit bekam von oben verordnet ein neues Design ...

Über 4000 Jahre lang hatte sich das Duodezimalsystem der Babylonier wacker gehalten – nur warum hatte es die Zwölf zur Grundzahl und nicht etwa die Zehn? Nun, zehn ist nur durch die Ganzzahlen Zwei und Fünf teilbar, wogegen zwölf sich durch zwei, drei, vier und sechs teilen lässt, was die Zahl für mathematische Berechnungen weitaus flexibler macht. Darüber hinaus baute der Einsatz des aus der Beobachtung sowohl der Sonne als auch des Mondes abgeleiteten lunisolaren Kalenders auf die Tatsache, dass ein Jahr zwölf Mondphasen (mit einem dreizehnten Schaltmonat alle zwei, drei Jahre) hat, was die Zwölf zum numerischen Eckpfeiler des Universums macht. Es ist also nur logisch, auch die Zeit in duodezimalen Kategorien zu messen – mit 60 Sekunden pro Minute und 24 Stunden pro Tag.

Für die Franzosen von 1793 war das Schnee von gestern! Ihre Revolution war weit mehr als die Quittung eines hungrigen Mobs für Zopf tragende Blaublüter; es ging seinen Anführern um einen radikalen Bruch mit einer korrumpierten Vergangenheit zugunsten eines wissenschaftlichen Rationalismus. Bereits über zwei Jahrhunderte hatten europäische Philosophen untereinander die Möglichkeit eines metrischen Systems diskutiert; jetzt bot sich die Gelegenheit, es auszuprobieren. Und so stimmte die neue Nationalversammlung am 5. Oktober für einen bereits ein Jahr früher eingebrachten Vorschlag von Jean-Charles de Borda. Der 24-Stunden-Tag wurde damit per Gesetz in zehn Stunden mit jeweils 100 Minuten aufgeteilt, von denen jede Minute 100 Sekunden dauerte.

Und wie Sie bereits ganz richtig vermuten, beließ man es nicht dabei: Wochen wurden zu zehntägigen Dekaden – was unbeabsichtigt die alte ägyptische Woche reflektierte; die Monate wurden einer wie der andere 30 Tage lang und bekamen herrlich prosaische Namen wie etwa Ventôse (Windmonat) – was sich übrigens auf die Februarstürme bezog und nicht etwa auf die peinlichen Folgen der eben beseitigten adeligen Völlerei. Die dezimale Zeitmessung wurde stolz als französische Innovation präsentiert, aber um genau zu sein, hatten die Chinesen damit bereits seit Jahrhunderten experimentiert, bis – welch Ironie – ausgerechnet europäische Kaufleute sie dazu überredeten, sie sausen zu lassen. Aber offensichtlich hatte den französischen Behörden das niemand gesagt. Schon bald sollten sie ihre Ignoranz bedauern.

Die metrische Zeit war furchtbar unpopulär; trotz Beschwichtigungsversuchen in Form von Hybriduhren mit sowohl 24 als auch zehn Stunden auf dem Zifferblatt hielt man das Unterfangen weithin buchstäblich für Zeitverschwendung. Massenenthauptungen per Fallbeil mochten ja noch angehen, aber Zehn-Stunden-Uhren waren dem Franzosen denn doch zu viel. Schierer Wahnsinn war das. Peinlich für alle Beteiligten, währte die vielgerühmte dezimale Revolution kaum 18 Monate, bevor man wieder auf die gute alte duodezimale Zeit zurückkam.

»Aber Augenblick mal«, höre ich Ihren einstimmigen Aufschrei, »wie war das gleich wieder mit den Ägyptern und deren Zehn-Tage-Woche? Was hat die mit duodezimal zu tun?« Tja, da ist was dran … Das wäre vielleicht der richtige Augenblick, näher auf die Lehre von der Zeitmessung einzugehen. Sie müssen sich jetzt etwas konzentrieren, also machen Sie es sich bequem. Der folgende Abschnitt wird ziemlich technisch.

Jahr und Tag am Nil

Werfen wir einen Blick auf den Kalender an unserer Wand, so sehen wir, dass unser System jeder Woche sieben Tage zuweist, ganz wie die alten Babylonier; die Ägypter jedoch haben diesem Usus ihre eigenen Innovationen hinzugefügt, was zu einem separaten System der Zeitmessung geführt hat. Im Gegensatz zu den Mesopotamiern zogen sie es vor, ihrem Kalender 36 Zehn-Tage-Wochen zu verpassen, sodass ihnen fünf Bonustage übrigblieben, die sie willkürlich hinten dranhängten. Darüber hinaus bedeutete die Zehn-Tage-Woche, dass sie nur drei Jahreszeiten zu je vier statt vier Jahreszeiten mit jeweils drei Monaten sahen. Dies lag vor allem an der Launenhaftigkeit des Nil, der einen Großteil des Jahres für Überschwemmungen und damit für einen Kalender sorgte, der nach agrarischen Zyklen – Überflutung, Aussaat und Ernte – statt nach Frühling, Sommer, Herbst und Winter unterteilt war.

Aber wie war der Tag selbst aufgeteilt? Nun, ein ägyptisches 24-Stunden-Nychthemeron (sorry, das Wort ist einfach zu schön …) war nicht wie bei uns in zwei Hälften zu je zwölf Stunden aufgespalten, sondern in vier Phasen: eine Stunde Zwielicht, gefolgt von zehn Stunden Tageslicht, denen wiederum eine Stunde Zwielicht folgte, dann kamen zwölf Stunden Dunkelheit. Drängt sich die Frage auf, ob die Ägypter Stunden messen konnten und wenn ja, wie. Die Antwort ist ein triumphierendes »Ja, aber …«. Das Wie ist nämlich etwas komplizierter und hatte im Prinzip mit dem Himmel zu tun. Was die lichten Stunden angeht, so war die Sonnenuhr die bevorzugte Technik, wir kommen gleich noch auf sie zu sprechen, die Nachtstunden zu verfolgen war weitaus schwieriger, was die ägyptische Lösung jedoch umso genialer erscheinen lässt.

Sternstunden am Nil

Haben Sie sich je kurz vor der Morgendämmerung die Sterne angesehen? Romantisch, wie man mit 18 ist, dachten meine Freunde und ich, machen wir das doch am ersten Morgen des neuen Jahrtausends. Wir hatten buchstäblich abgefeiert *»like nineteen ninety-nine«*, als wir betrunken einen Hügel hochstiegen, um die Sonne über einer wunderbaren neuen Epoche aufgehen zu sehen. Dummerweise war der Himmel bewölkt, und dem nicht genug ruinierte den glorreichen Sonnenaufgang auch noch der orangefarbene Schein der Straßenbeleuchtung von Sevenoaks. Also trotteten wir enttäuscht wieder nach Hause, um uns an Donuts gütlich zu tun. So viel zur romantischen Seite unserer Frage … Aber hätten wir einen Aussichtsort mit weniger Lichteinfall gewählt, in einem Land mit besserem Wetter, wir hätten etwas gesehen, was Astronomen als heliakischer Aufgang bekannt ist.

Kurz vor der Morgendämmerung blitzen kurz bestimmte, als Dekane bezeichnete Sterne über den östlichen Horizont. Diese

Gruppen von 36 Konstellationen wandern jeden Tag um einen einzigen Grad nach Westen, tauchen also Morgen für Morgen etwas weiter westlich auf, bis sie schließlich für ein ganzes Jahr völlig verschwinden. Alle zehn Tage schnellt, wie der Kopf eines neugierigen Erdmännchens, ein neuer Stern über den östlichen Horizont (daher auch ihr Name, von griechisch *deka* zehn), was die Ägypter möglicherweise in ihrer Entscheidung für eine Zehn-Tage-Woche beeinflusste. Aber was spielt das für eine Rolle für die Uhrzeit an sich? Nun, auf Sarkophagen und an den Wänden von Grabkammern haben altägyptische Gelehrte uns ihre Stern-karten und Kalender hinterlassen, die es modernen Archäoastro-nomen ermöglichen, ihr raffiniertes System zu entschlüsseln, mit-hilfe des heliakischen Aufgangs eine nächtliche Uhr zu kreieren. Die altägyptische Diagonalsternuhr ähnelt auf den ersten – und so manch weiteren – verwirrten Blick einem durch Softwarefeh-ler in Hieroglyphen verwandelten Busfahrplan. Horizontal über den Kopf der Tabelle sind die 36 Zehn-Tage-Wochen des Jahres aufgeführt; unter jeder der 36 Spalten befinden sich Symbole, an denen sich ablesen lässt, in welcher Woche des Jahres die betref-fenden Dekan-Sterne zu sehen sind. So einfach wie irgend mög-lich ausgedrückt: Wenn man das genaue Datum kannte, dann ließ sich anhand der Sternuhr die Position eines bestimmten De-kan-Sterns am Himmel mit den Daten in der Tabelle in Einklang bringen, und man konnte ungefähr sagen, wie spät es war.

Etwa 1500 vor unserer Zeitrechnung wurde dieses System durch eine gar noch komplexere Alternative, der Ramessidi-schen Sternuhr, ersetzt (*Ramesside Star Clock* – hört sich an wie ein Prog-Rock-Album aus den 70er-Jahren). Das bemerkenswert Neue an dieser altägyptischen Sternuhr war, dass sie das Jahr in 24 Monate von je 15 Tagen einteilte und auf einer neuen Gruppe von 47 »Stundensternen« fußte. Sieht man sich das Design näher an, man findet es wieder in Grabkammern und auf Sarkophagen, so meint man die Anleitung für ein komplexes Brettspiel vor sich zu haben. Am unteren Rand der Darstellung finden wir einen knienden Priester in flottem Leinenkilt und über dessen Kopf ein schwarzweißes Raster mit sieben vertikalen Linien und dreizehn Zeilen, eine Art archaisches Schachbrett, in das sich die Bewegung der Sterne einzeichnen ließ.

Soweit die Wissenschaft das heute sagen kann, hatte der angehende Astronom die Haltung dieses Priesters einzunehmen, womöglich ein Senkblei in der gestreckten Hand, die eigenen Körperteile als Referenz für die Stellung der Sterne, wie sie in der Tabelle eingezeichnet waren. Womöglich hatte er dabei aber auch über einem Wasserbecken zu kauern, das die Sterne über ihm reflektierte. Die furiose Debatte darüber hält an.

Eine Stunde ist keine Stunde ist keine Stunde

Den Weg der Sterne zu verfolgen war eine clevere Lösung für ein vertracktes Problem nächtlicher Zeitmessung, aber wir dürfen uns die ägyptische Stunde dennoch nicht als genormte Einheit von 60 Sekunden Länge vorstellen. Je nach Jahreszeit war sie mal länger, mal kürzer – so konnte eine lichte Stunde im Winter nur 45 Minuten dauern, im sonnigen ägyptischen Sommer eher 75 Minuten. Man erklärte sich das seinerzeit dadurch, dass die Sonne sich nicht am Äquator um die Erde drehe, sondern auf einer ekliptischen Ebene, die im Winter unterhalb des Äquators begann und dann schräg nach oben verlief, sodass sie sich im Sommer darüber hinaushob, bevor sie wieder abfiel. Falls das, Pardon, nicht ganz einleuchten will, stellen Sie sich einen beringten Frisbee in diagonaler Schrägneigung über der Mitte eines Wasserballs, links tiefer und rechts höher, vor. Das erklärte, jedenfalls ägyptischer Ansicht nach, weshalb die Sonne im Sommer höher am Himmel steht.

Folglich gab es rund ums Jahr zehn Stunden lichten Tags (plus zwei Stunden Zwielicht), nur waren diese Stunden im Juli eben länger als im Dezember, ein Phänomen, das sich als saisonale Stunden bezeichnen ließe. Aber selbst eine saisonale Stunde war am helllichten Tag unmöglich allein an den Sternen zu messen, sodass sich die alten Zeitmesser etwas anderes einfallen lassen mussten, um den Überblick nicht zu verlieren …

Kein Sonnenschein ohne Schatten

Waren die Sterne verschwunden und die Sonne lachte am Himmel, musste also eine andere Methode her. Herodot – dem »Vater der Geschichtsschreibung« – zufolge waren es die cleveren Babylonier, die als Erste auf die Sonnenuhr kamen, aber wahrscheinlicher ist, dass sie unabhängig voneinander in verschiedenen Kulturen entstand, schließlich bestand die ganze Technologie nur in einem Stecken in der Erde.

Wie auch immer, würde ich Sie nach einer berühmten alten Sonnenuhr fragen, Sie kämen vermutlich nicht auf die Babylonier; falls Sie jedoch in Paris, London oder New York zuhause sind, würden Sie vermutlich ein ägyptisches Beispiel vorschlagen, an dem Sie vorbeigekommen sind, und nicht etwa hinter Glas in einem Museum, sondern stolz hoch aufgerichtet an der frischen Luft. Wovon ich spreche? Nun, das Volk bezeichnete sie gemeinhin als Obelisken oder Nadeln der Kleopatra in London und New York, obwohl sie mit der berühmten Königin nichts zu tun haben. Sie sind schließlich fast 3500 Jahre alt; als Kleopatra und Caesar ihr Techtelmechtel hatten, standen Obelisken bereits 1400 Jahre in der dem Sonnengott geweihten Stadt Heliopolis Wache.

Um der Wahrheit die Ehre zu geben, die Archäologen sind sich nicht sicher, ob sie bewusst als Chronometer aufgestellt wurden oder einfach als gewaltige Ornamente gedacht waren, die zufällig auch imposante Schatten warfen. Und selbst wenn sie tatsächlich der Zeitmessung dienten, so machte allein schon ihre Größe sie untauglich für den Hausgebrauch; es mussten also kleinere Alternativen her. Die einfachste waren die Schattenuhren, die im Prinzip nur aus einer langen Planke mit einem Winkelstück am Ende bestanden, auf das quer ein weiterer Balken aufgesetzt war, sodass eine T-Form entstand – stellen Sie sich den Heckspoiler eines Dragsters vor; der Querbalken war damit von der Erde abgehoben und warf einen diagonalen Schatten auf die Längsplanke. Stand die Sonne tief am Himmel, war der Schatten lang und reichte bis ans Ende der Planke wie eine schwarze Katze, die sich in der Mittagshitze streckt; gegen Mittag stand die Sonne am Zenit, fast direkt über dem Querbalken, der Schatten war entsprechend kurz.

Mittags war die Schattenuhr schlagartig zur Nutzlosigkeit verdammt, was man selbst an unseren Mobiltelefonen gemessen als blitzartige Obsoleszenz bezeichnen kann, nur dass damals kein teures Upgrade vonnöten war – man musste die Uhr nur einfach umdrehen, sodass sie gen Westen guckte statt gen Osten; damit war dann statt des Aufstiegs der Sonne ihr Niedergang zu verfolgen. So jedenfalls sieht es heute die Theorie. Das Problem bei der Geschichte ist, dass es aus Ägypten keine – weder schriftliche, archäologische noch illustrative – Beispiele für das tatsächliche Vorhandensein eines solchen Querbalkens gibt. Offen gesagt, wir wissen eigentlich nicht, wie Schattenuhren funktionierten, ja noch nicht einmal, ob sie tatsächlich mit Querbalken versehen waren.

Etwas zuverlässiger sind unsere Informationen über Sonnenuhren. Spätestens im 8. Jahrhundert v. Chr. hatten die Ägypter elegant abgeschrägte Steinblöcke entwickelt, die sie das Sonnenlicht besser einfangen und messen ließen, indem man den Weg des Schattens über die exponierte Oberfläche verfolgte. Der Philosoph Anaximander aus Milet brachte die Sonnenuhr irgendwann um das Jahr 546 vor unserer Zeitrechnung von Ägypten nach Griechenland, wo sie bald – neben Philosophie, Olivenöl und Sex mit kleinen Jungs – unabdingbarer Bestandteil ägäischer Kultur geworden war. Bis zu Beginn des dritten Jahrhunderts vor unserer Zeitrechnung hatte Berosus der Chaldäer die Sonnenuhr zum Halbkreis umgeformt; sie nahm sich jetzt aus wie ein unfertiges Waschbecken, ein Steinblock, in den eine gewölbte Vertiefung gehauen war; Schlüssel seiner Funktionalität war der Gnomon, der spitze Finger in der Mitte, der für den Schatten verantwortlich war.

Griechische Schlauberger mit wallenden Bärten galten als die kreativen Genies ihrer Zeit, aber als sich einige italienische Parvenüs unter ihnen breitzumachen begannen, ging es auf dem antiken Technologiemarkt bald etwas hemdsärmeliger zu. 264 vor unserer Zeitrechnung fielen diese aggressiven Römer auf der griechischen Inselkolonie Sizilien ein, und nachdem sie – angeblich aus Versehen – dessen berühmtesten Einwohner, den brillanten Exzentriker Archimedes – genau, den mit dem »Heureka!« – umgebracht hatten, stahlen sie zu allem Überfluss auch noch die offizielle Sonnenuhr der Stadt Syrakus. Diese freilich, und dass die römischen Plünderer das nicht kapiert hatten, entbehrte nicht einer gewissen Ironie, war auf die lokale Breite geeicht, und als man die Uhr nach Rom brachte, stellte man fest, dass die Ausrichtung um vier Grad daneben war, was sie völlig »falsch gehen« ließ. Nun, die Plünderer wollten die Uhr nicht umsonst nach Rom geschleppt haben und stellten sie stur trotzdem auf. Angeblich versicherten sie ein geschlagenes Jahrhundert lang den Besuchern: »Nein, nein, das gehört so, ehrlich«, bevor man der Uhr schließlich 164 vor unserer Zeitrechnung ein Upgrade spendierte.

Mit der Ausbreitung römischer Macht über ganz Europa und

in den Nahen Osten sowie der Wandlung Roms vom Stadtstaat zum Imperium tauchten Sonnenuhren überall in der antiken Welt auf, und als der brillante römische Architekt Vitruvius sich an seine Abhandlungen über so komplexe Bauten wie Aquädukte setzte, konnte er bereits 13 verschiedene Designs dieses neuen Zeitmessers aufzählen. Selbst der große Kaiser Augustus errichtete einen gewaltigen ägyptischen Obelisken als Gnomon auf dem Marsfeld in Rom, und es ist gut möglich, dass sein Freund und Schwiegersohn Marcus Agrippa ganz bewusst ein Loch im riesigen Pantheon gelassen hat, das zu einer bestimmten Stunde die Sonne in den Bau blitzen ließ.

Angesichts der vielen Sonnenuhren könnte man nun meinen, die römische Welt sei vom verlässlichen Rhythmus der Sonnenstunden regiert worden, aber dem scheint nicht so gewesen zu sein. Es gibt ein berühmtes Zitat aus einem Stück von Plautus, in dem eine der Personen verärgert lamentiert, die Sonnenuhr habe seinem Tag eine unselige Strenge verliehen, weil er nicht mehr essen könne, wenn seinem Magen nach etwas zu essen sei. Den meisten Römern jedoch scheint die akkurate Messung der Zeit herzlich schnuppe gewesen zu sein. In unserer modernen Besessenheit vom unaufhörlichen Trommelschlag der Zeit hätten sie wohl eine merkwürdige Marotte gesehen. Aber woher kommt denn nun unser Zwang, ständig nach der Uhr zu sehen? Nun, dafür dürfen Sie wahrscheinlich Gott verantwortlich machen – oder einen seiner Stellvertreter auf Erden …

Göttliche Stunden

Stellen Sie sich folgende Szene vor: Ein neuer Tag bricht an und mit ihm ertönt der vertraute Schlag der Glocke. Sie sind schon eine Weile auf den Beinen; ihr Klang reißt Sie also nicht brutal aus dem Schlaf. Überhaupt passiert das Tag für Tag, Frühling, Sommer, Herbst und Winter, und das wird so weitergehen, bis Sie eines Tages das Zeitliche segnen. Was Sie da hören, ist der Ruf zum Gebet, dem ersten des Tages (den Laudes), und ihm folgt buchstäblich eine Litanei weiterer: Prim, Terz, Sext, Non, Vesper und als Nachtgebet das Komplet; nachts folgen die Vigilien bzw. das Matutin mit zwei bis drei Nokturnen alle paar Stunden; dann geht das Ganze wieder von vorn los. Klingt strapaziös? Nun, sagt ja auch keiner, dass das Mönchsleben als Honiglecken gedacht war …

Wer im Mittelalter ins Kloster ging, sah sein Leben vom strengen Takt täglicher Gebetsrituale – den Offizien oder Horen – regiert. Im Gefolge eines ungeheuer einflussreichen Edikts von Papst Sabianus im 7. Jahrhundert wurde jedes dieser Gebete mit dem Schlagen der Glocke ausgerufen, und auch wenn der endlose Lärm nur für die Diener Gottes gedacht war, er war weit und breit nicht zu überhören – das ist nun mal der Glocken Sinn. In der exaltierten Welt mittelalterlicher Frömmigkeit war ein Europäer nie zu weit von einer Kirche, einem Kloster oder einer Kathedrale entfernt, um nicht Gottes ohrenbetäubenden Wecker zu hören. Und so wurden die Horen mit der Zeit unbeabsichtigt zum pulsierenden Rhythmus des Alltags auch für Millionen gewöhnlicher Menschen – so wie ich heute bei mir zuhause jeden Mittag die Uhr zuverlässig nach dem Lärm spielender Kinder auf dem Pausenhof gegenüber stellen kann.

Die Unterteilung des Tages nach religiösen Gesichtspunkten beschränkte sich nicht nur auf den christlichen Westen. In der islamischen Welt galten die obligatorischen fünf Zeiten des Gebets (Salāt) für alle Gläubigen, nicht nur für solche, die das Gelübde abgelegt hatten; entsprechend richtete man ein Benachrichtigungssystem für die Masse – mit öffentlichen Sonnenuhren an den Wänden und Muezzinen, die das Volk von Dächern aus zum Gebet riefen – ein. Auch wenn die islamische Welt mit der saisonal bedingten Flexibilität der Stunde an sich kein Problem hatte, so verfügte sie natürlich auch über eine beachtliche Anzahl von genialen Wissenschaftlern, von denen einer ganz besonders fasziniert war von den Zusammenhängen zwischen Himmel und Zeit. Ibn asch-Schatir war vermutlich der größte Astronom des 14. Jahrhunderts, was ziemlich praktisch war angesichts der Tatsache, dass er auch der offizielle Hüter der Zeit an der Umayyaden-Moschee in Damaskus war. Sein großer Beitrag zur Weltgeschichte war die Sonnenuhr mit gleich langen Stunden.

Die horizontale Sonnenuhr, die er 1371 auf einem Minarett der Moschee installierte, hatte einen Durchmesser von zwei mal einem Meter und verfügte über drei Ziffernblätter; sie maßen die Stunden von Sonnenuntergang, bis Sonnenuntergang und die genaue Zeit selbst. Bahnbrechend richtete er seinen solaren Zeitmesser parallel zur Polachse der Erde aus, rückte mit einigen detaillierten Tabellen dem alten Gegner, der saisonalen Zeit, zu Leibe und sorgte für gleichmäßige Stunden, die unabhängig von der Jahreszeit 60 Minuten lang waren. Dies signalisierte buchstäblich den Beginn der modernen Zeit. Selbst wenn man den Zeitfaktor hintanstellt – die Welt stand an der Schwelle gewaltiger Veränderungen, und die Zeit sollte dabei eine entscheidende Rolle spielen …

Zeit ist Geld

Während wir uns schläfrig aufrichten, die warme Decke noch über der Brust, werfen wir wieder einen Blick auf die Uhr auf unserem Nachttisch. Es ist Samstagvormittag, wir können die nächsten Stunden ausspannen, und trotzdem sind wir besessen vom Konzept der Zeit. Wir können nicht anders. Womöglich empfindet der eine oder andere seine Tage als ständigen Wettlauf gegen die Uhr, und ich benutze diese Wendung ganz bewusst.

Es ist kein Zufall, dass das 13. Jahrhundert, das den Merkantilismus hervorbrachte, der viele europäische Städte zu mächtigen Wirtschaftszentren machte, auch die Premiere der mechanischen Uhr erlebte. Man brachte diese gewaltigen Apparate hoch oben in Belfrieden – weltlichen Glockentürmen – unter, sodass sie im Gegensatz zu den lautlosen, von den meisten Römern gar nicht zur Kenntnis genommenen Sonnenuhren als ständig lärmende Mahner des Hier und Jetzt fungierten. Sie erinnerten einen an die wertvollen Geschäftsstunden, in denen man auf den Beinen zu sein hatte, um Geld zu verdienen wie ein mittelalterlicher Donald Trump (wenn auch mit weniger alberner Haartracht, nehme ich an). Unter dem wachsamen Auge des Glockenturms kapitulierte der Feudalismus schließlich vor dem Kapitalismus. Jetzt war Zeit plötzlich Geld.

Es sieht also ganz so aus, als hätte uns der Fortschritt in der Zeitmessung eine ganz neue Besessenheit von Profit und Effizienz beschert. Aber binnen weniger Jahrhunderte sollte das Streben nach Profit und Effizienz zur Besessenheit vom Gedanken besserer Zeitmessung führen …

Kanonendonner bei Sonnenaufgang

Eines Morgens im Jahre 1784 sah sich ein amerikanischer Sondergesandter in Frankreich unsanft aus dem Schlaf gerissen; Benjamin Franklin hatte vergessen, die Läden an seinen Fenstern zu schließen, und die warme Pariser Sonne weckte ihn auf. So entsetzt wie verwirrt warf der renommierte Wissenschaftler einen Blick auf seine Taschenuhr und sah zu seinem Erstaunen, dass es erst sechs Uhr morgens war. Was um alles in der Welt hatte die Sonne um diese Zeit am Himmel verloren? Träumte er? War er betrunken? Fieberhaft blätterte er im Almanach nach den Sonnendaten für den Tag und stellte fest, dass seine Uhr nicht stehen geblieben war. Er wiederholte das Experiment noch dreimal in dieser Woche, bis er seine Vermutungen wissenschaftlich bestätigt sah. Tatsächlich, die Sonne geht mit der Sonne auf!

Ich hoffe, Sie haben gemerkt, dass Franklin hier seine metaphorische Narrenkappe trug – im Gegensatz zu seiner ausgesprochen realen Biberfellmütze, mit der er in Europa eine der merkwürdigeren Modewellen lostrat. Als ein Mann mit kolossaler politischer Verantwortung hatte er nichts von der jugendliche Häme verloren, mit der er als junger Mann leichtgläubigen Zeitungslesern weisgemacht hatte, er sei eine zänkische Alte namens Silence Dogwood. Mittlerweile nicht mehr der Jüngste, sah Franklin sich in der Enge seines Pariser Domizils dazu verurteilt, einen Verstand von Weltklasse auf die Lösung der neckischen kleinen Aufgaben zu verwenden, vor die ihn sein Freund, ein Herr mit dem fabelhaften Namen Antoine Alexis-François Cadet de Vaux, zu stellen beliebte. In dankbarer Anerkennung für die kleine Zerstreuung hatte Franklin den erwähnten Brief zum Amüsement seines Gönners an das *Journal de Paris* geschickt, dessen Herausgeber Letzterer war.

Ihre Leser, denen, ganz wie mir, nie auch nur eine Spur von Sonnenschein vor dem Mittage zu gewahren vergönnt war und die zudem selten in den astronomischen Teil des Almanachs sehen, werden so erstaunt sein, wie ich selbst es war, wenn sie von diesem zeitigen Aufgange hören; und dies umso mehr, wenn ich ihnen versichere, daß sie bereits vom Beginn ihres Aufstiegs an Licht abgibt.

Die Ursprünge von Franklins Scherz lagen auf der Hand. Erst kürzlich Zeuge der glamourösen – durchaus mit dem Vorstellen des neuesten iPhones zu vergleichende – Präsentation einer neuen Art von Öllampe geworden, hatte er sofort Bedenken ob deren energetischer Effizienz angemeldet – wobei mir sofort die allzu kurze Lebensspanne meines Handyakkus einfällt. In dem Bewusstsein, dass Kerzen ein kostspieliger Haushaltsposten waren, stellte der »Erste Amerikaner« in seinem Juxbrief eine für ihn typische Kostenanalyse auf. Mit der ebenso scherzhaften wie frechen Feststellung, der durchschnittliche Pariser wache erst zu Mittag auf, kam er zu dem Schluss, dass die Stadt es zwischen März und September am Abend auf 128.100.000 Stunden bei Kerzenlicht brachte und dabei 29 Millionen Kilo Kerzenwachs verbrannte. Um Geld zu sparen, hatte Franklin der französischen Regierung die satirische Empfehlung ausgesprochen, ihren Bürgern die morgendliche Faulheit mit saftigen Steuern auf Fensterläden und einer ohrenbetäubenden Kanonensalve bei Morgendämmerung zu verleiden – »um die Faulpelze aufzuwecken«. Auch wenn dieser wissenschaftliche Jux als harmloser Insiderwitz gedacht war, er bot durchaus interessante Einsichten in die Ökonomie des Lichts.

Franklin hatte den sarkastischen Vorschlag gemacht, die Leute früher aufzuwecken, aber wieso sollte man den Leuten die Änderung ihrer Gewohnheiten aufzwingen – warum nicht einfach die Zeit selbst manipulieren? 1895 reichte ein gewisser George Vernon Hudson, ein in England geborener Neuseeländer, bei der Wellington Philosophical Society einen Aufsatz mit eben diesem Vorschlag ein. Hudson war einer von Neuselands renommiertesten Insektensammlern, aber – wichtiger noch – er war Postbote, sodass er früher aufstand als alle anderen. Da er so aus erster Hand wusste, dass die Welt den Sonnenaufgang verschlief, schlug Hudson vor, doch einfach die Uhren vorzustellen, so hätte man am Abend noch eine helle Stunde, wenn die meisten Leute noch wach waren. Die Idee war gut, aber keiner wollte sie hören. Stattdessen zockelte die Welt noch ein Jahrzehnt unverändert weiter, bis wieder mal einer zu demselben Schluss kam.

William Willett war ein englischer Geschäftsmann, ein respektabler Bauunternehmer mit einem prachtvollen Schnurrbart und betuchter Klientel. Er stieg jeden Morgen um sieben auf sein Pferd und durchmaß im leichten Galopp die Wälder seiner heimatlichen Grafschaft Kent. Eines Tages bemerkte er, dass an einem der Häuser in der Nachbarschaft noch die Läden geschlossen waren; die Sonne stand am Himmel, der Tag hatte begonnen, aber niemand war auf den Beinen, um sich daran zu erfreuen. Willett mochte die Ausstrahlung eines verknöcherten Industriekapitäns gehabt haben, aber unter dem gestärkten Hemd schlug ein Herz voll ungezügelter Leidenschaft – wenn auch nicht die skandalöse Sorte, für die sein lebenslustiger König Edward VII. bekannt war. Nein, Willetts Obsession war das Einfangen des Tageslichts; ein »Haus von Willett«, so sein stolzes Motto, maximiere wie kein anderes die Ausleuchtung durch das natürliche Licht.

Erfüllt von dem Gedanken, die Menschen in Chislehurst darauf aufmerksam zu machen, was sie versäumten, trabte er nach Hause und stellte seine Überlegungen an. Franklins Kanonensalven zum Sonnenaufgang wären völlig unnötig; Willetts Überlegungen waren eher konzeptueller Art. 1907 schließlich veröffentlichte er eine Denkschrift mit dem Titel *Die Verschwendung von Tageslicht,* in der er einem ganz neuen Konzept das Wort redete, das er *Daylight Saving Time (DST)* taufte, aus dem in anderen Ländern meist eine »Sommerzeit« – z. B. *l'heure d'été, horario de verano* – wurde. Er regte an, die Uhren an den vier Sonntagen im April um jeweils 20 Minuten vorzustellen, um so hellere Sommerabende zu haben.

33

Verpass mir den Zug nicht!

Es mag unnötig erscheinen, achtmal im Jahr bis Mitternacht aufzubleiben, um an der Uhr zu drehen, aber das Konzept der Zeit als bewegliche Größe, das muss man Willett der Fairness halber einräumen, war vielen Menschen durchaus vertraut. Seit Jahrhunderten hatten Menschen lokal die Stunden des Tages am Schatten der Sonne gemessen; man hatte also bei Reisen nach Osten oder Westen auf derselben geographischen Breite seine Uhr nachzustellen. So liegt Bristol, um nur ein Beispiel zu nennen, 185 Kilometer westlich von London, die Sonne geht dort neun Minuten später auf; anders gesagt, man steckte dort noch unter der Bettdecke, während die meisten Cockneys bereits in Puschen ihren Dick van Dyke gaben.

So hatte jede Stadt ihr ganz persönliches Verhältnis zur Zeit, bis das Aufkommen von Personenzügen in den 1840ern selbst abgelegene Winkel des Landes miteinander in einem Hochgeschwindigkeitstransportnetz verband. Was ganz offensichtlich großartig war, aber es führte auch vorübergehend zu einem nicht vorhersehbaren Chaos. So fuhr ein Zug nach Bristol in London zur Ortszeit um 12.00 Uhr am Mittag ab, kam aber vier Stunden später nicht etwa um 16 Uhr an, sondern um 15 Uhr 51. Es waren also neun Minuten auf der Strecke geblieben. Verständlicherweise führte das zu einer kolossalen Verwirrung unter Pendlern, sodass en masse Züge versäumt wurden.

Kaum hatten die Eisenbahngesellschaften das Problem erkannt, handelten sie und führten auf allen ihren Strecken die Greenwicher Zeit oder Greenwich Mean Time ein. Das führte zu Fahrplänen, die im ganzen Land stimmig waren, löste aber mitnichten das Problem für den einzelnen Pendler. Wenn er nämlich nicht gerade unter der berichtigten Bahnhofsuhr stand, richtete sich sein Tag immer noch nach der Ortszeit auf Kirchen- und Taschenuhren. So schlenderte er sorglos zum Bahnhof, nur um dort in einer weißen Dampfwolke seinen Zug vorbeirauschen zu sehen.

Was es brauchte, das war eine Standardisierung der Zeit nicht nur für die Eisenbahnen, sondern für die ganze Nation – ein Bedürfnis, das freilich nicht jeder empfand. Nicht bereit, die Tradition lokaler Sonnenrhythmen aufzugeben, die immerhin Jahrtausende zurückgingen, reflektierten Städte wie Exeter und Oxford den unseligen Kompromiss des metrischen Desasters in Frankreich in Form von Uhrhybriden mit zusätzlichem Minutenzeiger, an denen gleichzeitig Orts- und »Eisenbahnzeit« abzulesen waren. Lange halten sollte sich die ebenso unhandliche wie halbherzige Methode jedoch nicht, zumal die in den 1860ern aufkommende Telegraphie die Bedeutung einer einheitlichen akkuraten Zeitmessung in einer zunehmend globalen Kultur aufzeigte. 1880 schließlich gaben sich die Traditionalisten geschlagen, und die britische Nation unterwarf sich der Greenwicher Zeit. Was sich denn für alle als vorteilhaft erwies – außer für die chronischen Langschläfer, die sich nun andere faule Ausreden einfallen lassen mussten, wenn sie den Zug verpassten.

Sprung vorwärts, Sprung zurück

So hielt man denn auch William Willetts Idee, die Uhr an bestimmten Tagen um 20 Minuten vor- oder zurückzustellen, nicht unbedingt für verrückt; so mancher dürfte sich daran erinnert haben, wie es war, beim Erreichen seines Reiseziels die Taschenuhr auf Ortszeit stellen zu müssen. Mit Unterstützung eines jungen Winston Churchill und eines – nicht mehr ganz so jungen – David Lloyd George erschien Willett voll Zuversicht vor einem parlamentarischen Ausschuss und fuhr sein Hauptargument

auf: Eine nach der Einführung einer solchen Maßnahme gebo-
rene Person hätte an ihrem 28. Geburtstag ein zusätzliches Jahr
bei Tageslicht zugebracht. Wer wollte sich einer solchen Logik
widersetzen? Leider hatte Willett nicht mit einer derart starken
Opposition gerechnet. Nach drei Jahrzehnten allgemein standar-
disierter Zeit gab es kaum einen, der nostalgisch die Tage her-
beisehnte, in denen man an seiner Uhr herumschrauben musste –
und das auch noch achtmal im Jahr!

Hatte Willett als respektierter Gentleman begonnen, so endete er, weithin als weltfremder Spinner verspottet, seine Glaubwürdigkeit in Trümmern, als Witzfigur. Sechs Jahre hintereinander bügelte das Parlament seine Eingabe ab. Schließlich fiel er,
typisch für einen, der gern etwas früher als später erledigt sieht,
gerade mal 58-jährig tot um. Das war 1915, mitten im Ersten
Weltkrieg, als König Georg V sich verzweifelt seines deutschen
Zunamens zu entledigen versuchte (er taufte die Royals 1917
von Sachsen-Coburg und Gotha in Windsor um). Dass das In-
selreich je die Sommerzeit annehmen würde, konnte man getrost
vergessen. Dafür führte man sie im April 1916 ganz plötzlich in
Deutschland ein. In der Bekanntmachung vom 6. April des Jahres
hieß es dazu lapidar: »Vom 1. Mai bis 30. September 1916 wird
die gesamte Zeitrechnung um eine Stunde vorverlegt.«

Leute mit Köpfchen, hatten die Berater des Kaisers ausge-
knobelt, dass ein Mehr an natürlichem Tageslicht den Bedarf an
künstlicher Beleuchtung senken würde und der so eingesparte
Brennstoff sich den Kriegsanstrengungen zuführen ließ. Oder
wie es in den *Amtlichen Kriegsdepeschen* vom 6. April 1916 hieß:
»Zweck der Maßnahme ist die bessere Ausnutzung des Tages-
lichtes und die gerade im Ersten Weltkrieg erwünschte Ersparnis an Rohstoffen und den Erzeugnissen für Beleuchtungszwecke.
Die Ersparnis wird auf etwa 900 Millionen Mark geschätzt.« Die
Soldaten in den Gräben dürfte das kaum interessiert haben, aber

das Argument an sich war so überzeugend, dass es den Weg über den Ärmelkanal fand. Vielleicht, so meinte jetzt mit einem Mal so mancher – der William Willett öffentlich durch den Kakao gezogen hatte – verlegen, ist diese *Daylight Saving Time* ja doch keine so dumme Idee. Nur einen Monat, nachdem Deutschland den Sprung gewagt hatte, sprang Großbritannien hinterher. Man war zwar gescheit genug, den ursprünglichen 20-Minuten-Plan durch den einfacheren einmaligen Sprung um eine Stunde zu ersetzen, aber die Umstellung auf die Sommerzeit war geschafft. So kam William Willett denn doch noch zu seiner eigenen Zeit. Oder um es mit MC Hammer zu sagen: »*Now, stop ... it's Willett time!*« Bis Ende des Ersten Weltkriegs hatten auch viele andere Staaten das neue System übernommen, sogar Australien, aber die Kontroverse fing damit erst richtig an.

Insbesondere Amerikas Übernahme der Idee erwies sich als spektakulärer Schuss in den Ofen; die Vereinigten Staaten sorgten damit – wie ein begeistertes Kätzchen sich in einem Wollknäuel verfängt – für eine Krise, die ein halbes Jahrhundert anhielt.

Die Unvereinigten Staaten von Amerika

Eine Standardzeit für die ganze Breite des amerikanischen Kontinents war nicht akzeptabel – andernfalls hätte Dolly Partons Song über den Job von »*9 to 5*« die eine oder andere Zeile über die Arbeit im Dunkeln gebraucht. Ursprünglich war es ein Ingenieur bei der kanadischen Bahn, Sandford Fleming, der sich für eine gemeinsame Standardzeit auf der Basis der 24-Stunden-Uhr stark machte, und zwar für die ganze Welt. Diese »kosmische Zeit«, wie er sie nannte, war seine große Idee; eines Tages, so hoffte er, würden die Angehörigen aller Nationen Uhren tragen, die sowohl die lokale als auch die kosmische Zeit anzeigten. Als daraus nichts wurde, trat Fleming für ein neues System von 24 regionalen Zeitzonen ein; jede davon umfasste genau 15 Längengrade, war also der vorhergehenden um eine Stunde voraus. Es war dies eine pragmatische Antwort auf das Eisenbahnchaos, und schließlich schuf man 1883 fünf separate Zeitzonen für Nordamerika: Eastern, Central, Mountain, Pacific und Intercolonial, die nach Flemings großer Ingenieursleistung, der *Intercolonial Railway of Canada*, benannt war.

Zur weiteren Stabilisierung des Systems empfahl im Jahr darauf eine internationale Konferenz, die *Greenwich Mean Time* zum Hauptmeridian für die globale Einteilung der geographischen Länge zu machen, auch wenn die pikierten Franzosen ihrem Ruf als querschießende Mimosen alle Ehre machten, indem sie sich weigerten, eine andere Stadt als Paris ins Zentrum ihrer Karten zu stellen. Ungeachtet der schmollenden Gallier funktionierten die neuen Zeitzonen in Amerika recht gut, obwohl einige Städte – wie Detroit und Cleveland – die Zonen wechselten, um am Abend mehr Licht zu haben, aber das waren lokale Entscheidungen von Leuten mit Interessen vor Ort; wogegen sich der landesweite Umstieg auf die Sommerzeit 1918 – mit dem man auch hier des Krieges wegen Energie zu sparen hoffte – als totales Desaster erwies.

Wie heute bei amerikanischen Wahlen mehr als deutlich zu sehen, gibt es kaum etwas, worüber man sich in allen 50 Bundesstaaten einig wäre, aber mit der Abneigung gegen die Sommerzeit war man nahe dran. Nach nur acht Monaten ließ man das einschlägige Bundesgesetz ohne viel Federlesen wieder fallen. Dummerweise ließ man es – wie schon vor dem Krieg – den einzelnen Staaten und Städten frei, ob sie sich dieser Entscheidung anschließen wollten oder nicht. Nur hatten inzwischen neue Technologien dem Land ein völlig neues Gesicht gegeben. Nach 1945 gab es glamouröse neue Industrien wie zum Beispiel Fluglinien für den Personenverkehr oder Fernsehsender, die ihr Programm ins amerikanische Leben zu integrieren versuchten, nur dass deren detaillierte Zeitabläufe unmöglich mit all den verschiedenen Zeitzonen in Einklang zu bringen waren. Man konnte sogar von Glück sagen, wenn sich lokale Busfahrpläne vierzehn Tage ohne erhebliche Überarbeitung hielten, als Städte und Staaten die Sommerzeit erst übernahmen und dann wieder fallen ließen wie launische Kinder, die sich schon zu Neujahr mit ihren eben noch heißersehnten Weihnachtsgeschenken langweilen.

Wenn man bedenkt, dass Amerika nur fünf Zeitzonen hatte, ist es fast schon beeindruckend, dass etwa auf den 56 Kilometern zwischen Moundsville, West Virginia, und Steubenville, Ohio, der Bus sieben Zeitzonen passierte. Das bedeutete, dass die Gewissenhafteren der Fahrgäste auf dieser Strecke ihre Uhren alle acht Minuten hätten umstellen müssen. Nicht dass die Pendler mit dem Auto besser dran waren. Es finden sich zahlreiche Berichte von Leuten, die nach dem üblichen Rushhour-Verkehr erleichtert die Staatsgrenze passierten, nur um sich im nächsten Rushhour-Stau zu sehen, weil der Nachbarstaat eine Stunde hinten dran war.

So endete in den 1950er- oder frühen 1960er-Jahren der Gang zu einem offiziellen Termin oder zur Bank durchaus mal mit einer verlegenen Entschuldigung für das späte Erscheinen oder einem frustrierten Tritt gegen eine verschlossene Tür. In Idaho musste sich die Kundschaft gar mit unterschiedlichen Öffnungszeiten von Geschäften in ein und derselben Straße herumschlagen – Geschäften, die sich zum Teil in ein und demselben Gebäude befanden! Hier und da geriet die Absurdität des Ganzen aber auch zur ernsthaften Gefahr, wenn etwa Autofahrer an höhengleichen Bahnübergängen einen pfeifenden Güterzug auf sich zudonnern sahen, der erst in einer Stunde hätte fällig sein sollen.

Der amerikanische Normalbürger sah sein Leben also von einem Zeitsystem regiert, das in seiner verwirrenden Undurchschaubarkeit geradewegs aus *Gullivers Reisen* hätte sein können, und Dr. William Markowitz vom United States Naval Observatory meinte es durchaus ernst, als er sagte, Amerika sei das Land mit der schlechtesten Zeitmessung auf der ganzen Welt.

Zeit für eine Veränderung

Um Amerika aus den Krämpfen der Asynchronizität zu holen, trat ein Ausschuss mit dem heroischen Titel *Committee For Time Uniformity* auf den Plan, eine Gruppe von Lobbyisten maßgeblicher Akteure betroffener Industrien, die Washington schließlich zum Handeln zwang. So kam es 1966 zum *Uniform Time Act*, der als nationalen Standard die sechs Monate zwischen den letzten Sonntagen in April und Oktober als Sommerzeit festlegte. Nicht nur sprangen vier Bundesstaaten sofort wieder ab, es war auch sonst nicht der erhoffte Wandel, der dem Spuk ein für alle Mal ein Ende gemacht hätte. Die nächsten Turbulenzen folgten, als sich Präsident Nixon 1973 angesichts der Ölknappheit im Gefolge des Jom-Kippur-Kriegs vorübergehend zum Rückgriff auf die Kriegszeit gezwungen sah.

Angesichts eines derartigen Durcheinanders sah Amerika sich schließlich gezwungen, sein Problem einzugestehen und in temporale Reha zu gehen. Clean und nüchtern kam die Nation mit einer machbaren Lösung von sieben Monaten Sommerzeit wieder heraus – ein Erfolg, der bis dato nicht zu peinlichen Rückfällen geführt hat.

Nicht dass die Kontroverse um die Sommerzeit damit abgehakt wäre …

Großbritanniens (vorläufig) letzter Anlauf

Wenn Sie 1968 in Schottland oder Nordirland gelebt haben, fiel der Winter für Sie womöglich besonders deprimierend aus. Die britische Insel, eigentlich gern auf vom europäischen Festland unabhängigem Kurs, stürzte sich damals vom Gedanken internationaler Harmonie berauscht Hals über Kopf in ein dreijähriges Experiment namens *British Standard Time*. Sie brachte dem Königreich die Gleichschaltung mit einem Gutteil kontinentaler Uhren. Das war recht nett, wenn Sie einem Belgier einen britischen Wagen verkaufen wollten, aber für Menschen, die im Norden der britischen Inseln zuhause waren, verwandelte sie die Wintermorgen in trostlose, schier nicht enden wollende Intervalle postapokalyptischer Finsternis, da die Sonne sich oft nicht vor Viertel vor zehn sehen ließ. Entsprechend heftig waren die Proteste aus dem Norden, und so gab man das Experiment 1971 denn auch wieder auf, und das, obwohl die helleren Abende nachweislich für einen Rückgang der Verkehrstoten sorgten. Trotzdem taucht die *British Standard Time* selbst heute noch wie ein nicht tot zu kriegendes B-Movie-Monster immer wieder mal in der politischen Debatte auf.

Daran zeigt sich, dass selbst in einem kleinen Land die natürliche Welt sich nicht immer ganz problemlos mit den Einheitslaunen der Politik verträgt. Wir leben in einer Ära, in der die Zeit zum unaufhaltsam tickenden Metronom unseres Lebens geworden ist und wir unsere Uhren längst nicht mehr umstellen müssen, wenn wir 150 Kilometer in die nächste große Stadt fahren. Aber wenn wir uns das Kleingedruckte ansehen, wird rasch eines klar: Unsere Regulierung der Zeit ist größtenteils das Resultat von Kompromissen, praktischen Erwägungen und gutem Willen. Es ist schon erstaunlich, welche Rolle selbst in einer Welt voll nanosekundengenauer Atomuhren bei der Aufteilung des Tages nach wie vor Vernunft und Pragmatismus spielen. Zeitmessung ist nicht nur ein Gebiet wissenschaftlicher Forschung, sondern Teil unsers kulturellen Erbes. Wir definieren Zeit nicht weniger, als wir durch sie definiert werden.

Aber genug davon! Es wird Zeit, endlich aufzustehen. Aber nach einer langen durchschlafenen Nacht verspüren wir zunächst einmal eine menschliche Regung, der wir unbedingt nachkommen müssen. Der wachsende Berg Hausarbeit mag sich getrost ignorieren lassen, nicht so unsere angefüllte Blase. Also, Füße in die Puschen und ab aufs Klo …

DRINGENDE GESCHÄFTE

Nachdem wir uns aus dem Bett geschleppt haben, meldet sich auf der Höhe der Küchentür plötzlich grummelnd der Magen – Koffein und Cornflakes wären jetzt genau das richtige Stimulans; aber die Bedürfnisse der Blase schlagen die des Bauchs jederzeit aus dem Feld, und im Augenblick setzt sie uns unter Druck wie ein, Pardon, von Notdurft geplagter Terrorist.

Also hasten wir weiter zum … tja, wohin gehen denn Sie, wenn Sie wohin müssen?

Das gewisse Örtchen

Jede Sprache verfügt über eine ganze Reihe herrlicher Synonyme für die bescheidene Toilette; das Englische etwa kennt, um nur einige zu nennen: *john, loo, can, bog, lav, commode, potty, urinal, latrine, privy, porcelain, head,* und das Deutsche steht dieser Vielfalt, angefangen mit dem alten *Abtritt, Abort* oder *Donnerbalken* über *Thron, Klo, Klosett, Häuschen, Lokus* bis hin zum mehr oder weniger *stillen,* aber immer *gewissen Örtchen,* kaum nach; die Damen gehen verschämt *für kleine Mädchen,* die Herren *für kleine Jungs,* das

Kaufhauspersonal ist mal rasch *auf 17*, und an Vulgarität nimmt es das *Scheißhaus* jederzeit mit dem *shitter* auf. Es handelt sich hier um umgangssprachliche bis vulgäre Ausdrücke; in der Öffentlichkeit finden wir eher Schilder wie *toilet, gents, ladies* oder gelegentlich auch *WC*. Letzteres haben die Deutschen als *Wasser-closett* bereits um 1840 entlehnt, sie benutzen jedoch im Gegensatz zu den Briten neben dem diskreten *H* oder *D* auch gern mal ein oo, was zuerst in Hotels praktiziert wurde, um die Toilette von regulären Gästezimmern zu unterscheiden. Die Amerikaner neigen eher dazu, einen *bathroom* oder *restroom* aufzusuchen, obwohl sie dort weder baden noch – außer von der Schlummersucht übermannt – ruhen.

Obwohl wir allem Anschein nach in vertrauter Umgebung zur Vulgarität neigen, halten wir es als Gesellschaft eher mit dem charmanteren Hüllwort. Ein größeres Haus in Großbritannien dürfte über mehrere *commodes* (Spülklosetts) verfügen, wahrscheinlich wenigstens eines davon, zusammen mit einem Waschbecken, in einer eigenen kleinen Kammer, die wir als *loo, toilet* oder *lavatory* bezeichnen. Die Diskussion darüber hält noch an, aber es ist durchaus glaubwürdig, dass es sich hier um ursprünglich französische Wörter handelt. Dabei ist *loo* besonders schwierig festzumachen; möglicherweise stammt es von dem verhüllenden *lieu* (Ort); andererseits ist *loo* im englischen Sprachgebrauch erst ab den 1920er-Jahren tatsächlich belegt, sodass es sich dabei durchaus um eine gekürzte Form von Waterloo Cisterns handeln könnte, einem Markennamen, der Anfang des 20. Jahrhunderts auf Außentoiletten zu sehen war. Kein Problem dagegen bietet das deutsche *Klo* als verkürzte Form des *Klosetts*.

Das Wort *Toilette*, selbstverständlich aus dem Französischen, bezeichnete ursprünglich das Tuch (*toile*) auf dem Putztisch der Dame, dann den Waschlappen, dann einen Raum mit einem

Waschgeschirr und schließlich – erst gegen Ende des 19. Jahrhunderts – einen Raum mit einer Kloschüssel. Ähnlich kommt *lavatory* selbstverständlich vom französischen Verb für *waschen: laver*. Merkwürdigerweise ist der Raum, der unsere *toilet* beherbergt, im Englischen nicht entsprechend benannt. Ein Haus mit nur einem Spülklosett hat dieses aller Wahrscheinlichkeit nach neben der Dusche oder der Badewanne installiert, was dazu geführt hat, dass der Raum im Englischen – im Gegensatz zum Deutschen – den Namen *toilet, lavatory* oder *loo* hat abgeben müssen und stattdessen zum *bathroom* geworden ist, da die Badewanne die Kloschüssel irgendwie aussticht, wenn es an die Benennung geht. *Lavatory* wäre doch nun gewiss das geeignetere Wort, da es sowohl den Waschraum bezeichnet als auch den Toilettenraum. Merkwürdig, nicht?

Ich erwähne das hier, weil Sprache immer auch eine Tür in unsere Vergangenheit öffnet, selbst wenn sie nicht immer ganz eindeutig ist. Im englischsprachigen Westen hantieren die Leute im Alltag gern mit austauschbaren Begriffen, ohne so recht zu sehen, dass diese früher einmal durchaus genau definiert und eng mit gesellschaftlichen Schichten und Gebräuchen assoziiert waren. Im Westen sind sanitäre Einrichtungen heute standardisiert, egal, was wir in der Lohntüte haben, aber es ist noch gar nicht so lange her, als eine eingebaute Toilette ein Zeichen von Wohlstand war und die Bezeichnung für sie untrüglich die Herkunft des Besitzers preisgab.

Überhaupt, während unsere sanitären Einrichtungen zunehmend homogen und unsere Bezeichnungen für sie austauschbar werden, hatten unsere Vorfahren eine ganze Palette von Methoden, mit ihren Entleerungen umzugehen. Obwohl nun der Ekelfaktor ein biologischer Instinkt ist und das Bedürfnis, unsere Verdauungsrückstände zu entsorgen, im Lauf der Geschichte ein wiederkehrendes Thema war, bleibt die Schlüsselfrage trotzdem lange Zeit, wie weit man seinen Schiet denn werfen muss, damit er einem nicht mehr schaden kann. Nun, unterschiedliche Epochen kamen da auf durchaus unterschiedliche Antworten, und wollten wir uns in eine Zeitmaschine zurück in die Vergangenheit setzen und müssten dort dringend auf die Toilette, reisen wir besser gleich mal 4000 und nicht nur 300 Jahre zurück. Denn wer im 18. Jahrhundert etwas auf sich hielt, trug zwar Mode nach Maß, aber was den Inhalt seines Nachttopfs anging, da blieb es durchaus beim Fenstersturz …

Während wir also in die Toilette stolpern und unseren Hintern zaghaft auf die kalte Klobrille senken, beginnen wir doch mit der offensichtlichen Frage, wie lange es denn nun Toiletten schon gibt.

Steinzeit sanitär

Çatalhöyük ist eine der wichtigsten archäologischen Stätten der Welt, was irgendwie ärgerlich ist, weil man nie so recht weiß, wie man es aussprechen soll. Es handelt sich bei der womöglich bereits vor 9500 Jahren auf der Hochebene des heutigen Anatolien gegründeten Siedlung um eine bemerkenswerte Zeitkapsel aus einer Epoche, in der die Menschheit gerade mal so in nennenswerten Zahlen sesshaft zu werden begann. Während die frühesten menschlichen Gemeinschaften aller Wahrscheinlichkeit nach kaum mehr als 150 Leute umfassten, dürften in Çatalhöyük bis zu 10.000 zusammengekommen sein. Das mag sich nicht nach allzu vielen anhören für jemanden, der knallvolle Fußballstadien gewohnt ist, aber versuchen Sie sich einmal vorzustellen, jeder dieser Menschen entleert seinen Darm auch nur einmal am Tag! Das gibt buchstäblich einen ziemlichen Haufen, meinen Sie nicht? Jetzt multiplizieren Sie diesen mal 365, und Sie sehen sich vor dem ersten großen Problem der Zivilisation – wo um alles in der Welt soll man mit all der Kacke bloß hin?

Um es gleich vorwegzunehmen, technisch sonderlich ausgefeilt war die neolithische – i.e. jungsteinzeitliche – Lösung des Problems nicht. Soweit durch archäologische Ausgrabungen zu belegen, schienen die sanitären Maßnahmen seinerzeit darauf hinauszulaufen, jeden Mist – im wahrsten Sinne des Wortes – in Mülldeponien auf eigens dafür vorgesehenen Höfen in der Nähe der Wohngebäude zu entsorgen. Es sieht ganz so aus, als hätte man diese Fäkalienanhäufungen von Zeit zu Zeit geglättet, vermutlich damit sie sich nicht zu Gebirgen auswuchsen – was kaum ein sonderlich angenehmer Job gewesen sein dürfte für den Armen, dem man den Rechen in die Hand drückte. Natürlich stellen wir uns heute einen zum Himmel stinkenden Haufen von der Sonne getrockneten Unrats alles andere als hygienisch vor – und liegen damit völlig richtig.

Aus diversen Gründen – Ernährungsumstellung, parasitenbefallenes Vieh, schlechte sanitäre Verhältnisse und nicht zuletzt das enge Nebeneinander der Menschen selbst – führte die neolithische Revolution, oft als eine der bedeutendsten Übergangsphasen der Menschheitsgeschichte gepriesen, paradoxerweise auch zu einem beträchtlichen Verfall der Gesundheit. Wie die Viktorianer im 19. Jahrhundert beweisen sollten, brachte das Stadtleben bei weitem größere Gefahren mit sich als das primitive Nomadenleben der Vor- und Frühgeschichte. Es gab zwar kaum noch Höhlenbären, die einen auszuweiden drohten, aber Viren und Bakterien sind für das Leben nicht weniger gefährlich als Bärenpranken.

Dessen ungeachtet, ackerte sich das neolithische Experiment – im wahrsten Sinne des Wortes – in die Kupfer- und Bronzezeit vor, und nach einer monumentalen, mehrere Millennien währenden Europatour Richtung Westen hielt die Agrarrevolution schließlich um 3100 vor unserer Zeitrechnung Einzug auf den schottischen Hebriden. Hier lässt sich, wenn auch in weit kleinerem Maßstab, bereits der uns heute vertraute Umgang mit der Toilette sehen. Skara Brae, ein wunderbar erhaltenes jungsteinzeitliches Dorf aus nur acht Steinhäusern auf Orkney, ähnelt der sattgrünen Heimat von J.R.R. Tolkiens Harfüßen, aber die grasbewachsenen Hügel, die die Gebäude vor den grimmigen schottischen Winden schützen, waren nicht immer das heutige Postkartenidyll.

Ursprünglich wohl kaum mehr als hundert Seelen, waren die frühen Bewohner der Insel bei der Beseitigung ihrer Abfälle zeittypisch lax, was zu mächtigen Küchenhaufen geführt hatte, aber anstatt für größtmöglichen Abstand zu dem stinkenden Abfall zu sorgen, hatten die Dörfler ihren Müll – in einer Art frühen Recyclings – zu biologischen Kokons zur Isolierung ihrer neuen Behausungen umfunktioniert. Wenn man die Stätten heute besichtigt, hat man den Eindruck, in prähistorischen Teletubby-Gefilden gelandet zu sein, wo die Wohnungen unter die Erde gebaut sind, aber ursprünglich waren die Häuser natürlich auf flachem Gelände, jedoch bewusst zwischen große Abfallhaufen gebaut, die sich zu allen Seiten auftürmten.

Doch wir sollten die Anspruchslosigkeit jungsteinzeitlicher Hygiene nicht allzu vorschnell verurteilen; es sieht nämlich ganz so aus, als gebe es in Skara Brae Innentoiletten mit einem rudimentären Abwassersystem. Kabinenartige Zellen in einer Ecke der Häuser, über einer Abzugsrinne gebaut, weisen auf klar ausgewiesene Zonen zur Verrichtung der Notdurft. Ob das Schlüsse auf die steinzeitliche Vorstellung von Privatsphäre erlaubt, ist unklar, aber vorstellbar. Möglicherweise waren sie uns in dieser Hinsicht ähnlich und zogen es vor, ihr Geschäft unter Ausschluss der Öffentlichkeit zu erledigen; vielleicht war es aber auch nur einfacher, den Gestank einzudämmen, wenn sich die Toilette nicht mitten in der Stube befand. Relativ klar ist, dass das Fehlen an fließendem Wasser darauf hinweist, dass die Bewohner dieser Häuser eher wischten als spülten, wenn es an die Säuberung ihrer stillen Örtchen ging. Archäologen mutmaßen, dass Moos, Seetang oder Laub die steinzeitlichen Pendants zu unseren Klorollen waren.

Wir können also sagen, dass die Jungsteinzeit das Pilotprogramm für unser Stadtleben war, ein fehlerhafter Entwurf sozusagen; es oblag künftigen Generationen, daran zu feilen. Und genau das tat man denn auch schon in der Bronzezeit mit ihrer haushoch überlegenen Version 2.0.

Auftritt des städtischen Abtritts

Stellen Sie sich folgendes Szenario vor: Man ist bei der Arbeit, es beginnt im Bauch zu grummeln, bis es einem flau um die Rosette zu werden beginnt. Die letzte Mahlzeit war wohl doch nicht ganz koscher gewesen. Von Panik ergriffen, lässt man alles liegen und stehen, rennt aufs Klo, reißt sich die Hose vom Hintern und senkt die Backen auf das Rondell. Erleichtert ob der gebannten Gefahr eines peinlichen Missgeschicks beginnt man sich in die Vorrichtung unter einem zu entleeren. Das Geschäft erledigt, greift man nach etwas zum Abwischen, macht sich damit sauber und wirft es in die Öffnung unter einem, bevor man das Ganze mit einem jähen Schwall Wasser in die Vergessenheit spült. Während des Händewaschens entspannt man sich in der Gewissheit, dass die Kanalisation unseren Schiet in sicherer Entfernung entsorgt.

Wie viel davon hört sich vertraut an? Eine Toilette mit Sitz, Wischmaterial, Wasser zum Spülen und eine Kanalisation? Womöglich ist für Sie klar, dass hier von einem Arrangement aus dem 20. Jahrhundert die Rede ist; vielleicht entscheiden Sie sich aber auch lieber für das 19. Jahrhundert, nur um sicherzugehen. Nun,

49

Sie lägen im einen wie im anderen Fall daneben, und zwar so um die 4500 Jahre. Das eben beschriebene sanitäre System stammt nämlich aus dem Pakistan der Bronzezeit.

Im Industal und über den ganzen Nordwesten des indischen Kontinents verstreut lagen die um 2600 vor unserer Zeitrechnung gegründeten Städte der Harappakultur. Die Angehörigen dieser – nach der ersten ausgegrabenen ihrer Ansiedlungen benannten – Kultur waren geradezu besessen von Sauberkeit und entsorgten ihre Ausscheidungen mittels eines Netzes von Rohrleitungen, die die Wohngebäude mit eigens zu diesem Zweck eingerichteten Senkgruben verbanden. Die Häuser der Betuchteren hatten sogar von den Waschräumen getrennte Toiletten, die vom Design her einfach, aber effektiv waren: ein Sitz über einer abschüssigen Rinne, die direkt in die Kanalisation führte; nach dem Toilettenbesuch wurde mit schmutzigem Badewasser nachgespült. Auch wenn sich nicht jeder einen derart aufwändigen Abtritt leisten konnte und das gemeine Volk über einem in den Boden eingelassenen Behältnis kauerte, das regelmäßig geleert werden musste, sein Inhalt ließ sich ohne großen Aufwand in die Senkgrube werfen anstatt in den Garten nebenan, wo er – in einer Art künstlerischer Fäkalinstallation – in den Himmel zu wachsen drohte.

Wie ich hoffe, ist Ihnen nicht entgangen, dass ich von Klositzen sprach. Sie haben richtig gehört, wir verdanken es in der Tat den Harappanern, dass man über der Toilette kauerte wie ein Sumo-Ringer, auch wenn man davon ausgeht, dass etwa um dieselbe Zeit die ägyptische Oberschicht ihren Hintern auf steinernen Klositzen in U-Form zu parken begann. Trotzdem wird es die Freunde neolithischer Küchenhaufen freuen, dass bei allem Findungsreichtum auch die Bronzezeit die Kackhaufen nicht völlig abzuschaffen vermochte, wenigstens nicht in den ärmeren Gegenden Ägyptens, wo der häusliche Abfall einfach aus dem Haus gekippt wurde, damit ihn die sengende Sahara-Sonne hart buk.

Und so unhygienisch sich das anhören mag, es war eher pragmatisch, da man Kot nicht nur als Dünger verwendete, sondern auch dem Rohmaterial für luftgetrocknete Lehmziegel beimengte; außerdem diente es mit Stroh vermischt im Winter als Brennmaterial zum Heizen und Kochen. Was vermutlich dem Abendmahl unbeabsichtigt eine gewisse Würze verlieh, aber wir sollten hier nicht weiter ins Detail gehen ...

An diesem Samstagvormittag in unserer modernen Zeit gehen wir auf die Toilette und müssen uns entscheiden, ob wir unsere Blase im Stehen oder im Sitzen entleeren wollen. Für gewöhnlich hängt die Frage »Stehen oder Sitzen« davon ab, ob wir »groß« oder »klein« müssen, könnte aber natürlich auch einfach mit unserem Geschlecht zu tun haben – in Großbritannien jedenfalls erledigen die Herren das Urinieren in der Regel im Stehen. Interessanterweise legt Herodot, der altgriechische Historiker, der im 5. Jahrhundert vor unserer Zeitrechnung Ägypten besucht haben dürfte, den Gedanken nahe, dass in Ägypten die Frauen ihr Wasser im Stehen ließen, während die Männer sich im Sitzen erleichterten. Aber um der Wahrheit die Ehre zu geben, ist dieses Beispiel einem ganzen Abschnitt über wunderliche Unterschiede zwischen Ägyptern und Griechen entnommen, sodass es sich dabei womöglich lediglich um eine illustrative Übertreibung handelte, aber Herodots Beobachtungen hinsichtlich der Privatsphäre sind durchaus interessant: »Die Entleerung macht man im Hause ab, essen tut man auf der Straße. Sie geben als Grund dafür an, daß man natürliche Bedürfnisse, soweit sie häßlich sind, im Geheimen, soweit sie nicht häßlich sind, öffentlich befriedigen müsse.«

Falls dem tatsächlich so war, klingt uns ein derartiges Schamgefühl durchaus vertraut. Auch die Juden des Altertums, denen körperliche Hygiene ein Weg zu spiritueller Reinheit war, teilten diese Verschämtheit, was das Herunterlassen der Hosen in aller

Öffentlichkeit anbelangt. Orthodoxen Juden ist es zum Beispiel heute noch verboten, auf der Toilette über die Lehren der Toga nachzusinnen oder das Schma Jisrael zu sprechen; sie dürfen dabei noch nicht einmal in Richtung eines WCs stehen. Die *Encyclopaedia Talmudica* bietet dazu den hilfreichen Rat, dort an Geld zu denken – außer am Sabbat, wenn auch das verboten ist, dann denke man am besten an schöne Kunst.

Wichtiger noch, das alttestamentarische Fünfte Buch Mose reglementiert den Umgang mit Fäkalien und Urin; in Kapitel 23 heißt es in den Versen 13 und 14: »Und du sollst draußen vor dem Lager einen Ort haben, dahin du zur Not hinausgehst. Und sollst eine Schaufel haben, und wenn du dich draußen setzen willst, sollst du damit graben; und wenn du gesessen hast, sollst du zuscharren, was von dir gegangen ist.« Handelte es sich hier um eine hygienische Antwort auf die Bedrohung durch Krankheiten? Nun, eigentlich war es mehr ein Fall von religiöser Höflichkeit: »Denn der HERR, dein Gott, wandelt unter deinem Lager, daß er dich errette und gebe deine Feinde vor dir dahin. Darum soll dein Lager heilig sein, daß nichts Schändliches unter dir gesehen werde und er sich von dir wende.« Gott mag ja *alles* sehen, aber das heißt noch lange nicht, dass er das auch tatsächlich will.

Dieser pingelige Umgang mit dem Ausgeschiedenen war in der Theorie durchaus beeindruckend; in der Praxis allerdings freilich setzte er sich nicht immer durch. Im Mittelalter hatte Altjerusalem einen speziellen Zu- und Ausgang, der ganz prosaisch das Dungtor oder *Sha'ar Ha'ashpot* genannt wurde, durch das man Abfälle aus der Stadt schaffte, die man entweder verbrannte oder zu einem Dunghügel aufhäufte. Aber nicht nur die Juden hatten ihre liebe Mühe, den sich selbst gesetzten Standards gerecht zu werden. Wenn wir etwa ans alte Athen denken mit seinen Marmortempeln und weißgewandeten Philosophen, fällt man leicht auf den Mythos klassischer Kultiviertheit herein, ohne zu merken, dass man lediglich durch eine rosa Brille die menschlichen Exkremente sieht.

Nachttöpfe, Dramatiker und Philosophen

Blepyrus wacht nächtens auf, weil er dringend auf den Topf muss, aber als er sich im Zimmer umsieht, stellt er fest, dass sich wohl gerade seine Frau mit dem Topf hinausbegeben hat, und sein Hemd und seine Hose fehlen ebenfalls – die dreiste Gattin hat sie ihm geklaut, um auf der Straße als Mann durchzugehen. Dem alten Blepyrus bleibt also nichts anderes übrig, als in ihre Sachen zu schlüpfen. Und so schleicht er in ihren Puschen hinaus auf die Straße, um sein Geschäft zu verrichten. Nachdem er sich rasch vergewissert, dass die Luft rein ist, geht er vor seinem Haus in die Hocke und will sich eben entleeren, als ihn dummerweise ein neugieriger Nachbar erspäht und zur Rede stellt, was er sich dabei denke. So sieht ein verlegener Blepyrus sich gezwungen, sowohl das Frauenkleid als auch den eklatanten Fall von öffentlicher Defäkation zu erklären:»Da steckt' ich, weil mich plötzlich die Nothdurft überkam, die Füß' in die Frauenzimmerschuh' und rannte fort, um nicht den Schlafpelz anzukacken: er war noch blank.« Der Ärmste – so etwas ist nun wirklich nicht der beste Start in den Tag.

Natürlich brauchen wir uns nicht allzu sehr für Blepyrus zu schämen, schließlich ist er nur eine Figur in Aristophanes' Komödie *Die Weibervolksversammlung*, und für den Komödiendichter war die Toilette unerschöpflicher Quell deftigen Humors. Dass der große Grieche sich nur Blepyrus ausgedacht hatte, ändert jedoch nichts daran, dass die Figur Spiegelbild der Realitäten des athenischen Bürgertums war. Und so gern wir die alten Griechen immer wieder als große Vorreiter der Zivilisation preisen, was die

Infrastruktur des öffentlichen Sanitärwesens anbelangt, konnten sie den Harappanern nicht das Wasser reichen. Einem designierten Ort zur Verrichtung noch am nächsten kommt eine Stelle bei Theophrast, der den in der Komödie unabdingbaren Trottel um Mitternacht auf einen Außenabort im Garten gehen und dabei über den scharfen Hund seines Nachbarn stolpern lässt.

Für den größten Teil der Bevölkerung jedoch schien die bevorzugte Lösung das Nachtgeschirr; Männer pinkelten in den *amis*, die Frauen hatten ein eigenes schüsselförmiges als *skafion* bezeichnetes Gefäß. Merkwürdigerweise bezeichnete Letzteres im alten Griechenland auch eine Art Beatles-Frisur – ob das bedeutet, dass der typische Barbier seiner Kundschaft in Ermangelung eines geeigneteren Werkzeugs einfach einen Topf aufgesetzt hat? Na, wir können nur hoffen, dass er da erst mit der Bürste dranging. Bis heute setzen wir Kleinkinder gern aufs Töpfchen, die Griechen jedoch hatten dafür besonders ausgetüftelte Stühle – sie setzten ihre Kleinen in Hochstühle mit speziell ausgesägten Löchern für die Babyspeckbeinchen, und einem Loch in der Sitzfläche, durch das der unvermeidliche Abfall in ein darunter befestigtes *skafion* fiel. Diesen häuslichen Unrat, von Klein wie auch von Groß, kippte man gemeinhin in die Senkgrube – *kopron* –, die wiederum von professionellen Räumern – *koprologoi* – geleert wurden, die ihn als Dünger an die Bauern verkauften.

Dieses Arrangement hört sich durchaus vernünftig an, aber was, wenn so einen alten Griechen der Drang unterwegs überkam? Unsereins könnte heute rasch mal in eine öffentliche Toilette huschen, in einem Geschäft vielleicht oder im Park, aber so etwas gab es in der Antike nicht. Der um 700 v. Chr. lebende Dichter Hesiod schrieb, es gehöre sich nicht, draußen zu urinieren, da es den Respekt gegenüber den notorisch reizbaren Göttern vermissen ließ. Hesiods Ansicht nach kam das Pinkeln auf oder neben der Straße, zur Sonne gewandt oder nachts, einer großspurigen Herausforderung der allmächtigen Gottheiten gleich – als mache man ihnen auf die Sandalen. Es sieht denn auch fast so aus, als hätten viele Griechen sich das Pinkeln im Freien zu verkneifen versucht. Diese Art von Stoizismus war sogar so verbreitet, dass es die Ärzte zu interessieren begann; auf der Rückseite eines medizinischen Papyrus notierte Anonymus Londinensis folgende Überlegung: »Personen betreffend, die plötzlich der Drang überkommt ... wenn sie es einige Zeit bei sich behalten, können sie entweder nicht mehr kacken (wenn sie einen geeigneten Ort finden) oder sie bringen es nur auf ein wenig trockenen Kot. Wie kommt das?«

Pressierte es mal wirklich, und man musste sein Geschäft unbedingt im Freien verrichten, war die Dämmerung dafür die beste Zeit, morgens wie abends, da den Göttern die Nacht besonders am Herzen lag; aber man hatte dabei darauf zu achten, nicht zu viel Haut zu zeigen. Dass Hesiod sich überhaupt bemüßigt fühlte, derlei Rat schriftlich festzuhalten, lässt auf die Alltäglichkeit des Anblicks blanker Hintern und mehr schließen. Von dem stadtbekannten Unsympathen Alkibiades, der berüchtigt war für seine unverhüllte Arroganz, hieß es gar, er hätte es zur Mode gemacht, sein Wasser selbst in feiner Gesellschaft abzuschlagen; die Komödiendichter Eupolis und Epikrates von Ambrakia sprechen beide von Sklavenjungen, die auf aristokratischen Zechgelagen mit dem Nachttopf unterwegs waren.

Aber machte man einen Unterschied zwischen dem kleinen und großen Geschäft? Der männliche Brite im heutigen Pub hat kaum ein Problem damit, neben seinem Zeitgenossen stehend eine Stange Wasser abzustellen, zieht sich aber durchaus in die Intimität einer Kabine zurück, wenn er Größeres abseilen muss. Hielten es die Griechen genauso? Man ist sich da nicht sicher. Aber allem Anschein nach waren die Römer hinsichtlich ihrer

Körperfunktionen weit weniger gehemmt. Für sie konnte der Besuch der Toilette nachgerade zum gesellschaftlichen Anlass geraten ...

Andere Länder, andere Sitten

Die öffentlichen Toiletten Roms, die *foricae,* waren offene Räume, in denen die Bürger, möglicherweise beiderlei Geschlechts, nebeneinander auf langen Bänken saßen und höflich plauderten, während sie sich in die Kanalisation unter ihnen entleerten. Mich als Briten, der selbst den Blickkontakt in der U-Bahn als kaum zu ertragende Zudringlichkeit empfindet, erfüllt allein der Gedanke mit Grauen, aber die Römer störten sich offensichtlich nicht im Geringsten daran. Allein die Hauptstadt verfügte über 144 dieser öffentlichen Einrichtungen, jede davon mit derselben Parade von Hinterquartieren, und im restlichen Imperium entstanden noch viele mehr.

Im syrischen Apameia bot eine Superlatrine um die 80 Personen auf einmal Platz; andernorts scheinen es eher ein – dreckiges – Dutzend gewesen zu sein. Eine typische *forica* hatte auch Waschbecken und leise plätschernde Brunnen zu bieten; rund um den Raum verlief eine Wasserrinne, die ein Mindestmaß an Hygiene garantierte. Es lässt sich übrigens nicht genau sagen, wie hell es in diesen Räumen war, zumal einige keine Fenster hatten; es ist also durchaus möglich, dass ein schattenhaftes Düster eine gewisse Anonymität wahren half.

Es konnte jedoch durchaus vorkommen, dass Kunst die Wände zierte, vielleicht sogar um den befangenen Latrinenbenutzer vom unvermeidlichen Geächze rund um ihn herum abzulenken. Jedenfalls bemalt man eine Wand nicht, wenn es zu düster ist, um das Kunstwerk bewundern zu können; ganz so finster konnte es dort also nicht gewesen sein. Ein Gemeinschaftsklo in den Thermen der Sieben Weisen in Ostia Antica rühmte sich eines wunderbaren Wandgemäldes, das eine Reihe griechischer Philosophen bei der Diskussion ihres Stuhlgangs zeigt. Die Gemälde zeigten diverse humoristische Legenden wie etwa: »Der gewitzte Chilon lehrte, lautlos zu furzen.«

War das eine augenzwinkernde Art, dem Tutti zwölf trompetender Ani Rechnung zu tragen? Oder war es eher als subtil verschlüsselter Appell zu Zurückhaltung und Rücksicht auf andere gedacht? Wie auch immer, es sieht ganz danach aus, als hätte man sich in der Regel lieber ausgedrückt als zurückgehalten, und wenn es mal nicht so reibungslos über die Bühne ging, dann biss man eben die Zähne zusammen und verdoppelte seine Anstrengungen. Eine andere Inschrift in Ostia lautet: »Die hart Kackenden mahnte Thales, feste zu drücken.« Da man sich seinen Rat vermutlich zu Herzen nahm, hatten Plausch und plätschernde Brunnen wohl die zweckmäßige Funktion, von den gutturalen Kraftakten chronisch unter Verstopfung Leidender abzulenken; machtlos freilich wird man gegen den Gestank gewesen sein, der aus den offenen Abzugsrinnen unter den Bänken kam.

Der womöglich besorgniserregendste Aspekt in der Geschichte öffentlicher Toiletten ist das Säubern des Hinterns – man teilte sich nämlich nicht nur die Toilette, sondern auch das Wischmaterial. Trotz all der schmuddeligen Lappen, die Archäologen in antiken Abwassersystemen fanden, sprechen die schriftlichen Quellen von einem *xylospongium*, einem Schwammstock, der in der Latrine herumgereicht wurde. Ausgewaschen wurde er wahrscheinlich in der Wasserrinne rund um den Raum; aufbewahrt wurde er, des Geruchs wegen, in einer Vase mit Weinessig; sonderlich hygienisch konnte er jedenfalls nicht gewesen sein. Der Philosoph Seneca erzählt die grauenhafte Geschichte eines germanischen Gladiators, der, um nicht in die Arena zu müssen, in die Latrine floh, um sich mit einem dieser Schwammstöcke zu ersticken.

Er war nicht das einzige tragische Opfer der sanitären Bemühungen Roms. Bereits um 500 v. Chr., zu Zeiten von Tarquinius Superbus, des letzten Königs von Rom, war es beim Bau des gewaltigen städtischen Abwasserkanals, der *Cloaca Maxima*, zu zahlreichen Selbstmorden unter den Zwangsarbeitern gekommen; andere hatten sich der entsetzlichen Schinderei durch Flucht zu entziehen versucht. Der König sah sich genötigt, ihnen mit Kreuzigung zu drohen, um sie bei der Stange zu halten – das einzig Schlimmere als ein schneller Tod war ein langsamer. Nur zu verständlich, dass man den Tyrannen schließlich stürzte und das Königtum durch die berühmte römische Republik ersetzte, der später – unter Augustus – das Imperium folgte.

Während seiner, wenigstens innenpolitisch, eher ruhigen Regentschaft ließ Kaiser Augustus – oder besser gesagt seine rechte Hand Agrippa – die *Cloaca Maxima* um sieben Nebenkanäle zu einem Netz von solchen Ausmaßen erweitern, dass Agrippa die Kanalisation im Kahn inspizieren konnte – wie ein unterirdischer Gondoliere auf einem braunen Fluss. Aber so sehr sich Roms Kanalisation als großartiges Beispiel römischer Ingenieurskunst anführen ließe, sie stand nicht allen in der Stadt zur Verfügung. Nur wer die Gebühren bezahlen konnte, kam in ihren Genuss, sodass der Großteil der Armen gerade einmal vom Sitz einer öffentlichen Toilette aus zu dieser unterirdischen braunen Masse beitragen konnte und nicht etwa bequem von zu Hause aus.

Genauer gesagt, wie der Grieche kam auch der Römer den häuslichen Verrichtungen eher mithilfe des Nachtgeschirrs nach. Die Betuchten mochten daheim ihre eigene Toilette haben, einen standesgemäß gepimpten Nachttopf hatten sie trotzdem im Haus. Will man seinen Kritikern glauben, so war der von Marcus Antonius aus solidem Gold, während andere Exemplare mit Edelsteinen bevorzugten, was zeigt, dass einigen Leuten selbst die elementarsten körperlichen Funktionen Anlass für Geprotze sind. Die nichtswürdige Masse kippte derweil ihren schlichten Nachttopf auf die Straße aus, sehr zum Leidwesen der Passanten. – Dabei gab es durchaus Alternativen: Wie die griechischen *koprologoi* verdiente eine Zunft von Urin- und Misthändlern gutes Geld damit, den Inhalt römischer Nachttöpfe abzuholen und an Bauern und Färber zu verhökern; Letztere nahmen Urin zum Färben von Tuch. Das Geschäft warf so viel ab, dass der notorisch knausrige Kaiser Vespasian sich hämisch brüstete, das Besteuern selbst menschlicher Ausscheidungen bringe ihm gutes, sauberes Geld. Dreimal dürfen Sie raten, von wem der Ausspruch »Geld stinkt nicht« stammt ...

Wisch und Weg

Mittelalterlicher Witz gefällig?

Frage: Nenn mir das sauberste Blatt im Wald.
Antwort: Das der Stechpalme, weil sich damit keiner den Arsch zu wischen traut.

Was die Geschichte der Toilette anbelangt, so erreichte die Menschheit ihren Höhepunkt viel zu früh. Von der Harappakultur im Industal an ging es größtenteils wieder bergab, auch wenn man unter den antiken Supermächten im Mittelmeerraum durchaus nach wie vor auf einen gewissen Standard bei der Hygiene sah. Als jedoch Ende des 5. Jahrhunderts das überforderte westliche Römische Reich auf dramatische Weise zerfiel, machte das größtenteils auch dem sanitären Fortschritt ein Ende. Das frühe Mittelalter gilt gemeinhin als eine brutale, rückständige Welt voll Mord, Vergewaltigung und Einfalt bis zur Idiotie, eine Einschätzung, die nicht eben fair ist; weniger leicht zu verteidigen freilich sind die Hygienestandards der Zeit. Verschwunden waren die sprudelnden Brunnen ebenso wie öffentliche Latrinen und Schwammstöcke – die Wikinger zum Beispiel defäkierten größtenteils hinterm Haus und reinigten sich wahrscheinlich mit Wollknäueln, Blättern, Seetang oder Moos.

Obwohl es der Islam sehr ernst nahm mit der Hygiene und man sich wusch, um sicherzugehen, dass nach der Verrichtung nichts kleben blieb, ist in diesem Zusammenhang ein dem Propheten Mohammed zugeschriebenes Zitat interessant, laut dem man eine ungerade Zahl Kiesel zu benutzen hatte, sollte man sich mit dieser Methode den Hintern schrubben, was die Vermutung nahelegt, dass der frühe Araber zur Reinigung womöglich eine Handvoll Steine zu Hilfe nahm. Wenn ich mir vorstelle, wie unangenehm das gewesen sein dürfte, also ich hätte mich definitiv lieber für ein Steinchen entschieden statt drei. Wie auch immer, während wir noch auf unserer Schüssel sitzen und der morgendlichen Verrichtung nachgehen, wartet eine Rolle Klopapier auf ihren großen Augenblick. Bedenkt man, dass die Ägypter auf Papyrus schrieben und die Römer über Schriftrollen verfügten, drängt sich zu Recht die Frage auf, ob dem Menschen des Mittelalters zur Reinigung des Hinterns nicht irgendeine Art minderwertiges Papier zur Verfügung stand. Nun, nicht in Europa; aber höchstwahrscheinlich in China.

Papier war möglicherweise bereits im zweiten Jahrhundert vor unserer Zeitrechnung im Einsatz, aber der klassischen Legende nach machte es sich im Jahre 105 unserer Zeitrechnung – kaum 25 Jahre nach der Eröffnung des Kolosseums in Rom – am chinesischen Hof ein Eunuch namens Cai Lun zur Aufgabe, qualitativ hochwertiges Material zum Schreiben zu produzieren. Seine

Experimente waren ziemlich merkwürdig, da er praktisch alles zu Zellulose zerstampfte, was ihm so unter die Finger kam. Cai Luns unersättliche Neugier war das antike Gegenstück zu unserer eigenen, wenn wir unseren neuen Smoothie-Mixer ausprobieren: »Ob er wohl Steckrüben schafft? Kein Problem! Was ist mit Ananas? Oh, jetzt ist er kaputt.« Nach hartnäckigem Experimentieren kam Cai Lun schließlich auf eine merkwürdige, aber verlässliche Kombination: Papier ließ sich durch Zerstampfen und Kochen von Maulbeerbast, Fischernetzen und alten Lumpen herstellen.

Dann ist also unser Toilettenpapier 2000 Jahre alt? Nicht ganz. Schließlich hatte Cai Lun nach Schreibmaterial geforscht und nicht nach etwas, womit er sich den Hintern abwischen konnte. Die frühesten verifizierbaren Erwähnungen seiner Erfindung zu hygienischen Zwecken sind uns erst von Reisenden aus dem 9. Jahrhundert überliefert. Allem Anschein nach kam Papier Anfang des 7. Jahrhunderts von China nach Japan, aber es sieht ganz so aus, als hätten auch die Japaner nicht die Absicht gehabt, es an ihren Hintern auszuprobieren – sie zogen Seetang vor oder einen hölzernen, *chugi* genannten Stock. Archäologen fanden davon eine ganze Menge bei Ausgrabungen mittelalterlicher Burgen. Dazu kommt, dass die Japaner über Abtrittgruben kauerten; ein Klo aus dem 9. Jahrhundert, das Archäologen in der Burg von Akita in der Region Tohoku fanden, scheint aus zwei Bohlen – anstatt des u-förmigen Sitzes der Bronzezeit – bestanden zu haben, die über eine in den Burggraben mündende Abflussrinne gelegt waren. Es ist zwar nicht 100-prozentig belegt, aber das alte japanische Wort für Toilette *kawa-ya* (Flusshaus) deutet darauf hin, dass Toiletten zuweilen an fließenden Gewässern angelegt waren.

Fall bloß nicht rein!

Die Japaner waren nicht die Einzigen, die ihren Kot in Gewässern entsorgten. Es ist weithin bekannt, dass die London Bridge im England des Spätmittelalters von öffentlichen Toiletten gesäumt war – mit anderen Worten, dort fiel des Öfteren eine anstößige Wurst in einem anmutigen Salto in die Themse oder – was wohl nicht weniger selten vorkam – auf den Kopf eines nichts ahnenden Schiffers, der eben gemächlich den Fluss heraufkam. War es für die Bootsleute unter der Brücke nicht so angenehm, auf der Brücke blieb die Luft dafür rein und der Boden sauber, und weder Abzugskanäle noch Abtrittgruben waren nötig – mit der Themse floss der Dreck aus der Stadt ins Meer.

Abfälle in einen Fluss mit kräftiger Strömung zu entsorgen war insofern eine vernünftige Lösung, als es weder das Trinkwasser verschmutzte, noch zu übelriechenden stehenden Tümpeln führte, aber es hatte auch seine Nachteile. Klöster zum Beispiel bauten ihre Toiletten mit einer Ableitung in den nächsten Fluss oder Bach; nur hatten saisonbedingte Überschwemmungen die lästige Angewohnheit, das Abwasser dorthin zurückzudrücken, wo es herkam. Aus dem Mittelalter sind zahlreiche Hinweise darauf erhalten, dass sich die Städter auch gern als Heimwerker betätigt und sich ihre eigenen sanitären Lösungen zusammengeschustert haben. So verband man etwa clever Privet und Regenrinne oder leitete das Abwasser ganz nonchalant in Nachbars Garten. Die Behörden waren oft mit der Ahndung rasch bei der Hand (es ist ein Mythos, dass die sanitären Verhältnisse in mittelalterlichen Städten unreglementiert und chaotisch gewesen wären), aber selbst wenn sie einer Geldbuße entgingen, bekamen diese Mogler nicht selten die Quittung präsentiert, wenn eine Rohrverstopfung die übelriechenden Exkremente zurückstaute.

Falls es Sie bei dem Gedanken, bis zu den Knöcheln in Fäzes

zu stehen, schüttelt, denken Sie lieber erst gar nicht an diejenigen, die sich gelegentlich bis über den Kopf in menschlichen Unrat begeben mussten. Dazu konnten etwa Soldaten eines belagernden Heeres gehören wie die, die sich 1203 ins Château Gaillard einschlichen, indem sie einen Aborterker hinaufkletterten; oder Gerald of Wales und dessen an den Film *The Shawshank Redemption* erinnernde Flucht aus Cilgerran Castle im 11. Jahrhundert – er brachte sich in Sicherheit, indem er solch einen Toilettenschacht hinabrutschte und durch die Kloake darunter kroch. Aber immerhin kamen die eben Erwähnten mit dem Leben davon.

Die Leute, die Kloaken oder Abtrittgruben ausräumten, waren in England als *gongfermers* oder *nightsoil men* bekannt, und der Job galt als so ekelhaft, dass diese Männer nur arbeiten durften, während die anderen schliefen. Das ist auch dem in deutschen Mundarten gebräuchlichen *Nachtkönig* – oder *Nochtkini* – anzuhören, dem »amtlich bestellten Abtrittreiniger, der nachts tätig ist«, wie es im Grimm'schen Wörterbuch heißt; der »König« leite sich dabei ab von dem lateinischen *cunulus* für Kanal. Dasselbe gilt für den *Schundkönig,* die vulgäre Bezeichnung für den *Schundfeger,* »der die Abtritte fegt, reinigt«, die auch als *Schundlöcher* oder *Schundgruben* bekannt waren. Obwohl man sie auch als *Goldgräber* bezeichnete, gehörten die Abtritträumer – wie Henker, Dirnen, Abdecker und Bader – zu den ehrlosen Menschen. Man respektierte sie also genauso wenig wie die englischen *gongfermers,* die für ihre Drecksarbeit übrigens großzügig entlohnt wurden; betucht also, aber nicht geehrt – hört sich nach *den* Hedgefonds-Managern des Mittelalters an. Ein weiterer Grund für das ansehnliche Salär war das Risiko, das sie eingingen, da die schädlichen Dämpfe zur Bewusstlosigkeit und damit zum Ertrinken führen konnten, wenn man in den *Unflath* fiel. Einem von ihnen, Richard dem Feger, erging es gar noch schlimmer – als die angefaulten Dielen über seiner eigenen Schundgrube nachgaben, ertrank er im blubbernden Morast; dass ein *gongfermer* an seinem freien Tag zuhause in seinem eigenen Kot ertrinken sollte, das scheint mir Definition und Gipfel von Ironie.

Pfannen, Privets und die Darmentleerung in der Öffentlichkeit

Nichtsdestoweniger war – in Ausnahmefällen – die Reinigung fremder Töpfe ein privilegierter Posten. Heinrich VIII. verlieh seinem königlichen Arschputzer den Titel *The Groom of the Stool*. Es gehörte zu den Pflichten des Mannes, den königlichen Stuhl zu inspizieren sowie die Fürze seiner Majestät schnuppernd auf leiseste olfaktorische Hinweise auf Krankheiten zu sondieren. Ein Posten, mit anderen Worten, der buchstäblich die Arbeit mit einem Arschloch mit sich brachte, aber die Bezahlung war fürstlich und sein Renommee enorm – wer sonst wollte behaupten, dem mächtigsten Mann der Nation derart nahe zu kommen?

Heute benutzen nur noch Kinder und Bettlägerige Töpfe und Bettpfannen. Toiletten unserer Zeit sind mit einem Spülmechanismus versehen, der eine relativ junge Erfindung ist; einen Prototyp dafür gibt es freilich seit über 400 Jahren. Und mit ihm ist eine nette Geschichte verknüpft. Die Tochter von Heinrich VIII., Elisabeth I., hatte in Sir John Harington einen begabten, wenn auch nicht ganz unumstrittenen Patensohn, der sich nach der Übersetzung eines pikanten Gedichts vom Hof seiner pikierten Patin verbannt sah. Anstatt sich jedoch in den Schmollwinkel zurückzuziehen, widmete er die Zeit in der Verbannung der Erfindung einer ausgesprochen cleveren Gerätschaft, auf die hin Lizzie ihm gleich wieder gut war: die wassergespülte Toilette. Einmal mehr bezaubert von ihrem kessen Patensohn, ließ sie sich im Richmond Palace ein solches königliches Privet installieren.

Es hört sich jedoch ganz so an, als hätte Elisabeth I. ihre Milde spätestens dann wieder bereut, als der unbändige Harington 1596 eine freche Schrift mit dem Titel *The Metamophosis of Ajax* herausbrachte, eine politische Satire mit Toilettenmotiv, die sich gegen ihrer Majestät engste Berater richtete. (*Ajax* ist ein Wortspiel auf ein weiteres Synonym für den Abtritt: *a jakes*.) Es handelte sich jedoch nicht nur um eine skatologische Breitseite gegen die Herrschaft seiner illustren Patin; Harington zeigte aufrichtiges Interesse an den Ursachen städtischer Krankheiten und machte sich für einen höheren Standard bei den öffentlichen sanitären Einrichtungen stark. Seine satirische Schmähschrift mochte ihm die abermalige Verbannung vom Hof eingebracht haben, sein wissenschaftlicher Weitblick jedoch verdient unseren Respekt. Und das ist noch nicht alles ... Er hat nicht nur das Spülklosett erfunden. Wenn wir auf unserem Thron sitzend in unserer Klolektüre blättern, treten wir in Haringtons Fußstapfen – er nämlich stellte sich Leseexemplare seiner *Metamorphosis* an Ketten in jedem Privet des Palastes vor.

Auf dem Klo zu lesen ist eine durchaus zivilisierte Angelegenheit, aber über seinen Stuhlgang zu schreiben, das geht ja wohl doch zu weit. Oder? Erstaunlicherweise war das genau das, was Martin Luther, der deutsche Reformer, dessen Ideen den Protestantismus hervorbrachten, gern tat. An hartnäckiger Verstopfung leidend, verbrachte er Stunden damit, sich seinen infernalischen Stuhl abzuringen, und so ließ er sich in der Ecke seines Büros eine Toilette einbauen, auf der er theologische Gedanken spann. Das war jedoch noch nicht das Ende seines darmbezogenen Outputs. Er begann auch erstaunlich offene Briefe an Freunde zu schreiben, in denen er detailliert auf sein herkulisches Ringen mit seinem Stuhlgang einging; außerdem bedachte er in seinen theologischen Schriften den Teufel mit deftigen Beschimpfungen, wie dieses Prachtbeispiel verdeutlicht: »Hast du aber nicht gnug daran

65

[an Luthers Argumentation], du Teufel, so hab ich auch geschmissen und gepinckelt, daran wische dein Maul, und beisse dich wol damit.« Jeder aufstrebende Standup-Komiker täte gut daran, sich diese Zeile für den nächsten Zwischenrufer zu merken …

Luthers Offenheit gegenüber Vertrauten war jedoch nichts gegen die Schamlosigkeit am französischen Königshof des 17. Jahrhunderts, wo man eher einen weißen Raben gefunden hätte als ein Minimum an Anstand in Sachen Toilette.

Monarch in heruntergelassenen Hosen

Stellen Sie sich vor, Sie sind ein frischgebackener Höfling im goldenen Schloss Ludwig des XIV. in Versailles. Während Sie in Ihrer Kalesche darauf zufahren, bestaunen Sie die umwerfende Architektur und verdrehen sich den Hals nach den hoch aufschießenden Fontänen inmitten der perfekt gepflegten botanischen Pracht. Schließlich steigen Sie schier zitternd vor Aufregung aus und stehen etwas später im Schloss, überwältigt von all dem Luxus rundum. Mit großen Augen taumeln Sie ungläubig in die goldgefasste Erhabenheit des Spiegelsaals, wo Sie nervös auf Ihr Stichwort warten. Nach einer Ewigkeit, wie es scheint, führt man sie dann durch eine Flucht prächtiger Räume in die privaten Gemächer des Königs. Sie biegen um eine letzte Ecke und erreichen eine Tür. Sie klopfen nicht etwa, sondern kratzen, dem Brauch folgend, leise mit dem Nagel des kleinen Fingers ihrer Linken am Holz. Eine Stimme heißt Sie einzutreten; Sie treten über die Schwelle und haben ihn vor sich, den mächtigsten Mann Europas, der gerade am … Kacken ist.

Bis 1684, als er sich hinter einen purpurnen Vorhang zurückzuziehen beliebte, konnte es durchaus vorkommen, dass einen der Monarch zum Plausch mit heruntergelassenen Hosen empfing, den Hintern auf dem Nachtstuhl – einer hölzernen Kiste mit herausnehmbarem Topf. Trotz Empfehlungen seiner Architekten hielt der Sonnenkönig einen separaten Toilettenraum für Geldverschwendung und des Aufwands nicht wert; er verrichtete sein tägliches Geschäft dort, wo er sich gerade befand. Diese legere Einstellung zur eigenen Privatsphäre galt allerdings mitnichten für seine Untertanen, sogar wer mit ihm in der Kutsche unterwegs war, musste sich jegliche auch noch so dringende Bedürfnisse bis zur Ankunft verkneifen.

Aber nicht nur Ludwig XIV. entleerte im Beisein anderer munter seinen Darm. Die Herzogin von Burgund behauptete gar, sie hätte sich »nie offener äußern können« als auf ihrem Nachtstuhl, und der Herzog von Vendôme entsetzte den Bischof von Parma damit, den illustren Prälaten auf dem Topf sitzend zu begrüßen, und erhob sich dann zu allem Übel auch noch mitten unter der Diskussion, um sich den Allerwertesten abzuwischen. Wer ihn kannte, wäre freilich weniger schockiert gewesen, da der Herzog hin und wieder sogar seine Mahlzeiten auf dem Nachtstuhl sitzend einnahm.

Wen wundert es da noch, dass die öffentlichen Bereiche selbst der prächtigsten Schlösser, auch das Schloss Versailles war hier keine Ausnahme, durch übelriechende Exkremente verschmutzt waren. Einmal die Woche, so verfügte um die Todeszeit des Sonnenkönigs ein Erlass, seien die Fäzes aus den Korridoren des Versailler Schlosses zu entfernen. Wobei sich einem zwei Fragen aufdrängen: 1) War der königliche Palast tatsächlich von Häufchen übersät?, und 2) War es möglich, dass man diese *eine ganze Woche* lang vor sich hin stinken ließ? So unglaublich es sich anhören mag, es waren nicht nur Bedienstete und Besucher aus der Stadt, die unerwünschte Souvenirs zurückließen. Selbst die Mutter Ludwigs XIV. hatte man eines Tages hinter einen Gobelin Wasser lassen sehen. Die Treppenhäuser als öffentliche Toiletten zu benutzen war so alltäglich, dass ein früherer König, Heinrich IV., es für angezeigt hielt, eine Geldbuße über jeden zu verhängen, den man dabei erwischte. Den Vogel freilich schoss der Graf von Guiche ab, der, als ihn die Blase während eines Staatsballs drückte, sein Wasser in den Muff seiner Tanzpartnerin abschlug – genauso gut könnten wir uns heute in eine Damenhandtasche entleeren.

Fuhr man unterdessen mit dem König hinaus nach Fontainebleau, musste man rasch feststellen, dass es sich dort seinen Verrichtungen nur im Freien nachkommen ließ. Was nichts anderes bedeutete, als dass die noblen Damen und Herren sich im Garten in die Büsche schlugen, um dort – hingekauert wie in Samt gekleidete Füchse – heimlich einen abzuseilen. Und das war keineswegs nur bei den Franzosen so. Als 1665 in London die Pest ausbrach, verlegte König Karl II. den Hof nach Oxford; wie ein angewiderter Einheimischer berichtete, hinterließ die Entourage des Königs»ihre Exkremente in jeder Ecke, in Kaminen, Arbeitszimmern, Kohleschuppen, Kellern«. Ob die Bediensteten dort sich beim Putzen an die Suche nach Ostereiern erinnert sahen?

Wer keinen königlichen Toilettenstuhl besaß, hielt sich an die römische Tradition des Nachttopfs, der in Mittelschichtheimen noch das ganze 18. Jahrhundert hindurch das wesentliche Hilfsmittel zur Verrichtung dieser unausweichlichen körperlichen Grundbedürfnisse war. Er findet auch gelegentlich Erwähnung bei Samuel Pepys, dem berühmten Tagebuchschreiber der 1660er-Jahre. Der Nachttopf war zweifelsohne leicht in der Handhabung, hatte aber durchaus seine Nachteile. So musste man ihn zunächst einmal finden. Wenn unsereins heute dringend muss, bedarf es nicht erst eines nervigen Versteckspiels mit dem Topf – wir gehen einfach zur Toilette und ziehen dort blank. Ganz anders bei Samuel Pepys, der sich anno 1665 in einem ihm nicht vertrauten Haus aufhielt, als er nachts mit Bauchgrummeln erwachte. Verzweifelt tastete er im Dunkeln nach dem Topf, nur hatte das Hausmädchen vergessen, ihm einen unters Bett zu schieben, was ihn zu einer drastischen Maßnahme greifen ließ: »Ich sah mich in diesem fremden Hause zweimal gezwungen aufzustehen und in den Kamin zu scheißen.« Es ist dies nicht die schlimmste seiner einschlägigen Anekdoten. 1663 schafften seine Frau und das Hausmädchen es, den Nachttopf fallen zu lassen, sodass sich der stinkende Inhalt über den Boden ergoss. Da so ein Behältnis an jeden beliebigen Ort getragen werden konnte, war es im 18. Jahrhundert in Esszimmern selbst der besten Häuser völlig normal, dass die Dienstboten einen herbeiholten, sobald ein wohlerzogener Gast sich erheben und in einer Ecke sein Wasser abschlagen wollte, während die anderen über Hauspreise plauderten – oder was auch immer das angesagte Thema einer Abendgesellschaft jener Zeit war. Man ging nicht auf die Toilette, sie kam zu einem … was sich jedoch langsam, aber sicher zu ändern begann.

Zimmer ohne Aussicht

Gäste der Michie Tavern, die 1784 von William Michie eröffnet wurde, konnten sich nicht nur in dem erhebenden Bewusstsein laben, dass sie sich nur wenige Meilen entfernt von Monticello, dem Landgut des dritten US-Präsidenten Thomas Jefferson in Virginia, befanden, auch hier zog man sich zur Notdurft vornehm zurück. Der Abort für die Gäste war in einer separaten Hütte untergebracht. Doch es gab ein Problem: Michies Gäste sprachen in freudvoller Geselligkeit gern dem Alkohol zu, und die unvermeidlichen Folgen davon – Doppelsichtigkeit und mangelnde Koordination – ließen immer wieder mal einen Gast mit dem Hintern zu tief in das Loch der Sitzbank geraten, wo er dann steckenblieb. Der ständigen Rettungsmissionen leid, installierte Mi-

chie eine Hilfe zur Selbsthilfe in Form eines Stricks von der Decke, der es dem angetrunkenen Gast ermöglichte, sich selbst aus
der peinlichen Lage zu befreien.

Ludwig XIV. hätte das vermutlich nicht zugesagt, aber im
18. Jahrhundert setzte sich das Konzept eines eigenen Toiletten-
raums zunehmend durch. Entweder als Hütte im Garten, wie
Michie das getan hatte, oder als Anbau am Haus, unter den eine
Kloake kam. Im London des 18. Jahrhunderts erhielten diese An-
bauten eine Reihe von hübschen Namen wie *necessary house, house
of office* und *bog house*. In der Regel ragten sie aus der Hauswand
oder waren in den Keller gebaut. Diese stillen Örtchen wiesen
bei aller Nützlichkeit meist noch Mängel bei der Nutzbarkeit auf.
Zunächst einmal war da die Größe des Lochs im Sitz: Es musste
groß genug für das Hinterteil eines Erwachsenen sein, aber nicht
so groß, dass einem die Kinder in die Toilette fielen. Ein weiteres
Problem war die Grube selbst. Hatte sie Ziegelwände, musste sie
regelmäßig geleert werden, was teuer war; außerdem konnte der
Geruch selbst einem Stinktier das Fürchten lehren. Trotzdem war
ein solches Szenario der unbefestigten Erdgrube bei weitem vor-
zuziehen, da bei ihr die ungeklärte Brühe ins Trinkwasser sickerte,
wenn sie sich nicht gar bis zurück in die Küche staute, was praktisch dazu führte, dass man mit Abwasser kochte.

Als Henry Mayhew, ein engagierter Streiter für ein hygieni-
sches London, in den 1850er-Jahren Abtritträumern bei der Entleerung einer Kloake zuschaute, meinte er, der Gestank mache einen zwar »buchstäblich krank«, aber wenigstens sei die Kloake so
gebaut, dass sie ihren Inhalt nicht wieder hergab. Es scheint schockierend, dass sich in der Stadt, in der ich arbeite, vor nur 150 Jahren ein solches Außenklo fünfzehn Familien geteilt haben sollen –
das sind etwa 100 Personen.

Aber wie lief der Übergang zur privaten Familientoilette denn
nun eigentlich ab?

Der englische Ort

Sir John Harington hatte sein bahnbrechendes Wasserklosett in den 1590ern erfunden, aber nur zwei funktionierende Exemplare davon gebaut, was nicht eben zur globalen Verbreitung seiner wunderbaren Erfindung beitrug. Um als Erfinder groß rauszukommen, muss man das auch durchziehen und ordentlich ins Marketing seiner Gerätschaft investieren; Harington dagegen verplemperte seine Zeit lieber damit, seine königliche Patentante mit zotigen Wortspielen zu irritieren. So hatten denn Ende des 17. Jahrhunderts die Franzosen Gelegenheit, Haringtons Spülklosett noch einmal zu erfinden.

Bereits 1691 gestaltete der Architekt Augustin-Charles d'Aviler Grundrisse für Luxusdomizile, bei denen die sanitären Einrichtungen eingebaut waren. Ludwig XIV. mochte auf seine Toilettenecke mit Samtvorhang bestanden haben, die jüngeren Höflinge waren begeistert von der Verbreitung dieser würdigen Privets. 1728 erklärte der französische Architekt Charles-Etienne Briseux, der Nachtstuhl »gehört der Vergangenheit an«; moderne Menschen, so beteuerte er, benutzten stattdessen mit Zu- und Abfluss versehene *easy-seats*. Ein Jahrzehnt darauf wurde das Klappenklosett von Jean-François Blondel, einem weiteren französischen Architekten, verbessert und bald standardmäßig in Häusern kultivierter Leute verbaut. Ganz im Gegensatz zu stereotypen Vorstellungen war es also gerade die französische Aristokratie, die sich im 18. Jahrhundert sprunghaft an die Spitze europäischer Hygienestandards setzte. Und doch bekamen diese Toiletten unerklärlicherweise den euphemistischen Spitznamen *le lieu à l'anglaise* – der englische Ort.

So sehr sich die französische Aristokratie hinter die eingebaute Toilette stellte, dem gewöhnlichen Franzosen scheint ihren Gebrauch niemand erklärt zu haben. Als der schottische Autor

Tobias Smollett 1763 Nîmes besuchte, kam ihm ein Hausmädchen unter, dessen Leben durch das neu installierte Spülklosett ihrer Herrschaft noch ekelhafter und schwieriger wurde, als es ohnehin schon war. Das Privet, das man ganz offensichtlich für britische Reisende hatte einbauen lassen, war ausnahmslos auch bei den französischen Gästen des Hauses beliebt – nur dass sie dort nicht ins Klo, sondern auf den Boden kackten. Es übersteigt die Vorstellungskraft, wie sie zu diesem Entschluss hatten kommen können. Stellte sie die Porzellanschüssel vor ein unlösbares Rätsel? Oder hatte Smollett mit dieser Verleumdung des französischen Erzfeinds nur bei den britischen Chauvis punkten wollen?

Mal abgesehen davon, dass sie uns angewidert die Nase rümpfen lässt, zeigt die Anekdote, dass Großbritanniens gebildete Schichten um die Mitte des 18. Jahrhunderts mit dem Spülklosett vertraut waren. Der als Mann von Esprit bekannte Lord Chesterfield, der seinem Sohn gern Briefe mit Rat in weltlichen Dingen schrieb, erwähnte einen Bekannten, der so gut im Multitasking gewesen sei, dass er lateinische Lyrik mit auf die Toilette nahm. Der werte Herr pflegte einige Seiten aus Horaz' Oden zu reißen und sich während der Verrichtung daran zu ergötzen – bevor er sich den Hintern damit wischte und sie als »Opfer an Cloacina«, die alte Göttin der Kanalisation, in die Schüssel warf. Sir John Harington wäre vermutlich hocherfreut gewesen über den Erfolg der von ihm erfundenen Klolektüre – solange es sich nicht um seine *Metamorphose des Ajax* handelte, die da Blatt für Blatt von der Kette gerissen und mit Exkrementen verschmiert weggespült wurde.

»S« wie Schluss mit dem Gestank

Bei allem Fortschritt in Frankreich, die Ursprünge des Spülklosetts, wie wir es heute kennen, finden sich in England. Die erste wirklich große Neuerung kam 1775 mit Alexander Cummings mechanischem Klappverschluss. Es handelte sich dabei um einen auf dem Grund der Toilettenschüssel angebrachten Schieber, der, durch einen Hebel betätigt, beiseiteschoss, um den Fäzes den Absturz zu ermöglichen, bevor mit einem großzügigen Schwall Wasser nachgespült wurde. Besonders clever war jedoch Cummings Design der Rohre – seine neue S-Form mit wassergefülltem Knick fungierte als Geruchsverschluss und war ein Riesenschritt nach vorn, da er das Austreten der infernalischen Faulgase unterband. Wir verdanken es Cumming, dass wir heute unser Mittagessen zum einen Ende einschieben und zum anderen entsorgen können, ohne dass uns schlecht werden müsste von dem damit verbundenen Gestank.

Man sollte dazu jedoch auch gleich sagen, dass Cummings Schieber zum Verdrecken neigte, da er während des Spülvorgangs geöffnet war und so nie richtig abgespritzt wurde. Zur Behebung dieses Missstands stahl 1778 Joseph Bramah die Idee eines Dritten und ließ sie sich patentieren: Er ersetzte den Schieber durch ein Federventil, das mit jedem Spülvorgang gereinigt wurde. Damit sah sich der Hausbesitzer nicht länger mit seinen täglichen Absonderungen in Pfannen und Kübeln konfrontiert – noch musste er befürchten, dass der Schiet auf dem Boden landete wie bei Pepys. Die neuen Wasserklosetts waren leise, sauber und begannen besser zu riechen. Es dauerte nicht allzu lange, und sie wurden geradezu nett mit ihren hübschen Bildchen auf der Innenseite der Porzellanschüssel. (Es ist der einzige mir bekannte Fall, dass sich jemand aufgefordert sah, auf ein Bild zu urinieren.)

Es kommt übrigens nicht von ungefähr, dass der Einzug der

installierte Toilette in den englischen Haushalt Hand in Hand mit dem Anziehen der Moral in der viktorianischen Ära ging; die ungehobelte Derbheit des 18. Jahrhunderts, wo selbst Königinnen und Könige öffentlich in Kübel gemacht hatten, wich der nüchternen Privatsphäre einer verklemmten Welt, wo man die täglichen Verrichtungen besser erst gar nicht ansprach. Was menschliche Exkremente anbelangt, so war das Wasserklosett die perfekte Verkörperung der Wendung »aus den Augen, aus dem Sinn«. Nicht dass damit die Toilettenrevolution bereits ein Ende gehabt hätte. Die Reichen mochten sich so etwas leisten können, aber wie sah es mit der Mehrheit der Bevölkerung aus?

Das Volksklo

1851 war London Gastgeber der Great Exhibition, der ersten Weltausstellung überhaupt. Als Möglichkeit zur Präsentation von Erfindungen und Wundern der Ingenieurskunst aus der ganzen Welt angekündigt, war man sich insgeheim so gut wie einig, dass sie letztlich als ungeheure Werbekampagne für Glanz und Gloria des britischen Empires gedacht war. 50.000 Besucher kamen täglich in den eigens dafür im Hyde Park errichteten Kristallpalast; insgesamt haben die Ausstellung sechs Millionen Menschen besucht. Angesichts der unvermeidlichen körperlichen Bedürfnisse solcher Massen, die ja nicht nur herumschlendern, sondern auch essen und trinken würden, sahen die Organisatoren sich vor einem Problem.

Die Rettung kam in Gestalt des Klempners Josiah George Jennings, der den Zuschlag für den Bau der Toiletten am Crystal Palace bekam. Es waren dies die ersten öffentlichen Toiletten seit dem Mittelalter, und Jennings bot sie in gleich drei Versionen. Für den Normalverbraucher installierte er innovative Urinals

im Ring um eine zentrale Säule, die kostenlos waren; die Parade-
stücke aber waren seine Spülklosetts, die von 827.000 Menschen
benutzt, pro Besuch einen Penny kosteten, was den Euphemismus *to spend a penny* für den Besuch der Toilette inspirierte. Und
da wir uns im viktorianischen England befinden, wo man besessen war vom sozialen Rang, bot Jennings zwei Arten des Spülklosetts an, je nachdem wie viele Pennys man auszugeben bereit war.

Die Kundschaft der ersten Klasse konnte sich der mittlerweile traditionellen Toilette mit Federventil erfreuen, während
Jennings in der zweiten Klasse schlichtere Modelle eigenen Designs installierte: Spülklosetts, die sich einzig auf den S-förmi-
gen Geruchsverschluss verließen; sie kamen ohne die Ventile am
Boden der Schüssel aus. Billiger und ergonomischer, schlugen
diese vereinfachten Modelle ganz groß ein und eroberten bis in
die 1870er-Jahre im Handumdrehen den heimischen Markt. Die
nächste Veränderung im Toilettendesign jedoch ergab sich nicht
aus Kostengründen; bei ihr sollte vielmehr der wissenschaftliche
Fortschritt Pate stehen.

Zwei Jahrtausende lang hatte in der Medizin Hippokrates' und
Galens Miasmenlehre gegolten, der zufolge üble Ausdünstungen
für Krankheiten verantwortlich waren. Mitte der 1850er-Jahre jedoch trat unter Führung eines empirischen Stoßtrupps – beste-
hend aus Ignaz Semmelweis, John Snow, Joseph Lister, Louis
Pasteur und Robert Koch – die Infektionstheorie bzw. Bakterio-
logie ihren Siegeszug an. Die genannten Herren hatten erkannt,
dass Bakterien, und nicht etwa finstere Miasmen – Auslöserstoffe
in Luft oder Erde – für die Schrecken der Cholera verantwortlich waren. Dank der weiten Verbreitung ihrer Ideen begann man
freistehende Porzellantoiletten zu bauen, die besser sauber zu halten und nicht mehr in schmuddeligen Boxen aus Holz voll lau-
ernder Bakterien versteckt waren.

Der große Sprung kam 1884, als Jennings' Firma das freistehende Keramikklosett auf den Markt brachte, bei dem der Syphonverschluss bereits in die Keramikkonstruktion eingebaut war; der Wasserkasten für die Spülung war direkt in die Wand montiert. Besonders interessant für die Herren unter meinen Lesern dürfte sein, dass diese Modelle auch die Klobrille mit Scharnieren einführten, sodass diese Toiletten gleichzeitig auch als Urinals zu benutzen waren. Und ja, bevor Sie fragen, es ist so beruhigend wie eklig, dass bereits im feinen 19. Jahrhundert die Frauen darüber klagten, dass die Herren der Schöpfung den Boden rund um die Toilette berieselten. Wo immer man in der Geschichte nachguckt, wenn es ans Zielnehmen geht, scheint der männliche Penis nicht besser als ein mit Blindheit geschlagener Robin Hood.

Obwohl Jennings zweifelsohne der Star in den 1850ern gewesen war, ergatterte sich Thomas Crapper das Patent als offizieller Hoflieferant der britischen Krone. Da *crapper* ein vulgäres Synonym für die Toilette ist, kam in den USA der Großstadtmythos auf, Thomas Crapper hätte das Spülklosett erfunden oder sein Name für das Verb *to crap* – kacken – Pate gestanden, aber weder das eine noch das andere ist zutreffend; eine gewisse Glaubwürdigkeit hat allerdings die Theorie, dass die amerikanische Wendung *going to the Crapper* – auf den Abort gehen – sich daraus ergeben hätte, dass sein Name auf den Toiletten der während der beiden Weltkriege in Großbritannien stationierten GIs aufgedruckt war. Dass Amerikaner nicht etwa – nach einem anderen namhaften Toilettenhersteller – *going to the Shanks* sagen, beweist nur, dass Crapper ein Geschenk des Himmels ist, was treffende Namen angeht. Der arme Thomas scheint einfach ein Opfer der alten Weisheit *nomen est omen* zu sein; nicht dass er uns deswegen leidzutun braucht, schließlich hat er einen Arsch voll Geld damit verdient.

Wie auch immer, Crappers großer technischer Beitrag war der Siphonverschluss, der den alten Geruchsverschluss dahingehend verbesserte, dass kein Methangas mehr aus dem Klo kam. Es ging hier nicht nur um unangenehme Gerüche; Methan ist hochentzündlich, und ein verirrter Funke aus einer genüsslich bei der Verrichtung gerauchten Tabakspfeife konnte zu schlimmeren Explosionen als sonst am stillen Örtchen üblich führen. Aber Toiletten waren längst nicht mehr rein funktionell. Zu der Zeit, als Crapper die Keramiktoilette perfektioniert hatte, waren längst einige der eher klobigen Tonbehälter mit überraschender Eleganz zu imposanten Seeungeheuern, Delphinen oder Muscheln mutiert. Und das lange bevor Marcel Duchamps die Kunstwelt davon zu überzeugen versuchte, dass ein Urinal Kunst sein konnte; die Viktorianer waren ihm um Jahre voraus.

Die Beliebtheit des fest installierten Spülklosetts begeisterte jedoch durchaus nicht jeden. Es entbehrt nicht einer gewissen Ironie, aber der durch die Infektionstheorie losgetretene Run auf die Massenhygiene brachte Tausende in Gefahr …

Bitte nicht spülen!

Im Jahre 1858 sah London sich im Würgegriff der Atem raubenden Ausdünstungen einer von der Sonne erwärmten Themse. Im Parlament bestrich man die Vorhänge mit Chlorkalk, weil die Abgeordneten sonst keine Luft mehr bekamen; die ganze Stadt stank wie eine Kläranlage, was jedoch nur die Oberfläche des Desasters war. Die wahre Bedrohung zeigte sich in einem jähen Anstieg von Typhus- und Choleratoten. Erst vier Jahre zuvor hatte der Arzt John Snow statistisch belegt, dass eine Choleraepidemie in Soho auf eine Pumpe zurückzuführen war, von der die Bevölkerung ihr Trinkwasser bezog, nur hatten die Behörden seine Bedenken abgetan. Jetzt bedauerten sie ihre Entscheidung.

Was war passiert? Was hatte das sommerliche London in einen drückenden Höllenpfuhl voll tödlicher Bakterien verwandelt? Die Antwort darauf ist kontraintuitiv: die Zunahme persönlicher Hygiene. Es gab mittlerweile zu viele Mittelschichthaushalte mit Spülklosetts, und deren stinkende Abwässer landeten in der Trinkwasserversorgung der Stadt. Dr. Snow hatte davor gewarnt, aber die Regierung hatte sich die Finger in die Ohren gesteckt; ein Ausbau des Abwassersystems verbiete sich schon aus Kostengründen, hatte man ihm gesagt. Als dann der sogenannte *Great Stink* zuschlug, der die Politiker plötzlich durch Taschentücher nach Luft schnappen ließ, war das Geld schlagartig, wie durch ein Wunder da. Erstaunlich, nicht wahr? Sodann machte sich der renommierte Ingenieur Joseph Bazalgette an die Planung seines berühmten Kanalnetzes – es ist noch heute der Kern von Londons unterirdischer sanitärer Infrastruktur.

Gesundheitliche Erwägungen waren jedoch nicht die einzigen Argumente, die die Gegner des Spülklosetts ins Feld führten. Für einige waren menschliche Abfallprodukte eine wichtige Quelle für Dünger; sie so einfach wegzuspülen war in ihren Augen eine Verschwendung nützlicher Ressourcen. Einer der wesentlichen Befürworter dieser frühen Form umweltfreundlichen Recyclings war der Reverend Henry Moule, ein Vikar aus Dorset; seine Reaktion auf den Großen Gestank von 1858 bestand darin, den alten Nachtstuhl mittelalterlicher Könige zu einem Erdklosett umzubauen. Hochwürden hatte nämlich festgestellt, dass etwas Erde auf einem Kübel mit Fäzes den Geruch neutralisierte, sodass seine simple Erfindung weite Verbreitung in Großbritannien fand, vor allem aber in seinen überseeischen Kolonien.

Diese Ökotoiletten kamen in zwei Modellen. Das Ascheklosett griff das alte Abortsystem wieder auf, die Fäzes in eine Erdgrube zu werfen, nur deckte man sie nun mit Asche zu. Das Ascheklosett musste natürlich geleert werden, und das viermal im Jahr. Alternativ dazu gab es eine kleinere Version in Form eines

Kübelklosetts, das im Wesentlichen aus besagtem Kübel unter einem hölzernen Sitz mit einer Vorrichtung bestand, mittels der sich nach jedem Toilettenbesuch Ruß oder Asche über den Kot streuen ließ. Anstatt die Abfälle dort über Monate stehen zu lassen, ließ man sie regelmäßig von Abritträumern abholen, die mit speziellen Wagen durch die Städte zogen; diese Wagen konnten mehrere verschlossene Bottiche auf einmal transportieren. Das Ganze funktionierte nach dem Milchmannprinzip, nur umgekehrt: Bei Abgabe eines vollen Bottichs händigte man dem Hausbesitzer desinfiziertes Leergut aus.

Es war eine nette Idee, aber um einiges geruchsintensiver als das Spülklosett, und nur die engagiertesten Ökokrieger oder Familien, die sich den Einbau sanitärer Einrichtungen nicht leisten konnten, harrten damit bis ins 20. Jahrhundert aus. Selbst die innovative Chemotoilette der 1920er-Jahre, das Elsan-Klosett, gab einen Geruch von einbalsamierten Leichen mit losem Sphinkter von sich, so stark rochen sie nach Formaldehyd und Kot. So war denn das Spülklosett trotz diverser Gegenbewegungen auf einem nicht aufzuhaltenden Siegeszug, und obwohl kleinere Modifikationen die Effizienz der Spülung und die Reinigung der Schüssel verbessern sollten, Josiah George Jennings' klappenlos-schlichtes Konzept sollte im 20. Jahrhundert die westliche Welt dominieren.

Voll von der Rolle

Nach wie vor auf dem Thron, werden wir nun mit perforiertem Toilettenpapier handgreiflich, das es auf Rollen mit Hohlseele zu kaufen gibt. Aber wo kommt es her? Vom Supermarkt mal abgesehen. Wir wissen, dass die Chinesen bereits im 9. Jahrhundert mit Klopapier zugange waren und dass Lord Chesterfields Freund in den 1730ern lateinische Lyrik benutzte, aber erst 1857 begann der New Yorker Joseph Gayetty mit der Massenproduktion der modernen Klorolle, deren Papier um der hygienischen Flutschigkeit willen mit Aloe-Extrakt imprägniert war. Die heute so beliebte Perforation zur bequemeren Portionierung folgte in den 1870ern, die zweite Lage für höhere Reißfestigkeit kam in den 1940er-Jahren. So richtig flauschig dürfen wir uns das freilich nicht vorstellen; immerhin warb noch in den 1930ern die Northern Tissue Company stolz mit einem »splitterfreien« Produkt – was mir persönlich nun wirklich als absolutes Minimum für den bloßen Hintern erscheint …

Die Zukunft des Toilettenpapiers nimmt sich weniger rosig aus. Nachdem sich die Japaner Tausende von Jahren in Bachhäuschen oder an Steilhängen kauernd den Hintern mit Bambussplissen gesäubert hatten, stellte man ihnen in den 1980er-Jahren das Washlet vor, eine intelligente Toilette, die einem die Rosette mit Wasserstrahlen reinigt und zum Trocknen eine warme Böe um die Backen bläst. Ein veritables Robo-Klo, nimmt einem so ein Washlet unter anderem das Wischen ab und macht die Klorolle überflüssig. Eingedenk der ungeheuren Waldflächen, die täglich geschlagen werden, nur damit wir uns den Hintern wischen können, dürfte in einer umweltfreundlicheren Zukunft auch der Rest der Welt irgendwann auf solche Hightech-Klos gehen.

Aber beenden wir unsere Sitzung; es wird Zeit, unseren Tag anzugehen. Nachdem wir uns also abgewischt, gespült und die Hände gewaschen haben, ist es höchste Eisenbahn, etwas gegen unseren knurrenden Magen zu tun. Zeit fürs Frühstück!

10 Uhr

GUT GEFRÜHSTÜCKT

Ungelenk tappen wir in die Küche, die bleiernen Glieder noch nicht ganz wach, und überlegen, wie wir unseren knurrenden Magen beschwichtigen sollen. Das Problem ist, dass wir für den Abend Freunde zum Essen eingeladen haben, da will man sich natürlich den Appetit nicht verderben. Vielleicht belassen wir es also besser bei einer Schale Cornflakes und genehmigen uns um zwei ein Sandwich, was wohl genügen dürfte. Oder auch nicht – etwas karg ist das schon, und an einem freien Tag sollte man es sich ja wohl gut gehen lassen. Okay, gehen wir's anders und den Tag mit einem herzhaften Frühstück an. Besser, Kalorien zu tanken und das Mittagessen ganz ausfallen zu lassen. Dass wir Briten dreimal am Tag essen, kam ohnehin erst im späten 18. Jahrhundert mit dem Aufkommen des künstlichen Lichts auf, das die Schlafenszeit in die Nacht zu verschieben begann.

Nehmen wir die Römer. Sie kannten nur eine formelle Mahlzeit am Tag, die *cena*, und begnügten sich mit einem Snack (*prandium*), wenn sich der Magen zwischendurch mal zu melden begann. Selbst im Mittelalter aßen die meisten Engländer nur zweimal mit einem *breakfast* (oder »Ende des Fastens«) nach dem Morgengebet und einem *dinner* um die Mittagszeit. Selbstverständlich verstehen wir heute unter dem *dinner* die Mahlzeit am Abend und bezeichnen das Mittagessen als *lunch,* aber *lunch* ist ein wirklich modernes Konzept, das erst Anfang des 19. Jahrhunderts aufkam und dessen linguistische Aspekte so umstritten sind, dass ich hier erst gar nicht darauf eingehen will. Wer will schon den Zorn eines Etymologen auf sich ziehen? Und das ungefrühstückt, wie es auch in Schillers Turandot heißt. Apropos Schiller. Die Deutschen begannen bereits im späten Mittelalter drei- statt zweimal am Tag zu essen; das *Deutsche Wörterbuch* der Gebrüder Grimm datiert denn auch *fruestuck* auf den Anfang des 15. Jahrhunderts. Adelung spricht in seinem *Grammatisch-Kritischen Wörterbuch der Hochdeutschen Mundart* auch von einem *Frühmahl,* einer »edlern Schreibart«. Was vielen Deutschen offensichtlich aber noch nicht nobel genug war, denn noch Meyers *Konversationslexikon* von 1905 verweist unter dem Eintrag *Frühstück* auf *Déjeuner,* das es als die »erste nach dem Wortlaut auf nüchternen Magen genommene Mahlzeit des Tages« definiert, und führt dann aus, es bestehe »in Deutschland in der Regel aus Kaffee, Kakao oder Tee mit Weißbrot oder Kuchen, in Frankreich aus schwarzem Kaffee oder Schokolade, in England aus Tee mit Eiern und Fleisch«.

Ach ja? Wollen wir doch mal sehen, was dem Engländer von heute der Kühlschrank beschert …

Ist überhaupt etwas zum Frühstücken da?

Der elektrische Kühlschrank ist eine Erfindung aus den 1870er-Jahren, war aber damals eine unhandliche Angelegenheit, da er von einer armen Mamsell – der Kaltmamsell? – per Handkurbel anzuwerfen war; weite Verbreitung fand der *fridge* denn auch erst mit der Ankunft der modernen elektrifizierten Küche in den

1950er-Jahren. Heute gehört er selbstverständlich zu den Gerätschaften, ohne die man kaum noch auskommt. Und das, obwohl der Menschheit 99 Prozent ihrer Geschichte über gar nichts anderes übrig geblieben war. Sie aßen ihre Nahrung frisch oder fanden raffinierte Methoden, sie mithilfe von Salz, Essig und Butter zu konservieren; oder sie verstauten sie in dunklen Speisekammern, vergruben sie in der Erde, lagerten sie im Keller oder in einem Schuppen voll Eis.

All diesen Optionen zum Trotz war die Konservierung über einen längeren Zeitraum ein Problem. Es brauchte nur eine schlechte Ernte, lausiges Wetter oder eine Käferplage, schon durften unsere Vorfahren über Monate mit knurrendem Magen ausharren. Den Menschen des Mittelalters drohte ständig die sogenannte *hungry gap* oder »Hungerlücke«, eine Periode, in der die Kornspeicher über den Winter geleert, aber das neue Getreide noch nicht ausgereift war; durchaus möglich also, dass man eines schönen Tages im Frühjahr aus Unterernährung den leeren Löffel abgab – und das nur einen Steinwurf von üppigen noch reifenden Getreidefeldern, die einem wenige Wochen später das Leben hätten retten können.

Es ist also nicht weiter verwunderlich, wenn man in zeitgenössischen Quellen liest, dass verzweifelte Bauern wie die Schweine im Wald nach Essbarem wühlten, ihre Kinder verkauften und sich – der Barmherzigkeit ihrer Feudalherren empfehlend – in die Leibeigenschaft begaben. Venerable Bede, ein angelsächsischer Mönch, schildert die Verzweiflung, zu der eine Hungersnot in Sussex führte: »Vierzig oder fünfzig Männer, vom Hunger verzehrt, begaben sich an einen Abgrund oder eine Steilküste, wo sie sich in ihrer Not bei den Händen fassten und ins Meer sprangen, wo sie elendiglich durch den Sturz zugrunde gingen oder ertranken.«

So ist es gar nicht so lange her, dass einem Gutteil unserer

Vorfahren das Schreckgespenst des Hungers drohte, wenn eine wichtige Feldfrucht nicht wie erwartet gedieh. Wenn der Mais auf den Feldern verkümmerte, konnte man die Bewohner der mexikanischen Trockengebiete im 16. Jahrhundert Spinnen, Ameiseneier, Rotwildkot und Erde verzehren sehen; die Knollenfäule, die 1844–49 in Irland die Kartoffelfelder befiel, forderte eine Million Menschenleben und zwang eine weitere Million, sich auf verdreckten »Seelenverkäufern« Richtung USA einzuschiffen – was zur berüchtigten keltischen Diaspora führte, die – jedenfalls nach den Angaben der Betroffenen auf amtlichen Formularen – dazu geführt hat, dass es in den Staaten siebenmal so viele irische Amerikaner wie irische Iren in Irland gibt.

Im China des Mittelalters kannte man mindestens 400 Nahrungsmittel, die ausschließlich bei Hungersnöten zum Verzehr kamen, etwa Baumrinden und grasige Kräuter. Zur womöglich schlimmsten Hungerkatastrophe der Menschheit aber kam es infolge von Maos Kampagne Großer Sprung nach vorn, einer – extrem – kommunistischen Agrarpolitik, die den Bauern ihre Produktion zugunsten der städtischen Bevölkerung nahm; Schätzungen zufolge kamen dabei 35 Millionen Menschen ums Leben. Tragischerweise gehören Hungersnöte noch lange nicht der Vergangenheit an. Teile Afrikas leiden unter der Dürre, und was Hungertote anbelangt, nähert sich Nordkorea unter der Führung des so uncharismatischen wie unbelehrbaren Isolationisten Kim Jong-un langsam, aber sicher den chinesischen Zahlen.

Wir sollten also durchaus dankbar sein, dass wir an diesem Vormittag etwas zu essen im Kühlschrank finden, und als uns der Karton teilentrahmter Milch zuzwinkert, formt sich in unserem schlaftrunkenen Verstand ein pfiffiger Plan: Was wenn wir uns ganz dreist während der Arbeit an unserem Frühstücksmenü eine Schale Cornflakes gönnen – wirklich nur, damit unser Magen zu grummeln aufhört? Es ist womöglich die beste Idee des Tages, auch wenn – ich sehe es ja ein – diese Art von Logik zu einer Welt voll überflüssiger Pfunde führt.

Eine gepflegte Schale Frühstücksflocken

Frühstücksflocken und Masturbation, so möchte man meinen, schließen einander – mal abgesehen von Zeitgenossen mit einem schrägen Coco-Pops-Fetisch – aus. Und dennoch ist ihre Geschichte auf merkwürdige Weise miteinander verflochten. John Harvey Kellogg, ein Doktor aus Michigan – keine Bange, das soll kein Limerick werden, obwohl die Geschichte grotesk genug ist –, also besagter Dr. Kellogg war ein seriöser, vom Eifer des engagierten Heilers beseelter Arzt, den neben der Sorge um die Wohlfahrt seiner Patienten ein moralistisches, vom Konzept der Sünde gefärbtes Weltbild antrieb. Und eine dieser Sünden stieß ihm besonders auf.

Kelloggs Ansicht nach war die Masturbation nicht nur ein Stinkefinger an den Allmächtigen; Hand an sich zu legen, das hieß bei ihm, mit dem Leben zu spielen, da er dahinter die mutmaßliche Ursache von – Krebs inklusive – neununddreißig Krankheiten sah. Als Vegetarier und Chefarzt des Battle Creek Sanatoriums, für dessen Patienten Kellogg sich persönlich verantwortlich fühlte, war seiner Überzeugung nach eine sorgfältig austarierte Ernährung eine Art Unkrautvertilger für die Wurzel aller riskanten Selbstbefleckung, der animalischen Leidenschaften. Um auch fürderhin Gottes guter Absichten würdig zu sein, empfahl er ungewürzte – sprich fade – Speisen, haufenweise Frühstücksflocken und einen täglichen Joghurteinlauf.

Kelloggs kleiner Bruder, Will Keith Kellogg, hatte zwar als Buchhalter des Sanatoriums angefangen, begann sich aber zunehmend für die diätetischen Theorien seines Bruders zu interessie-

ren und half in der Küche aus. 1894 kochte Will Weizen auf, der
als leicht verdaulicher Brotersatz gedacht war, wurde aber durch
irgendetwas abgelenkt. Als er sich wieder seinen Töpfen widmete,
war es auch schon passiert: Der Weizen war zu einer ungenieß-
baren Pampe verkocht. Erbsenzähler, der er nun einmal war, versuchte Will, den Pampf zu retten – und ein paar Dollar zu sparen –, indem er ihn durch die Mangel drehte, um die Flüssigkeit
herauszupressen. Nicht dass er sich von dem Versuch groß was
versprochen hätte, aber zu seiner Überraschung kamen dabei essbare Weizenflocken heraus. In der Hoffnung, damit durchzukom-
men, beschlossen die beiden, die merkwürdige Neuheit an ihren
Patienten auszuprobieren – die waren begeistert. Von dem Gedanken beseelt, das Rezept zu verbessern, begann Will mit anderen Getreidearten zu experimentieren, bis seine Wahl schließlich
feststand: Maismehl machte die besten Flakes.

Bald begannen die Kelloggs ihre Frühstücksflocken nicht
mehr nur für ihre stationären Patienten zu produzieren, sondern
auch für all die Gesundheitsfreaks aus der Mittelschicht, die nach
ihrem Aufenthalt in Battle Creek auch zuhause, bei ihren Familien, nicht mehr darauf verzichten wollten. Während John damit
zufrieden war, ahnte Will die potenziellen Profite in ihrem Produkt. Überhaupt waren die Kelloggs nicht die einzigen Pioniere
einer gesunden Kost; man verdiente andernorts damit bereits
durchaus Geld. So verkaufte etwa Dr. James Caleb Jackson Voll-
kornflocken unter dem Namen Granula; als die Kelloggs ihr Produkt ebenfalls unter diesem Namen verkaufen wollten, kam er ihnen mit dem Anwalt, was sie ihre Flocken in Granola umtaufen
ließ. Nicht dass das die beiden Brüder aufgehalten hätte, schon
gar nicht Will.

1906 gründete er die Battle Creek Toasted Flake Company
und drei Jahre später tat er mit einer Portion Zucker in der Re-
zeptur den entscheidenden Schritt zum Massenprodukt. Das frei-

lich widersprach Johns hochgesinntem moralischem Kreuzzug gegen das Masturbieren, da Zucker seiner Ansicht nach unkeusche Gedanken zur Folge hatte; es war ein Zwiespalt, an dem die Beziehung der beiden Brüder zerbrach; für John hätte das neue Produkt genauso gut Pornflakes heißen können. Aber so traurig der familiäre Bruch sein mochte, Will sah sich reichlich entschädigt: Kellogg's entwickelte sich rasch zum größten Cerealien-Imperium der Vereinigten Staaten und kolonisierte schließlich auch den europäischen Markt.

Milch drüber, und fertig!

Wir öffnen den Karton mit den Flocken und stecken den Arm in die Packung wie ein Affe in einen Termitenbau. Triumphierend stellen wir die kostenlose Spielzeugbeigabe auf den Tisch und streuen eine Portion der nahrhaften Flocken in die Schale vor uns; wir greifen nach der Milch, brechen das Siegel und gießen die kalte, sahnige Flüssigkeit über die knusprige Pracht. *Lecker!* Nicht annähernd so lecker ist das Ganze freilich für Zeitgenossen mit Laktoseintoleranz, eine in vielen Fällen angeborene Störung, die sich ein erheblicher Teil der Weltbevölkerung teilt.

Ich bin in dem Glauben aufgewachsen, Kuhmilch sei die normalste Sache der Welt und nur nichts für alte Leute, weil sie bei denen zu schmerzhaften Blähungen führt. Aber wie sich herausstellt, sind Milchschlürfer entwicklungsgeschichtlich eine eher junge Erscheinung. Unsere prähistorischen Vorfahren vor Millionen von Jahren waren Jäger; erst in der Jungsteinzeit begann der Mensch, tatsächlich Milch zu trinken. War zuvor nie einer auf die Idee gekommen? Waren wir zu beschäftigt, uns nicht von einem Höhlenlöwen fressen zu lassen? Mag sein. Tatsache ist jedenfalls, dass eher die Biologie diesen Wechsel bestimmte als unser Mangel an Fantasie. Bis vor 7500 Jahren konnten nämlich die Erwachsenen unter unseren Vorfahren den Zucker in der Milch, die Laktose, schlicht nicht verdauen, was bei 70 Prozent der Weltbevölkerung noch heute so ist. Lediglich willkürliche Mutationen des MCM6-Gens bescherten uns ein Enzym, das den Milchzucker verwertbar macht – und uns die unangenehmen Blähungen erspart.

Aufgrund dieses praktischen biologischen Upgrades konnte irgendwann ein europäischer Bauer die Erfahrung machen, dass ein Krug frischer, warmer Milch ihn nicht gleich zu einer wandelnden Methanfabrik werden ließ. Angetan vom Geschmack, gestärkt von Proteinen, Fetten und Calcium, zog er denn auch seine Kinder mit Tiermilch auf; das mutierte Gen wurde vererbt und verbreitete sich über Generationen hinweg über Europa, Indien und Afrika, – die Milch von Rindern, Ziegen, Schafen und Pferden wurde zum Bestandteil der Ernährung. Würden wir auf einer Weltkarte den Konsum von Milchprodukten in der präkolumbianischen Ära farbig einzeichnen, blieben Nord- und Südamerika weiß; erst durch die Masseneinwanderung aus Europa und die Einfuhr afrikanischer Sklaven und deren Vermischung mit den Einheimischen veränderte sich auch die genetische Veranlagung der Nord- und Südamerikaner hinsichtlich der Milchverträglichkeit.

Illinois, Minnesota und Wisconsin etablierten sich bekannterweise als Produzenten von Butter und Käse, Milchprodukten, die sich übers Land transportieren ließen, ohne gleich zu verderben. Die Milch selbst bot da ein größeres Problem. New Yorks enormes Wachstum Mitte des 19. Jahrhunderts ließ den Bedarf an Milch explodieren, aber Minnesota war zu weit entfernt, die Milch wäre unterwegs zu Joghurt geworden, und so entstanden an der Ostküste Milchfarmen, deren Produkt per Bahn in die Metropole ging. Aber selbst dann waren noch eine Reihe unappetitlicher Techniken nötig, um sie erstens für die Reise zu konservieren und zweitens ihr Erscheinungsbild zu verbessern; so kam es etwa zum Beimengen von Wasser, Mandeln, tierischem Hirn und Formaldehyd, einem Desinfektionsmittel, das gemeinhin in Bestattungsinstituten zu finden ist. Darüber hinaus waren die hygienischen Standards auf diesen Farmen erschreckend, sodass bis zu einschlägigen Reformen zum Anfang des 20. Jahrhunderts mit Bakterien verseuchte Milch eine der maßgeblichen Ursachen für Erkrankungen der Stadtmenschen war. Hätten damals schon milchbärtige Promis mit dem Slogan »*Got milk?*« geworben, sie hätten – nach einem entsetzlichen Hustenanfall – nachgeschoben: »Dann haben Sie wahrscheinlich auch TBC!«

Von Wildbeutern zu Bauern

Also, die Notration Cornflakes mal außen vor gelassen, woraus soll denn nun unser Frühstück bestehen? Viele moderne Nationalitäten haben ihr ganz spezielles traditionelles Frühstück: die Australier streichen sich Vegemite auf ihren Toast, die Franzosen mampfen Croissants, in Israel steht man auf Oliven und Käse, während man in Alaska Rentier und Pfannkuchen den Vorzug gibt. Für mich freilich gibt es nur ein wahres Frühstück für Champions, das – buchstäblich – herzlich ungesunde *Full English*, das laut Ärzten und Apothekern Ihr Leben unter Garantie um zehn Jahre verkürzt. Dafür ist es köstlich!

Erfüllt von kulinarischem Eifer, greifen wir in den Kühlschrank und holen einige Scheiben Frühstücksspeck – Bacon – und eine Kette kräutergewürzter Würste heraus; Letztere werden in Kürze unsere Küche mit dem salzigen Aroma von brutzelndem Schwein erfüllen. Wir stehen damit in einer Tradition, die bis zurück in die Steinzeit geht. Menschen essen Fleisch seit Millionen von Jahren – und irgendwann, zwischen 400.000 und 1,9 Millionen ist das her (die Debatte darüber hält noch an), haben unsere Vorfahren das Feuer gezähmt und ihr Essen zu braten und zu kochen begonnen, was mehr Kalorien freisetzte und damit mehr Energie; außerdem führte es zur Entwicklung eines größeren Gehirns.

Und wer sein Hirn wachsen sehen wollte, der musste auch Hirn verzehren. Nun, mehr oder weniger ... Tatsache ist, der Höhlenbewohner langte beim Verzehr eines Tiers mit der unkritischen Begeisterung eines Zombies zu – Innereien, Fleisch, grauer Matsch, ja selbst der Mageninhalt wurde gebraten und verschlungen. Aber dazu wollte so ein Tier natürlich erst mal gefangen werden, was einen nomadischen Lebenswandel erforderte, da man ständig auf der Spur einer umherziehenden Herde war. Vor etwa 11.000 Jahren jedoch begann man auf dem Gebiet der heutigen Türkei von dieser Millionen Jahre alten Tradition abzurücken – zugunsten der atemberaubenden Verheißungen der neolithischen Revolution.

Immer wieder hören wir heute besorgte Skeptiker die Genmanipulation von Feldfrüchten mit dem Argument angreifen, diese Art von Anbau sei »nicht natürlich« – als kämen diese neuen Arten geradewegs aus Dr. Frankensteins sturmumtosten Schloss. Dabei ist »natürlicher Anbau« an sich ein Oxymoron; das Anbauen von Feldfrüchten ist eine Erfindung des Menschen, und selbst die Früchte, die wir als natürlich bezeichnen, sind Produkte unserer Bastelei. Wann immer Sie an einem Maiskolben nagen, erfreuen Sie sich am selektiven gärtnerischen Eingriff eines vor 3500 Jahren gestorbenen mexikanischen Bauern. Und es waren auch nicht nur die Feldfrüchte selbst, die diese neue Ära der Nahrungsmittelproduktion definierten.

Die sogenannte neolithische Revolution brachte auch die Anfänge der Domestizierung von Vieh, was bedeutete, dass unsere Vorfahren ihrem Abendessen nicht länger in der Wildnis hinterherlaufen mussten; sie brauchten nur noch aus dem Haus zu schlendern und sich eines der im Pferch am Ortsrand herumschnüffelnden Tiere zu holen. Schweine begann man vor 6000 Jahren in China zu domestizieren. Sie waren besonders leicht zu halten, weil sie praktisch alles fressen, keine grünen Weiden brauchen, eine große Nachkommenschaft haben und Tag für Tag ein Kilo zunehmen, bis sie erwachsen sind. Andere Tiere bedurften größerer Anstrengungen, dankten einem diese aber auch mit Milch, Fell oder Wolle.

Wider Erwarten, so hat die Wissenschaft nachgewiesen, brachte uns diese neue Nähe zum Tier auch einen Schwung neuer Krankheiten wie Masern, Mumps, Grippe, Pocken, Malaria und schlimmer noch die vermaledeite Erkältung ein, die nervigste Krankheit, die die Natur uns hätte antun können, da man mit ihr – so elend man sich dabei auch fühlt– noch arbeiten kann. Wenn uns also Ackerbau und Viehzucht weniger robust machten und obendrein dem erhöhten Risiko aussetzten, uns eine Krankheit zu holen, warum sind unsere Vorfahren dann dabei geblieben? Immerhin verbringen die nomadischen Buschmänner der Kalahari nur 19 Stunden die Woche mit Jagen und Sammeln und liegen den Rest der Zeit auf der faulen Haut. Würden wir ihnen sagen, sie sollten ein Feld bestellen, sie würden uns verwundert fragen: »Warum sollten wir uns das antun?«

Was also hielt das Verlangen nach der problematischen Landwirtschaft aufrecht? Die einzig sinnvolle Antwort ist meiner Ansicht nach die Ernährungssicherheit. Wer meilenweit herumlief, um Wild zu erbeuten, und dabei nach Nüssen und Beeren suchte, der dürfte auch schrecklich magere Zeiten durchgemacht haben, wenn nichts zu finden war; der Magen dürfte da ganz schön eingeschrumpft sein. Oder vielleicht gefiel es den Leuten auch, Speck essen zu können, wann immer ihnen danach war. Meine Stimme jedenfalls wäre dem sicher gewesen, hätte man mich auf einer Versammlung gefragt. Bacon und Eiscreme ohne Ende. Oder gleich Eis mit Bacon-Geschmack ohne Ende. Na, vielleicht aber auch lieber nicht ...

Speck und der Haram

Wir scheinen da auf eine merkwürdig speckige Tangente geraten zu sein, aber bleiben wir dabei, da gerade das Schweinefleisch ein ganz entschieden kulturell gefärbtes Erbe aufweist. Die Ägypter etwa aßen gelegentlich Schwein und stellten fest, dass das Fleisch sich trotz des schwülen Klimas durch Einlegen in Essig und Öl haltbar machen ließ. Das muss wahrscheinlich nicht weiter überraschen, schließlich hatten sie die Technik des Konservierens jahrhundertelang an ihren Mumien geübt. Sie benutzten sogar ein und dasselbe Wort für das Haltbarmachen einer Schweinehälfte und die Vorbereitung einer Menschenleiche auf das Nachleben; man kann nur hoffen, dass das nicht zum Kannibalismus führte, wenn mal der Papierkram durcheinandergeriet.

Während wir einige Würstchen in unsere Pfanne werfen, sollten wir vielleicht darauf hinweisen, dass auch die Römer dem Schwein nicht abgeneigt waren; sie unterschieden zwischen Vorder- und Hinterschinken (*petaso* und *perna*); serviert wurde er mit Feigen, Wein und Pfeffer. Außerdem tat man sich an Lukanischen Würstchen gütlich, die aus Süditalien nach Rom gekommen waren; sie waren mit kräftigen Kräutern zubereitet und über würzigem Rauch geräuchert. Sie waren entweder ausgezeichnet oder kaum mehr als biologische Kondome voll Augäpfeln und Innereien. Das dürfte teils auch erklären, warum später, im 4. Jahrhundert, Würste als Nahrung für Barbaren galten, die eines Christen unwürdig waren, weshalb man sie in römischen Städten verbot. Ein weiteres Problem mit Würsten ist, dass man nie so recht weiß, welches Tier – oder Organ – man da eigentlich kaut; lange bevor amerikanische Hotdogs die Tribünen der Baseballarenen eroberten, fragte sich der große athenische Philosoph Sokrates bereits argwöhnisch, ob seine Wurst Schwein enthielt oder Hund.

Schweinefleisch jedenfalls blieb für viele Europäer des Mittelalters das bevorzugte Fleisch, selbst für die Armen auf dem Land, da die Herdenhaltung halbwilder Schweine in Wäldern relativ einfach war. Die Verfügbarkeit dieses weitverbreiteten Fleisches hielt die religiöse Moral freilich nicht davon ab, seinen Verzehr zu verbieten. Bei den Christen des Mittelalters war Fleisch an religiösen Feiertagen, während der Fastenzeit sowie an Freitagen verboten, sodass fast ein halbes Jahr nur Fisch und Gemüse angesagt waren (obwohl einige gerissene Mönche mit dem Argument durchkamen, dass ihres Lebens im Wasser wegen auch Biber zu den Fischen zu rechnen seien). So kam es, dass am Vorabend der Fastenzeit die Christen des englischen Mittelalters sich ein Essen mit allen Schikanen gönnten, vor allem gebratene Speckscheiben mit Eiern, um noch einmal ordentlich Cholesterin zu tanken, bevor man sich mit der weniger üppigen Fastennahrung begnügen musste. Daher scheint auch die Vorliebe von uns Engländern für *bacon and eggs* herzurühren, die wir uns gleich genehmigen werden.

Nach der Fastenzeit konnte man sich wieder an Schweinereien gütlich tun. Für Juden und Muslime freilich sollte das niemals in Ordnung sein. Im Islam gilt Schweinefleisch als *haram* (Tabu), was eine noch ältere jüdische Tradition reflektiert, laut der Schweine unrein und deshalb nicht zum Verzehr geeignet waren. Es gibt verschiedene Theorien dafür, vor allem die, dass man in Schweinefleisch den Erreger bestimmter Krankheiten vermutete, was jedoch unwahrscheinlich erscheint, da die jüdischen Speisegesetze (*Kaschrut*) auch andere Tiere von der Tafel verbannen und die Logik hinter einem solchen Verbot kaum mit den Erkenntnissen der veterinären Epidemiologie in Deckung zu bringen ist. So ist zum Beispiel ein Schlüsselkriterium für die Juden, dass Tiere mit Spalthufen ebenso wenig zum Verzehr geeignet seien wie solche, die ihr Gras wiederkäuen; trifft hingegen beides zu, kann man sie sich merkwürdigerweise schmecken lassen – was dumm für die Kühe der Israeliten war.

Diese Gesetze scheinen eher einen kulturellen als einen medizinischen Hintergrund zu haben; außerdem streichen sie auch Schalentiere, Eidechsen, Kamele, Hasen und die meisten Insekten von der Karte, während andere Völker in derselben Ecke der Welt sie liebend gern verzehren, ohne dass gefährliche Auswirkungen davon bekannt wären. Der einzige überzeugende Aspekt des Gesundheitsarguments ist der, dass die Juden nichts essen können, was eines natürlichen Todes gestorben ist, eine ganz und gar vernünftige Vorsichtsmaßnahme gegen den Verzehr von verseuchtem Fleisch. Von einem Freund habe ich erfahren, dass auch auf der Straße totgefahrene Tiere tabu sind, obwohl das natürlich eher eine moderne als eine biblische Auslegung ist – jedenfalls heißt es weder in Thora noch Talmud: »Du sollst nicht kochen, noch essen einen von einem Laster zermanschten Dachs.«

Und ob wir können!

Während Bacon und Würstchen brutzeln, greifen wir noch einmal in den Schrank, um den Inbegriff von Seelennahrung für so manchen mittellosen britischen Studenten, eine Dose gebackener Bohnen, herauszuholen. Die Dose ist ein luftdichter runder Behälter, an beiden Enden verschlossen, und obwohl wir sie bald, ohne uns groß Gedanken über sie zu machen, leer in die Recyclingtonne werfen, führte diese simple Erfindung einst zu einer

Revolution in der Geschichte der Küchenkunst – und zu einer merkwürdigen Zusammenarbeit unter Feinden.

Seit Jahrtausenden waren Armeen, um einen berühmten Korsen zu zitieren, »auf ihrem Magen marschiert«, und die mit der Verpflegung von Soldaten und Seeleuten verbundene Logistik war immer schon eine harte Nuss gewesen, an der sich selbst ein Schachgroßmeister die Zähne ausgebissen hätte. Wie versorgt man Zehntausende von Männern fernab freundlicher Städte oder Gestade mit genügend Rationen, um ihren mörderischen Hunger zu stillen, da Nahrungsmittel so rasch verderben, dass man sie alle paar Tage ersetzen muss? Wenn eine Armee sich nicht darauf verlassen konnte, die Ressourcen ihrer unmittelbaren Umgebung zu plündern, was sollte man tun? Auf der Suche nach einer Antwort versuchte sich Frankreich 1795 am Crowd-Sourcing und setzte einen Preis auf die Lösung des Rätsels aus. 15 Jahre blieben die 12.000 Goldfranken liegen, aber 1810 kassierte sie schließlich ein Koch namens Nicolas Appert.

Als Sohn eines Gastwirts hatte Appert den Beruf des Kochs erlernt, dann aber auf Konditor umgesattelt und sich unter anderem mit dem Haltbarmachen von Früchten in Zuckerlösungen befasst. Ein ganzes Jahrzehnt experimentierte er mit dem Einwecken von Nahrungsmitteln in Glasbehältern; 1804 beindruckte er mit seiner Erfindung Napoleons Marine und schließlich auch die Armee. 1809 verkostete ein offiziell bestellter Ausschuss seine Konserven und befand sie für angenehm madenfrei. Appert hatte seinen Preis zu Recht verdient, der ihm unter der Bedingung ausgehändigt wurde, dass er seine Theorie veröffentlichte und nicht patentieren ließ.

So erschien denn 1810 sein Buch *Die Kunst alle animalischen und vegetabilischen Substanzen nähmlich alle Gattungen Fleisch, Geflügel, Wildpret, Fische, Zugemüse, Küchen – und Arzneygewächse, Früchte, Sulzen, Säfte; ferner Bier, schon zum Genusse völlig bereite-*

*ten Kaffeh, Thee u.s.w. in voller Frische, Schmackhaftigkeit und eigen-
thümlicher Würze mehrere Jahre zu erhalten.* Es machte Appert zum
Darling der Medien und versetzte ihn in die Lage, seine Luxus-
konserven in einem eleganten Pariser Laden unter die Leute zu
bringen. Bezeichnend ist, dass er bei allem Erfolg keine wissenschaftliche Erklärung dafür hatte, warum seine Methode funktionierte. Die Infektionstheorie bzw. die Entdeckung der Bakterien
war noch 50 Jahre entfernt, und Louis Pasteur, einer der Pioniere
auf diesem Gebiet, war noch nicht mal geboren. Appert, der neue
Held der Haltbarkeit, hatte sich an seinen Sieg also eher blind he-
rangetastet; außerdem hatte er, zu Recht als »Erfinder der Konserve« gepriesen, nicht etwa die Konservendose erfunden. Er hatte
Gläser verwendet, die zuweilen wegen des starken Innendrucks
zersprangen und natürlich zum Zerbrechen neigten, wenn man sie
fallen ließ – ganz zu schweigen davon, dass sie verdammt schwer
zu öffnen waren und damit alles andere als ideal für den Krieg.

Es war stattdessen ein anderer Franzose, ein gewisser Phillipe
de Girard, der die uns heute vertraute Blechdose entwickelte. Anstatt jedoch seine Erfindung in Frankreich anzubieten, wandte
Girard seinen Blick auf den vielversprechenderen englischen
Markt, was jedoch nicht ohne Komplikation verlief. Die beiden
Nationen befanden sich mitten in den napoleonischen Kriegen,
und Großbritannien rollte Personen mit gallischem Akzent nicht
gerade den roten Teppich aus. So bezahlte Girard einen englischen Kaufmann namens Peter Durand dafür, in seinem Namen
das Patent anzumelden. Seine Erfindung freilich war von sol-
chem Interesse, dass die wissenschaftliche Gemeinde darüber die
Fremdenfeindlichkeit völlig vergaß. Wie aus Dokumenten her-
vorgeht, setzte Girard sich regelmäßig heimlich aus Frankreich
für Besuche bei der Royal Society in London ab.

Interessanterweise endete Girards Beteiligung kurz nach dem
Ankauf des Patents durch Bryan Donkin, einen englischen In-

genieur, der damit in Produktion ging und mit seinem Büchsenfleisch den Duke of Wellington nicht weniger beeindruckte als die britische Admiralität. Bereits 1814 waren die neuartigen Dosen auf den Weltmeeren und den Schlachtfeldern Europas unterwegs, sehr zur Freude von Seeleuten wie Heeressoldaten, die freudig nach London schrieben, dass ihre Verpflegung nicht länger von übelriechendem Schimmel begleitet sei. Nur fünf Jahre nachdem Appert von Napoleon seinen Preis kassiert hatte, stand Letzterer den Briten 1815 in der berüchtigten Schlacht von Waterloo gegenüber, und es ist gut möglich, dass es ihm gewaltig stank, dass der Feind nicht nur Konserven im Tross hatte, sondern dass ihm die ausgerechnet ein Franzose eingepackt hatte. So viel zum Thema Patriotismus.

Gott sei Dank hat unsere Dose einen von diesen neumodischen Ringen, mit dem sich der Deckel abziehen lässt; so ersparen wir uns das leidige Gefummel mit dem Dosenöffner. Obwohl man natürlich froh sein kann, dass es so ein Hilfsmittel überhaupt gibt. Erst 1870 wurde es nämlich erfunden, also 48 lange Jahre nach der Erfindung der Dose selbst. Sieht ganz danach aus, als hätten die Leute fast ein halbes Jahrhundert lang ihre Büchsen frustriert mit Hammer und Meißel geöffnet – ich denke unwillkürlich an die knochenschwingenden Affen aus Stanley Kubricks *2001*.

Nicht die Bohne!

1477 druckte man in Europa – etwa 1300 Jahre nach seiner Niederschrift – einen jüngst wiederentdeckten Text des griechischen Geographen Ptolemäus. Die Ausgabe kam zusammen mit einer Weltkarte, hinter der angeblich ein geheimnisvoller alter Kartograph namens Agathodaimon stand. Das Buch war eines von mehreren Werken des klassischen Altertums, die über die Bibliotheken der islamischen Welt ins Bewusstsein der Öffentlichkeit gerückt waren und vor allem Europas Navigatoren in Aufregung versetzten, die es gar nicht erwarten konnten, die Randbezirke einer Welt zu erforschen, die ja wohl hinter dem Horizont weitergehen musste. Einer dieser leidenschaftlich Hoffenden war ein berechnender Genueser Selfmademan namens Cristoforo Colombo – den wir vermutlich nur Columbus nennen, um ihn nicht mit einem gewissen Entdeckergenie im zerknitterten Regenmantel zu verwechseln.

Schon vor den Römern hatten mediterrane Handelskapitäne von Alexandria an der ägyptischen Nordküste aus einen Südost-Kurs nach Indien genommen, wo man bei exotischen Einheimischen wertvolle Gewürze wie Pfeffer, Zimt, Ingwer, Nelken, Muskat, Safran und Kurkuma erstand. Wie jüngste wissenschaftliche Analysen von Tonscherben aus den Harapparuinen im Industal zeigten, mundete den Indern ihr berühmter Curryreis bereits vor mehr als 4000 Jahren. Es waren jedoch die Römer, die diese Gewürze derart zu schätzen wussten, dass sie jährlich um die 120 Schiffe losschickten, um das berühmte »schwarze Gold« zu importieren. Nicht dass jeder ein Fan gewesen wäre. Der lateinische Naturkundler Plinius der Ältere lamentierte über die ungeheuren Kosten dieser abenteuerlichen Importe und konstatierte brummig: »Man muss sich wundern, dass er so allgemein in Gebrauch gekommen ist ... nur seine Bitterkeit gefällt, und zwar deshalb, weil er aus Indien kommt.«

So unterhaltsam es ist, einen alten Mann über die populäre Kultur seiner Zeit jammern zu hören, und das schon vor 2000 Jahren, war Plinius nur einer von Wenigen, und der blieb er auch noch lange nach seinem unseligen Tod am Vesuv. Es ging bei Gewürzen nun mal nicht nur um den Geschmack, man sagte ihnen auch medizinische Wirkung nach; ganz zu schweigen davon, dass sich damit prima angeben ließ. Für die damaligen Superreichen war das Würzen ihrer Speisen der vergoldete Hubschrauber von heute: ein völlig unnötiger Luxus für ein ohnehin schon kostspieliges Privileg. Es hält sich ein Mythos, laut dem Gewürze in der mittelalterlichen Küche den Geschmack von fauligem Fleisch hätten verstecken sollen, aber genauso gut könnte man die Säuerlichkeit einer Tasse billiger Instantnudeln mit russischem Kaviar vertuschen wollen. Wenn man reich genug ist, sich seine Gewürze um die halbe Welt kommen zu lassen, dann knausert man nicht an Gemüse und frischem Fleisch.

So ist es denn angesichts der Nachfrage für Indiens gefeierten Exportartikel kaum verwunderlich, dass die Veröffentlichung von Ptolemäus' *Geographia* die Navigatoren schon bald über eine möglicherweise schnellere Route ins sagenhafte Indien nachdenken ließ. So kam denn Ende der 1480er-Jahre besagter Columbus aus Genua – einer Stadt, die mit dem Geld aus dem Gewürzhandel erbaut worden war! – auf einen Plan. Nach dem Studium von Ptolemäus, Marco Polo, Marinus von Tyros, al-Farghani und der jüngsten Theorien des italienischen Astronomen Paolo Toscanelli war er sich sicher, dass er nur gen Westen zu segeln brauchte, um auf Indien zu stoßen. Hatte nicht Seneca schon munter von der Leber weg behauptet, dass eine solche Reise in nur wenigen Tagen zu machen sei?

Nur mit den Bemessungen der alten Geographen war Columbus noch nicht ganz zufrieden, und so stellte er, mehr recht als schlecht, seine eigenen Berechnungen an. Es war nicht gerade seine beste Idee, denn er lag so gut wie in jeder Hinsicht falsch: mit der Größe Eurasiens, mit dem Umfang der Erde, mit der Ansicht, auf seiner Fahrt bergauf zu segeln und dass die Welt von der Gestalt einer Birne sei. Als er schließlich über Hispaniola (Port-au-Prince) und Kuba stolperte, meinte er, da er Marco Polo gelesen hatte, dass er kurz vor der chinesischen Küste gelandet sei, ein

Irrtum, der ihm durchaus nachzusehen war – jedenfalls eher noch als die Tatsache, dass er ein aufgeblasener Schwengel war.

Er war unfair genug, die Belohnung dafür zu kassieren, als Erster Land gesehen zu haben (Lorbeeren, die er einem Matrosen namens Rodrigo de Triana stahl), aber als er nach Spanien zurückkam, übertrieb er auch noch maßlos bei der Schilderung dessen, was er vorgefunden hatte: Gewürze und Reichtümer, so weit das Auge reichte – und das, obwohl die glorreiche Beute, die er mitgebracht hatte, sich als eher windiges Häuflein erwies: Tabak, Ananas, etwas Gold, ein paar eingeborene Gefangene, ein Truthahn und, nun wirklich nicht beeindruckend, eine Hängematte. Das Gold kam gut an, sicher, aber ich kann mir nicht vorstellen, dass das spanische Königspaar gleich eine Order für die hängenden Matten aufgab. Stellen Sie sich vor, wir schicken ein Team zum Mars und es bringt nicht viel mehr mit zurück als ein hängendes Bett!

So interessant Columbus' Unterfangen auch sein mochte, er war ausgezogen, Gewürze zu finden, und die, die er mitgebracht hatte, dufteten weder wie die indischen, noch sahen sie aus wie sie. Eine der mitgebrachten Pflanzen, er hatte sie für Pfeffer gehalten, erwies sich als das uns als Chili bekannte Nachtschattengewächs, und dass wir es als Chilipfeffer bezeichnen, geht auf diesen Irrtum zurück. So konnte Columbus nicht jeden in Spanien von seinen grandiosen Behauptungen überzeugen, war aber hartnäckig genug, die Mittel für drei weitere Fahrten zu arrangieren. Er trat damit die goldene Zeit spanischer Expeditionen los, die schließlich für den Bankrott der spanischen Wirtschaft sorgten und unabsichtlich die tödlichen Pocken nach Südamerika exportierte, die zig Millionen Indios das Leben kostete.

Als Mensch hat Columbus den Heldenstatus, den er in den USA genießt, nun ganz gewiss nicht verdient. Er hat nie nordamerikanischen Boden betreten und legte mehr oder weniger den

Grundstein für die unwägbaren Schrecken des transatlantischen Sklavenhandels; der Columbus Day nimmt sich vor diesem Hintergrund aus wie ein geschmackloser Witz. Trennen wir jedoch den Menschen von seiner Mission, dann kam seine Entdeckung der Neuen Welt für die Renaissance einer Marslandung gleich; es besteht kein Zweifel daran, dass sie den Lauf der Weltgeschichte und nicht zuletzt die Geschichte unserer Essgewohnheiten verändert hat.

Wenn wir also unsere Dose öffnen, finden wir weiße Bohnen in Tomatensoße, mit schwarzem Pfeffer gewürzt und mit Zucker gesüßt – alles Zutaten, die auf die spanische Eroberung Nord- und Südamerikas und den folgenden blutigen Run von Holländern, Franzosen, Briten und Portugiesen auf Imperien in der Neuen Welt zurückgehen. Faszinierend ist, dass die daraus resultierende Verbreitung südamerikanischer Pflanzen und Nahrungsmittel zu einer so nachhaltigen globalen Fusion von Zutaten führte, dass wir heute Tomaten eher mit der italienischen Küche verbinden als mit der der Azteken und Chili mit indischen Currygerichten, obwohl er erst im 16. Jahrhundert nach Asien kam.

Rein in die Kartoffeln ...

Die Wachen hatten sich herausfordernd, die Waffen in der Hand, rund um die Felder postiert, während die Bauern vor Ort um sie herumspähten auf der Suche nach Hinweisen darauf, was da wohl Wertvolles aus der Krume spross. Ihre Neugier zum Zerreißen gespannt, warteten die Einheimischen den Einbruch der Dunkelheit ab, bis sie zu ihrer großen Freude die Soldaten schließlich Richtung Kaserne abrücken sahen. Als niemand mehr da war, um sie davon abzuhalten, huschte das abgerissene Landvolk auf die Felder, grub die Pflanzen im Mondlicht aus und verbuddelte sie auf seinen eigenen Parzellen. Diesen Happen für Aristokraten wollte man doch erst selbst mal probieren. Als die Nachricht des dramatischen Raubzugs dem Grundherrn zu Ohren kam, rieb der sich die Hände – sein raffinierter Plan hatte funktioniert.

Während wir eine Handvoll Rösti in die Pfanne werfen, denken wir womöglich noch nicht einmal daran, wie kontrovers die Geschichte der Kartoffel ist und dass Europa der Einführung der bescheidenen Knolle mit einer Mischung aus hochmütiger Geringschätzung und panischer Verzweiflung entgegengesehen hatte. Wie die Tomate war auch die Kartoffel in Südamerika heimisch gewesen; die Inkas hatten sie in großen Höhen gezogen und die im Nachtfrost gefriergetrockneten Knollen – denken Sie an unsere tiefgefrorenen Fritten – zu dehydrierter Stärke zerstampft; sie hatten damit ein haltbares Nahrungsmittel, mit dem sich die Lücke nach einer Missernte schließen ließ. Was alles nichts daran änderte, dass sich die Einführung der ebenso nahrhaften wie praktischen Knolle nach ihrer Ankunft im Europa der 1570er-Jahre als PR-Desaster erwies.

1596 gab der Schweizer Botaniker Caspar Bauhin der Kartoffel den wissenschaftlichen Namen *Solanum tuberosum esculentum*. Die Zeichnung in seinem Buch war freilich nicht weniger beängstigend als der ehrenrührige Klatsch dazu, laut dem sie Blähsucht verursache, Lepra und Lust – ein Hattrick in Sachen Peinlichkeit, der jeder romantischen Begegnung mit ihr einen Riegel vorschob. Es lässt sich nicht mit Sicherheit sagen, wie er zu diesem Urteil kam, aber womöglich lag es am knorrig-ordinären Äußeren des ihm vorliegenden Exemplars; vielleicht erinnerte es ihn an die Gliedmaßen von Leprakranken. Jedenfalls gab diese schreckliche Rezension der bescheidenen Knolle genau die Art von gefürchtetem Ruf, wie ihn jüngst britisches Rindfleisch dem Rinderwahnsinn verdankte, und so dauerte es denn auch nicht lange, und die Leute weigerten sich, Kartoffeln zu essen – selbst in Zeiten der Hungersnot.

Der Besitzer des oben erwähnten geplünderten Felds, war ein gewisser Antoine-Augustin Parmentier, ein Franzose, der sich wissenschaftlich mit Lebensmitteln beschäftigte. Er war in preußischer Kriegsgefangenschaft gewesen und obwohl Pferdefutter – d.h. Kartoffeln – auf dem primitiven Speiseplan gestanden hatte, nach drei Jahren bei robuster Gesundheit entlassen worden. Damit lag auf der Hand, dass Kartoffeln mitnichten die Ursache abscheulichen Schreckens waren. Fest entschlossen, die Richtigkeit seiner Theorie zu beweisen, versuchte Parmentier in einer langwierigen Kampagne, Wissenschaftler, Bauern, die Regierung und eine abergläubische Bevölkerung davon zu überzeugen, dass es sich bei der Kartoffel um eine nützliche Alternative zum Brot handelte und nicht um ein blähendes Aphrodisiakum, nach dessen Konsum einem die Beine abfielen. 1771 konnte er die Wissenschaftler überzeugen, sah sich aber immer noch heftigem Widerstand gegenüber, und so begann er eine clevere Serie von Werbeaktionen: Er servierte Prominenten wie Benjamin Franklin Kartoffelgerichte; Marie Antoinette überredete er, Sträußchen mit Kartoffelblüten zu tragen; und den Bauern von Neuilly im Westen von Paris machte er weis, dass es sich bei der Frucht auf dem streng bewachten Feld – 20 Hektar sandigen Brachlands – um ein neues Nahrungsmittel handelte, das zu nobel war für Mägen von ihrem Stand. Und diese umgekehrte Psychologie brachte, wie wir heute gut nachvollziehen können, den Triumph.

Parmentier zu Ehren gibt es ein nach ihm benanntes Kartoffelgericht; dank seiner Bemühungen hangelte die stärkehaltige Knolle sich allmählich die Ernährungsleiter nach oben: Pferdefutter, Notnagel bei Hungersnöten, Haushaltsware. In Irland jedoch entwickelte sich tragischerweise die ehemalige Notfalloption für die Lücke nach der Missernte zum Hauptnahrungsmittel, eine Abhängigkeit, die sich als fatal erwies, als die anfällige Knolle eine katastrophale Krankheit befiel.

Ei der Daus!

Langsam nimmt unser Frühstück Gestalt an, es fehlen nur noch einige Kleinigkeiten; wir machen also nochmal den Kühlschrank auf und holen ein frisches Ei heraus. Kalt liegt es in unserer Hand: eine ganz und gar natürliche Nährstoffquelle, die der Erfindung des Ackerbaus um Millionen Jahre vorausgeht, nur dass unsere Vorfahren in der Steinzeit sie vermutlich direkt aus den Nestern stahlen. Erst als in der Jungsteinzeit Bauern unter anderem in Thailand, China und Indien die Spezies *Gallus gallus* (für Sie und mich das Huhn) zu domestizieren begannen, konnte man Legehühner halten. Der früheste, Pardon, Beleg für eine Hühnerhaltung um ihrer Eier willen findet sich erst um etwa 1400 vor unserer Zeitrechnung in Ägypten. Aber war uns das Ei erst einmal zur Gewohnheit geworden, gab es kein Zurück.

Die Römer hatten eine Schwäche für Pfaueneier; die Chinesen bevorzugten die der Taube, am liebsten eingelegt (in Asche und Salz); die Griechen mochten die niedlichen Wachteleier; und die Phönizier machten praktisch ein Fass auf mit dem Straußenei (das nett dekoriert auch eine prima Grabbeigabe abgab). Im Prinzip also war uns im Lauf der Jahrhunderte jede Art von Ei recht, selbst die von Schildkröten und Alligatoren. Solange es mehr oder weniger oval war und potenziell neues Leben enthielt, unsere Vorfahren putzten es munter weg. Und das beileibe nicht einfach roh. Ganz im Gegenteil, die Art der Zubereitung von Eiern variiert je nach Epoche und Kulturkreis erheblich.

Schon die Ägypter aßen sie hart- und weichgekocht, gebraten, pochiert sowie als Eiercreme, Soufflé oder als Zutat im Brot. Kaum etwas, was sie nicht hingekriegt hätten, sei es mit dem Weißen, sei es mit dem Gelben vom Ei. Übrigens, trotz des hohen Entwicklungsstands der ägyptischen Heilkunde war diese nicht frei von fragwürdigem Aberglauben, und so dachte man etwa, Straußeneier seien – ihrer Ähnlichkeit mit dem menschlichen Kopf wegen – ein probates Mittel bei Schädelfrakturen. Ebenso gut könnte man Hodenkrebs mit warmen Kastanien oder Beinbrüche mit Baguettes kurieren wollen.

Unsere wesentliche Quelle für altrömische Kulinaria sind die Schriften Apicius. Er ist Autor des ältesten erhaltenen römischen Kochbuchs, in dem er eine ganze Reihe von Gerichten auf Eierbasis beschreibt, und eines seiner Rezepte klingt verdächtig vertraut:

4 Eier, ¼ Liter Milch, 1 Unze Öl koche, daß eine Masse daraus entsteht. Auf eine Platte tue vorsichtig etwas Öl, laß es kochen, tue die Masse, welche du zubereitet hast (in Form von Eiern) hinein, einen Teil, wenn er gekocht hat, tue auf eine runde Schüssel, gieße Honig darüber, streue Pfeffer darüber und richte es an.

Varianten dieses Rezepts – »Schwammige Eier in Milch« – waren das ganze Mittelalter über in Mode, nur dass man der Würze wegen gehackte Kräuter statt des Honigs beigab; in England war das Gericht als *herbolace* bekannt, bis die Franzosen daraus im 16. Jahrhundert das *omelette* machten; als besonderen Kick gaben sie Ingwer und – damit auch die Arterien nicht zu kurz kamen – reichlich köstliche Fette in Form von Käse und Butter hinzu.

Nichtsdestoweniger legte man im englischen Mittelalter das Ei am liebsten in heiße Asche, kochte es in Wasser oder schlug es mit Speck in die Pfanne, so wie wir das gerade in unserer Küche tun. Anfang des 17. Jahrhunderts jedoch war auch das berühmte weichgekochte Ei – heute synonym mit dem englischen Frühstück – fester Bestandteil der Küche, lange bevor es 1815 einen Gastauftritt als betagter Hypochonder Henry Woodhouse in Jane Austens gefeierter *Emma* hatte. Sorry, das kann ja wohl nicht stimmen – natürlich spielte es die Rolle des weichgekochten Eis. Mein Fehler.

Unser täglich Brot

Nachdem wir unsere Zutaten beisammen haben, ist es an der Zeit, zwei Scheiben Brot in den Toaster zu werfen, um damit später die leckere Bohnensoße vom Teller zu wischen.

Brot ist eine der bedeutendsten Erfindungen der Menschheit, wenigstens was Europa und den Nahen Osten angeht. Es ist das Grundnahrungsmittel der Massen, ohne das eine Gesellschaft in sich zusammenfallen würde wie ein kaltes Soufflé. Um nur den schlimmsten Hunger zu stillen, erhielten 200.000 römische Bürger vom Staat monatliche Getreidezuwendungen, aber dieses gigantische Almosen – von geschätzten acht Millionen Kilo pro Monat – ließ sich natürlich nicht auf den umliegenden Feldern ziehen, weshalb die Römer immer auf der Suche nach fruchtbaren Landstrichen waren.

Hollywoods historischer Märchen zum Trotz war es nicht nur Cleos üppige Auslage, die Julius Cäsar und Markus Antonius das Mare Medium überqueren ließ. Ägypten und Nordafrika waren die stolzen Besitzer von ungeheuren Getreidefeldern, und Rom brauchte dieses Getreide wie ein Junkie seinen Schuss in den Arm. Es war jedoch nicht nur dem Staat überlassen, das Mehl für die Massen bereitzustellen; wer immer den Nachschub an Korn kontrollierte, der hatte auch das Volk in der Hand. Der Satiriker

Juvenal klagte einmal, dem römischen Pöbel sei nach nichts als »Brot und Spielen« und dafür liefen sie selbst dem halbseidensten Politiker nach.

In späteren Jahrhunderten wurde Brot gar noch mehr zum Politikum. Im Frankreich des 18. Jahrhunderts war die Brotproduktion effektiv zum öffentlichen Dienst geworden, und die Bäcker wurden vom Staat reguliert. Es besagt viel, dass 1787 ein durchschnittlicher Arbeiter die Hälfte seines Gehalts für Brot ausgab; zwei Missernten hintereinander sorgten dafür, dass der Preis bis 1789 um 88 Prozent gestiegen war, was zum Ausbruch der blutigen Revolution beitrug. In Amerika kam es 1710, 1837 und 1863 zu Brotaufständen, und Lenins Aufruf gegen das Zarenregime in seinen Aprilthesen von 1917 stand unter dem Motto: »Friede, Brot, Land!«

Aber wie war es zu dieser Abhängigkeit von der Massenbrotproduktion gekommen? Nun, es begann, wie gehabt, mit dem Entstehen der ersten Städte. Das Aufkommen effektiverer Anbautechniken und Bewässerungsanlagen in der Bronzezeit bedeutete, dass es weniger Leute brauchte, um noch schneller noch mehr Nahrung zu produzieren. Das wiederum führte zur Erfindung neuer Berufe. Während die Gesellschaften der Jungsteinzeit möglicherweise egalitär gewesen waren und jeder sich die Hände schmutzig machen musste, sahen die ersten auf Brot gebauten Städte – wie Uruk – sowohl die Aufspaltung in Klassen als auch die Spezialisierung der Arbeit. Da Brot genug für alle da war, konnten viele den Ackerbau aufgeben und stattdessen Priester, Gelehrte, Wagenmacher, Ziegelbrenner, Töpfer, Ärzte, Zahnärzte und IT-Berater werden ... Na gut, streichen Sie Letzteres.

Die zentrale Bedeutung, die Brot im Leben einzunehmen begann, spiegelte sich in seiner Entwicklung zu einer fundamentalen Metapher des Glücks. Im *Gilgamesch-Epos*, zweifelsohne der ältesten aufgezeichneten Geschichte der Menschheit, heißt es von Gott Ea/Enki: »Schenken wird er euch Reichtum und

Ernte. Am Morgen wird er Brotlaibe, am Abend auf euch einen Weizenregen niedergehen lassen!« In der wirklichen Welt wäre das ein extremes Wetterereignis – ich sehe die Journalisten unter den Sendewagen Zuflucht suchen, während rundum die Vollkornbrötchen herunterknallen, aber als Metapher feiert die Szene freudigen Überfluss; dass es Brot regnen sollte, war das Beste, was man sich vorstellen konnte.

Aber wenn es nicht aus himmlischen Öfen purzelte, wer buk all das Brot? Nun, Mesopotamien hatte große städtische Bäckereien, deren riesiger Ausstoß den Bedarf von Soldaten, Beamten und anderen Geistesarbeitern deckte. Wir sollten uns jetzt aber nicht einbilden, Brot sei allein eine Erfindung der Bronzezeit gewesen; es ist nicht etwa so, als hätte um Mitternacht die Uhr geschlagen und das Neolithikum war vorbei, als hätten plötzlich alle gerufen: »*Ich habe da eine Idee!*« Mehl mochte das Wachstum der frühen Städte stimuliert haben, aber aller Wahrscheinlichkeit nach hatten die Menschen es schon seit Tausenden von Jahren zum Backen in die heiße Asche des gemeinsamen Herds gelegt.

Allen Behauptungen von Anhängern modischer Steinzeiternährung zum Trotz – Pardon, »Paleo-Diät« – aßen unsere Vorfahren mindestens schon vor 30.000 Jahren Körner, wenn auch von natürlich vorkommenden Gräsern und nicht von Kulturpflanzen. Aber selbst die primitivste Form des Backens macht es nötig, die Körner zunächst zu mahlen. Schon in der Jungsteinzeit besorgte man das mit zwei aus dem Hang eines Vulkans gehauenen Basalttrümmern, einem Sattelstein mit einer Mulde und einem Reibstein. Diese Reibmühlen finden wir heute noch und nicht nur in Entwicklungsländern; der kleine Mörser mit Stößel in unserer Küche ist im Prinzip dasselbe und stammt ebenfalls aus vorgeschichtlicher Zeit. Für das gemahlene Korn entwickelten sich im Lauf der Jahrtausende drei Grundrezepturen: Fladen, die nur durch den Dampf im Innern etwas aufgehen; Sauerteig ohne Treibmittel, den man stehen und von selbst aufgehen lässt; oder man holt sich treibende Hefe aus der Brauerei, die für die Luftlöcher im flauschigen Inneren sorgt.

Ganz allgemein gesagt, die letztere Option war lange der betuchteren Kundschaft vorbehalten, Fladenbrote waren eher für Arme, und – in einer merkwürdigen Umkehr modernen Geschmacks – war Weißbrot der Luxusartikel, während der Pöbel braune Wecken kaute. Was einfach daran lag, dass zur Herstellung von Weißbrot die Hälfte des Korns, die braunen Anteile, weggeworfen wurden (und selbst dann war es eher noch cremefarben), von der Effizienz her also ein eher kläglicher Umgang mit der Ressource Korn. Aber natürlich ist den Royals nichts lieber als arrogante Verschwendung, was auch erklärt, warum Heinrich VIII. gern Weizenbrot aus feinstem Mehl aß – sogenanntes Manchet, das die Römer *panis siligenius* nannten, während die meisten anderen am Hampton Court Palace mit den zäheren dunkleren Wecken abgespeist wurden.

Am französischen Hof hieß Weißbrot *pain à la mode* – Brot nach der neuesten Mode; es enthielt Butter und manchmal Zucker, um ihm etwas von der Textur und dem Geschmack der Brioche zu verleihen. Das wurde unweigerlich auch in Großbritannien Mode, wo die Mittelschicht viel Zeit und Mühe darauf verwandte, die Klasse über der ihren zu imitieren, und sich entsprechend nach dem verlockenden Weißbrot zu sehnen begann, selbst wenn sie sich das nicht leisten konnte. Das führte denn auch zu einem dubiosen Schwarzmarkt für künstlich »geweißte« Wecken; bewerkstelligt wurde dies durch die Zugabe von Kalk, Gips, Alaun und sogar Arsen. Leider verlieh dieses gefälschte blasse Brot auch dem Konsumenten einen blassen Teint, manchmal sogar auf ewig, da Alaun gerade bei Kindern zu einem tödlichen Durchfall führen konnte. Es war jedoch nicht immer so, dass Weißbrot nur etwas für bessere Leute gewesen wäre oder Schwarzbrot und Fladen nur für das arme Volk. Während den europäischen Malern des 17. Jahrhunderts die Farbe von Brot noch als visuelles Kürzel für den finanziellen Status des Porträtierten diente, kam man im Jahrhundert darauf zu der Ansicht, Roggenbrot sei besser für die Verdauung, worauf trendige Gesundheitsfreaks mit dem Genuss dieses Arme-Leute-Brots für Verwirrung zu sorgen begannen in der Hoffnung auf Fitness und geschmeidigen Stuhl – wenn auch nicht gleich so geschmeidig wie bei den unseligen Konsumenten mit Alaun gepantschter Bleichwecken. Der Verwirrung nicht genug, kam Anfang des 19. Jahrhunderts bescheidenes Flachgebäck wie Crêpes und russische Blinis bei Aristokraten als delikate Appetithappen in Mode. Zu dünner Rübensuppe dürfte man sie freilich nicht gereicht haben; der heutige Usus, Blinis mit teurem Räucherlachs und Prosecco zu reichen, kommt da wohl eher hin.

Unser Frühstücksbrot an diesem Samstag ist eine schlichte Scheibe Vollkorntoast, die wir in den elektrischen Toaster schieben. Englischen Muttersprachlern ist die Wendung *the best thing since sliced bread* geläufig, mit der wir unsere Begeisterung für eine geniale Idee zum Ausdruck bringen, aber geschnittenes Brot ist noch gar nicht so alt und vermutlich ein Paradebeispiel für amerikanisches Marketing. Immerhin war der Erfinder der Brotschneidemaschine, Otto Frederick Rohwedder, ein Juwelier aus Iowa, der 1912 mit einer Idee zu spielen begann. Nachdem er seine gesamten Ersparnisse in die Entwicklung gesteckt und mehrere schlimme Rückschläge hatte einstecken müssen, brachte er schließlich 1928 ein erstes funktionstüchtiges Modell in die Bäckereien. Binnen fünf Jahren, so schätzt man, verkauften – vermutlich nicht zuletzt der zunehmenden Popularität des Toasters wegen – 80 Prozent der amerikanischen Bäcker ihrer Kundschaft vorgeschnittenes Brot. Witzigerweise war das Größte *vor* der Erfindung des Schnittbrots vorverpacktes Brot, und das wissen wir nur, weil Rohwedder seine Neuheit mit dem Slogan anpries: »der größte Fortschritt der Backindustrie seit verpacktem Brot«. Ahh, jetzt springt gerade unser Toast aus dem Toaster, wie eine Stripperin aus einer Geburtstagstorte, wir fangen ihn auf, lassen ihn auf den Teller gleiten und schaufeln den Belag darauf: zuerst Würste, dann Bacon, einen Schlag gebackene Bohnen und schließlich die Rösti. Wir machen es uns am Tisch bequem, schalten den Fernseher ein, damit sich in der Küche was rührt, und gehen unseren Festschmaus an. Zugegeben, etwas von der Tomatensoße läuft uns übers Kinn, und unser Haar duftet leicht nach verbranntem Schwein, aber dafür haben wir ja die Dusche erfunden ...

10 Uhr 45

AB UNTER DIE DUSCHE!

Nachdem wir unser Frühstück genossen haben, ist es Zeit für einen zweiten Besuch im Bad; wir müssen uns rasch noch waschen. Zugegeben, seit unserer letzten Gesangseinlage unter der Dusche, natürlich im Stil von Whitney Houston, sind gerade mal 24 Stunden vergangen, aber wir Menschen scheinen von Natur aus Ferkel zu sein; selbst die gewissenlosen Energiekonzerne schlagen uns nicht in unserer Unerbittlichkeit, mit der wir Abfallprodukte absondern. Ständig sind wir am Schrubben. Unserer gegenwärtigen Hygienehysterie zum Trotz ist die Geschichte menschlicher Reinlichkeit alles andere als linear. So zeigt dieses Kapitel den Aufstieg des Menschen auch nicht wie wir es von bestimmten Cartoons kennen – links im Bild ein dreckverkrusteter Typ, dann diverse halbwegs saubere Kameraden in der Mitte bis hin zu unsereins rechts: prachtvoll aufrechte Statur, Seifenschaum an den Gliedmaßen, eine Duschkappe auf dem Haupt. Von wegen – die Definition von Hygiene variiert im Lauf der Jahrhunderte, und zwar erheblich.

Der Grund für dieses Auf und Ab ist schlichtweg der, dass Hygiene letztendlich nichts weiter ist als ein Krieg gegen den Dreck. Dreckig sind für uns Kinder, die nach ausgelassenem Wühlen im Schlamm mit schwarzen Fingernägeln nach Hause kommen. Für Anthropologen dagegen ist Schmutz lediglich »Materie am falschen Ort«, etwas, was fehl am Platz ist. Die Philosophen des griechischen Altertums benutzten den Begriff der *katharsis* für die Vorstellung einer Reinigung von Seele und Körper von Schlechtem oder Bösem, aber was nun gut oder schlecht *wirklich* bedeutet, das ist seither eine Frage kulturellen Geschmacks und ändert sich entsprechend; weshalb ich mich auch hier nicht lange mit einer Definition von »sauber« aufhalten will. Sie werden das Buch sowieso gleich wegwerfen und sich in Desinfektionsmittel baden wollen.

Also, wo fangen wir am besten an? Wie wär's mit etwas, von dem jeder weiß, wie schlecht es ist …

Ein lausiger Anfang

Die Vorstellung, sich wie Tarzan oder Mowgli an Lianen durchs Leben zu schwingen, mag ja abenteuerlich sein, aber glauben Sie mir, wir sind nicht für die Einsamkeit des Dschungels gemacht. Ähnlich unseren fernen Vettern, den Schimpansen, die sich in Wasser waschen und ihre Körper in die süßen Düfte von Waldfrüchten hüllen, sind wir soziale Wesen, die sich für andere sauber halten in dem Wissen, dass man uns aus der Gruppe ausstoßen würde, kämen wir wie ein wandelnder Gully daher. Immerhin genügt ein einziger Keim, um eine Krankheit in die ganze Gemeinschaft zu tragen. Wie man weiß, pflegen Affen einander gegenseitig das Fell, picken sorgsam unerwünschte Läuse und Parasiten heraus – es gehört zu einem komplexen Sozialisationsprozess, der womöglich sogar die Sprachfähigkeit des Menschen hervorgebracht hat. Und wir gehen dieser Art von sozialer Körperpflege noch heute nach. Es ist daher auch kein Zufall, dass ein Besuch beim Friseur sich abspielt zum geschwätzigen Soundtrack unserer gebrochenen Herzen, Urlaubspläne und der schockierenden Husarenstückchen dieses Typs aus der Glotze, der das Popsternchen hinten im Taxi gebumst hat. Warum auch immer, die Berührung eines Mitmenschen öffnet die Plaudertasche in uns.

Nun sind wir natürlich heute frei von Läusen – wenn sie uns die Kinder nicht gerade wieder mal von der Schule nach Hause bringen, aber unsere Vorfahren waren weit anfälliger gegen Ungeziefer als wir. Die alten Ägypter waren derart von Kopfläusen geplagt, dass sie sich die Köpfe schoren und Perücken trugen, aber noch im Ersten Weltkrieg sahen sich die Soldaten im Dreck ihrer Gräben von Hunderten, wenn nicht gar Tausenden von Körperläusen bedeckt, die einzeln aufzulesen und ins Feuer zu werfen waren. Wir könnten mit einiger Sicherheit davon ausgehen, dass auch die Steinzeitbewohner unerwünschten winzigen blinden Passagieren ausgesetzt waren.

Menschenläuse ähneln zwar denen der Affen, sind aber besser an unsere haarlosen Körper angepasst. Sie befallen uns in der Hauptsache in Gestalt zweier Clans: Kopfläuse und Filzläuse, wobei wir uns Letztere vor etwa 3,3 Millionen Jahren bei den Gorillas eingefangen haben. Beide Clans setzen uns seit Millionen von Jahren zu, und zwar jeder Inkarnation des *Homo sapiens;* interessanterweise entwickelte sich vor 70.000 Jahren aus den Kopfläusen eine dritte Art, die ganz neuem Terrain angepasst war – dem Stoff. Entsprechend Kleiderläuse genannt, sind sie ein nützlicher archäologischer Datumstempel für das Aufkommen der Kleidung – was ganz nützlich für Archäologen ist, aber sie sind nun mal auch Krankheitsträger, was der Menschheit allgemein eher abträglich ist.

Es ist durchaus wahrscheinlich, dass unsere Vorfahren in der Steinzeit nicht nur gegenseitige Körperpflege betrieben, sondern auch regelmäßig badeten. Interessanterweise liegen nämlich viele der für ihre Steinzeitgraffiti berühmten Höhlen Frankreichs und Spaniens ganz in der Nähe von natürlichen heißen Quellen. Wir stellen uns Höhlenbewohner gern als brummige Typen vor, die im Düster beisammen hockten, zusammengekauert, ein Stück zähen Auerochsenbraten zwischen den Zähnen, aber es ist nicht weniger wahrscheinlich, dass sie ihre Wochenenden in thermischen Quellen planschten und dabei kicherten wie heute unsere Knirpse im Planschbecken. Ich meine, ich hätte ... Sie nicht auch?

Wasser, Wasser überall!

Eine ganz besondere Eigentümlichkeit der Menschheitsgeschichte ist das Tempo, in der wir uns von kleinen Rotten nomadischer Wildbeuter zu großen Gesellschaften mondäner Städter entwickelten. Man könnte fast meinen, der Homo sapiens hätte sich 190.000 Jahre lang mühsam die jähe Steigung einer schwindelerregenden Achterbahn hochgeschleppt, ohne dabei so recht vorwärtszukommen – hier ein Faustkeil, da ein Speer; und dann war, aus heiterem Himmel, die Eiszeit zu Ende und wir stürzten mit atemberaubendem Tempo und luftgeblähten Backen in die Jungsteinzeit; schreiend vor Angst legen wir uns in die gewundenen Kurven: Haus, Ackerbau, Städteplanung – und das alles im mörderischen Tempo von gerade mal 10.000 Jahren.

Aber bei allen Innovationen der Jungsteinzeit, es war die Bronzezeit, in der die öffentliche Hygiene so richtig an Boden gewann. Auf dem Gebiet des heutigen Pakistans und Indiens war die alte Harappakultur von der Reinlichkeit der Massen geradezu besessen. Sauber zu sein war bei den Leuten eine ganz große Sache, so wie heute passive Aggression und fanatisches Schlangestehen bei den Briten ganz groß sind. Wie wir bereits erfahren haben, durchzog den Untergrund der Harappastädte eine weitläufige Kanalisation aus gipsbeschichteten Ziegeln, Rohrleitungen und Rinnsteinen, die das Abwasser aufsammelten, das aus den Abflussrohren der Häuser kam. Selbst mehrgeschossige Wohngebäude waren so ausgestattet; ihre Wände durchzog ein cleveres System von Rinnen, das das Wasser aus den Abflusslöchern in den Böden aller Etagen abfließen ließ. In der Ruhmeshalle für Klempner stehen die Harappaner gleich neben Mario und Luigi ganz oben an.

Ein so ausgeklügeltes Drainage-System könnte zu dem Gedanken verführen, dass es im Industal sintflutartiger Regenfälle wegen ständig »Land unter!« hieß, aber damit lägen wir ganz schön daneben. Die jährliche Niederschlagsmenge betrug magere 13 Zentimeter; nicht mal ein Pudel könnte darin ertrinken. Wo kam also das viele Wasser her? Ganz einfach: aus der Erde. Nehmen wir aus den mehr als 1000 Siedlungen im Industal Mohenjo-Daro heraus, eine Stadt, die sich geschätzter 700 aufgemauerter Brunnen rühmte, jeder 35 Meter vom nächsten entfernt; sie lieferten für den öffentlichen Gebrauch sauberes Wasser in jeder gewünschten Menge.

Wasser war der Lebenssaft einer Harappasiedlung, eine unerschöpflich fließende Ressource, die einen heiligen Status genoss. Mohenjo-Daros Großes Bad – ein ziegelgesäumter Innenpool von zwölf mal sieben Metern in einem Gebäude von beängstigenden Ausmaßen – stand auf der höchsten Erhebung der Stadt als Symbol für die Macht des Wassers. Es dürfte jedoch kein Freibad voll mit Bauchklatschern prahlender Kids gewesen sein, sondern eher ein Quell ritueller Reinigung für die wichtigeren Mitglieder der Gesellschaft. Mit Sicherheit war es nicht die einzige Waschgelegenheit in der Stadt – die übrige Bevölkerung wusch sich in rechteckig aufgemauerten seichten Becken überall in der Stadt.

Im Vergleich zu einer derart imposanten Infrastruktur enttäuschen die Ägypter ausnahmsweise; trotzdem, der Qualität ihrer historischen Aufzeichnungen wegen seien sie hier erwähnt. Was nämlich die Reinlichkeit anbelangte, achtete ihre Priesterkaste besonders darauf, dem Fluch eines Läusebefalls durch regelmäßige Ganzkörperrasur zu entgehen; außerdem wuschen sie sich bis zu fünfmal am Tag in kaltem Wasser. Für Männer, die die heiligen Tempel der verehrten Götter bewohnten, war körperliche Reinheit alles – nichts beleidigte die himmlischen Gottheiten mehr als zottige Gliedmaße, wie wir sie nur bei Werwölfen an Halloween sehen.

Wir waschen uns heutzutage mehrmals die Hände und duschen wahrscheinlich mindestens einmal am Tag; aber wie nehmen sich dagegen die Waschgewohnheiten der gewöhnlichen Bewohner im Alten Ägypten aus? Nun, allem Anschein nach haben auch sie sich vor und nach den Mahlzeiten die Hände gewaschen, nur dass es kein fließendes Wasser gab. Es musste vielmehr vom Nil geholt werden, Frauen trugen es in schweren Urnen auf dem Kopf, wahrscheinlich mehrmals am Tag, um die Bedürfnisse der Reichen zu befriedigen, die keine Lust hatten, sich mit sowas die aufwändige Frisur zu ruinieren. Und obwohl Wasser nicht einfach auf Knopfdruck verfügbar war, konnten die Betuchten selbstgefällig mit eingebauten Bädern prahlen; wasserdichte Kacheln am Boden und seichte Abflussrinnen erlaubten eine gründliche Wäsche mit dem Lappen am Morgen und am Abend ein richtiges Bad. Aber auch die schlichteren Einrichtungen der Armen hielten diese nicht von der Sauberkeit ab, und selbst die niederen Feldarbeiter hatten Zugang zu einer rudimentären Art Seife aus Tier- und Pflanzenfetten, mit der sie sich in Eimern waschen konnten oder – mit einem Auge auf die hungrigen Krokodile – unten am Nil.

Indus- und Niltal werden immer wieder zu Recht als Wiegen glorreicher Kulturen bezeichnet, aber wenn es darum ging, sich nach einem harten Arbeitstag den schmierigen Schweiß von den

Gliedern zu waschen, gab es noch eine Kultur der Bronzezeit, die nicht weniger scharf auf Sauberkeit war ...

Sauber wie ein Kreter

An der Nordküste der Mittelmeerinsel Kreta gelegen, mussten die mächtigen Bauten von Knossos einst einen überwältigenden Anblick geboten haben: ein gewaltiger Komplex von 1300 miteinander verbundenen Räumen und Gebäuden, bei dessen Anblick selbst ein unersättlicher russischer Oligarch vor Neid erblasst wäre. Eine Pracht von diesem Ausmaß veranlasste Sir Arthur Evans, den ersten Ausgräber von Knossos, zu der Spekulation, es könnte sich um die Zeremonialresidenz des sagenhaften König Minos gehandelt haben, den unseligen Hüter des menschenfressenden Minotaurus, der im Herzen des berühmten Labyrinths lauerte. Evans mochte dabei etwas zu weit gegangen sein, aber es sieht ganz danach aus, als wäre die Anlage ein zeremonieller Ort für die Minoer – wie man sie später Minos' zu Ehren nannte – gewesen. Und was von der Anlage übrig ist, lässt auf ein Volk von ausgefuchsten Ingenieuren schließen.

Wenn wir heute unser modernes Bad betreten, haben wir die Wahl: Wir können nur mal rasch duschen, oder wir lassen uns eine Wanne einlaufen und aalen uns darin, bis wir runzelig sind. Und wenn Sie jetzt denken, Letzteres sei die ältere Technik, liegen Sie durchaus richtig, denn in den Ruinen von Knossos, deren schwindelerregende Ausmaße womöglich einst die Legende vom Labyrinth inspiriert hatten, fand sich eine schöne, etwa einen Meter 50 große Terrakotta-Badewanne, die man auf ungefähr 1500 vor unserer Zeitrechnung datiert. Sie stand vermutlich neben Sockelwannen in einem speziellen Baderaum, aus dem das überschüssige Wasser durch ein Loch im Boden ablief. Leider ist das aber auch schon alles, was wir darüber wissen. Wir könnten uns in der Wanne eine elegante Königin vorstellen – einen Becher Rotwein in der Hand, eine Kerze auf dem Wannenrand, hört sie, was auch immer in der Bronzezeit für Lionel Ritchies *Greatest Hits* hatte herhalten müssen. Es gibt nur leider keine Belege für unsere Fantasie.

Anders als bei den Ägyptern war es hier nicht nötig, das Wasser vasenweise auf dem Kopf heranzuschleppen; es kam stattdessen über von Menschenhand gebaute Aquädukte frei Haus aus den nahegelegenen Hügeln; es gibt sogar hinreichend Grund zur Annahme, dass es in verschiedenen Temperaturen zu haben war. Ausgrabungen in Akrotiri – einer benachbarten minoischen Inselsiedlung, die bei einem Ausbruch des Santorini-Vulkans unter einer Sintflut vulkanischen Bimssteins begraben wurde – zeigten, dass die Einheimischen dort doppelte Wasserrohre installiert hatten, was darauf schließen lässt, dass das eine für kaltes, das andere für geothermisch erhitztes Quellwasser war. Es sieht also ganz danach aus, als sei der Vulkan recht nett zu Akrotiri gewesen, bevor er den Tod darüber herabregnen ließ. Wichtig ist in diesem Zusammenhang, dass der Ausbruch des Santorini-Vulkans wahrscheinlich Kreta einen furchtbaren Tsunami bescherte, nur dass die Insel nicht gleich unter der Welle verschwand wie das legendäre Atlantis; für den Untergang der Minoer in der Mitte des 2. Jahrtausends vor unserer Zeitrechnung war mit großer Wahrscheinlichkeit ein Haufen aggressiver griechischer Langfinger verantwortlich, die Mykenäer, die kurz darauf mit der Belagerung des sagenhaften Troja beginnen sollten.

Riechen die alten Griechen?

Katastrophenmagnet, der er war, erlitt Odysseus, nachdem er den rachsüchtigen Meeresgott verärgert hatte, ein zweites Mal Schiffbruch. Erschöpft, nackt und voll blauer Flecken, schläft er im sicheren Schatten einiger abgeschiedener Bäume ein, sieht sich aber tags darauf von einer jungen Prinzessin und ihren Zofen entdeckt, die an den Strand gekommen waren, um ihre Kleider zu waschen. Von seiner königlichen Retterin ausgefragt, entschließt sich der heroische Odysseus – selbst ein mächtiger, wenn auch vom Glück verlassener König – seine Identität für sich zu behalten. Obwohl er aussieht wie nach einem Fight mit Mike Tyson entbietet man dem müden Tramp die Gastfreundschaft von König Alkinoos' Hof, die ein heißes Bad in einer über einem Holzfeuer erhitzten Kupferwanne einschließt. Odysseus klettert in den Zuber, wird von einer der Zofen der Prinzessin gewaschen und eingeölt und steigt als schimmernder sexy Ausbund von Männlichkeit wieder heraus. Die Prinzessin sieht ihn sich an und denkt sich: Mann-o-Mann! – oder was man sich in der Antike in so einem Fall gedacht hat –, und zum Ende des Gastmahls ist denn auch niemand überrascht, als Odysseus seine königliche Identität lüftet. Er mochte wie ein Penner am Hof angekommen sein, aber eine kurze Sitzung im Zuber hat dieselbe Wirkung, wie wenn Clark Kent die Brille abnimmt und sich das Hemd aufreißt. Die Verwandlung von der Pfeife zum Superhelden ist so blitzartig wie beeindruckend.

Für die, die es nicht wissen sollten: Odysseus war der legendäre Held von Homers *Odyssee*, dem Nachfolger zu seinem Blockbuster, der *Ilias*. (Ich sage hier »seinem«, aber es gibt Wissenschaftler, die Homers Existenz bezweifeln; er könnte wohl auch eine erfundene Galionsfigur gewesen sein, ein antiker Colonel Sanders, wenn Sie so wollen.) Nachdem er den zehnjährigen Trojanischen Krieg überlebt hat, macht Odysseus sich auf den Heimweg, wird aber weitere zehn Jahre aufgehalten, in denen er in einen anstrengenden Hinterhalt nach dem anderen gerät: magische Inseln, schreckliche Ungeheuer, das Ganze völlig unnötigerweise mit romantischen Verwicklungen garniert, gegen die sich der Plot einer Endlosserie im Fernsehen wie ein auf eine Serviette gekritzeltes Haiku ausnimmt. Aber dank Homers poetischem Elaborat bekommen wir einige faszinierende Einblicke in die Badegepflogenheiten der alten Griechen. So findet sich bei allem Potenzial für erhebliche Unanständigkeiten nirgendwo ein Hinweis darauf, dass die Situation – Odysseus in der Wanne, von Frauenhand gewaschen – zu sexuellen Ungehörigkeiten geführt haben sollte. Stattdessen wird dem schlichten Akt des Badens eine transformierende Kraft zugeschrieben. Ein Typ steigt als schmuddeliger, müder Sterblicher in die Wanne und kommt als schimmernder Halbgott wieder heraus. Und das hatte durchaus seine Logik: Die Erlangung der Sauberkeit war ein quasireligiöser Triumph seelischer Reinheit über die schmutzige Natur des Körpers, und ich kann mich des Gedankens nicht erwehren, den alten Griechen hätte das Motto »Sauberkeit kommt gleich nach Gottesfurcht« durchaus gefallen.

Scrollen wir einige Jahrhunderte vorwärts, gelangen wir an den triumphalen Höhepunkt der griechischen Kultur, der klassischen Ära Mitte des 5. Jahrhunderts vor unserer Zeitrechnung. Hier, auf dem Zenit des athenischen Stadtstaates, durfte wohl kaum noch jemand mit einer Ölmassage von einer mannbaren Zofe rechnen, sich von anderen waschen zu lassen, scheint jedoch Usus geblieben zu sein. Aber wie hat man sich dies vorzustellen? War Odysseus in seinem Zuber ein seltener Luxus zuteil geworden, oder kamen auch weniger illustre Gestalten in den Genuss von warmem Wasser? Wenn man nach den Ruinen von Olynth – weit im griechischen Norden – gehen darf, ist Letzteres durchaus denkbar. Hier, so stellten Archäologen fest, war eine erhebliche Zahl von Häusern mit Terrakotta-Badewannen ausgestattet, die vermutlich durch das Feuer in der Küche beheizt waren. Sie waren nicht dazu gedacht, dass man sich hineinlegte und untertauchte; vielmehr setzten sich die Leute mit gestreckten Beinen hinein, das Wasser reichte ihnen kaum an die Taille. Wer sich eine Wanne leisten konnte, der hatte wahrscheinlich auch ein wandmontiertes Waschbecken, das *labrum*, oder eine hoch auf einem Sockel stehende Vase, *louter* genannt. Wie die Ägypter mit ihrer wannenlosen Wäsche benutzte man diese wahrscheinlich morgens und dann noch einmal vor dem Abendessen zur Reinigung von Händen, Gesicht und anderen strenger riechenden Zonen. Zu einer Generalreinigung jedoch ging man wahrscheinlich lieber ins öffentliche Bad, das *balaneion*, das es in der klassischen *polis* Athen zur Berühmtheit gebracht hat. Es waren dies große, rechteckige Gebäude, deren Interieur jedoch gemeinhin so angelegt war, dass die seichten Hüftwannen, wie wir so aus Olynth kennen, im geselligen Kreis arrangiert waren; so ließ sich mit Freunden plaudern, während einen ein Bediensteter mit *rhymma* schrubbte, einer Seife aus Tonerde oder Asche. Die Hüftbäder waren die Hauptattraktion, aber durchaus nicht alles, was das *balaneion* zu bieten hatte; Besucher konnten sich auch unter eine Art rudimentäre Dusche stellen, bei der das Wasser aus großen Zisternen auf sie herabtröpfelte; und dann gab es noch die Dampfbäder, in denen sich ordentlich schwitzen ließ; zum Abkühlen sprang man dann in einen eisigen Pool.

In Athen war Männern und Frauen das gemeinsame Baden verboten, aber der Umstand, dass alle gesellschaftlichen Elemente ihr Wasser teilten, war durchaus Symbol für die bürgerliche Identität. Die Erfinder der Demokratie mögen herzlich undemokratisch gewesen sein, wenn es an die Rechte von Frauen, Sklaven und Armen ohne Grundbesitz ging, der Gedanke, sich in eine

Wanne zu setzen, in der eben noch einer von niedrigerem Stand gesessen hatte, tangierte sein moralisches Selbstverständnis dagegen nicht – wohl weil Armut nicht ansteckend war.

Nicht jedermann fand derart ungeteilten Gefallen an der Lockerheit athenischer Körperpflege. In der Satire *Die Wolken* nimmt der Komödiendichter Aristophanes die gezierte Putzsicht der jungen Männer in den öffentlichen Bädern aufs Korn; und es ist sicher nicht zu bestreiten, dass die Theatralik, mit der diese jungen Leute in aller Öffentlichkeit nackt ihre Übungen machten, sich wuschen und hinterher ihre gestählten Körper einölten, ziemlich camp war. Wir nehmen natürlich sofort an, dass dieses Pfauengetue Passantinnen galt, nur war es den Frauen im geschlechtlich ungleichen Athen kaum gestattet, das Haus zu verlassen, geschweige denn nach nackten Männern zu sehen. Mal abgesehen davon war Aristophanes' Kritik mild im Vergleich zur Entrüstung von Athens gestrengen Nachbarn, den Spartanern, deren militaristische Gesellschaft ein geradezu unmögliches Maß an stoischem Naturburschentum verlangte, nicht nur von Männern, auch von Frauen und Kindern. Diese Krieger, die praktisch zum Spaß mit Wölfen rangen, hatten nichts als Verachtung für einen Mann, der eine ganze Wanne füllte, wo es doch auch ein bescheidenes Waschbecken tat. Merkwürdigerweise machten sich diese Heuchler geradezu pingelig die Haare vor einer Schlacht – ein merkwürdig feminines Ritual für derart raue Kerls.

Würde ich Sie nach einer berühmten Sitzt-ein-Grieche-im-Bad-Anekdote fragen, Ihnen würde wahrscheinlich Archimedes einfallen: Archimedes parkt eben sein alterndes Gestell in einer Wanne des Volksbads in seinem heimatlichen Syrakus, als ihm plötzlich aufging, wie sich die Menge des von einer Goldkrone verdrängten Wassers messen ließ. Sein aufgeregtes »Heureka!« (Ich hab's!) wurde zum Ausruf des Entdeckers schlechthin und ist als solcher in die Geschichte eingegangen. Aber natürlich heißt es auch, dass er darauf am helllichten Tag nackt durch Athen lief – eine stolze Tradition, die heutige Wissenschaftler Gott sei Dank ignorieren. Dummerweise war Archimedes' Passion für die Wissenschaft auch sein Verderb. Nachdem er sich im Alleingang – mit einigen von ihm selbst ersonnenen Gadgets – den römischen Invasoren entgegengestellt hatte, konnte unser griechischer Geek die Eroberung der Stadt letztlich doch nicht verhindern und starb durch die Klinge eines römischen Soldaten, der ihn verhaften kam. Ich erwähne dies nur, weil die Römer Archimedes laut Plutarch eigentlich nur hatten festsetzen wollen, um sich seines großartigen Verstands zu bedienen. Sie waren nämlich nur allzu bereit, die Findigkeit der Griechen für ihre eigenen Zwecke auszubeuten, und das *balaneion* sollte da keine Ausnahme sein …

Ein Sprung in ein römisches Bad

Wie die griechischen wurden auch die römischen Bäder – die Thermen – über ein Hypokaustum beheizt, eine Warmluftheizung, bei der Heißdampf aus von Sklaven bedienten Öfen unter den von Ziegelsäulen getragenen Böden die Räume und Wasserbecken darüber heizten. Ein derartig aufwändiges System bedeutete, dass Bäder in der Regel eine Palette unterschiedlicher Temperaturen boten; das Kritische bei den Thermen jedoch war, dass absolut jeder willkommen war, wenn auch nicht unbedingt zur selben Zeit. Traditionell badeten Männer und Frauen getrennt, durften aber – im Gegensatz zu den Athenern – immerhin dasselbe Gebäude benutzen. Frauen, Sklaven und Bedienstete kamen eher vormittags, während die männliche Bürgerschaft am Nachmittag auf ein langes, gemütliches Bad vorbeikam.

Es gab keine unumstößlichen Regeln für die Benutzung der

Bäder, aber in der Regel betrat sie der Besucher über einen für Freiübungen bestimmten Vorhof (*palaestra*), wo man sich sportlich betätigte, um ordentlich ins Schwitzen und außer Atem zu kommen (was in meinem Fall in acht Sekunden erledigt wäre). Dann ging es in die Umkleide (*apodyterium*), wo man einen Sklaven bezahlte, ein Auge auf die Toga zu haben, um am Abend nicht nackt nach Hause laufen zu müssen. Schließlich ging es in die eigentliche Therme, wo einen Räume unterschiedlicher Temperaturen erwarteten. Wer wollte, begann im Atrium der Therme, dem warmen *tepidarium*. Andere zogen vielleicht das *sudatorium* vor, den Dampfraum, wo man sich von der glühenden, trockenen Hitze die Poren öffnen ließ. Im *caldarium*, wo es auch einen heißen Pool gab, konnte man sich von einem Sklaven einölen oder mit der *strigilis*, einem gebogenen Schaber aus Metall, Schweiß und Schmutz von der Haut kratzen lassen. Dann ging es auf eine leichte Abkühlung zurück ins Tepidarium und schließlich hinaus ins *frigidarium* auf einen Sprung ins kalte Nass. Wer wollte, ließ sich noch einmal abschaben und einölen. Ich muss wohl nicht eigens darauf hinweisen, dass unsere heutige Dusche um einiges schneller erledigt ist als ein komplettes römisches Bad.

Heutzutage neigen wir dazu, uns allein zu waschen; wir schließen die Badezimmertür, um selbst die engsten Familienmitglieder auszuschließen; die Römer waren dagegen ein geselliger Haufen und hatten kein Problem damit, mehr als nur die Seele baumeln zu lassen. Man war als Badender von Hunderten von Nackten umgeben; die Thermen waren nicht nur Waschanlage, sie funktionierten auch als gesellschaftlicher Mittelpunkt, wo sich mit Freunden klönen und mit Geschäftspartnern netzwerken ließ; wem nach Innenschau war, der zog sich schmollend in eine Ecke zurück. Wo man heute ins Fitnesszentrum oder zum Schwimmen geht oder zur Massage mit Gesichtspackung und anschließend auf einen netten Plausch ins Café, das alles gab's in der Antike im Bad – mit Gebaumel als Dreingabe.

Da es sich bei diesen Thermen um Einrichtungen für die Masse handelte, war das Sponsern eines solchen Geschenks an die Öffentlichkeit mit einigem Prestige verbunden, was zur Folge hatte, dass einige Badehäuser von ganz erstaunlicher Größe waren, um die großzügigen Gönner entsprechend herauszustellen. Die Caracalla-Thermen, Anfang des 3. Jahrhunderts v. Chr. in Rom erbaut, boten locker 1600 Badenden Platz; allein das Hauptgebäude im Zentrum eines weitläufigen Komplexes war doppelt so groß und breit wie ein heutiger Fußballplatz. Außerdem gab es reich geschmückte Bibliotheken mit griechischen und lateinischen Texten – und Sie dachten, nur Sie lesen im Bad?

Ein derart monumentaler Bau zeigt die Bedeutung des Badens in der römischen Gesellschaft; in vieler Hinsicht definiert es die römische Identität – wohin auch immer sich das Imperium ausbreitete, die Bäder folgten wie ein kaiserliches Schoßhündchen auf dem Fuß. Aber so beeindruckend die Caracalla-Thermen auch als Ingenieurleistung waren, andernorts zählte weniger die Größe als die Absicht: Hygiene war integraler Teil des Zivilisationsprozesses, sie gehörte zur Werbekampagne, mit der man die ungeschlachten Barbaren dazu verleitete, ihre Äxte fallen zu lassen und zum römischen Way of Life überzulaufen. Aber nur weil Wasser ein Grundrecht für jeden Bürger und Sklaven war, bedeutete das noch lange nicht, dass es gleichmäßig verteilt wurde. Im 1. Jahrhundert wurde das Wasser, das über die Aquädukte nach Rom kam, hierarchisch aufgeteilt: zehn Prozent für den Kaiser, 40 Prozent für diejenigen, die betucht genug waren, ihre Wassersteuer zu zahlen, die anderen 50 Prozent gingen an öffentliche Bäder, Wasserstellen und Brunnen. Anders gesagt, die Armen hatten kein fließendes Wasser, sie mussten es sich auf der Straße holen, nicht dass sie dazu weit zu laufen hatten, schließlich konnten sie in Roms Glanzzeit unter über 900 Bädern wählen.

Der Reinliche ist Gott am nächsten

Bindeshwar Pathak war noch ein kleiner Junge, als er sich eines Tages von seiner angeborenen Neugier übermannt sah. Neben ihm stand ein »Unberührbarer«, eine Person aus Indiens unterster Kaste, in der man dem Volksglauben nach bereits unrein das Licht der Welt erblickt; der Junge, aus dem eines Tages ein führender Soziologe und Kämpfer für das Hygienewesen werden sollte, konnte nicht anders, er musste diesen interessanten Außenseiter einfach berühren. Auch wenn ihm nicht gleich das Fleisch von den Knochen schmolz wie dem Nazischurken in *Raiders of the Lost Ark,* er war jetzt unrein. Entsetzt darüber, ließ Pathaks Großmutter ihn ein rituelles Bad nehmen, um seinen Körper von jeder Verunreinigung zu befreien. Das Bad unterschied sich allerdings von dem, wie wir es kennen; gegen seine Art von Verunreinigung half nur Gurgeln mit Rinderurin verquirlt mit Dung ...

Im Hinduismus gilt die Kuh als heiliges Tier; entsprechend sind – allen wissenschaftlichen Belegen zum Trotz – auch ihre Ausscheidungen sakrosankt. Und mag es merkwürdig erscheinen, dass das Gegenmittel für die bloße Berührung eines Mitmenschen um so vieles schmutziger sein sollte, aber das eben ist das Merkwürdige an der Reinlichkeit – sie ist ein kulturelles Konstrukt. Werfen wir doch einen Blick zurück ins Heilige Land. Die alten Israeliten vergossen das Blut von *hattat*, Opfertieren, um einen Ort und Altäre von Unreinheiten zu säubern, was jedoch nicht bedeutet, dass *jede* Art von Blut »rein« war. So durfte eine Jüdin noch sieben Tage nach dem Ende ihrer Menses keinen Sex haben; danach hatte sie sich erst einem reinigen Tauchbad – der

Mikwe – zu unterziehen. Dieses diente auch als Taufbecken für Konvertiten und zur Desinfektion von Gerätschaften oder Töpferwaren, die man bei Nichtjuden gekauft hatte. Der Vergleich mit einem heiligen Geschirrspüler drängt sich auf.

Die Mikwe ist nur eines von vielen kulturellen Beispielen für die enorme Reinigungskraft des Waschens nicht nur für den Körper, sondern auch für die Seele. Die reinigende Kraft des Wassers spielt praktisch bei allen großen Religionen eine wesentliche Rolle – mit einer Ausnahme. Die heidnischen alten Griechen wuschen ihre Hände vor dem Gebet und ihre Körper vor der Heirat; Hindus badeten im heiligen Ganges, um ihre Unreinheiten abzuwaschen; auch Buddhismus und Shintoismus erklärten Wasser zum integralen Bestandteil der Reinlichkeit; dasselbe gilt für den Islam. Und das Christentum? Weniger …

Das Christentum begann seinen kometenhaften Aufstieg vom kleinen Kult zur offiziellen Staatsreligion in einer Zeit, in der öffentliches Baden, wie wir gehört haben, aus dem römischen Imperium nicht mehr wegzudenken war; frühe christliche Denker jedoch fanden das dekadent. Ihre Opposition dagegen begann eher sanft; Clemens von Alexandria, ein gemäßigter Christ aus dem 2. Jahrhundert n. Chr. war der Ansicht, es gäbe vier Gründe dafür, ein Bad aufzusuchen: Vergnügen, Wärme, Gesundheit und Reinlichkeit. Von diesen erklärte er nur die letzten beiden für Christen statthaft; seiner Ansicht nach ging es in Ordnung, wenn man sich wusch, vorausgesetzt, man hatte keine Freude daran und guckte sich nicht allzu sehr um. Der heilige Hieronymus wollte davon nichts hören. Er lebte größtenteils im 4. Jahrhundert, sah also das römische Reich am Rande des Zusammenbruchs; nur zu gern hätte er die berühmten Thermen verkommen sehen.

In seinen Augen weckte warmes Wasser die Lust in den Lenden und ermutigte Jungfrauen, Hand an sich zu legen, aber vor allem sah er keinen Grund dafür, dass ein Christ sich in aller Öffentlichkeit waschen sollte. Seine eingängige Maxime für Männer – »Wer in Christus gebadet hat, muss kein zweites Mal baden« – spiegelte sich in dem Rat, den eine Freundin von ihm, die heilige Paula von Rom, für Jungfrauen hatte: »Ein reinlicher Körper und ein reinliches Gewand kommen einer unreinen Seele gleich.« So merkwürdig uns das heute erscheinen mag, aber sich sauber zu halten kam den Sünden Stolz und Eitelkeit gleich. Hieronymus' Schriften, allen voran die Übersetzung der Bibel ins Lateinische, hatten enormen Einfluss auf das frühe Christentum, aber das galt auch für seinen Rückzug vom öffentlichen Leben. Asketen versuchten Jesu Aufenthalt in der Wüste nachzueifern; sie machten aus dem Leben einen spirituellen Krieg gegen jede Art von Annehmlichkeit. Einige zogen sich derart von der Gesellschaft zurück, dass sie kaum noch ein anderes Gesicht zu sehen bekamen.

Weltmeister dieser Art von Einsamkeit war zweifelsohne Simeon Stylites der Ältere; er lebte, von den ständigen Glaubensfragen christlicher Newbies genervt, 37 Jahre lang auf einer winzigen Plattform, etwa 15 Meter über dem Boden – eine Art archaischer Vorläufer von David Blaine. Die meisten Asketen endeten jedoch eher im Kloster, wo man strenge Verhaltensregeln aufstellte, die jeden Schritt regulierten, darunter auch die Wascharrangements. Benedikt von Nursia, der Urvater des Benediktinerordens, ließ immerhin eine gelegentliche Wäsche zu: »Man biete den Kranken«, heißt es in seinen Mönchsregeln, »die Gelegenheit, ein Bad zu nehmen, sooft es ihnen zuträglich ist. Doch den Gesunden und insbesondere den Jüngeren soll man diese Erlaubnis dazu seltener geben.« Letztlich lief das darauf hinaus, dass die meisten Mönche nur zu den heiligen Festen, also Ostern, Weihnachten und Pfingsten mal so richtig eintauchen durften. Den Rest des Jahres musste es eine Schüssel kaltes Wasser tun.

Die Praxis, heiligen Schmutz anzusammeln, war als *alousia* bekannt, aber während sie für Christen höchste Geste der Heiligkeit sein mochte, vermochten Muslime darin nur eine abscheuliche Gewohnheit sehen. Für Mohammed war die Reinheit die »eine Hälfte des Glaubens«; Waschrituale waren entsprechend wichtig im Alltag der Muslime. Sie beginnen mit den *wudu*-Waschungen vor den fünf täglichen Gebeten, bei denen Hände, Mund, Nase, Gesicht, rechter Arm, linker Arm, Haare, Ohren, rechter Fuß und linker Fuß zu reinigen sind. Dieses aufwändige Ritual war, ja ist heute noch, nach jedem Toilettenbesuch oder jeder anderen unhygienischen Ausscheidung von Körperflüssigkeiten – so etwa bei einer blutenden Schnittwunde – zu absolvieren. Einer der größten Beiträge des Islam zur Hygiene bestand darin, die römische Tradition des öffentlichen Bads in der Form des *hamam* weiterzuentwickeln – was man bei uns ein türkisches oder Dampfbad nennt.

Hier ließ sich die Ganzkörperwaschung – *ghusl* – vornehmen, mit der man nach Sex, Menstruation oder den anderen großen Gründen für Unreinheit die Reinheit des Körpers wiederherstellte. Selbst im 9. Jahrhundert war Bagdad randvoll mit Bädern – mit 1500 hatte man 600 mehr als Rom in der Blütezeit; es zeigt, wie groß Hygiene im islamischen Alltag geschrieben wird. Wie bei den Griechen und Römern, schrieb der religiöse Brauch auch bei Muslimen und Juden vor, dass Männer und Frauen getrennt badeten, und auch der Islam verbot ausdrücklich die öffentliche Nacktheit, um der von Hieronymus so verachteten Zügellosigkeit keine Chance zu geben. Von dieser Einschränkung abgesehen, war jeder im Bad willkommen, und für Kinder und Diener war der Eintritt umsonst. So sorgte man dafür, dass die Bevölkerung sauber blieb.

Jetzt wird es schwül

Wir haben uns an diesem Vormittag für eine kurze Dusche entschieden statt des längeren Bads, und als wir unter die heiße Brause treten, wecken Seifenschaum und Hitze unsere vom Schlaf noch ganz steifen Glieder auf. Langsam, aber sicher sind wir bereit für den Tag. Wäre uns nach noch drückenderer Hitze gewesen, der Art, die uns die Haare im Gesicht kleben lässt, dann hätten wir auch rasch mal ins Fitness-Center huschen und dort in die Sauna gehen können – und auch damit wären wir einem archaischen Brauch gefolgt.

Wie wir bereits wissen, haben die Hamams den Dampf wirkungsvoll eingesetzt, und sie machen das heute noch überall auf der Welt, aber auch die Wikinger aus dem frostigen Norden waren glühende Saunafans. Unseren populären Darstellungen zufolge waren Wikinger schmuddelige Barbaren, die nichts als Schänden und Plündern im Kopf hatten – um dann völlig grundlos Feuer zu legen; in Wirklichkeit waren sie pingelige Sauberkeitsfanatiker, die nichts als Schänden und Plündern im Kopf hatten – um dann völlig grundlos Feuer zu legen. Die Männer, so heißt es, hielten sich den Samstag frei, den sie *laugardag* oder »Waschtag« nannten, um sich so richtig feinzumachen, ein Brauch, den die alten Sachsen ziemlich merkwürdig fanden, jedenfalls die Männer, während es den Frauen – aus offensichtlichen Gründen – durchaus gefiel. Die Kaufleute und Söldner der schwedischen Rus oder Waräger – die Russland durchquerten und bis nach Konstantinopel kamen – waren dem islamischen Gesandten Ibn Fadlan zufolge gar noch sauberer; sie ließen sich Gesicht und Haare täglich von ihren Dienerinnen waschen.

Die Wikinger waren als erste Europäer in Nordamerika gewesen, 500 Jahre bevor Columbus in die Geschichtsbücher stolperte; aber anstatt ein Reisetagebuch zu führen, verwandten sie ihren kurzen Aufenthalt in Neufundland lieber darauf, sich mit ihren neuen Nachbarn zu keilen. Hätten sie sich Freunde gemacht statt Feinde, hätten sie womöglich erfahren, dass die Einheimischen dort ebenfalls große Freunde schweißtreibender therapeutischer Sitzungen waren. Laut David De Vries, einem niederländischen Reisenden aus dem 17. Jahrhundert, reinigte man bei den Algonquins an der Atlantikküste den Körper mit Schwitzbädern von Krankheit, Schmutz und Unreinheit. De Vries beschrieb ihre Schwitzhütte als kleinen mit Lehm bedeckten Holzofen; man baute sie für gewöhnlich an Seen oder Flüssen, sodass die Leute sich unmittelbar nach der Sitzung ins kühle Nass stürzen konnten, was sich gar nicht so anders anhört als das *frigidarium* der alten Römer.

In einer charmanten und weniger gewalttätigen Fortsetzung zu der mittelalterlichen Begegnung zwischen Wikingern und amerikanischen Ureinwohnern kreuzten 1638 im Tal des Delaware zwei Schiffe mit finnischen und schwedischen Siedlern auf. Obwohl weder ihre Schiffe noch ihre Häuser aus dem Flachpack gekommen waren (womit mein Ikea-Witz den Bach runter ist), hatten sie Anstand genug, wenigstens ein skandinavisches Stereotyp zu bedienen. Mit großer Aufregung verfolgten die einheimischen Nachbarn den Bau einer Sauna; begeistert erkannten sie in den Neulingen Brüder im Schweiße. Inzwischen besuchte auf der anderen Seite der Welt eine andere Gruppe europäischer Kaufleute – die Holländer – regelmäßig Japan, wo man ebenfalls viel auf Reinlichkeit hält. Die Reisenden entdeckten, dass die Insulaner mittels *onsen* und *sento* regen Gebrauch von ihrem vulkanischen Erbe machten; sie schätzten heiße Quellen und öffentliche Bäder.

Wenn Sie also das nächste Mal in die Sauna gehen, denken Sie dran: Sie pflegen damit eine alte und interkontinentale Tradition.

Blitzsaubere Kreuzfahrer

Was, meinen Sie, waren im Mittelalter die wesentlichen Voraussetzungen für einen Ritter? Kraft, Mut, reiterliches Können? Dreimal ins Schwarze! Sonst noch was? Na ja, man hatte zutiefst religiös zu sein, durfte sich andererseits aber keinen Fleck ins Hemd machen ob der Aussicht, seinem Mitmenschen den Schädel zu spalten – was gar nicht so einfach, aber offensichtlich nicht unmöglich war. Natürlich musste man bereit sein, für seinen König ins Feld zu ziehen, ohne groß danach zu fragen, worum es überhaupt ging. Und dann sollte man noch über Tugenden wie Ehrlichkeit, Ritterlichkeit und Güte gegenüber den Schwachen verfügen, was ihnen vermutlich kniffliger vorkam als all das Gewaltausüben. Ach, und noch was ... wahrscheinlich brauchte man saubere Hoden.

Nachdem man über Hunderte von Jahren in Klöstern den religiösen Knies gefeiert und in aller Öffentlichkeit die Ausdünstungen von Bauer wie Edelmann ertragen hatte, passierte im Abendland des 12. Jahrhunderts etwas ganz Überraschendes. Die Zeit der Kreuzfahrer mag eine eher kontroverse Periode des Christentums sein, aber der Aufenthalt im Heiligen Land hatte den unbeabsichtigten Nebeneffekt, Tausenden von ungewaschenen Kreuzrittern die Vorzüge eines gewaschenen Daseins zu vermitteln – man *musste* eigentlich gar nicht stinken wie ein im Graben verendeter Hund! Ganz plötzlich schien der *hamam* gar keine so schlechte Idee, und vor allem den Rittern sagte er zu. Immerhin waren sie dem Ritterkodex verpflichtet, der unter anderem großen Wert auf ein korrektes Verhalten gegenüber der Damenwelt legte, und so dauerte es nicht lange, und die höfische Literatur verwarf das Schmuddelkonzept der *alousia* zugunsten nobler Reinlichkeit – ungewaschene Hände, schwarze Nägel, verschwitzte Achselhöhlen und beißender Geruch aus dem Hosenlatz beim ersten Date galten fortan als passé.

Natürlich richteten sich die intimhygienischen Winks nicht nur an die Herren; die *Trotula*, ein mittelalterliches Kompendium der Frauenheilkunde einer gewissen Trota von Salerno, gab Frauen von Stand allerlei Ratschläge zur Körperpflege; so empfahl sie zur Behandlung von Filzläusen und übelriechenden Schamteilen das Waschen mit einem parfümierten Astringens sowie eine Mixtur aus Asche und Ölen. So weit so gut, dass Ritter und Damen von Stand ihre Körper sauber hielten, war offensichtlich ein Schritt in die richtige Richtung, aber was war mit den müffelnden Massen, die auf den Feldern oder im städtischen Handwerk tätig waren? Nun, auch deren Ausdünstungen wurden Gegenstand der Kontroverse. Thomas von Aquin, der brillante Theologe aus dem 13. Jahrhundert, war ein beredter Vertreter des nahöstlichen Brauchs der Reinigung durch Räucherwerk. Selbiges war eine duftende Metapher für die Gnade Gottes, eine Erinnerung an das himmlische Paradies, das den wohl erzogenen Gläubigen erwartet, aber machen wir uns nichts vor: All der Weihrauch war auch dazu da, die versammelte Gemeinde zu begasen, die unvermeidlich nach dem hinteren Ende eines Warzenschweins stank.

Und wie löste man das Problem kotverschmierter Armut? Nun, durch Bäder natürlich! Ohne sich weiter um den Waschbann des heiligen Hieronymus zu kümmern, entstanden überall im christlichen Europa mittelalterliche Versionen des islamischen *hamam*. Diese Bäder waren freilich nicht für jeden Tag gedacht und bei weitem nicht so zahlreich vorhanden wie in Bagdad – Ende der 90er-Jahre des 13. Jahrhunderts gab es gerade mal 26 davon in Paris –, was darauf schließen lässt, dass die unteren Schichten vermutlich über Monate hinweg nicht viel Seife sahen. Aber was es diesen Bädern an Kapazitäten mangelte, machten sie durch Nacktheit wieder wett. Englische Badehäuser bewahrten sich einen Gutteil der geselligen Atmosphäre der antiken Thermen, hatten aber fast über Nacht den Spitznamen *stews* weg – und dass *stews* denn zur selben Zeit – Mitte des 15. Jahrhunderts – auch Bordelle bezeichnete, dürfte den Beiklang der Anrüchigkeit solcher Anstalten reflektieren. Was womöglich unvermeidlich war angesichts der Tatsache, dass dort gemischtes Baden gestattet war. Es wurden dort natürlich keine Orgien gefeiert; wohlhabende Paare konnten sich dort romantisch im heißen Zuber bewirten lassen, während das mittelalterliche Gegenstück zu einer Mariachi-Band aufspielte, aber so unschuldig sich das anhören mag, die ganze Geschichte ist es auch wieder nicht ...

Obwohl die verheirateten Frauen dort sich selbstverständlich sittsam mit Schleiern zu bedecken hatten, dürften Junggesellen durchaus an einigem mehr Vergnügen gehabt haben als nur am Seifenschaum, wenn sie sich von einem der ledigen Badmädchen abschrubben ließen, von denen so manches im Ruf stand, mehr zu tun, als einem Burschen die Achselhöhlen einzuseifen. Der italienische Humanist Gian Francesco Poggio Bracciolini notierte in seinen Reiseaufzeichnungen, dass es in den Bädern im schweizerischen Kurort Baden moralisch recht locker zuging: »Vermöchte das Vergnügen einen Manne glücklich zu machen, dieser Ort verfügt gewiß über jede Voraussetzung zur Beförderung solchen Glücks.« Moralisten mussten zu ihrem Entsetzen feststellen, dass in Deutschland wie in der Schweiz sich beide Geschlechter im Bad in der Regel von Kopf bis Fuß entkleidet sahen; eine effiziente Trennung erfolgte kaum. Auch wenn wir nicht mit Sicherheit sagen können, wie unzüchtig es in diesen Badestuben tatsächlich zuging, für einen Big-Brother-Ableger hätte es allemal gereicht.

Bäder waren bereits einmal außer Mode gekommen, um dann – wie eine alternde Rockgruppe – mit einem triumphalen Comeback wieder aus der Versenkung zu kommen. Das Revival sollte jedoch von eher kurzer Dauer sein. Als in den 40er-Jahren des 14. Jahrhunderts gnadenlos der Schwarze Tod über Europa hinwegfegte und etwa ein Drittel der Bevölkerung des Kontinents dahinraffte, zog die Angst vor der Ansteckung eine strenge Unterdrückung des gemeinsamen Bades nach sich. Und als kurz darauf ein neuer Trend aufkam, verzichtete man sogar auf die private Wäsche.

Das Zeitalter des Linnens

Königin Elisabeth I. hatte sich im 16. Jahrhundert in ihrem Palast ein feudales Dampfbad installieren lassen und, wie man weiß, alle Welt wissen lassen, sie bade jeden Monat, wahrscheinlich während ihrer Menses, »ob sie das nun bräuchte oder nicht« – eine herzlich redundante Aussage nach heutigen Standards. Um nicht zurückzustehen, ließ ihre Cousine, Maria von Schottland, sich in Holyrood ebenfalls ein Badehaus bauen. Ihre Hygienestandards freilich übertrugen sich nicht auf ihren Sohn Jakob VI., der als Minder-, na ja, genaugenommen als Einjähriger den Thron bestieg, als man seine Mutter wegen ihres grauenhaften Geschmacks in Sachen Männern aus Schottland vertrieb. Grauenhaft ist kein Ausdruck: Ihr erster Gatte starb an einer Ohreninfektion, ihr zweiter ermordete ihren Privatsekretär, und ihr dritter hatte aller Wahrscheinlichkeit nach ihren zweiten auf dem Gewissen …

Es sollte zwar noch 20 Jahre dauern, bis auf Geheiß von Elisabeth I. Marias Kopf rollte, aber der junge Jakob hatte sich mangels mütterlicher Führung bereits einige nicht eben charmante Angewohnheiten zugelegt. Als er 1603 seinem ohnehin schon beeindruckenden Lebenslauf den Titel König von England hinzufügte, hatte er gänzlich auf das Waschen verzichtet – er tauchte nur zimperlich die Fingerspitzen in eine Schüssel Wasser und rieb sie aneinander. Und es handelte sich dabei nicht etwa um eine persönliche Schrulle, nein, es war eine Reaktion auf einen ganz neuen Rat der Ärzte, der mit der Promotion für einen wunderbaren neuen Stoff in Europa einherging: das Leinen. Zu Beginn des 17. Jahrhunderts, Jakob hatte sich eben erfolgreich des Anschlags eines katholischen Verschwörers erwehrt, erklärten französische Denker das Baden für unnötig, da Linnen eine sauberere, bessere Alternative zum Waschen sei. In der Praxis hieß das: Man wechsle regelmäßig die Kleidung, dann kann man sich das Waschen darunter ersparen.

Die Popularität dieser Revolution in Sachen Wäsche gewann zusätzlichen Auftrieb durch einen merkwürdigen neuen Glauben, laut dem Waschen sich gefährlicher anhörte, als auf Rollschuhen gegen den Verkehr anzufahren. Wissenschaftler behaupteten plötzlich, es sei die Aufgabe der Haut, den Körper durch die Produktion wichtiger Sekrete zu schützen, die die Poren blockierten, damit nichts Fieses durchkam. Es liege doch auf der Hand, dass diese schimmernde Schutzschicht unter einem Bad Schaden nahm, was zu Schwindelanfällen, Krankheit und Muskelschwund führe. Bei Schwangeren, so fürchtete man, könnte ein Bad seiner entspannenden Wirkung auf den Unterleib wegen gar zu einer Frühgeburt führen, da womöglich der Fötus herausrutsche und dann – wie ein Bungee-Jumper, vermute ich mal – an der Nabelschnur zwischen den Knien zu hängen kam.

Um eine derart bizarre Tragödie zu verhindern, entwickelte ein englisches Universalgenie ein komplexes Sicherheitsbad. Kein Geringerer als Francis Bacon, der später einen nun wirklich merkwürdigen Tod sterben sollte (er verkühlte sich beim Ausstopfen eines Huhns mit Schnee), ersann einen sonderbaren 26-stündigen Badeprozess, bei dem man sich fragen muss, ob er dabei nicht eher an einen Gartenzaun dachte, der eine Schicht Kreosot hätte vertragen können.

1. Man reibe den Badenden mit Ölen und Salben ein, damit die feuchte Hitze des Wassers, nicht aber seine flüssigen Teile in den Körper eindringen.
2. Man setze ihn so für zwei Stunden in das Wasserbad.
3. Danach wickle man ihn in ein mit Harz, Myrrhe, Ambra und Safran getränktes Wachstuch; das verhindert Schwitzen und Atmen der Poren.
4. Man sehe zu, dass er weitere 24 Stunden in dem Tuch bleibt.
5. Ist die Haut unter der Berührung hart und sind die Poren geschlossen? Gut! Dann zum nächsten Schritt.
6. Man entferne jetzt das Tuch, salbe die Haut mit einer Schicht aus Ölen, Safran und Salz.
7. Gratuliere, Sie haben eben Ihren ersten Menschen imprägniert!

Hört sich weniger nach medizinischer Vorsorge an als nach einem Rezept zum Marinieren eines Backhähnchens. Gänzlich verboten war ein heißes Bad freilich nicht. Es kam durchaus vor, dass besorgte Ärzte auf der Suche nach einer Behandlungsmethode ein solches verschrieben, wenn alles andere versagt hatte; aber die Prozedur galt als hochriskant. Bevor man den Patienten den Gefahren eines warmen Sitzbads aussetzte, bereitete man ihn mit Brechmitteln und Einläufen vor; erst dann durfte er sich – unter ärztlicher Aufsicht – waschen. Bedenkt man, was sie eben an beiden Enden abgesondert hatten, dürfte ein Bad auch dringend nötig gewesen sein.

1610 bestellte Heinrich IV. von Frankreich seinen Finanzminister zu sich, den Herzog von Sully, aber als der Bote bei diesem eintraf, aalte der sich in der Wanne. Auf diese besorgniserregende Nachricht hin befahl der von Panik ergriffene König seinem Minister, auf keinen Fall das Haus zu verlassen – so krank wie er sei, würde der König eben warten. Ich kann mir kaum vorstellen, dass heute ein Staatschef jedes Mal eine Kabinettssitzung verschieben lässt, wenn ein Minister sich eine Dusche gönnt, aber die Episode stellt die aufrichtige Angst vor der Tücke des Wassers im 17. Jahrhundert sehr gut heraus. Nachdem die Bäder von der Tagesordnung gestrichen waren, nahmen besonders die Franzosen sich die Revolution des Leinens zu Herzen und ignorierten stolz die hygienischen Maßnahmen ihrer Altvorderen. Ludwig XIII., der Sohn von Heinrich IV., trat in die Fußstapfen seines wasserscheuen Vaters und erklärte triumphierend: »Ich schlage ganz nach meinem Vater, ich rieche nach Achselhöhlen.« Der illustre Ludwig XIV. erklärte sich schließlich bereit, in Versailles Bäder installieren zu lassen, blieb aber selbst eher abstinent, und seine Schwägerin, die deutsche Pfalzprinzessin Charlotte, hielt den Umstand, sich nach einer staubigen Kutschreise das Gesicht mit Wasser waschen zu müssen, für einen Eintrag im Tagebuch wert.

Es waren jedoch nicht nur die französischen Aristokraten, die sich Dreckkrusten wachsen ließen. Bei Lady Mary Wortley Montagu, einer englischen Blaublüterin, nahm die Unsauberkeit geradezu heroische Dimensionen an – selbst ihr Haar war strähnig und schmierig. Als sich jemand ein Herz fasste und sie auf ihre dreckigen Hände ansprach, reagierte sie mit der wunderbaren Retourkutsche: »Sie sollten mal meine Füße sehen.« Sie war ganz offensichtlich nicht auf den Mund gefallen, und da sie eine frühe Form der Pockenschutzimpfung in Großbritannien eingeführt hat, zollen wir hier ihrem kessen Selbstvertrauen unseren Respekt. Trotzdem, ich hätte mich nicht an einem heißen Sommertag mit ihr in eine Kutsche gesetzt.

Als heißes Wasser cool war

Wenn König und Königinnen nach Achselhöhlen und Parfüm rochen, wenn sie allein der Gedanke von Wasser im Gesicht mit Schaudern erfüllte, wie kam es dann, dass wir heute so scharf auf Händewaschen und Baden sind? Ganz einfach, im 18. Jahrhundert kippt die Wippe wieder in die andere Richtung; damals nämlich trat ein Tag-Team neuer Ideen in den Ring, um den merkwürdigen Kult um den Dreck zu entmystifizieren. Als Erstes warf man die Theorie über Bord, dass Poren versiegelt gehören. Mediziner begannen zu erklären, Poren seien keineswegs die Schwachstellen des menschlichen Körpers – der Auspuff des Todessterns, der einen Angriffspunkt für Luke Skywalkers Protontorpedo bietet –, nein, Poren seien in Wirklichkeit kleine Ventile, Filter für gute und schlechte Luft, und hätten deshalb unbedingt frei zu bleiben.

Verbündeter dieses wissenschaftlichen Neuansatzes war eine neue Einstellung gegenüber dem kalten Wasser, die Philosophen wie John Locke und den Arzt Sir John Floyer sich für das Schwimmen in Flüssen stark machen ließ; »Kaltwasserkuren« belebten den Körper und stählten einen gegen die Unbilden des Lebens. Das passte ganz prima zur damals aufkommenden Naturphilosophie eines Jean-Jacques Rousseau und den radikalen englischen Methodisten, deren Führer das Motto »Sauberkeit kommt gleich nach Gottesfurcht« unter die Leute brachte. Wasser sei ein Schlüsselbestandteil der natürlichen Welt, also was um alles in dieser Welt sollte daran so schlimm sein?

Nachdem es also zunächst ein recht nützliches Hilfsmittel beim Waschen war, dann eine schreckliche Gefahr für die menschliche Gesundheit, war Wasser nun zum therapeutischen Heilmittel geworden. Es wurde unter den Wohlhabenden schick, an die Küste zu reisen und in den Wellen zu planschen oder aus

Naturquellen zu trinken – wie etwa in meiner Heimatstadt Royal Tunbridge Wells. Der medizinische Tourismus wurde zum boomenden Wirtschaftszweig und Wasser zum Wundermittel. Wichtiger noch war jedoch, dass nicht nur kaltes Wasser grünes Licht bekam. Napoleon Bonaparte plante die Eroberung Europas gern relaxt im warmen Wasser seiner höchst persönlichen Wanne, wahrscheinlich unter dem Einfluss der europäischen Kolonialisierung von Afrika, Asien und des Nahen Ostens, der die Abendländer einmal mehr an die Freuden des *hamam* erinnerte. Selbst die notorisch schmuddelige Lady Mary Wortley Montagu zeigte sich auf ihren Auslandsreisen fasziniert von türkischen Bädern, und der indische Unternehmer Sake Dean Mohamet brachte schließlich die traditionelle indische Kopfmassage (*chhampo*) sowie Dampfbäder ins Großbritannien der Regency-Ära und wurde zum für Schamponieren zuständigen Bader Georgs IV.

Womit heißes Wasser wieder cool war. Damit durfte – nach über zwei Jahrtausenden Verbannung – die griechische bzw. minoische Wanne wieder zurück ins private Heim, wo bald ein spezieller Raum für sie eingerichtet wurde.

Das viktorianische Badezimmer

1851 sah sich der damals schon weltberühmte Charles Dickens, nachdem sein Mietvertrag schneller abgelaufen war als erwartet, zum Umzug gezwungen. Irritiert ob der damit verbundenen Ungelegenheiten, beschloss er, in ein würdiges neues Zuhause am Londoner Tavistock Square umzusiedeln, das er in ein Traumdomizil zu verwandeln gedachte. Die schleppenden Renovierungsarbeiten erwiesen sich jedoch als immens frustrierend, wie den zunehmend verzweifelten Briefen an seinen Schwager Henry

Austin, der die Renovierung beaufsichtigte, zu entnehmen ist: »P.S. KEINE ARBEITER IM HAUSE! Ha! ha! ha! (Ich lache dämonisch.)« Jeder einzelne Raum wurde von Grund auf neu gestaltet, und einem seiner faszinierendsten Briefe an Austin legte Dickens »eine elegante Zeichnung« seiner Idealvorstellung von einem Bad mit Dusche bei: »Die Möglichkeit einer lauwarmen Dusche behagt mir gar nicht. Was ich dagegen möchte, ist eine kalte Dusche von bester Qualität, stets in unbegrenztem Maße gefüllt, so daß ich nur an der Schnur zu ziehen brauche, um so lange kalt zu duschen, wie ich möchte.«

Nicht nur war dem neurotischen Schriftsteller die Reinlichkeit an sich wichtig, er glaubte auch an die heilende Kraft der Kaltwasserkur. Dickens, so müssen Sie wissen, hatte jüngst in Malvern, Worcestershire, die »Klinik« eines gewissen Dr. James Gully besucht, zu dessen hydrotherapeutischen Techniken unter anderem gehörte, seine prominente Kundschaft in nasse Decken zu wickeln und dann in kalte Bäder zu tauchen, bis ihre chronischen Leiden sich besserten. Erpicht darauf, sauber zu bleiben, und fest entschlossen, seinen Körper jeden Tag mit arktischen Duschen in Bestform zu schocken, war Dickens auf die Idee gekommen, sich seine eigene »Klinik« zu Hause zu bauen.

Der berühmte Romancier war wohlhabend, aber durchaus nicht der Einzige, der in sanitäre Einrichtungen investierte. In Nachahmung kaiserlicher Wannenfreaks wie Napoleon und Josephine begann Mitte des 19. Jahrhunderts die neureiche Mittelschicht in ihren geschmackvollen Domizilen tragbare Zinn- oder Holzwannen zu installieren. Zunächst standen diese aufdringlich in der Ecke des Schlafzimmers, aber bald gab es, wie Dickens feststellte, die Möglichkeit, sich neue Räume ausschließlich für die hygienischen Bedürfnisse maßschneidern zu lassen. Diese »Badezimmer« schmückten integrierte Wannen mit Duschmöglichkeit, Waschbecken mit Heiß- und Kaltwasserhähnen sowie Toiletten –

alles aus einem zentralen Wasserbehälter gespeist. Kommt Ihnen das langsam bekannt vor?

Um der Wahrheit die Ehre zu geben, dieser moderne Komfort war zunächst gar nicht so praktisch. Während Dickens' Dusche (die er den Dämon taufte) bereits fest installiert war, musste bei der ersten modernen Dusche von 1767, einem Patent von William Feetham, per Handpumpe eine Wanne über dem Kopf des Benutzers gefüllt werden; ein schlichter Zug an einer Kette kippte diese Wanne dann über ihm aus. Überraschenderweise waren solche frühen Modelle zuweilen tragbar angelegt und ließen sich auf Rädern herumschieben – Benutzer mussten also sorgsam darauf achten, dass sie die Bremsen anzogen, sonst rasten sie womöglich auf einem nassen Skateboard den Flur entlang. Aber es gab noch weitere kuriose Apparate wie etwa das persönliche Dampfbad – Schwitzkästen, die den Körper bis zum Hals umschlossen wie kopffreie Sarkophage aus der Fantasie eines Steampunk-Romans.

Den Vogel an wunderlichen Erfindungen freilich dürfte die viktorianische Velodusche abgeschossen haben, eine pedalbetriebene Duscheinheit mit einer Art Heimtrainer im Zinkzuber, bei dem man paradoxerweise ins Schwitzen kommen musste, um sauber zu werden, weil sich das Wasser nur so lange über einen ergoss, solange man strampelte. Aber offensichtlich war das für den viktorianischen Hausbesitzer nicht unbedingt ein Problem. So empfahl die Stilfibel *The Habits of Good Society: A Handbook for Ladies and Gentlemen* dem feinen Herrn, zehn Minuten nackte Freiübungen, damit er so richtig ins Schwitzen kam. Neugierig geworden, probiere ich das selbst einmal, aber ich handelte mir damit nur die gerümpfte Nase meiner Frau und ihre Aufforderung, doch gefälligst noch mal unter die Dusche zu gehen, ein.

Während Dickens das erfrischend kalte Wasser liebte, bestand die größte Innovation für die Badenden aus dem Mittelstand in der Fähigkeit, ihre Wanne automatisch aufzuwärmen, ohne dass die Bediensteten eimerweise heißes Wasser vom Kamin ins Bad schleppen mussten – aber das barg auch seine Gefahren. So ließ sich das Wasser mittels eines Gasofens unter der Wanne erwärmen, aber wenn dieser zu klein war, dauerte das ewig, und wenn er zu groß war, dann lief man Gefahr, sich dabei ernsthaft zu verbrühen. Zahlreiche Fälle von schmerzhaften, teils sogar tödlichen Verbrühungen waren darauf zurückzuführen, dass die Leute in Wannen stiegen, in denen sich ein Ei hätte pochieren lassen. Und als wäre das noch nicht riskant genug, konnte einem auch das Gas selbst zum Verhängnis werden. Benjamin Waddy Maughan, seines Zeichens Maler, erfand 1868 den Geyser oder Durchlauferhitzer. Dieses Gerät führte Wasser an Kupferdrähten vorbei, die durch brennendes Gas erhitzt wurden, in ein Auffangbecken und sorgte so augenblicklich für einen heißen Strahl. Es war eine prima Idee, aber durch austretendes Gas konnte der Apparat auch schon mal explodieren.

Die üblichere Methode, um heißes Wasser für mehrere Räume zu bekommen, bestand darin, einen großen Boiler im Erdgeschoss zu installieren und das Wasser über den Küchenherd zu erhitzen. Auch das war enorm riskant – die Gefahr ist geradezu ein Leitmotiv in der Geschichte der Haushaltsgeräte des 19. Jahrhunderts –, da bei diesem »Tanksystem« das Wasserreservoir unter Dach eingebaut wurde anstatt neben dem Boiler. Das konnte dazu führen, dass der Wasserdampf in den Rohren einen Druck erreichte, der den Boiler in tausend Stücke sprengte – und mit ihm womöglich das ganze Haus. Falls es dazu kam, konnte man den Klempner vergessen; hier war ein Bestatter der richtige Mann. Aber die Todesrate war eindeutig zu niedrig, um die steigende Flut von Personen einzudämmen, die sich gern zu Hause wuschen. Und damit war bald eine neue Industrie geboren, die darauf abzielte, uns einen nicht enden wollenden Strom von Badezimmerzubehör anzudrehen ...

Seife brutal

Wir haben uns mittlerweile den Kopf gewaschen und mit einem inbrünstigen »*I Will Survive*« den Hals wundgebrüllt. Jetzt greifen wir nach dem fruchtig-frischen Duschgel mit Guavenessenz und seifen uns damit ein. Auf den ersten Blick nimmt sich das wie eine recht moderne Art des Waschens aus. Seit der Bronzezeit hatte sich der Mensch mit kaum mehr als Wasser und Kräutern oder einer Art Seife aus Asche und Tierfett gewaschen. Im antiken Mittelmeerraum bezog sich das Wort für »Seife« sogar auf ein keltisches Mittel zum Färbern der Haare; Römer und Griechen zogen Öl und Salben vor und schabten die Rückstände ab, anstatt sich die Haut mit Asche und Talg einzuschmieren. Die harten Seifenriegel aus Olivenöl erfanden die Muslime im Mittelalter; sie kamen über das maurische Spanien nach Europa, weshalb wir auch von kastilianischer Seife sprechen.

Sie blieb jedoch ein Luxusartikel vom 12. bis zum 19. Jahrhundert, als die massive Industrialisierung den Massenausstoß billiger kommerzieller Produkte zuließ. Bei der Londoner Weltausstellung 1851 wurde massenhaft Seife angeboten, einige sogar leicht parfümiert, eine verlockende Neuheit zu dieser Zeit. Bedenklicher war allerdings, dass einige davon Bleichchemikalien wie Arsen und Blei enthielten, um der Haut einen gespenstischen Alabasterteint zu geben. Die Pears Soap des Friseurs Andrew Pears jedoch, die die Medaille gewann, war weit weniger aggressiv; sie wurde – wird heute noch (falls ich nichts verpasst habe) – aus Glyzerin und natürlichen Ölen hergestellt und ist, da es sie seit 1789 gibt, die älteste kontinuierlich angebotene Marke der Welt.

Der lange Katalog der auf der Great Exhibition ausgestellten Seifen weist darauf hin, dass bereits 1851 ein Konkurrenzkampf zwischen den Produzenten schwelte, aber als 1898 eine qualitativ hochwertige Seife aus Palm- und Olivenöl – die aufgrund eines glücklichen Unfalls bei der Herstellung auf dem Wasser schwamm – auf den Markt kam, war das Öl ins Feuer dieser Rivalität. Ihr Markenname war Palmolive, und der reißende Absatz, den sie vom Fleck weg fand, trat einen grimmigen Konzernkrieg los, da man in dem viktorianischen Reinlichkeitstick sofort die Goldgrube sah.

In dem Bestreben, ihre Produktpalette zu erweitern, nahmen diese Firmen alsbald die chronischen Schwitzer mit ihren müffelnden Achselhöhlen aufs Korn, und so kamen in den 1880er-Jahren bereits die ersten Deodorants auf den Markt. Diese funktionierten jedoch noch recht simpel, sie versuchten einfach die Poren mit Wachs zu verschließen, ein bisschen wie Francis Bacons bizarres Sicherheitsbad; der wirkliche Durchbruch kam erst 1907, als ein Arzt sein eigenes chemisches Deodorant auf der Basis von Aluminiumchlorid erfand. Er taufte es sinnigerweise Odorono (»odour, oh, no!«) und erlaubte seiner pfiffigen Tochter, das Produkt ausschließlich der Damenwelt anzudienen. Deren Geniestreich jedoch bestand darin, ihre Werbekampagne ganz auf die Angst vor der öffentlichen Blamage zu konzentrieren.

Es war eine brutale Kampagne, eine der ersten, bei denen das Marketing auf die Erzeugung paranoiden Drucks baute, und Magazine, die die Werbung druckten, berichteten von Frauen, die ihr Abo gekündigt hätten aus Abscheu vor dieser Art emotionaler Erpressung. Das änderte jedoch nichts daran, dass der Verkauf steil nach oben ging, und bald brach eine Flut von Annoncen für Wunderkuren über die verunsicherte Damenwelt herein. Keine jedoch arbeitete mit so herrlich monströsen Slogans wie der von Odorono von 1926: »Der hässliche Halbmond[fleck] unter ihren Armen bedeutet, diese Frau gehört einfach nicht dazu.« Und 1934 warb man mit dem Bild einer Frau, die sich die Achselhöhlen reibt; dazu gab es die Schlagzeile »die Frau, die niemand sein möchte!«. Die Anzeige hatte die Subtilität eines Baseballschlägers über dem Schädel, tat aber ihre Wirkung.

Im Verlauf des 20. Jahrhunderts legten die Verkaufsstrategen noch eins drauf; die Marken begannen sich monumentale Schlachten um die Loyalität ihrer Kunden zu liefern. Offensichtlichste Folge davon war die »Seifenoper«, ein Begriff, der der Dominanz einschlägiger Werbespots in diesen beliebten TV-Serien Rechnung trug; weniger offensichtlich war der dramatische Wandel in unserem Verhalten hin zu nicht nur mehr Sauberkeit, sondern in Richtung einer auf einen künstlichen Körpergeruch gründenden neuen Identität. Hatten wir früher nach Schweiß gerochen – nach dem unerträglichen Gestank verstädterter Menschheit oder auch nur blasierten französischen Adels –, so duften unsere Hände heute zart nach Lavendel und unser Haar nach Jojoba und Kokosessenz. Unsere Körper sind in einem Maß zu Werbespots für Beauty-Produkte geworden, dass wir unseren natürlichen Geruch ganz vergessen haben vor lauter Tag- und Nachtcremes, Deos, Peelings, Shampoos.

Meine Frau kommt weniger aus der Dusche als aus Willy Wonkas Schokoladenfabrik, die wiederum in einem tropischen Regenwald zu stehen scheint – ihre Haut duftet nach Kakaobutter, das Haar nach Citrusfrüchten; mir wird immer etwas schwindlig davon, und merkwürdigerweise bekomme ich Lust auf Toast. Die Ironie dabei, so finde ich, besteht darin, dass auch wildlebende Schimpansen sich mit Wasser waschen und ihren Körpergeruch mit dem Duft süßer Früchte und Pflanzenextrakte kaschieren. Millionen Jahre sind vergangen, aber letztlich sind wir eben wohl immer noch Tiere.

Ach ja, weil wir gerade von Tieren sprechen …

KOMM, GASSI GEHEN!

Frisch geduscht und gekämmt, haben wir uns rasch etwas überge-
zogen und sind auf dem Weg ins Wohnzimmer, als uns mit we-
delndem Schwanz und strahlenden Augen ein sabberndes Knäuel
anspringt. Es ist zwar unserer Sprache nicht mächtig, aber sein
flehentlicher Blick ist nicht schwer zu verstehen: »Darf ich dich
daran erinnern, dass es draußen feuchte Tennisbälle zu apportie-
ren gibt, und irgendein Blödmann – ich will hier keine Namen
nennen – die Haustür abgeschlossen hat?« Tja, er hat recht. Ist
schließlich nicht nur für uns ein neuer Tag; auch Haustiere haben ihre Routine.

Ein Haustier? Wozu?

Um ganz offen zu sein, sich ein Tier zu halten entbehrt so ziemlich jeglicher Logik. Ständig haben die Viecher Hunger; ihre
Arztrechnungen sind oft höher als unsere eigenen; man kann sie
keinen Augenblick aus dem Auge lassen; sie ruinieren einem die
Möbel; ihr sexueller Appetit macht vor nichts Halt; wenn sie sich
überhaupt ausdrücken, dann eher einsilbig, und man kann sie

noch nicht einmal essen – im Prinzip sind sie menschliche Teenager. Der Begriff *pet*, vermutlich eine Kurzform von *petit* (Kleiner, Kleine), bezeichnete im 16. Jahrhundert sogar ein verzogenes Kind! Merkwürdigerweise hatte das Deutsche lange keinen entsprechenden Begriff für *pet*, das Tier, das der Mensch sich »zum Vergnügen« und als »Gefährten« hält. Das »Hausthier« wird in deutschen Wörterbüchern erstmals definiert als »jedes zahme Thier, so fern man es in den Häusern zu halten pfleget; im Gegensatze der wilden Thiere«. Noch Ende des 19. Jahrhunderts definierte *Meyers Konversationslexikon* »Haustiere« als »diejenigen zahmen Tiere, welche der Mensch zu seinem Nutzen in seinen Wohnungen hält und erzieht«. Und darunter verstand man »hauptsächlich Pferd, Rind, Schaf, Ziege, Schwein, Hund, Katze und Federvieh«. Womöglich kam das »Stubentier« damals dem *pet* am nächsten, aber der Begriff konnte sich nicht behaupten. Mit dem »Heimtier« versuchte man sich dann an einer bewussten Unterscheidung zum rein nützlichen »Haustier«, der Begriff hat aber dennoch nichts von den emotionellen Konnotationen des englischen *pet*. Und Emotionen sind genau das, worum es hier geht.

Es gibt haufenweise wissenschaftliche und psychologische Hinweise darauf, dass unsere Verbindung zu Tieren einer starken Elternbeziehung gleichkommen kann. Und so mancher liebt sein Heimtier wie ein Kind. Belegt wurde dies durch Berichte früher Anthropologen, die Eingeborenenfrauen in Guyana und Australien Säugetiere hatten stillen sehen, selbst Affen und Hirschkälber, um sie zu stärken, wenn die Tiermütter dazu nicht in der Lage waren. Ähnlich stillte die Heilige Veronica Giuliani, eine katholische Mystikerin des 18. Jahrhunderts, als ziemlich buchstäbliche Demonstration ihres Glaubens ein »Lamm Gottes«. In Europa praktizierte man bis weit ins 20. Jahrhundert das Gegenteil und ließ verarmte Kinder à la Romulus und Remus von Ziegen oder Eseln stillen, um ihnen das nötige Kalzium und Fett zu verabreichen.

Menschen einem Tier das Fläschchen geben zu sehen ist eine ganz außergewöhnliche Erfahrung, aber wirklich wundern, so finde ich, sollte uns das eigentlich nicht. Konrad Lorenz, der mit dem Nobelpreis geehrte Verhaltensforscher, stellte die These auf, dass die Babys der Wirbeltiere durch die Bank »niedlich« seien – runder, weicher Körper, große Augen, übergroßer Kopf, eine liebenswerte Unbeholfenheit der Bewegung – und wir uns gegen dieses Kindchenschema einfach nicht wehren können. Wir projizieren unseren angeborenen Trieb, unsere eigenen Nachkommen zu ernähren, auf andere Geschöpfe mit ähnlichen Proportionen – was wohl auch erklärt, warum das Internet im Wesentlichen zum digitalen Schrein für Katzenbabys geworden ist.

Aber wann haben Tiere aufgehört, Nahrung zu sein, und sind unsere Freunde geworden? Wie immer finden wir die Antwort in der Steinzeit …

Seine Freunde isst man nicht

Man nimmt an, dass das Auftauchen des Homo sapiens in der Steinzeit zum Aussterben von etwa 85 Prozent aller größeren Landtiere beitrug, darunter Riesenfaultier, Riesenwombat, Riesenbiber, Riesenkänguru und … tja, das nicht weniger riesige Mammut. Stellt sich doch die Frage, warum haben sich unsere in Höhlen hausenden Vorfahren, ich meine, wo sie schon alles umgebracht haben, was nicht schnell genug auf die Bäume kam, sich dazu entschlossen, einige Tiere leben und gar bei sich wohnen zu lassen? Wenn wir davon ausgehen, dass der Hund unser erster Gefährte war, dann ist die wahrscheinlichste Antwort darauf, dass er uns seiner Fähigkeiten als Jäger und wandelnde Alarmanlage

wegen nützlich schien. Die DNS-Analyse eines auf 31.700 Jahre
v. Chr. datierten Hundeschädels aus der belgischen Goyet-Höhle
lässt vermuten, dass das Tier das Ergebnis bewusster Züchtung
war – es war kein Wolf, also dürfte es *Hund v. 1.0* gewesen sein.
Während wir in unsere Turnschuhe schlüpfen, greifen wir nach
der Hundeleine und öffnen die Tür, und im nächsten Augenblick
schon will unser treuer Jäger hinter einem vorbeifahrenden Auto
her. Aus Angst, dass er unter die Räder geraten könnte, rufen wir
»Stopp!«, und schon kommt das Bündel aus Muskeln und Sehnen
hechelnd am Bordstein zum Stehen. Unser Hund mag enttäuscht
sein über unsere kleinlichen Regeln, aber er hält sich daran. Was
ziemlich erstaunlich ist, wenn man es recht bedenkt; irgendwie
haben unsere Vorfahren ein Tier erfunden, das bereit war, ihren Befehlen zu gehorchen. Aber wie? Mit einem *»Sitz! Rollen!
Stell dich tot!«* an die Adresse eines ausgewachsenen Wolfes war
das ja nicht getan – der wäre ihnen an die Gurgel gegangen. Der
Trick bestand wahrscheinlich darin, noch ganz junge Tiere mit
nach Hause zu nehmen, sie ins menschliche Rudel zu integrieren und dann mit anderen »gezähmten« Wölfen zu kreuzen. Dadurch, dass man zur Zucht immer die friedfertigsten Paare nahm,
dürfte man für Nachkommen gesorgt haben, die nicht gleich alles totbissen, was sich in ihrer Nähe bewegte, und nach vielen Generationen war dann wohl aus dem heulenden Wolf ein bellender
Hund geworden, mit dem man reden konnte und der einem die
Schlappen brachte – ach ja, und er setzte dem Postboten zu.

Auch wenn es überraschen mag, aber möglicherweise hat diese
Wandlung gar nicht so lange gedauert, da die Evolution durchaus
einen Zahn zulegen kann, wenn man sie nur ein bisschen schubst.
1959 zeigte der russische Genetiker Dmitri Beljajew, dass nach
nur gerade zehn Generationen Experimentierens mit wilden
Füchsen seine gezähmten Zuchttiere nicht nur weniger aggressiv waren, sie hatten sich auch biologisch verändert, sowohl vom

Aussehen als auch vom Reproduktionszyklus her. Es sieht ganz so aus, als würde die Auswahl nach Persönlichkeitskriterien ganz zufällig auch zur physischen Veränderung führen.

Friedhof für Kuscheltiere

So traurig der Gedanke sein mag, eines Tages wird unser geliebter Moppel in die ewigen Jagdgründe eingehen, und wir sind dann womöglich versucht, ihn im Garten hinter dem Haus zu verscharren. Das mag sich nach einem furchtbar modernen Brauch anhören, aber nichts könnte der Wahrheit ferner sein. In einem 16.500 Jahre alten Grab im jordanischen Uyun al-Hammam fand man das Skelett eines Menschen, neben dem ganz bewusst ein Fuchs begraben war; und zwar hatte man beide Leichen posthum umgebettet. Hatte eine spezielle Verbindung zwischen Mensch und Tier bestanden? War der Fuchs sein Haustier gewesen? Es sieht zumindest ganz danach aus – warum sonst hätte man die beiden Leichen so behutsam umbetten sollen? Und wenn dem so ist, dann war Beljajew nicht der Erste, der einen Fuchs gezähmt hat.

Aufschlussreicher noch ist, dass man Hunden schon in der Steinzeit ein respektvolles Begräbnis angedeihen ließ, und zwar nicht nur neben ihrem Herrchen, sondern auch als Individuen – vermutlich weil Hunde nicht so alt wurden wie ihre Herren. Dieser Bestattungsakt weist auf ein enges symbiotisches Verhältnis zwischen Mensch und Tier. Hätte der Hund lediglich einen Zweck erfüllt, hätte man also bei seinem Tod nicht um ihn getrauert, dann hätte man ihn doch vermutlich gegessen oder den Geiern zum Fraß vorgeworfen, oder?

Des Menschen bester Freund

Das Tier zerrte von Panik ergriffen an seiner Kette; verzweifelt versuchte es den Pflock aus der Erde zu reißen, an dem es angebunden war, aber es gab kein Entrinnen. Der Himmel war schwarz von Rauch; heißer Bimsstein regnete auf das Tier herab. Der Herr des winselnden Tieres war nirgendwo zu sehen, war vielleicht selbst längst ein Opfer der giftigen Gase geworden, die aus dem Berg kamen, und so bellte der Hund, damit ihn jemand befreien kam. Aber es kam niemand. Eine Hitzewelle von 500 Grad fegte durch die Stadt und tötete alles in ihrem Weg. Binnen Stunden waren Leichen und Häuser unter 22 Metern Vulkanasche verschwunden.

Heute erinnert ein Gipsabguss an das tragische Ableben dieses pompejischen Hunds, verzweifelt um den Pflock eingerollt, ein Mahnmal an den verheerenden Ausbruch des Vesuv im Jahr 79 n. Chr. Es ist aber nicht der einzige Hund, den man in den ausgegrabenen Ruinen von Herculaneum und Pompeji gefunden hat; es gibt auch ein in seiner ganzen Pracht erhaltenes Bodenmosaik mit einem schwarzen Hund mit langem Fell um die Beine, der, an einer Leine gehalten, drohend die Zähne fletscht. Für die Römer war der Hund, wie für viele andere antike Gesellschaften auch, ein vertrauter Anblick. Wir wissen zum Beispiel, dass er eine wichtige Rolle auf römischen Bauernhöfen spielte; so riet der landwirtschaftlich interessierte Autor Lucius Junius Moderatus Columella, als Schäferhunde, die ja dazu da seien, »Streit zu suchen und zu kämpfen«, aggressive Hunde zu nehmen; außerdem sollten sie vorzugsweise weiß sein, damit man sie bei schlechtem Licht nicht mit Wölfen verwechselt und versehentlich tötet.

Wir sind mittlerweile im Park und spielen mit unserem Hund Frisbee, als plötzlich ein fieser Räuber aus dem Gebüsch springt, um sich die Handtasche einer Passantin zu krallen. Hätten wir mit unserer Katze gespielt, die hätte dem Überfall wahrscheinlich mit gelangweilter Verachtung zugesehen, aber unser Hund wird schlagartig aktiv und greift den Tunichtgut mit gefletschten Zähnen und durchdringendem Bellen an; der Verbrecher lässt die Tasche fallen und ergreift von Panik ergriffen die Flucht.

Ob wissenschaftlich erwiesen oder nicht, wir sehen in Hunden unerschütterlich treue Beschützer der Schwachen. Diese Auffassung ist keineswegs neu. Geschichten aus dem Mittelalter berichten, dass Hunde nicht von der Leiche ihres Herrn weichen wollten; in einigen Mordfällen hat man sie sogar als »Zeugen« beim anschließenden Prozess zugelassen. Wie jüngst herausgekommen ist, hat Adolf Hitler während des Zweiten Weltkriegs eine Hundeschule gesponsert in der Hoffnung, man könnte den Tieren Sprechen, Zählen und Spionieren beibringen. Das erwies sich wohl als etwas zu optimistisch – die bemerkenswerte Leistung war ein gebelltes »Herr Hitler!« auf die Frage »Wer ist der Führer?« – was sich aller Wahrscheinlichkeit nach aber eher wie ... na ja, Hundegebell angehört haben dürfte.

Allerdings waren nicht alle Hunde lediglich Arbeitstiere, die nach den Fußgelenken eines Eindringlings zu schnappen, Schafe zu hüten oder den Feind zu bespitzeln hatten. Malereien aus altägyptischen Gräbern in Beni Hasan zeigen mehrere Arten von jagenden Hunden: schnittige Windhunde, grimmige Mastiffs, stummelbeinige Quasidackel und eine Spezies, die nach einem schlanken Fuchs mit buschigem Schwanz aussieht – sie alle hatten vermutlich gewisse körperliche Charakteristika, die sie für den einen oder anderen Zweck ideal machten. Das heißt aber nicht, dass unsere Vorfahren sich nicht auch völlig nutzlose Moppel gehalten hätten, für die ein gemächlicher Kissenwechsel das Höchste an sportlicher Betätigung war. Römische Aristokratinnen hatten einen Narren an haarigen kleinen Knäueln gefressen, die sich wie schlafende Babys an ihren Busen kuschelten, das antike Gegenstück zu dem verhätschelten kleinen Schoßhündchen, das aus der Handtasche einer Filmdiva spitzt.

Vielleicht sind wir unseren Hunden gar so nahegekommen, weil wir derart viel Zeit auf ihre Pflege verbringen. Aber wenn wir sie waschen oder zum Tierarzt bringen, dann bewegen wir uns auf den Spuren zahlloser Hundebesitzer vor uns. Europas Aristokratie sieht seit jeher zu, dass ihre Jagdhunde in bester Verfassung sind, wie etwa in einer französischen Buchmalerei im *Buch der Jagd* zu sehen, die Gesinde beim Reinigen von Hundepfoten zeigt, beim Striegeln und wie sie Streu auslegen, um nach den Zähnen der Hunde zu sehen – das waren alles andere als anspruchslose Promenadenmischungen, die man mit Abfällen ernährte und in zugigen Scheuern nächtigen ließ. Natürlich waren es nicht die Blaublütler selbst, die sich da die Hände schmutzig machten, und man hätte sicher keinen schlammbespritzten Earl dabei erwischt, ein aufgeregtes Hundekind im Zuber zu halten.

Die Bandbreite der Rollen, die Hunde bereits im Mittelalter hatten, ist durch John Caius' Traktat *De Canibus Britannicus* belegt. Neben dem furchterregenden Mastiff konnte man dem Türhüter begegnen, dem Botenhund, einem, der den Mond anbellte, dem Wasserhund, der die Winde am Brunnen drehte, der Promenadenmischung des Kesselflickers, die einen Eimer auf dem Rücken trug; dem Warner, der bellte, wenn sich jemand näherte, dem Spießdreher, der in einer Art Hamsterkäfig lief, um den Bratspieß zu drehen, dem Tänzer, der zur Musik auftrat. Eine solche Palette von Hunden wollte natürlich getauft werden, und so schlug im frühen 15. Jahrhundert Edward von Norwich in seinem Buch über die Jagd *The Master of the Game* 1100 mögliche Hundenamen vor. Natürlich sind das zu viele, um sie hier aufzuzählen, aber mir gefallen *Nosewise*, *Swepestake* und *Smylefeste;* leid tut mir nur der arme Moppel, der sich *Nameless* getauft sah. Ein Jahrhundert später bekam Anne Boleyn, die zweite Gattin Heinrich VIII., einen besonders lieben Gefährten, den sie *Purkoy* nannte – offensichtlich weil er immer »Warum?« zu fragen schien – und das französische »*pourquoi*« am Hofe natürlich schicker war als das schmucklose »*why*«.

Ein bekannter – bezeichnenderweise kinderloser – Hundefreund war George Washington. Er hatte eine Vielzahl von Namen für seine zahlreichen Tölen, darunter *Sweet Lips*, *Truelove*, *Tipsy* und *Drunkard* – hört sich an wie die Nicknamen verzweifelter Singles auf einer Dating-Site. Washington war der typische Gentleman des 18. Jahrhunderts, jagdbesessen, fasziniert von der Hundezucht. Auf seinem Anwesen in Mount Vernon liefen die verschiedensten Rassen herum, darunter Spaniels, Hirtenhunde, Terrier, Neufundländer und Dalmatiner. Einer der Hunde hieß Madame Moose, und ich wüsste zu gern warum. Er hatte sogar seine eigene Rasse gezüchtet, einen amerikanischen Foxhound, indem er seine englischen Foxhounds mit französischen kreuzte, die ihm der Marquis de Lafayette geschickt hatte, um einen »überlegenen Hund« zu schaffen, in dem sich »Geschwindigkeit, Gespür und Verstand« vereinten. Ich bin selbst das Produkt eines anglo-französischen Zuchtprogramms und war in meiner Jugend ein guter Läufer, aber was den »Verstand« angeht, weiß ich nicht ... Ich habe mal einen Rasentraktor in einen Teich gefahren. Nein, im Ernst.

Unsere geschmeidigen Freunde

Wenn Hunde die besten Freunde des Menschen sind, dann sind Katzen seine halbwüchsigen Kinder, die faul im Haus abhängen, je nach Laune allein losziehen und nur dann Interesse an einem zeigen, wenn sie etwas wollen. Die Diskussion darüber, ob tatsächlich wir die Katze oder sie sich selbst domestiziert hat, hält noch an. Der früheste Beleg dafür, dass wir sie in unserem Leben willkommen geheißen haben, findet sich in Shillourokambos auf Zypern, einem Ausgrabungsort aus der Jungsteinzeit, den man auf etwa 9500 Jahre vor unserer Zeit datiert. Hier fand man eine Katze nur eine Handbreit neben einem Mann begraben, was wie die bereits erwähnten bestatteten Hunde darauf schließen lässt, dass man ihre Leichen mit einer gewissen Sorgfalt behandelte. Obwohl sie noch sehr jung war, vielleicht gerade mal acht Monate, waren die Knochen der Katze weit länger als bei unserer modernen Mieze, ein Hinweis darauf, dass sie wahrscheinlich wilde Vorfahren hatte, da domestizierte Arten meist etwas zierlicher sind.

Vermutlich war diese Katze oder einer ihrer Vorfahren eines Tages ins Lager spaziert, hatte ein paar Mäuse gekillt, dafür von den Bauern ein paar dankbare Streicheleinheiten bekommen und sich gedacht: Hey, das ist ja gar nicht so schlecht! Indem sie um die Siedlungen der Menschen herumschlichen und dort die Nager verspeisten, die die Getreidespeicher anlockten, wurden die Katzen eher zufällig zu Haustieren. Obwohl es fünf Spezies von Wildkatzen auf der Welt gibt, stammen alle domestizierten Unterarten von der Falbkatze oder afrikanischen Wildkatze *(Felis silvestris lybica)* ab – eben der Spezies, die man in Shillourokambos gefunden hat. Die Hauskatze ist also direkt verwandt mit der schlauen Mieze von vor 9500 Jahren – was erklärt, warum sie auf einen Nachschlag zum Nachbarn von nebenan geht, wenn wir nicht aufpassen.

Obwohl wir uns mit dem Internet eine ungesunde Obsession für Katzenbabys eingefangen haben, waren es die Ägypter, die Katzen in einem Grad verehrten, dass auf die Tötung einer Katze die Todesstrafe stand. Der griechische Schriftsteller Diodorus Siculus beschrieb, wie ein römischer Soldat einmal versehentlich mit seinem Streitwagen eine Katze überfuhr und sich darauf

auf der Stelle von einem aufgebrachten Mob gelyncht sah. Die Verehrung der Ägypter für Katzen war so groß, dass der persische Herrscher Kambyses II. angeblich seine Soldaten anwies, bei der Schlacht von Pelusium Katzen mitzunehmen, weil er wusste, der ägyptische Feind könnte sie unmöglich mit einem Pfeilhagel überschütten bei all dem unschuldigen Gemaunze aus ihren Reihen.

Hinduismus und Islam zogen die Katze ihrer pingeligen Sauberkeit wegen dem Hund bei weitem vor, und gelegentlich tolerierte man sie im mittelalterlichen Christentum wegen ihrer Fähigkeiten im Mausen. In Geoffrey Chaucers *Canterbury-Erzählungen* kniet einer der Leute nieder, um durch eine Tür zu spähen: »Nun war Euch unten an der Schwelle dort ein Loch, durch das die Katze pflegt zu kriechen.« Es ist einer der frühesten Hinweise auf eine Katzenklappe, und ein etwas späteres reales Beispiel dafür gibt es in der 1421 im englischen Manchester erbauten Chetham Library. Die Katzenklappe aus dem 17. Jahrhundert in der Tür des Glockenturms der Kathedrale von Exeter war für die Katze, die auf die verflixten Nager angesetzt war, die sich an den Glockenseilen gütlich taten; sie stehen übrigens angeblich hinter dem Kindervers »*Hickory, dickory, dock, the mouse ran up the clock*«.

Dennoch konnten im Mittelalter viele Menschen Katzen auf den Tod nicht ausstehen. Die deutsche Äbtissin Hildegard von Bingen hielt sie für haarige Söldner, die nur dem treu seien, der sie füttert; andere Autoren assoziierten sie immer wieder mit weiblicher Sexualität und Prostitution. Katzen waren auch die Sündenböcke, wann immer irgendwo die Pest oder ein Hexenwahn ausbrach, weil man sie mit Dämonen und Ketzern verband. Den Katharern, einer als Ketzer verfolgten mittelalterlichen Sekte, die vor allem in Südeuropa beheimatet war und der die sichtbare Welt als Böse und nur Gott selbst gut war, warf man vor, bei ihren religiösen Ritualen das Hinterteil von Katzen zu küssen. Es handelte sich hier letztlich um den Kuss der Schande *(osculum infame)*, den Kuss auf den Blanken des Teufels, mit dem Hexen angeblich ihren Herrn und Meister begrüßten – der gern die Gestalt einer schwarzen Katze annahm. Das Schicksal von Katzen war im Mittelalter noch unerquicklicher als das streunender Hunde, die gemeinhin an St. Lukas ausgepeitscht oder ersäuft wurden. So eine unselige Mieze konnte praktisch jeden Tag – wie etwa 1643 in der Kathedrale von Ely – am Spieß geröstet oder aufgehängt, bei lebendigem Leib gehäutet, gefoltert oder ersäuft werden. 1677 stopfte ein Mob englischer Protestanten lebende Katzen in den Bauch einer brennenden Puppe des Papstes, um den Eindruck zu erwecken, der Pontifex maximus – dem man offensichtlich gar nicht grün war – würde beim Verbrennen vor Schmerzen schreien.

In einer Zeit des Aberglaubens, in der Wissenschaft und Bibel Hand in Hand gingen, galten Katzen darüber hinaus als die Kreaturen von Hexen, als dämonische Tiere, denen man nicht über den Weg trauen konnte; sie verdankten diesen Ruf ihrer Angewohnheit, ganz nach Art des Teufels mit ihrer Beute zu spielen. Vielleicht war das der Grund dafür, dass die Franzosen eine geradezu sadistische Freude daran hatten, sie mit Netzen zu fangen und sie zur Sommersonnwende in große Scheiterhaufen zu werfen. König Ludwig XIV. persönlich hatte die Ehre, 1648 einen solchen in Paris anzustecken, bevor er mit den anderen abfeierte, während die armen Kreaturen zum Entzücken der Menge einen grausigen Tod starben.

Aber allen Säuberungen das ganze Mittelalter hindurch zum Trotz hielt die Katze sich und gewann als Haustier zunehmend an Popularität. Isaac Newton, heißt es, war seinen Feliden ausgesprochen zugetan, und obwohl man sie in Amerika gern als Haustiere für Frauen abtat, war der gefeierte Mark Twain definitiv ein Katzenfreund, der seinen Miezen nette Namen gab wie

Sour Mash, Apollonaris, Lazy, Abner, Famine, Fraulein, Buffalo Bill und *Cleveland*. Es sieht so aus, als hätten er und George Washington eine Menge Gemeinsamkeiten gehabt.

Kommen alle Hunde in den Himmel?

Wie konnte man mit Tieren so gedankenlos und grausam umgehen? Nun, so gern der Mensch seine Haustiere hatte, der christlichen Theologie zufolge waren Tiere nun einmal keine empfindungsfähigen Wesen mit einer Seele. Aristoteles' Große Kette der Wesen hatte Götter und Menschen an die Spitze der natürlichen Hierarchie gestellt und Tiere (übrigens auch Frauen – er war da durchaus ein biologischer Frauenfeind) in den Dienst des Mannes gestellt. Der heilige Augustinus, einer der Kirchenlehrer des christlichen Altertums, folgte dieser Linie, als er sagte, »Du sollst nicht töten« beziehe sich nicht auf »vernunftlose Lebewesen«, da es eine »sehr gerechte Bestimmung des Schöpfers« sei, »ihr Leben und ihren Tod unserem Nutzen untertan zu machen«.

Bartholomaeus Anglicus schloss sich dieser Meinung an, als er in seiner Schrift *Über die Ordnung der Dinge* schrieb, dass alle Tiere ihren Zweck hätten – Rotwild und Rind seien zum Essen da; Pferde, Esel, Ochsen und Kamele seien Arbeitstiere; Pfauen, Affen und Singvögel dienten der Unterhaltung; Bären, Löwen und Schlangen erinnerten uns an die Macht Gottes; und Läuse und Flöhe gebe es, um den Menschen an seine Schwäche und Sterblichkeit zu gemahnen. Wenn also Tiere zwar nützliche, aber vernunftlose Kreaturen sind, haben sie dann eine Seele? Diese Frage barg ihre Probleme.

Gewiss, so mancher Heilige des Mittelalters, Franz von Assisi etwa, hat sich als Tierschützer einen Namen gemacht, da für sie auch Tiere ein Teil von Gottes Schöpfung waren. Thomas von

Aquin jedoch, der Theologe aus dem 13. Jahrhundert, folgte Aristoteles' Linie mit seiner Erklärung, die Tiere verfügten zwar über vegetative und empfindsame Seelen, die ihnen die Kraft biologischen Wachstums verliehen, ein Gedächtnis, Gefühle und Empfindungen; was sie jedoch nicht hätten, dass sei eine vernunftbegabte Seele wie die des Menschen. Trotz der Einräumungen dieser intellektuellen Schwergewichte, dass Tiere mehr seien als dummes Fleisch auf Beinen, hielt sich das Konzept, sie existierten ausschließlich zu unserem Nutzen, bis in der Spätrenaissance der französische Essayist und Philosoph Michel de Montaigne auf den Plan trat.

Montaigne war ein interessanter Knabe, ein ausgesprochen gebildeter Höfling des Königs mit einer Schlüsselposition in der Bürokratie von Bordeaux. Gerade mal 37 Jahre alt, beschloss er, die Brocken hinzuschmeißen und sich für zehn Jahre in einen Turm zurückzuziehen, nur von Büchern umgeben, wie ein gelehrter Zauberer aus einem Märchen. Dort schrieb er seine berühmten *Essays*, ebenso brillante wie lesbare Gedanken über große Themen, die er in Form von Anekdoten durch den Filter persönlicher Erfahrungen präsentierte. Und wenn er auf Tiere zu sprechen kam, baute Montaigne seine Einsichten auf die Beobachtung seiner eigenen geliebten Haustiere. Wenn er mit seiner Katze spiele, so eine seiner berühmten Überlegungen, spiele dann seine Katze nicht womöglich mit ihm? Ein absolut revolutionärer Gedanke, der bei der Katze einen regen Verstand voraussetzt. Außerdem stellte er Überlegungen an, ob Haustiere träumen und untereinander kommunizieren könnten. Montaigne wusste es nicht, erarbeitete aber mit diesen Gedanken das philosophische Fundament zu Disney's *Aristocats* – auch wenn er vermutlich mitnichten die Möglichkeit einer Jazzcombo aus trompetespielenden und Scat singenden Feliden vorhersah.

Montaignes Betrachtungen kommen unserer modernen Gepflogenheit, Tieren Persönlichkeiten zuzuschreiben, bereits weit näher, nur sollten sie sich nicht lange halten. Im Gegensatz zu Thomas von Aquin, der mit Aristoteles der Ansicht war, Körper und Seele seien untrennbar miteinander verbunden, war René Descartes – das ist der Typ, der war, weil er dachte – ein Dualist, laut dem Geist und Körper zwei verschiedene Paar Stiefel waren und Tiere nicht über ein Bewusstsein verfügten, weil sie ihren Mangel an Sprachvermögen noch nicht einmal – wie taube Menschen – durch Zeichensprache wettmachten. Für ihn mochten Hunde jaulen, wenn man sie trat, aber sie waren eben nur fleischige Automaten, die von Gott auf diese Reaktion programmiert waren.

Verhätscheltes Hausgetier

Es war *das* gesellschaftliche Ereignis Indiens, eine Prominentenhochzeit, die spektakulärer zu werden versprach als ein Wrestling-Match zwischen Lady Gaga und einem Einhorn – *im Grand Canyon*. Der Bräutigam, in goldener Halskette und prächtigem Kummerbund, kam mit dem Zug; er sah sich von einem Ehrenspalier empfangen, einer Militärkapelle und 250 Gästen in Goldbrokat. Sogar ein Elefant marschierte auf und ab. Als der Glückspilz von Bräutigam in den Hochzeitssaal trat, um auf seine Braut zu warten, begrüßten ihn einige von Indiens wichtigsten Politikern und Fürstlichkeiten. Dann kam der Maharadscha von Junagadh, Nawab Sir Mahabet Khan Rasul Khan, mit der Braut an seiner Seite, die im Glanz ihrer Geschmeide dem Bund fürs Leben entgegenging. Stattgefunden hat diese prachtvolle Hochzeit 1922, sie kostete 22.000 Pfund, was heute in etwa einer Million Pfund entspricht. Und war sie den Aufwand wert? Nun, das kommt ganz darauf an, welche Einstellung man zu Hunden hat …

Der Maharadscha war nämlich ein großer Tierliebhaber und besaß 800 an der Zahl, jeder Hund verfügte über ein eigenes Zimmer, einen Bediensteten und Telefon! Und aus Spaß an der Freude zog er seinen Lieblingen gern mal einen maßgeschneiderten Smoking über und ließ sie in einer Rickscha durch die Stadt fahren. Aber selbst nach solchen Maßstäben nimmt es sich etwas übertrieben aus, seine Hündin Rashanara einem Golden Retriever namens Bobby zur Frau zu geben – zumindest vor Indiens gesellschaftlicher Elite und einer mehr als stattlichen tierischen Entourage. Heutzutage verwöhnen wir unsere Kuscheltiere mit allerhand albernem Zubehör.

Wir sind mittlerweile wieder zu Hause, treten uns die Schuhe von den Füßen, verstauen das Frisbee; unser sabbernder Kläffer zieht sich nach den Kapriolen im Park in seinen Korb zurück und beginnt an einem seiner bunten Spielzeuge – ein Weihnachtsgeschenk von uns – zu kauen. Aber falls Sie das für einen neuen Trend halten, an dem gelangweilte Hollywood-Prominenz die Schuld trägt, dann liegen Sie völlig falsch. Und es war nicht nur der Maharadscha, der beim Umgang mit seiner Töle leicht übertrieb.

Privilegierte Haustiere gab es schon 1000 v. Chr. am Hof des Kaisers von China; schon damals kümmerte ein spezieller Hundefütterer *(chancien)* sich um das Wohlergehen der kaiserlichen Vierbeiner. So ganz ungebrochen freilich war diese Linie aristokratischer Köter freilich nicht, da sie während der Ming Dynastie (1368–1644) den Palast zugunsten von Katzen räumen mussten, aber mit dem Einzug der Mandschus sahen sich auch die Pekinesen wieder in den fürstlichen Stand erhoben. Einige der Hundebabys wurden sogar von menschlichen Ammen gestillt. Diese kaiserlichen Kläffer badeten in Parfüm, und selbst ihre Häufchen waren Gegenstand eines Rituals, das für ein modernes Auge eher zur Geburt eines königlichen Kindes gehört.

Auch Europas Wohlhabende verwöhnten ihre Haustiere. Maria Stewart kleidete ihre Hunde in blaue Samtanzüge, während der exzentrische englische Politiker John Mytton, der auf seinem zahmen Bären durchs Wohnzimmer ritt, seinen Katzen niedliche kleine Uniformen aufs Fell schneidern ließ. Isabeau de Bavière, die Gattin Karls VI. von Frankreich, ließ sich gern mit ihrem Eichhörnchen sehen, für das sie ein perlenbesticktes Halsband mit Goldfiligranschließe in Auftrag gab. Außerdem hielt sie exotische Vögel in silbernen Käfigen, die mit demselben Samt drapiert waren wie die kuscheligen Betten für ihre Katzen.

Der fürstliche Aufwand mit seinen noblen Viechern hatte natürlich auch einen tieferen Grund: Das Leben als Royal konnte eine bis zur Schmerzgrenze einsame Angelegenheit sein. Da der Bestand des Geschlechts von höchster politischer Bedeutung war, sahen sich Erben und Erbinnen eines Namens nicht selten bereits im zartesten Alter in ferne Schlösser verfrachtet, wo sie unter der Obhut noch fernerer Verwandter aufwuchsen, wenn man sie nicht gleich praktisch in Quarantäne hielt, aus Angst, sie könnten sich eine schreckliche Krankheit zuziehen, die einem das Gesicht anschwellen oder ein Bein abfallen ließ (wenn ich mal leicht übertreiben darf). Die einfachste Methode, diesen unbarmherzigen Luxus wenigstens etwas geselliger zu gestalten, war das Vertrauen in die Gesellschaft eines getreuen Tiers. Es kam sogar vor, dass so ein kleiner Prinz bereits im Alter von drei Jahren das Reiten auf dem Rücken eines Jagdhunds erlernte, auf dem es sich durch den Schlossgarten tollen ließ. Besser noch, der künftige Ludwig XIII. spannte zwei seiner Lieblingshunde vor eine Miniaturkalesche, in der er sich – eine aufregende Mischung aus Hundeschlitten und Go-Kart – durch den Palast ziehen ließ.

Inmitten der realpolitischen Turbulenzen sah eine Königin sich schnell mal genauso vernachlässigt wie die Nachkommenschaft, schon gar wenn eine arrangierte Heirat zwei Individuen in einer leidenschaftslosen Ehe verband. Elisabeth von Böhmen, die Tochter von Jakob I. von England (in Schottland war er Jakob VI.), umgab sich mit einer Entourage von 16 oder 17 Hunden und Affen, deren Gesellschaft sie dem Vernehmen nach sowohl der ihrer Kinder als auch der ihres Gatten vorzog. Einige Royals hatten natürlich auch einfach eine Schwäche für Tiere. Karl II. von England und Schottland war besessen von Spaniels; der King Charles Spaniel ist sogar nach ihm benannt. Nicht dass seine Höflinge so scharf auf die haarigen kleinen Kläffer waren; von einem ist der Ausruf bekannt: »Gott behüte Ihre Majestät und verdamme Ihre Hunde.« Mindestens einmal sah der König sich zu einer grantigen Annonce in einer Zeitung gezwungen, in der er die Rückgabe einer seiner Tölen forderte, den irgend so ein Schuft gekidnappt hatte! Man fragt sich unwillkürlich, ob nicht besagter Höfling auf seiner Liste der Verdächtigen stand.

Königin Viktoria hatte eine nicht weniger große Schwäche für Hunde; sie war insbesondere ihrem Dackel zugetan, der Dachel hieß und ein Geschenk von Verwandten aus Coburg war; trotz seiner großen braunen Augen und der wuscheligen Ohren war das putzige Kerlchen ein großer Rattenkiller vor dem Herrn. Mal abgesehen davon, dass sie Nager zerkauten und herzallerliebst durch den Palast watschelten, möchte man meinen, hatten diese Tiere nicht den geringsten Sinn, aber sie konnten durchaus ihren besonderen Verwendungszweck haben. So waren im Mittelalter die Herzoge von Burgund die Ersten, die sich *chiens-goûteurs* hielten, Vorkoster-Hunde, die Gift in Speisen zu entdecken hatten, ein Posten, der für ein treues Hundchen mit einigen köstlichen Vorteilen verbunden war, solange Herrchen nicht allzu unbeliebt war. Der ängstliche Heinrich III. von Frankreich hatte stets drei flauschige Bichons Frisés um sich, die in einem Korb um seinen Hals hingen; sie waren darauf trainiert, jeden anzubellen, dem sie nicht trauten. Dummerweise wurde er trotzdem gemeuchelt – von einem Mörder, der als Mönch verkleidet war.

Ruprecht Pfalzgraf bei Rhein, während des englischen Bürgerkriegs Kommandant der königlichen Kavallerie, hatte ebenfalls einen geliebten Hund mit einem ungewöhnlichen Talent, auch wenn man es kaum als lebensrettend bezeichnen kann. Offensichtlich war sein Pudel Boye abgerichtet, das Bein zu heben und zu urinieren, wann immer der Name des feindlichen Kommandanten Pym fiel. Gerüchten zufolge verfügte Boye außerdem über finstere magische Kräfte, aber für mich muss ein böser Hund schon ein geifernder Rottweiler sein oder der Hund von Baskerville, kein püschernder Pudel – ich meine, ein bisschen Mühe sollte man sich schon geben. Abgesehen davon machte ein angeblich dämonischer Pudel bei Freunden und Feinden ohnehin nicht halb so viel her, als Panther, Geparden oder Löwen in seinem Palast herumspazieren zu lassen. Im 20. Jahrhundert war Haile Selassie, der letzte Kaiser von Abessinien, tapfer genug, um seine Freude an so etwas zu haben; seine Besucher dürften so manches Stoßgebet gen Himmel gesandt haben, dass die streunenden Raubtiere auch ordentlich gefrühstückt hatten.

Aber genug über Haustiere. Unser treuer Hund hat schon genug von unserem Morgen beansprucht, und es ist an der Zeit, unsere E-Mails zu checken. Wer weiß, vielleicht bietet uns ja ein nigerianischer Prinz Millionen an, wenn wir nur so freundlich wären, ihm unsere Bankdaten zukommen zu lassen. Hoffen wir's Beste!

WIR BLEIBEN IN KONTAKT!

Aller morgendlichen Notwendigkeiten entledigt, wird es langsam Zeit, sich dem süßen Nichtstun hinzugeben. Schließlich ist Samstag, wir haben eine arbeitsreiche Woche hinter uns, wir könnten ein paar Stunden stillvergnügten Leerlaufs vertragen. Mit nichts auf dem Terminkalender als der Verabredung zu einem feuchtfröhlichen Abendessen mit unseren Freunden lassen wir doch mal alle viere grade sein und gehen auf Tuchfühlung mit der großen weiten Welt. Also werfen wir unsere Gadgets an – Fernseher, Smartphone, Laptop, Tablet – und lassen einen Tsunami von Informationen ins Haus.

Telefonitis

Während wir uns amüsiert durch die Fotos von anderer Leute Mittagsmahl scrollen, schreckt uns ein durchdringender Klingelton auf. Ein Lächeln umspielt unsere Mundwinkel, als wir den Namen auf dem Display erkennen; wir heben das Handy ans Ohr. Eine vertraute Stimme zirpt uns in selbiges, gefolgt von ihrem eigenen blechernen Echo – was irgendwie mit dem Satelliten 35.000 Kilometer über dem Äquator zu tun hat –, was aber nicht heißt, dass wir nun auflegen, um über die Praxis technischer Hexereien im Weltraumzeitalter zu philosophieren. Schon gar nicht, wenn es sich über einen Bekannten tratschen lässt, der seine Freundinnen öfter wechselt als wir die Unterwäsche.

Wir leben im Zeitalter des Mobiltelefons; es gibt mehr SIM-Karten auf unserer Welt als Menschen, und wir haben uns derart schnell angepasst an dieses unentbehrliche tragbare Multitalent, dass heutige Kids mich verwundert angucken, wenn ich erzähle, als Teenager meine Kumpels über den Festnetzanschluss meiner Eltern angerufen zu haben, wenn wir uns verabreden wollten – offenbar hört sich das mehr nach einer archaischen Fabel aus dem finstersten Mittelalter an als nach 1999. Und während ein Telefon an einer Plastikschnur heutige Youngsters eher drollig anmuten mag, für den Rest von uns ist es seit jeher die allgegenwärtige Technik, zuhause wie im Büro. Es gab jedoch eine Zeit, ich spreche vom Ende des 19. Jahrhunderts, da war das Telefon gerade mal eine Idee im Hinterkopf zweier brillanter Rivalen.

Alexander Graham Bell war gebürtiger Schotte und Tüftler; seine lebenslange Besessenheit mit der Kommunikationstechnik war auf die Schwerhörigkeit seiner Mutter zurückzuführen, seinen Wunsch, Menschen wie ihr zu helfen. Nach seiner Übersiedelung nach Boston jedoch, wo er als Sprachtherapeut mit Gehörlosen arbeitete, beschäftigte Bell sich mit einem ganz neuen Gerät – dem elektrischen Sprechapparat. Nachdem er sich mit dem fähigen Elektroingenieur Thomas Watson zusammengetan hatte, konstruierten die beiden einen Apparat, der Schallwellen über eine elektrische Leitung schickte. Die Erfindung war revolutionär, aber keineswegs einzigartig. 1876 befand Bell sich unwissentlich in einem Kopf-an-Kopf-Rennen mit Fotofinish, als er seinen Patentantrag nur zwei Stunden vor seinem Rivalen einreichte.

Elisha Gray hatte alles andere als einen einfachen Start ins Leben. Auf einer Farm in Ohio aufgewachsen, hatte er nach dem frühen Tod seines Vaters vorzeitig die Schule verlassen und war in eine Reihe unbefriedigender Berufe gerutscht: Tischler, Bootsbauer, Schmied. Er war eben ein praktisch veranlagter Mensch. Im Alter von 22 Jahren jedoch beschloss er, es mal mit dem Verstand zu versuchen, und schrieb sich am Oberlin College ein, um Elektrotechnik zu studieren. So geschickt er mit einem Hammer umzugehen wusste, es wurde rasch klar, dass er seine Berufung gefunden hatte. Rasch baute er die Prototypen diverser Apparate. Am Valentinstag 1876 reichte er eine vorläufige Patentanmeldung – eine Art vertraulicher Platzhalter für eine noch nicht ganz spruchreife Erfindung – ein; es handelte sich dabei um detaillierte Pläne für ein Telefon. Hätte er sie nur wenige Stunden früher eingereicht, er wäre heute weltberühmt, aber seiner war Antrag Nummer 39 an dem Tag; Bells war Nummer 4. Im Rennen zwischen den beiden rivalisierenden Genies sprachen die Schiedsrichter – oder besser die Gerichte, die zwischen ihnen zu vermitteln hatten – das Fotofinish dem Schotten zu, und das, obwohl jüngste Experimente bewiesen haben, dass Grays Design das bessere war.

Auch wenn er offiziell der Sieger war, Zeit, die Korken knallen zu lassen, hatte Bell nicht. Im Gegenteil, er sah sich im Handumdrehen vor einer Reihe von Urheberrechtsklagen, die alle darauf abzielten, sich seine Idee unter den Nagel zu reißen. Der gewichtigste dieser rund 600 Prozesse ließ nicht lange auf sich warten. Kurz nach seinem Durchbruch hatte er sein Patent einigen Leuten bei der Western Union Telegraph Company gezeigt, aber Amerikas größter Konzern wollte die von ihm geforderten 100.000 Dollar nicht zahlen. Wie der aufgeblasene Highschool-Quarterback, der die kunstsinnige Mitschülerin mit Brille abblitzen lässt, hielt man sich für zu cool für einen so kleinen Partner.

Aber wie sich das für eine richtige romantische Komödie gehört, nahm der Nerd die Brille ab, ließ die Haare auf die Schultern fallen und entpuppte sich geschäftlich als ganz heiße Nummer – anders gesagt, das Telefon erwies sich als Hit.

Western Union, wo man sich in den Hintern hätte beißen können, wollte sich nicht in den Schatten stellen lassen und heuerte den Superstar unter den Erfindern Thomas Edison und Bells beleidigten Widersacher Elisha Gray an; sie sollten das Patent zu umgehen versuchen, indem sie an Bells Design gerade mal so viel herumbastelten, um den Schotten nicht bezahlen zu müssen. Bell und seine Partner fochten die Urheberrechtsverletzung an und bereiteten ihren Fall vor, gingen aber vermutlich davon aus, hoffnungslos überfahren zu werden, schließlich konnte Western Union sich sämtliche Anwälte Amerikas leisten mit seinem Geld. Der amerikanische Supreme Court jedoch stellte sich mit seiner Entscheidung von 1888 auf die Seite von Team Bell.

Man könnte einen solchen Streit durchaus als David-und-Goliath-Szenario beschreiben, nur dass es letztlich nicht Davids Steinchen war, das Goliath zu Fall brachte, sondern der Umstand, dass Letzterer sich mehrmals die eigene Waffe über den Scheitel zog. Frustriert über die Entscheidung des Obersten Gerichtshofs und fest entschlossen, an seinem Fernmeldemonopol festzuhalten, entschloss man sich bei Western Union zu einem Deal mit dem Parvenü. Sie traten insgesamt 84 verschiedene Patente und die Besitzrechte an 56.000 Telefonen ab, die man in 55 amerikanischen Städten installiert hatte; außerdem erklärte man sich bereit, sich bis 1896 aus dem Telefongeschäft zurückzuziehen. Dies gab Bell 17 Jahre lang die Zügel frei oder – besser – überhaupt freie Bahn, da es dem Schotten mit der illustren Barttracht erlaubte, den Markt wie ein Kolonialreich zu dominieren. Indem sie sich einzig auf ihre heilige Cashcow – das Telegramm – kaprizierte, hatte die Führungsriege von Western Union ganz unabsichtlich die Tür des Käfigs geöffnet und ihren natürlichen Feind freigelassen. Es war, als würde man heute sagen: »Hier habt ihr die Rechte auf euer neumodisches Handy, solange ihr uns das Monopol auf den Pager gebt.«

Es war jedoch weder allein Alexander Graham Bells Genius noch das Eigentor von Western Union, das die Welt veränderte. Der gefeierte Edison zum Beispiel, der übrigens so gut wie taub war, leistete mindestens zwei entscheidende Beiträge zur rasch zunehmenden Beliebtheit des Telefons. 1878 hatte er ein hyperempfindliches Mikrofon auf Kohlegrießbasis erfunden, mit dem man sich nicht mehr die Seele aus dem Leib schreien musste und mit dem es sich selbst bei Ferngesprächen in normaler Lautstärke sprechen ließ. (Wäre schön, wenn das mal jemand dem nervig lauten Vertreter im Pendlerzug sagen könnte.) Edisons zweiter Beitrag hatte noch nicht einmal etwas mit wissenschaftlich-technischem Hokuspokus zu tun; er bestand einfach in einem Wort.

Nicht ohne großes Hallo

Offensichtlich hatte eine erste Vorführung von Bells Apparat Amerikas führendem Tüftler ein »*Hullo!*« entlockt, so erstaunt war er, dass das Ding tatsächlich funktionierte. »Hullo« war im 19. Jahrhundert das Gegenstück zu »na sowas, dich hier zu treffen!« – ein erstaunter Gruß an die Adresse des Bekannten, dem wir beim Zahnarzt begegnen oder auf dem Gipfel eines entlegenen Vulkans. Aber so nett sich das anhören mag, wir sollten es *cum grano salis* nehmen. Trotzdem war es Edison, der mit *hello* eine leicht verbesserte Version ins Bewusstsein der Öffentlichkeit brachte, das denn auch zum offiziellen Telefongruß wurde.

Seiner Ansicht nach hatte »hello« zwei klare, kräftige Silben, was wichtig war, da er sich Telefone vor allem im Geschäftsverkehr und mit stehenden Leitungen vorstellte, sodass man nicht erst jedes Mal anrufen musste. Kurz gesagt, »hello« wurde ganz bewusst zum Gruß erkoren, weil es kein vertrautes Wort war, das in der üblichen Büroplauderei vorkam – wenn man es hörte, wusste man auf der Stelle, es kam ein Anruf rein. Obwohl Edisons Gruß heute eines der Wörter mit dem größten Wiedererkennungswert auf dem Planeten ist, bin ich persönlich etwas enttäuscht, dass man sich für *hello* und nicht Bells Alternativvorschlag, ein Wort aus der Seemannssprache, entschied. Denken Sie nur mal an Lionel Richies erhaben gesäuseltes: »*Ahoy, is it me you're looking for?*«

Wie auch immer, dieses »*hello*« setzte sich nicht auf der Stelle durch. Zunächst konnten sich nur die Betuchteren ein Telefon leisten, in deren Ohren sich Edisons Eisbrecher herzlich ungehobelt ausnahm; ein respektabler Anrufer eröffnete das Gespräch entsprechend mit einem unumwunden funktionellem »*Are you there?*« Während der passiv-aggressive Typus sich für ein »*Well …?*« entschied. Es war nicht allein die Neuheit von »*hello*«, die den Leuten unangenehm war. Man dachte augenblicklich an den Schutz seiner Privatsphäre, und so manchem aufrechten Gentleman graute vor der Aussicht eines Anrufs von armen Leuten – oder Geschäften, die neue Kunden zu werben versuchten. Eine weitere Angst war das Potenzial für den gesellschaftlichen Fauxpas, den Teilnehmer am anderen Ende der Leitung nicht gleich zu erkennen. Und dann waren da natürlich noch die, die sich verwählten, oder Kinder, für die der Hörer ein lustiges Spielzeug war – zu schweigen von technischen Pannen, wenn jemand in der Leitung war oder eine falsche Verbindung dazu führte, dass man seine Geheimnisse einem Wildfremden anvertraute, wenn man nicht überhaupt einfach munter ins Leere sprach.

Erschwinglichkeit und Praktikabilität machten so manche Lösung zum suboptimalen Kompromiss. Besonders in ländlichen Gegenden war es noch bis in die 1970er-Jahre hinein völlig normal, sich mit den Nachbarn eine Leitung zu teilen, was nicht nur Lauschern Tür und Tor öffnete, sondern auch bald zu Berichten führte, dass Hausfrauen den Apparat belegten, um einander per Strippe zu »besuchen« anstatt persönlich, sodass Gemeinschaftsleitungen in der Regel weit länger als die üblichen zwei Minuten blockiert waren. Selbst die wohlhabenderen Damen, die sich ihre eigene Leitung leisten konnten, sahen sich von den Telefonfirmen strengstens aufgefordert, ihre Plaudereien doch bitte auf den Abend zu beschränken, wo man doch eigens Billigtarife als Anreiz anbot – tagsüber brauche man die Kapazitäten für die Geschäftswelt.

Jahrhunderte über hatte die Etikette sowohl den zwischenmenschlichen Umgang diktiert als auch den Ton der Korrespondenz; das neue Telefon dagegen sorgte für derartige Verwirrung, dass Zeitungen und Magazine sich mit Fragen überschwemmt sahen, über die man heute vermutlich nur lachen kann: »Sollte ein Mann nur im Stehen anrufen, als Zeichen der Ehrerbietung? Ist es moralisch vertretbar, dass Mann und Frau miteinander telefonieren, wenn einer von beiden nicht vollständig bekleidet ist? Kann man sich über die Telefonleitung eine Krankheit holen?« In Frankreich kamen bald skandalöse Gerüchte auf, dass Frauen das Telefon für gesetzwidrige Geschäfte nutzten, woran wir sehen, dass Telefonsex so neu nicht ist; die Herren der Schöpfung jedenfalls fürchteten bald, Auralverkehr im Salon könnte über kurz oder lang zu Oralverkehr im Schlafzimmer führen …

Das Telefon änderte nicht nur unsere Art zu kommunizieren. Damit diese neumodische Telefonie auch tatsächlich funktionierte, brauchte es Vermittlungsstellen, Telefonzentralen, die einen Anrufer zur richtigen Nummer durchstellten. Aber wer wollte schon so einen Job – bei dem man womöglich gelegentlich etwas von einem Gespräch mitbekam? Da sich heranwachsende Männer als nicht vertrauenswürdig genug erwiesen, bot man den Job (ein Wendepunkt in der Geschichte der Frauenarbeit) jungen ledigen Damen an; diese Angestellten bezeichnete man bald als »Hello-Girls«, was bestätigte, dass Edisons neuer Gruß sich ins öffentliche Bewusstsein geschlichen hatte – und wenn er den Snobs hundertmal stank. »Hello« sollte sich ebenso halten wie das Telefon – auch wenn das »Hello-Girl« ebenso wieder verschwand wie das deutsche »Fräulein vom Amt«.

Jetzt quatschen wir aber schon eine Ewigkeit mit unserem Bekannten, die kostenlosen Einheiten sind zweifelsohne längst futsch, und so legen wir, um eine allzu satte Telefonrechnung zu vermeiden, erst mal wieder auf und verlegen uns aufs Texten. Dazu übertragen wir das, was wir sonst gesagt hätten, in geschriebene Symbole – ein glänzender Partytrick, der die Fähigkeiten unserer steinzeitlichen Vorfahren weit übersteigt. Oder wenigstens sahen wir das bislang gern so. In jüngster Zeit sind wir da nicht mehr so ganz sicher …

Am Anfang war das Wort

Es gibt nicht allzu viele Studenten, deren Forschungsergebnisse in wissenschaftlichen Fachzeitschriften nachzulesen sind – vermutlich weil sie zu beschäftigt sind, die rotweißen Hütchen auf der Straße Statuen aufzusetzen und mit gefährlichen Wodkalevels im Blut um die Häuser zu ziehen. Die Kanadierin Genevieve von Petzinger ist da eine Ausreißerin. 2009 reichte sie eine Magisterarbeit in Anthropologie ein – und sorgte auf der Stelle für Schlagzeilen.

Ihre Arbeit konzentrierte sich auf einige weniger bekannte

Beispiele von Steinzeitkunst – geometrische Symbole an den Wänden französischer Höhlen; obwohl sie den Archäologen seit 150 Jahren bekannt waren, hatte man diese kuriosen Schnörkel immer wieder geflissentlich zugunsten der bezaubernden Bildnisse von Bisons, Löwen und Bären ignoriert. Von Petzinger war aufgefallen, dass all diese Symbole noch nicht einmal komplett katalogisiert waren; also erfassten sie und Dr. April Nowell die 146 französischen Höhlen, in denen man die Werke gefunden hatte, in einer Datenbank und begannen die Ergebnisse zu analysieren. Bald stellten sie fest, dass es sich nicht einfach nur um willkürliches Gekritzel handelt, sondern um ein System aus 26 wiederkehrenden Symbolen: Schraffur, Hände, Linien, Punkte, Spiralwirbel, Schlangenlinien und viele andere Formen. Die Beweise sprangen praktisch vom Bildschirm: Es besteht die Möglichkeit, dass es schon vor Tausenden von Jahren, lange vor der Erfindung der Schrift in der Bronzezeit, eine recht primitive Art von symbolischem Proto-Alphabet gab, das in ganz Westeuropa in Gebrauch war.

Bildhafte Symbolik gibt es überall in der modernen Welt. Würden wir jetzt in unseren Küchenschrank gucken, wir würden jede Menge Kartons voll kleiner Zeichnungen finden, aus denen sich ersehen lässt, ob sie recyclebar sind, oder Hinweise darauf, dass es nicht ratsam ist, unser Gesicht in kochendes Wasser zu tauchen. Und wenn wir unser Telefon weglegen, um nach unseren E-Mails zu sehen, ist der Button, den wir anklicken, um die einschlägige Software zu laden, wahrscheinlich ein kleiner digitaler Briefumschlag, ein Piktogramm, das auf die gute alte Zeit der Kommunikation mit Papier und Tinte anspielt. Im Westen, insbesondere bei den Menüs auf den Displays unserer elektronischen Gadgets, haben Piktogramme – bildliche Darstellungen von Gegenständen – wieder ihre einstige Bedeutung erlangt; in Ostasien waren sie nie verschwunden, das chinesische Alphabet basiert fast ausschließlich aus Piktogrammen und Ideogrammen, Abbildungen abstrakter Ideen. Da drängt sich unwillkürlich die Frage auf: Wenn Piktogramme sowohl für die Steinzeit als auch für das moderne Asien gut genug waren, wie ist dann das Abendland auf Buchstaben, auf das Alphabet gekommen? Das folgende Kapitel ist nichts für Leute mit schwachen Nerven ...

Ich entsinne mich eines Cartoons auf einer Geburtstagskarte, der mich erst auflachen und dann gleich wie ein fader Pedant missbilligend zischeln ließ. Er zeigt einen Archäologen mit Indiana Jones-Hut, der freudestrahlend eine offenbar unbezahlbare ägyptische Vase voll Hieroglyphen umklammert; am Fuß der Karte findet sich die witzig-banale Übersetzung: »Spülmaschinenfest«. Es ist ein netter Gag, aber einer, der symptomatisch für ein weit verbreitetes Missverständnis ist. Sicher, es stimmt, dass Hieroglyphen – neben der sumerischen Keilschrift – wahrscheinlich das erste voll entwickelte Schriftsystem waren. Entstanden sind sie vor etwa 5200 Jahren. Aber das Wort Hieroglyphe ist ein späteres griechisches Wort und bedeutet so viel wie »heilige Gravur«, weil sie nur im religiösen Kontext zum Einsatz kam – anders gesagt, es gab keine Schilder wie »Hier anstellen« unter diesen heiligen Symbolen. Die Alltagsschrift war eine Kursivschrift, man nannte sie hieratisch (sie wurde später durch eine vereinfachte Form, die demotische – oder volkstümliche – Schrift ersetzt); Hieroglyphen waren für den Ägypter von der Straße so unverständlich wie eine Speisekarte in Binärcode für uns.

Apropos Binärecode – oder Dualzahlen ... Wenn wir unsere E-Mail tippen, dann ist uns klar, dass der glückliche Empfänger unserer geistreichen Bonmots keine physische Botschaft erhält, sondern ein digitales Faksimile aus einer Folge durch den Cyperspace katapultierter elektronischer Einsen und Zweien. Wenn es jedoch darum geht, unsere Gedanken zu notieren, zieht so mancher von uns ein physisches Medium vor – und sei es nur, weil

Papier uns die kathartische Freude gestattet, unerwünschte Junkmail zusammenzuknüllen und mit Leidenschaft in den Papierkorb zu knallen. Verwirrenderweise hat Papier seinen Namen von den altägyptischen Schriftrollen, die aus verwobenen Streifen Pflanzenmark des Echten Papyrus hergestellt waren. Papier dagegen kam erst später bei den Chinesen auf – es ist womöglich erst 2000 Jahre alt; der Grundstoff dafür ist eine Fasermasse aus Zellulose, nicht etwa verbundene Streifen aus pflanzlichem Mark. Aber so unterschiedlich Papier und Papyrus sind, die etymologische Verwirrung ist durchaus verständlich. Immerhin haben wir modernen Schreiber viel gemeinsam mit den alten Ägyptern, und auch wenn sie von links nach rechts schrieben, entweder in schwarzer oder roter Tinte aus zermahlenen Mineralien, ihre Feder – aus zugespitztem Binsenrohr – unterschied sich von unserem Füllfederhalter nicht mal so sehr.

Im Gegensatz dazu schrieben die Sumerer des Bronzezeitalters in Mesopotamien mit einem System, das wir als Keilschrift bezeichnen; man stach die Zeichen dazu in weiche Tontafeln, die dann um der Haltbarkeit willen gebrannt wurden. Die Keilschrift scheint sich aus einem Inventursystem entwickelt zu haben, das auf das Neolithikum zurückgeht; wahrscheinlich standen dabei kleine Tonmarken in verschiedenen geometrischen Formen für Zahlenwerte gehandelter Waren. Als das aufblühende Sumerer-Reich seine weitreichenden Tentakel ausstreckte wie mythische Kraken bei den Aufnahmen zu einer Fitness-DVD, machte die zunehmende Komplexität seiner Handelsarrangements rasch eine umfassendere Methode nötig, um aufzuzeichnen, wer wem etwas schuldig war. Anstatt Berge irdener Marken zu horten, zeichnete man 3200 vor unserer Zeitrechnung diese Informationen mithilfe der Keilschrift auf. Deprimierend nicht wahr? Dass das romantische Medium, das uns das Genie von Aristoteles, Sun Tzu, Shakespeare und Molière erhalten hat, von Steuerbuchhaltern erfunden sein sollte – das gleicht der Entdeckung von Margaret Thatcher als der Erfinderin des Rock'n'Rolls …

Nicht alle großen Reiche hatten es mit dem Schreiben. Vor der Ankunft der spanischen Konquistadoren im 16. Jahrhundert benutzten die Inka in Südamerika ein faszinierendes System farbiger Knotenschnüre aus Baumwolle oder Lamahaar, das sie »Quipu« nannten; die Platzierung der Knoten vermittelte dabei die Bedeutung. Wie ein geschriebener Brief konnte eine Quipu kurz sein und entsprechend aus nur zehn Schnüren bestehen oder aus einem Satz komplexer Anweisung mit 2000 Schnüren, was dann einem hawaiianischen Grasröckchen ähnelte. Etwas verwirrend ist dabei, dass das System wahrscheinlich nicht auf ihrer Sprache, dem Quechua, basierte, sondern auf einem numerischen Code auf Dezimalbasis. Für die Forschung ist die Quipu in jedem Fall eine unendliche Folge gordischer Knoten.

Aber kommen wir wieder zurück zur Keilschrift. Anfangs benutzten die sumerischen Schreiber ein scharfes Instrument aus Schilfrohr, um die Keile in den Lehm zu schneiden, aber das riss den feuchten Lehm zu sehr auf, sodass man schließlich zu einer dreieckigen Spitze überging, was ein linguistisches System aus in die Tafeln gedrückten Keilformen zur Folge hatte, bei denen es sich womöglich um eine piktografische Wiedergabe der früheren Steuermarken handelte. Im Gegensatz zu den 26 Piktogrammen an den Wänden steinzeitlicher Höhlen wuchs dieses System, da jede geringfügige Änderung der Form für ein neues von Tausenden von Worten für Namen, Orten oder Handlungen stand. Wenn also, sagen wir mal, jemand drei Kühe kaufte, dann reihte der Schreiber nicht einfach drei Kuhsymbole aneinander. Stattdessen gab es ein Symbol für die Kuh und ein separates Symbol für die Zahl drei. Um Unklarheiten zu vermeiden, gab es ein System von Determinativen oder Deutzeichen, mit denen man auf den Kontext des betreffenden Wortes verwies.

So einfach wie das ABC

Okay, nachdem die komplizierten Ursprünge des Schreibens aus dem Weg geräumt wären, sehen wir uns immer noch vor dem Problem unseres abendländischen Alphabets. Wer Englisch spricht, der kann sich hier für den wichtigen Beitrag der Phönizier bedanken; sie nämlich waren ein Volk von Seefahrern aus der Gegend des heutigen Libanon, das auf seinen Ausflügen über das Mittelmeer Handelskolonien an den Küsten Nordafrikas, Südspaniens, Siziliens, Sardiniens, der griechischen Inseln, Zyperns und überall im östlichen Mittelmeerraum gründete. Sie waren die Beach Boys des Altertums –»sie kamen rum« –, und wo immer sie hinkamen, sie hatten ihre gepimpte Form der Keilschrift im Gepäck, die mittlerweile aus einem Alphabet von 22 konsonantischen Buchstaben bestand.

Waren diese erst einmal in der Levante, also der östlichen Mittelmeerküste und ihrem Hinterland, eingeführt, wurde daraus das aramäische Alphabet, aus dem dann die hebräische und später die arabische Schrift hervorgingen. Inzwischen hatten die Griechen sich das phönizische System angeeignet und diesem mit den Vokalen etwas ganz Neues hinzugefügt, wahrscheinlich um ihre eigene gesprochene Sprache besser wiedergeben zu können. In diesem Stadium schien die Schrift Italien zu erreichen, wo sie von den Etruskern übernommen wurde, die nach der Eroberung durch die allmächtigen Römer im Römischen Reich aufgingen. Dort pflegte man das lateinische Alphabet: 23 Buchstaben, Vokale wie Konsonanten, aber kein *J, U* oder *W.* Unersättlich machten sich die Römer auch daran, ihre libyschen Rivalen, die Karthager, auszumerzen, die letztlich nur sesshaft gewordene Phönizier waren. Undank ist der Welten Lohn!

Bleiben Sie dran, ich hab's gleich, ich verspreche es …

Als das römische Reich sich zu einer etwas unhandlichen

Größe auswuchs, sah man sich gezwungen, germanische Söldner anzuheuern, um die riesigen Gebiete zu patrouillieren. Diese Stämme trugen denn auch das lateinische Alphabet mit hinauf in den windgepeitschten Norden, wo es vermutlich das altnordische und altsächsische Runenalphabet inspirierte, in denen man magische Kräfte vermutete, wenn man sie auf Schwerter und anderen Alltagskram schrieb. Und als wäre das alles nicht genug, machte sich im 9. Jahrhundert ein bulgarischer Schüler des slawischen Apostels Kyrill, Kliment von Ohrid, an ein Update des griechischen Alphabets und schuf so die kyrillische Schrift. Sie ist heute Grundlage des Schreibens in Russland und natürlich Bulgarien, wo mich bei einer Geschäftsreise nach Sophia meine Unfähigkeit, diese Zeichen zu entziffern, Zahnpasta mit Fußcreme verwechseln ließ – mit schaurigen Folgen.

Während nun die katholische Kirche den ungebärdigen germanischen Stämmen das Lateinische anzudrehen versuchte, wuchs das römische Alphabet, um sich den Notwendigkeiten der im Entstehen begriffenen europäischen Sprachen anzupassen, die sich langsam vom Latein wegentwickelten, um zum heutigen Französisch, Spanisch, Italienisch usw. zu werden. Und das führte dann zu den 26 Buchstaben des Englischen, mit denen ich Sie gerade in den Schlaf schreibe. Sorry. Wie auch immer, um es so einfach wie möglich zu machen, ohne die Phönizier jedenfalls gäbe es in der *Sesamstraße* kein »Alphabet-Lied«, und das, da sind wir uns wohl einig, wäre nun wirklich eine Tragödie.

Jetzt wird es Zeit für uns, die E-Mail abzuschließen und uns im Haus nützlich zu machen … vielleicht ein bisschen Heimwerken. Die schief hängende Schranktür wird sich schließlich nicht wie von Zauberhand selbst reparieren. Als wir jedoch aufstehen, um einen Hammer zu holen, erspähen wir den Zeitungsjungen, der seine überquellende Hängetasche die Auffahrt heraufschleppt. Ah ja, die Wochenendausgabe unserer Zeitung! Wie hatten wir die vergessen können? Mit einem Mal sieht die Schranktür gar nicht mehr so schief aus – nicht im Vergleich zu der Aussicht, sich mit einem Becher heißem Kaffee auf das Sofa zu lümmeln, um nachzulesen, was in der Welt so passiert. Oh, und das Kreuzworträtsel! Die Entscheidung ist gefallen. Wir schalten den Blitzkocher ein, holen unsere Zeitung vom Fußabstreifer und überfliegen die Schlagzeilen.

Die Zeitung, Herrn, erfrischt die matten Geister

Das Leben des Printjournalismus hängt an einem seidenen Faden, und am Fußende seines Krankenbetts warten ungeduldig die digitalen Medien darauf, dass endlich einer den Stecker aus der Herz-Lungen-Maschine zieht. Aber die Zeitung konnte lange zufrieden sein, und bevor wir sentimental werden, vergessen wir nicht, irgendwann wird alles ersetzt. Ich meine, wann hatten Sie das letzte Mal eine Schriftrolle in der Hand?

Vor 2000 Jahren war das Buch (oder der Kodex, um genau zu sein) in der Schriftkultur ein großer Sprung nach vorn. Es war weit handlicher und der Leser brauchte, im Gegensatz zur Rolle, nur eine Seite aufzuschlagen, um zu einer bestimmten Stelle zu gelangen – was nun wirklich praktisch war, wenn es darum ging, einer Horde achselzuckender Heiden eine zugkräftige Bibelstelle zu präsentieren. So ist es denn auch kein Zufall, dass die Ausbreitung des Christentums, einer Religion, mit anderen Worten, die auf einem heiligen Text basierte, den Aufstieg des Buchs widerspiegelt. Im 1. Jahrhundert, als das Christentum nichts weiter war als der nächste absonderliche Kult aus dem Osten, war der heilige Paulus ein merkwürdiger Hipster mit einem gefalteten Notizbuch – und das in einer Zeit, in der nicht ein einziger Kodex unter den aus Pompeji oder Herculaneum geborgenen Texten war.

Die Römer schrieben stattdessen auf Papyrus, Wachs, Tonscherben oder – wie in Vindolanda, einem der Kastelle am nordenglischen Hadrianswall – auf dünne Holztäfelchen. Im 4. Jahrhundert jedoch, als das Imperium bereits offiziell zu Jesus gefunden hatte, war der Kodex bereits genauso beliebt wie die Schriftrolle, und binnen 200 Jahren hatte er die Rivalin mit einem Chuck-Norris-Kick vom Dach des rasenden Zugs der Geschichte in den Abgrund der Vergessenheit befördert.

Aber auch wenn der Kodex das glänzende Nonplusultra der Technologie darstellte, die Texte mussten nach wie vor mühsam, Zeile für Zeile, von Hand geschrieben werden. Das Buch war entsprechend etwas Besonderes, schließlich bedurfte es eines enormen Aufwands, auch nur ein einziges Exemplar zu produzieren. Beweis dafür sind die charmanten Kommentare der Schreiber am Rand dieser mittelalterlichen Wälzer; meine Favoriten sind das hoffnungsvolle »Gott sei Dank wird es bald dunkel!«, das frustrierte »Schreiben ist eine unmäßige Plackerei. Es krümmt einem den Rücken, es trübt einem das Augenlicht, es verdreht einem Bauch und Seiten« und das zum Schreien unpoetische »Au! Meine Hand!«. Aber mal von der Seltenheit abgesehen, der Wert dieser Texte konnte natürlich auch ein ästhetischer sein. Verwaltungstexte wie etwa das Reichsgrundbuch *(Domesday Book)* von Wilhelm dem Eroberer, eine Art Volkszählung aus dem Jahre 1080, mochte mit einem Minimum an Flair verfasst worden sein, aber die Heilige Schrift – nicht selten auf Pergament aus Tierhäuten geschrieben – konnte über den bloßen Nutzwert hinaus zum prächtigen Kunstwerk werden, dessen überdimensionale Initialen allein Stunden und Aberstunden sorgfältiger Arbeit bedurften, und schon ein kleiner Nieser konnte alles zerstören.

Es ist offensichtlich, dass angesichts dieser limitierten Buchproduktion, die Alphabetisierungsraten des abendländischen Christentums extrem niedrig waren. Während unsereins seine

Neuigkeiten aus einer ganzen Reihe von Quellen erfährt – Radio, Fernsehen, E-Mail, Blogs, Zeitungen etc. –, erhielt der Mann von der Straße im Mittelalter seine Information von der Kanzel seiner örtlichen Kirche oder durch den Tratsch, den das Volk am Markttag durchs Stadttor trug. Es gab wenig Möglichkeiten zur Selbstbildung – oder politischen Radikalisierung, wo wir schon dabei sind; dazu bedurfte es schon eines teuren Privatunterrichts in der geheimnisvollen Kunst des Lesens. Kirche und Krone kontrollierten die Gesellschaft, indem sie über die einzigen mächtigen Kommunikationsmittel verfügten, und diese Macht wollten sie nur über ihre Leiche hergeben. Aber schließlich tauchte denn doch einer mit einer Idee auf, wie das auch ohne Mord und Totschlag zu bewerkstelligen war ...

Wahrscheinlich haben Sie noch nie von Johannes Gensfleisch gehört, was durchaus verständlich ist, ich meine, es ist nun wirklich kein Name für den Pantheon – im Ernst, er hört sich eher nach einem lausigen Entertainer für Kindergeburtstage an. Johannes schien das genauso zu sehen, und so nahm er einen Nachnamen an, der eher seinen hehren Ambitionen entsprach, und nannte sich fortan Johannes Gutenberg. Angefangen hatte er als Goldschmied in Mainz, heute ist er ein Titan der Weltgeschichte. Wenn Apple bei der Vorstellung des iPod Nano – einer kleineren Version eines an sich ganz guten Gadgets – 2005 von »revolutionär« sprechen konnte, dann müsste man Gutenbergs Druckerpresse mindestens als Über-Mega-Superrevolution bezeichnen, *mindestens.*

Gutenbergs Innovation hat unsere Bewunderung in jeder Hinsicht mehr als verdient. Natürlich stimmt es, dass er nicht an sich das Drucken erfunden hat, da die Chinesen seit dem 8. Jahrhundert Holztafeln geschnitten hatten, um Faksimile-Kopien herzustellen, aber Gutenbergs genialer Einfall im 15. Jahrhundert bestand darin, winzige Metalllettern zu gießen, die sich nicht nur zu beliebigen Wörtern arrangieren ließen, sondern auch immer wieder für neue Werke verwendbar waren. Im Prinzip kann er als Erfinder des Kühlschrank-Alphabets gelten, das man beliebig neu zu allerhand Wortspielereien arrangieren kann. Früher waren Bücher – als Produkt von Mönchen in gemütlichen Skriptorien oder von Schreibern an Universitäten – mühselig im gemächlichen Tempo von vielleicht fünf Seiten pro Tag und Schreiber entstanden. Dank der mechanischen Presse jedoch, deren Vorbild die Rebenpresse aus der Weinkelterei war, hatte man in einer einzigen Sitzung einen Ausstoß von 3500 Seiten.

Das sorgte natürlich für eine Flut von bislang nicht frei verfügbarem Wissen. 50 Jahre nach dem Tod des Erfinders, im Jahr 1517, publizierte der deutsche Mönch Martin Luther seine 95 *Thesen* gegen die Missstände in der katholischen Kirche, vor allem gegen die nach seiner Auffassung institutionalisierte Korruption durch die katholische Kirche. Wären früher derlei Schimpfkanonaden womöglich in den Wind gesprochen gewesen, vielleicht lokal eine Weile diskutiert worden, waren die bücherfreundlichen Menschen der zahlreichen deutschen Kleinstaaten mittlerweile des Lesens mächtig und Luthers Gedanken verbreiteten sich – von Gutenbergs Presse vervielfältigt – wie eine ansteckende Krankheit. Das Zeitalter unumschränkter Kontrolle durch Kirche und Staat war vorbei. Endlich hatte das Volk eine Stimme, und – wie der verklemmte Kollege, der es plötzlich beim Karaoke krachen lässt – war man fest entschlossen, dafür zu sorgen, dass man diese Stimme auch hört.

I read the news today, oh boy

Während wir gemütlich auf dem Sofa liegend darauf warten, dass der Kaffee etwas abkühlt, beginnen wir uns methodisch durch die Wochenendausgabe unserer Zeitung zu arbeiten; wir machen uns Gedanken zu den sorgfältig gedrechselten Stellungnahmen und gehen mit gnadenloser Effizienz die einzelnen Teile durch: Modebeilage? Wer hat schon 380 Mäuse für einen samtenen Hut? Freilich, sollte in der nächsten halben Stunde etwas Weltbewegendes passieren, wir würden die Zeitung fallen lassen und wieder unseren digitalen Bildschirm anwerfen, damit uns die fortwährend aufgefrischte Website der BBC über jegliche Details des Dramas, und zwar noch während es sich entwickelt, auf dem Laufenden hält. Wir verschlingen diese Art von Echtzeit-Journalismus mit Heißhunger, und unseren Vorfahren ging es nicht anders. Sie waren nicht weniger neugierig als wir, nur fehlte ihnen eben die Infrastruktur für das pausenlose Sammeln der News.

Selbst die Römer auf dem glorreichen Höhepunkt ihres Reichs vor 2000 Jahren brachten es auf nicht mehr als die *Acta Diurna*, eine Art täglicher Gazette, die eine knappe Zusammenstellung von Schlagzeilen bot – Politisches, Skandale, Schlachten, Gerichtsprozesse, wie eben heute auch; aber trotz des ungeheuren Interesses an derlei brandheißen Informationen kam auch nicht einer von den Staatsdienern auf die Idee, davon mehr als ein Exemplar zu verteilen. Es war buchstäblich eine einzelne gravierte Tafel, die man – ähnlich dem schmucklosen Aushang in der Schulkantine – am Forum anschlug, und wenn man wissen wollte, was im Imperium so vor sich ging, musste man eben seinen Sklaven losschicken, damit er sich das Interessanteste davon für einen merkte.

Die Genese von Nachrichten im heutigen Sinne ließ bis zum 16. Jahrhundert auf sich warten, als die Allianz von Gutenberg und Luther das Pamphlet hervorbrachte, effektiv ein Blog-Posting mit nur einem Thema, das sich billig drucken und an die begierigen Leser verkaufen ließ. Zunächst berichteten Pamphlete lediglich über die religiöse Furore, für die Luthers virulenter Antikatholizismus sorgte, aber als sich der aufgewirbelte Staub um die Thesen legte, wandten sich die Verleger dem Zeitgeschehen zu, wohl auch weil die journalistische Integrität noch nicht ausreichend ausgeprägt war, um den Zusammenstoß mit der Obrigkeit zu riskieren. Der Standard der Propaganda war nicht gleich der Nordkoreas – niemand behauptete, der Papst würde beim Golfen öfter mal Runden mit 18 Assen hintereinander spielen –, aber die Unterlassungssünden liefen letztlich darauf hinaus, dass man Pamphlete eher nach dem Motto »jede Nachricht ist eine gute Nachricht« machte als »die beste Nachricht ist keine Nachricht«.

Aber wie sah denn nun die erste richtige Zeitung aus? Passenderweise, vielleicht war es Luthers Einfluss, erschien sie in deutscher Sprache in Straßburg im Jahre 1605; dahinter stand der Kirchenpfleger, Ratsherr, Drucker und Buchbinder Johann Carolus. Seine Idee bestand darin, handgeschriebene Berichte aus dem Heiligen Römischen Reich zusammenzustellen und sie schließlich einmal die Woche für seine 150 bis 200 Leser zu drucken. Einige von diesen waren zweifelsohne reiche Leute in Schlössern, aber so einige dürften Kaufleute gewesen sein, denen nach wichtigen Meldungen über den Stand der Dinge auf den ausländischen Märkten war. Das Wochenblatt trug den Titel *Relation aller Fürnemmen und gedenckwürdigen Historien*, und zum Jahresende gab Carolus die 52 Blätter als Buch heraus, eine Chronik der Ereignisse des vergangenen Jahres, gar nicht so unähnlich der Jahresrückblicke, wie sie von modernen Magazinen im Dezember zu kaufen sind. Angesichts dieses ersten Erfolgs entstanden in Europa bald weitere Zeitungen, oft Meldungen über das Neueste aus dem brutalen Dreißigjährigen Krieg, der ganz Europa verwüstete.

In Großbritannien berichtete man bereits in den 1620er-Jahren in achtseitigen *corantos* aus dem Ausland, aber ungünstige Winde im Ärmelkanal konnten die Ankunft von Nachrichtenpaketen um Wochen verzögern, sodass die Neuigkeiten bereits von vorgestern waren, wenn man sie endlich bekam. Anders ausgedrückt, selbst in den vielversprechenden Tagen nach der Druckrevolution blieb die Logistik eines der großen Probleme. Anlass zur Sorge war darüber hinaus, dass Leser verwirrt waren, dass Zeitungen Woche für Woche denselben Titel hatten – schließlich änderten Pamphlete je nach Thema ihren Titel. Die Herausgeber der *Weekly Newes from Italy, Germanie, Hungaria* mussten ihrer Leserschaft geduldig erklären, dass in der neuen Ausgabe etwas anderes stand als in der letzten, auch wenn die Zeitung noch immer genauso hieß. Wie auch immer, die Zeitung an sich mochte auf dem besten Weg sein, dennoch waren diese frühen Blätter kaum zu vergleichen mit denen, die uns heute zur Verfügung stehen – es gab keine fetten Schlagzeilen, keinen Prominentenklatsch, keine Anzeigen, und auch Illustrationen waren noch die Ausnahme. Dazu kommt, dass die Nachricht selbst als unvoreingenommener, zusammenhangloser Bericht vermittelt wurde, der sich darauf verließ, dass der Leser sein eigenes Urteil fällte. Und Schuldzuweisungen in Form von Leitartikeln gab es auch noch nicht.

Die große Wasserscheide für den britischen Blätterwald kam mit dem Ausbruch des gewalttätigen Bürgerkriegs zwischen Krone und Parlament in den 1640er-Jahren. Mit zunehmender Heftigkeit der Kämpfe begann der Journalismus sich nach innen und der britischen Politik zuzuwenden; beide Seiten gaben ihre eigenen parteiischen Blätter heraus, um den anderen in die Pfanne zu hauen. Der Erfolg des Cromwellschen *Kindsome's*

Weekly Intelligencer inspirierte eine royalistische Retourkutsche, den *Mercurius Aulicus*. In dieses Getümmel stürzte sich der lässig-elegante Verleger Marchmont Nedham, der 1643 mit gerade mal 23 Jahren seinen vernichtenden antiroyalistischen *Mercurius Britannicus* herausgab. Er brachte damit König Karl I. auf, der dafür sorgte, dass Nedham rasch mit dem Versprechen eines proroyalistischen *Mercurius Pragmaticus* zu Kreuze kroch. Selbstverständlich verlor Karl I. den Krieg und – schlimmer noch – seinen Kopf, und die siegreichen Parlamentarier warfen Nedham wegen Volksverhetzung ins Gefängnis. Pragmatiker, der er war, schrieb sich der einsitzende Journalist im Handumdrehen wieder aus dem Knast heraus, als er mit dem *Mercurius Publicus* das offizielle Sprachrohr von Oliver Cromwells autoritärem Regime herausgab.

Kaum ein Jahrzehnt später waren die eben noch harmlosen Blätter mit ihren Belanglosigkeiten über das ungarische Wetter voll skurriler Polemiken mit Anzeigen und auffälligen Illustrationen. Gut 350 Jahre vor der Rechts-Links-Polarität unserer modernen Boulevardpresse bezogen die Schlagzeilen bereits ideologisch Stellung und schüchterten ihre politischen Gegner ein. Bei uns gilt das als Zeichen einer gesunden Bürokratie, aber in den stürmischen Nachwehen des blutigen Bürgerkriegs sah man darin eine Gefahr für die Stabilität. Als es 1660 zur Restauration kam, hatte der neue König, dessen Papa man so öffentlich einen Kopf kürzer gemacht hatte, so überhaupt keinen Sinn für diese Muckraker, die die Revolution schürten. Karl II. mag als hedonistischer Populist mit einem Sinn für Volksnähe in die Geschichte eingegangen sein, aber gegen die Pressefreiheit ging er mit Brachialgewalt vor. Aber wegen all seiner Weibergeschichten hatte er bei den Briten merkwürdigerweise einen Stein im Brett.

Auch wenn die Zensur der journalistischen Klinge die Schärfe genommen hatte, das brennende Verlangen nach Neuigkeiten war nicht mehr zu ersticken, und so tauchten bald spezielle Örtlichkeiten auf, um dieses Bedürfnis zu stillen. In den 1650er-Jahren wurden in London die eben eröffneten Kaffeehäuser zu den Brunnen, an denen die Öffentlichkeit ihren intellektuellen Durst löschte. Gegen einen Penny Eintrittsgeld konnte Mann (Frauen waren nicht gern gesehen) dort abhängen, die Zeitung lesen und sich ein exotisches heißes Getränk gönnen, das eben aus der Türkei nach England gekommen war. Der Kaffee des 17. Jahrhunderts war übrigens nicht zu vergleichen mit dem aromatischen Getränk, das wir heute aus unserem Lieblingsbecher schlürfen; es war eher der fiese Bodensatz davon, eine nussig-verkokelte Pampe, die aussah wie ein Klecks Pech. Aber in einer Ära, in der der größte Teil der Bevölkerung ständig einen in der Krone hatte, wirkte so ein Koffeinstoß wie ein Tritt in den Hintern für einen verkaterten Verstand.

Nicht zufrieden mit der bloßen Zeitungslektüre, dürsteten die Gäste der Kaffeehäuser nach jeder Art von Nachricht. Wer zur Tür hereinkam, sah sich mit den Worten »Was für Neuigkeit bringt Ihr?« begrüßt, in der Hoffnung, er wüsste etwas, was noch nicht bekannt war. Es war auch nicht so, dass in diesen Häusern nur gelangweilte Tagediebe herumgelungert hätten oder Freunde – Ross, Rachel, Phoebe, Monica, Joey und Chandler mit Perücken? – beim Klönschnack beisammen saßen; von wegen, es trafen sich dort Londons berühmteste Dichter, Philosophen, Schriftsteller, Kapitalisten und Wissenschaftler. Durchaus möglich, dass Stammgäste des Grecian Coffee House Isaac Newton und Edmund Halley einen toten Delphin sezieren sahen, etwas, was Sie in Ihrem Starbucks nun sicher nicht alle Tage sehen; und in Jonathan's Coffee House drängten sich derart viele ungehobelte Kaufleute, die lautstark den Preis von Rohstoffen und Waren verfolgten, dass daraus allmählich die Londoner Börse wurde.

Angesichts all der blitzgescheiten Radikalen, die dort über einem dampfenden Käffchen die Köpfe zusammensteckten, machte sich Karl II. zunehmend Sorgen, Kaffeehäuser könnten sich als Brutstätten der Opposition etablieren. 1675 versuchte er, sie schließen zu lassen, so wie er zuvor die Presse mundtot gemacht hatte, aber einen Koffeinsüchtigen um seine tägliche Dröhnung zu bringen, war schon damals keine gute Idee, was den ernüchterten Laffen auf dem Thron rasch zurückrudern ließ. Aber auch wenn er in diesem Punkt das Handtuch warf, was die Presse anging, gab er nicht nach. Erst sein Ableben und die Revolution gegen seinen Nachfolger – seinen Bruder Jakob II. – ebneten den Weg für den Verfall des restriktiven Licensing Act; als das Parlament diesen 1695 nicht erneuerte, waren die Fesseln der königlichen Zensur gesprengt, und das öffnete dem populärem Journalismus Tür und Tor.

1702 startete Englands erste Tageszeitung *The Daily Courant*, und bald breitete sich die neue Idee auch auf die Kolonien aus. Dort ging ein junger Benjamin Franklin in der Druckerei seines Bruders in Neuengland in die Lehre, eine Beziehung, die er – wie wir bereits gehört haben – dazu ausnutzte, sich der Leserschaft des *New-England Courant* gegenüber als tüttelige alte Dame namens Silence Dogood auszugeben. Die Leserbriefe, die er alle zwei Wochen schrieb, humorvoll-satirische Betrachtungen über populäre Kultur, wurden zum Hit beim leichtgläubigen Publikum, und die quengelnde Witwe bekam sogar Heiratsanträge von Herren, die von ihrem unendlichen Fassungsvermögen für Enttäuschungen angetan waren.

Im Jahre 1800, Franklin hatte seinen Landsleuten inzwischen zur Unabhängigkeit verholfen, gab es bereits stattliche 376 Zeitungen in Amerika. Nicht schlecht. Aber 1871 betrug ihre Zahl mit 5781 Blättern schon das Fünfzehnfache; 20 Millionen Leser kauften sie, um ihr Leben und ihre Zeit zu verstehen. Hatte es für die erste Revolution im Zeitungswesen den Buchdruck gebraucht, verdankte es diese ungeheure Expansion einer neuen bahnbrechenden Maschine, dem elektrischen Telegrafen. Dessen Spinnennetz von Drähten bündelte lokale, regionale, nationale und internationale Presse zu einem ungeheuren, von Nachrichten- und Presseagenturen gelenkten Strom von Neuigkeiten, der auf dem ganzen riesigen Kontinent verfügbar war. Aber dazu kommen wir gleich noch; lassen Sie uns zuerst einmal sehen, wo diese sogenannte »Telegraphie« – diese »Fernschreiberei« – ihren Anfang nahm. Und dazu müssen wir wieder einmal weiter zurückgehen, als Sie vielleicht erwartet haben.

Signale über Signale

Der Herrscher der mächtigen Stadt ist dem Wahnsinn verfallen. Als die unübersehbaren Heerscharen des Feindes näher rücken, weigert er sich, seine Verbündeten um Hilfe anzuflehen, und schickt stattdessen seinen Sohn auf ein Himmelfahrtskommando, einen vom Feind genommenen Außenposten zurückzuerobern. Angesichts der irrationalen Verzweiflung seines Herrschers beauftragt ein weiser Ratsherr einen jungen Helden, sich an den Posten vorbeizuschleichen und dem Befehl zuwider das Signalfeuer anzuzünden. Dieses flammt weithin sichtbar auf, und Augenblicke später leuchtet auch auf einer Bergnase am fernen Horizont ein orangenes Licht auf. Den ganzen schneebedeckten Bergzug entlang entzündet man ein Leuchtfeuer nach dem andern, bis Hunderte von Kilometern entfernt, in der Stadt der Verbündeten, eine wachsame Gestalt das goldene Leuchten erspäht. In freudiger Erregung läuft er ins Gemach des Königs und ruft: »Die Leuchtfeuer brennen! Gondor ersucht um Hilfe!« Ohne mit der Wimper zu zucken, antwortet der König mit den unsterblichen Worten: »Und Rohan wird Folge leisten!« In diesem Augenblick ergießt sich ein Regen aus Diet Coke und Popcorn über uns, da zu diesem Zeitpunkt jedermann im Kino vor Erleichterung Löcher in die Luft schlägt. *Ein Hurra für Gandalf den Zauberer!* Okay, der *Herr der Ringe* ist nicht direkt Geschichte, aber sie bietet hier ein perfektes Beispiel für eine Art der Telegraphie, die sich bis in die Bronzezeit zurückverfolgen lässt. Eine Kette von Signalfeuern war weitaus schneller, als einen Typ mit dem Pferd loszuschicken – es war bereits eine Urform des Instant Messaging, wenn sich auch der Chat damit etwas schwierig gestaltete, da nur eine vorher abgesprochene Nachricht zu übermitteln war. Wir würden, um nur ein Beispiel zu nennen, vielleicht das Glas des Feuermelders einschlagen, wenn bei uns Rauch aus der Küche kommt; wir würden das nicht machen, nur weil die Milchtüte leer und uns nach einer Tasse Tee ist. Bei uns dient der Feuermelder nur zu einem einzigen Zweck. Desgleichen waren die Leuchtfeuer keine große Hilfe bei der Unterhaltung über weite Entfernung; sie waren die Sirene, mit der man Dringlichkeit signalisiert. In alten assyrischen Städten bedeutete ein Leuchtfeuer »es besteht Anlass zur Sorge«, zwei Feuer kamen praktisch einem »*Ach, du grüne Scheiße, schickt Hilfe!*« gleich. Aber nicht alle Signale waren verzweifelte Hilferufe. In dem antiken Stück *Agamemnon* des griechischen Tragödienautors Aischylos wartet ein Posten auf das Signalfeuer, das den Fall von Troja bestätigen sollte; 1588 entzündete man Leuchtfeuer entlang der englischen Küste als Zeichen dafür, dass die spanische Armada im Anzug war.

Signalfeuer waren der Theorie nach ein schlichtes System, aber so ganz narrensicher waren sie auch wieder nicht. So wurde die sumerische Stadt Mari auf dem Gebiet des heutigen Syrien 1759 vor unserer Zeitrechnung von König Hammurabi, dem ruhmvollen babylonischen Eroberer, von der Karte getilgt, aber als man sie in den 1930-Jahren wiederentdeckte, fanden sich in den Ruinen um die 25.000 Keilschrifttafeln, darunter Berichte über Fackelsignale aus benachbarten Städten. Wie aus einer der Tafeln hervorging, war ein kleiner Patzer passiert:»Mein Herr schrieb, um zu sagen, dass zwei Fackelsignale brannten; aber wir haben zu keinem Zeitpunkt zwei Fackelsignale gesehen ... mein Herr sollte sich der Angelegenheit annehmen ...« Klingt nach dem mesopotamischen Gegenstück zu einem ganz modernen Problem:»Hey, ich hab dir gesimst. Nichts angekommen? Komisch!«

Lange vor dem Winkeralphabet der Seefahrer des 19. Jahrhunderts machte der altgriechische Historiker Polybius einen cleveren Vorschlag, der flexiblere Nachrichten per Signalfeuer über große Entfernungen ermöglichte. Seiner Ansicht nach ließen sich Buchstaben bestimmten Feldern in einem Raster von fünf mal fünf Feldern zuordnen, die sich dann durch Fackeln vermitteln ließen. Wenn also »alpha« im ersten Feld links oben ist, dann befindet sich »rho« (der 17. Buchstabe) im zweiten Feld der vierten Spalte. Um also »rho« zu buchstabieren, zündet man vier Fackeln links von einer Markierung an und zwei rechts davon. Das Konzept an sich war ausgezeichnet, aber für die Praxis wahrscheinlich doch etwas zu unhandlich; immerhin müssten die Fackeln weit genug auseinanderstehen, um für das menschliche Auge aus der Ferne zählbar zu sein. Die Jungs, die damit Nachrichten durchgaben, hätten einander wahrscheinlich selbst telegrafieren müssen, damit das reibungslos funktioniert. Wie auch immer, die Tatsache, dass die Römer sich trotz der Größe ihres Imperiums mit einem derart cleveren System erst gar nicht abgaben, lässt darauf schließen, dass es ihnen zu kompliziert war – wie ein Synchrongymnastik-Team aus Katzenbabys, eine nette Idee, aber ein Alptraum für den Coach.

Signalfeuer waren also nicht die Lösung; wirklich praktikable Telegraphie kam erst gegen Ende des 18. Jahrhunderts im Gefolge der Französischen Revolution auf, als der Franzose Claude Chappe mit seinen Brüdern das Land mit einem Netz aus Türmen überzog. Diese Telegrafentürme hatten einen hohen Mast

obenauf, auf dem ein beweglicher Querbalken (Regulator) ange-
bracht war. Dieser ließ sich nach Art einer Schaukel auf und ab
bewegen und in vier Positionen arretieren; an beiden Enden waren wiederum Balken befestigt (Indikatoren), die jeweils in sieben
Positionen zu arretieren waren; das ergab 7 x 7 x 4 (196) Konfigu-
rationen, die mithilfe von drei Codebüchern zu ermitteln waren.
Das System buchstabierte nämlich clevererweise nicht Buchstabe
für Buchstabe, wie Polybius das vorgeschlagen hatte; die »Fun-
ker« arbeiteten vielmehr mit Wörterbüchern. Mit nur drei Signa-
len ließ sich ein bestimmtes Wort auf einer bestimmten Seite in
einem der drei Codebücher übermitteln. Die Semaphorennach-
richt »2, 22, 67« würde also bedeuten »das 67. Wort auf Seite 22
von Buch 2«.

1846 wurde es theoretisch möglich, eine Liste von 45.050
Wörtern – ein Vokabular, das selbst das Gedächtnis eines Stephen
Fry übersteigt – an Frankreichs 534 Relaisstationen zu senden. Es
ist klar, dass das Ganze von größtem Nutzen für die militärische
Kommunikation war, und Napoleon Bonaparte war verständlicherweise begeistert davon; für den Normalbürger kam dabei
nicht mehr rum als eine regelmäßige Dosis furchtbarer Enttäuschung – schließlich kamen sie nur schneller an die Lottozahlen,
und nichts ist deprimierender, als Woche für Woche *keinen* Laster voll Geld zu gewinnen. Die Briten auf der anderen Seite des
Ärmelkanals investierten in eine ähnliche Technik, zuerst in Lord
George Murrays Klappen-Telegraphen, der – wie Polybios vorgeschlagen hatte – mit Buchstaben statt Wörtern kommunizierte,
bevor man sich dann für ein dem französischen ähnlicheres System entschied. 1827 erlaubte man Handelsreedereien, über Li-
verpool telegraphische Nachrichten zu schicken, was man als den
Beginn der kommerziellen Hightech-Kommunikationstechno-
logie sehen kann. Das Problem war nur, dass solche Ketten von
Sichttelegrafen bei schlechtem Wetter oder Dunkelheit völlig

nutzlos waren. Bedenkt man das britische Wetter, bedeutete das, dass die Anlage den größten Teil des Jahres über kaum mehr als ein Schandfleck war.

Man würde sich ein System wünschen, das rund um die Uhr funktioniert und bei Nacht und Nebel und aller Welt zugänglich wäre ...

Voll auf Draht

Es war eine Menschenjagd, die Schlagzeilen machte und die Fantasie der britischen Öffentlichkeit erregte. Am Neujahrstag 1845 hörte Mrs. Ashley aus Salt Hill bei Slough ein schauriges Stöhnen durch die Wand. Aus Angst, es könnte etwas nicht stimmen, und weil sie einen Mann aus dem Nachbarhaus laufen sah, ging sie rüber und fand ihre Nachbarin Sarah Hart mit Schaum von einer tödlichen Dosis Gift vor dem Mund. Von Panik ergriffen, schlug sie Alarm. Einer der Ersten, die reagierten, war ein Vikar, der Reverend E. T. Champness, der Mrs. Ashleys Beschreibung des Verdächtigen aufnahm und ihn auf der Stelle zum nächsten Bahnhof verfolgte. Frustriert musste unser wagemutiger Mann mit dem Römerkragen zusehen, wie der Schurke in ein Erste-Klasse-Abteil stieg, bevor der Zug aus dem Bahnhof fuhr. Zum Greifen nah und doch so fern ... möchte man meinen? Glücklicherweise war der Vikar technologisch nicht von gestern, sondern ganz auf der Höhe des Zeitgeists, denn er ließ den Stationsvorsteher ein Telegramm zur Paddington Station schicken und die Polizei über den Verdächtigen informieren.

Als der Zug in London eintraf, erwartete ein Sergeant Williams den Mann, aber nicht um ihn zu verhaften, sondern um ihm nach Hause zu folgen. Tags darauf, Williams hatte seinen Vorgesetzten bei der Met Bericht erstattet, war er bei der Verhaftung des respektablen Quäkers John Tawell dabei. Man warf ihm den Mord an Sarah Hart vor, die, wie sich herausstellte, seine Geliebte gewesen war. Der Prozess war eine Sensation, der Schuldspruch führte unvermeidlich zur Todesstrafe. Bei der *Times* war man sich sicher, »ohne die effiziente Mithilfe des elektrischen Telegraphen, sowohl in Slough als auch in Paddington, wäre es bei [Tawells] Ergreifung zu erheblichen Schwierigkeiten und zeitlichen Verzögerungen gekommen«. Mit dem Tempo der elektrischen Telegraphie nicht vertraut, war die viktorianische Öffentlichkeit völlig weg von diesem quasi-magischen Gadget, dessen Leitungen man denn auch prompt die Kräfte eines Superhelden zuschrieb: »die Drähte, die John Tawell zum Strick wurden«. Aber woher kam dieses Gadget mit dem Potenzial zur Verbrechensbekämpfung?

In Großbritannien war der elektrische Telegraph damals gerade mal acht Jahre alt; erfunden hatten ihn William Fothergill Cooke und Charles Wheatstone. Sie hatten eine Möglichkeit ausgetüftelt, die anziehende-abstoßende und damit richtungsgebende Kraft von Elektromagneten dazu zu nutzen, Zeiger auf einem rhombenförmigen Brett auf Buchstaben weisen zu lassen. Durch eine entsprechende Verkabelung des Bretts war es möglich, schriftliche Nachrichten mit knapp 300.000 Stundenkilometern zu verschicken, egal ob bei Tag oder Nacht und bei jedem Wetter. Damit war die Drahttelegrafie den Sichttelegrafen weit überlegen. Wie bei den Gebrüdern Kellogg gerieten die beiden Männer auf der Stelle über die kommerzielle Ausbeutung ihrer Erfindung in Streit, aber Cooke zahlte seinen hochgesinnten Partner aus und brachte den Apparat im Handumdrehen auf Erfolgskurs.

Aber der Apparat war nicht nur ein witziger Gimmick, der bei der Verfolgung von Verbrechern gelegen kam. Der elektrische Telegraph veränderte die globale Kommunikation. 1856 sah der Journalist W. H. Russell, der von der Krim über den englischfranzösischen Krieg gegen die Russen berichtete, seine Berichte bereits am nächsten Tag in London veröffentlicht. Im Gegensatz dazu erreichte die Nachricht vom Sepoyaufstand in Indien, wo keine Kabel verlegt waren, Großbritannien erst nach 40 Tagen. Dieser Zuwachs an Konnektivität sollte nicht nur eine ungeheure Auswirkung auf das Alltagsleben haben, er sollte auch das journalistische Tempo erhöhen. Die 1851 von dem deutschen Paul Julius Reuter gegründete Reuters News Agency war die erste große Organisation, die Sensationsmeldungen sammelte und an andere Zeitungen verkaufte. Man verließ sich damals auf Brieftauben und den elektrischen Telegraphen, um die Nachrichten so rasch wie möglich zu übermitteln. Im 19. Jahrhundert waren es die Leute gewöhnt, Tage oder gar Wochen auf die Berichterstattung über ein Ereignis zu warten; plötzlich, binnen 24 Stunden nach dem Vorfall über etwas informiert zu werden war praktisch ein Wunder.

In Amerika kam es dank staatlicher Förderung fast über Nacht zu einem Telegraphenboom. 1846 gab es gerade mal eine 65 Kilometer lange Versuchslinie zwischen Washington und Baltimore; 1850 war daraus ein Netz von 36.000 Kilometern geworden, eine nie da gewesene Expansionsrate. Diese erweiterte Verkabelung galt jedoch nicht dem Gerät von Cooke und Wheatstone, sondern einem ähnlichen Gadget, und das war die Erfindung des Porträtmalers und Hobbyerfinders Samuel Morse. Sein Apparat basierte auf dem Eintippen eines Codes aus Punkten und Strichen, der sich vom Empfänger akustisch »ablesen« ließ; zehn Worte pro Minute ließen sich so entziffern.

Während wir in unserer Samstagszeitung weiter blättern, stoßen wir auf einen Artikel über gewaltverherrlichende Computerspiele und den moralischen Verfall der Selfie-Generation. Unsere moderne Riege von Meinungsbildnern versucht uns unbeirrbar beizubiegen, dass das Internet eine gesunde Gesellschaft zerbreche und wir irgendwann alle übergewichtig und todunglücklich dastehen. Dieses bange Händeringen ist jedoch nichts Neues. Als die Dampflok zum ersten Mal Personen zog, fürchteten einige Ärzte, das unerhörte Tempo von 30 Stundenkilometern könnte zu Hirnschäden führen; und als Ende des 19. Jahrhunderts das Fahrrad unter Frauen populär zu werden begann, behauptete die ärztliche Zunft, die Anstrengung könnte ihr Antlitz auf immer zum »Fahrrad-Gesicht« verzerren. Und als der Telegraph ein im D-Zug-Tempo industrialisiertes Amerika zu dominieren begann, sprang der Neurologe Dr. George Beard mit seinem Buch *American Nervousness* in die Bresche; seiner Ansicht nach wird jeder Mensch mit einem finiten Vorrat an nervöser Energie geboren. Die unerbittliche Hektik modernen Lebens baue diesen viel zu schnell ab, was zu einer von rasenden Kopfschmerzen begleiteten nervösen Erschöpfung namens Neurasthenie führe, und diese mache selbst vor den gebildetsten Köpfen des Landes nicht halt.

Für Dr. Beard zehrte so ziemlich alles und jedes an unserem schwachen Verstand, aber als schlimmste Erfindung galt ihm der Telegraph.

Der Telegraph ist eine Ursache der Nervosität, deren Wirkungskraft wenig verstanden wird. Vor den Tagen von Morse und seinen Rivalen waren Kaufleute weit weniger besorgt als heute … heute sind die Preise jedes Hafens sofort in der ganzen Welt bekannt. Diese kontinuierliche Fluktuation der Werte und die beständige Kenntnisnahme dieser Fluktuation in jedem Teile der Welt sind die Geißel der Geschäftsleute, die Tyrannen des Handels – jedes Sinken der Preise … wird in weniger als einer Stunde in der gesamten Union bekannt; dadurch wird der Wettbewerb sowohl verbreitet als auch intensiviert.

So richtig populär wurde die Neurasthenie, als der berühmte Psychologe William James (der Bruder des Romanciers) ihr den flotten Beinamen »Amerikanitis« gab. Aber derlei Panikmache beschränkte sich nicht auf die USA. 1901 schrieb der Herausgeber des *London Star:* »Wir haben unsere Gefühle auf ein Mindestmaß reduziert und kondensiert ... wir haben die Erinnerung an gestern durch die Sorgen um morgen zerstört.« Die Technik schoss unsere Vorfahren mit nie gekanntem Tempo in die Zukunft, und es schien so einige zu geben, die die Fahrt gern gestoppt hätten, um auszusteigen, weil ihnen dabei schwummrig zu werden begann.

Ein Blick auf die zahllosen elektronischen Gadgets um uns herum sagt uns jedoch, dass wir genau das Gegenteil getan haben. Gutenberg hat das Volk befreit, indem er ihm eine Stimme gab; die heutige digitale Revolution macht das genauso. Aber so wie der Staat heute selbst das letzte Bit über den letzten Aspekt unseres Lebens abgreifen kann, wird es wohl nicht lange dauern, bis die Verschwörungstheoretiker sich nach den guten alten Tagen zu sehnen beginnen, in denen Nachrichten nicht selten noch von Hand zu überbringen waren.

Nachrichten als Dauerbrenner

In die Top 100 der dramatischsten Todesfälle der Geschichte gehört vermutlich der von Pheidippides. Im Jahre 490 vor unserer Zeitrechnung marschierte ein ruhmsüchtiges persisches Heer in Griechenland ein – ein wandelndes Nadelkissen praktisch, nur eben gespickt mit Speeren. Verständlicherweise beunruhigt, war den Athenern nach Hilfe ihrer Nachbarn in Sparta, nur gab es damals eben noch kein rotes Telefon im Büro von Spartas in Personalunion herrschenden Königen, noch war man in der Lage, eine Fledermaus in den Nachthimmel zu projizieren. Stattdessen schickte man einen Boten – besagten Pheidippides – los, um die Bitte persönlich zu überbringen. Zwei Tage später, nachdem er seine müden Knochen 240 Kilometer über Berg und Tal geschleppt hatte, überbrachte der einsame Retter von Athens Unabhängigkeit den verzweifelten Hilferuf seiner Stadt. Nur befanden sich die Spartaner gerade mitten in einer heiligen Festzeit, sodass man den Mann, trotz der Ernsthaftigkeit der Bedrohung, höflich abblitzen ließ – im Wesentlichen eine verbrämte Version von »Oh, wir würden ja gern kommen, wirklich, aber es ist nun mal eine religiöse Festivität, Sie verstehen? Wie wär's mit nächster Woche? Könnten Sie's da unterbringen?«.

Verzweifelt lief Pheidippides wieder nach Hause und traf seine Leute kurz vor der monumentalen Schlacht bei Marathon. Da er die Spartaner nicht hatte motivieren können, erwartete er, das Ende eines Schlachtfests an seinem Volk mitzuerleben – ganz zu schweigen von der anschließenden Zerstörung der Stadt. Aber wider Erwarten gingen die Athener siegreich aus dem Gemetzel hervor. Und obwohl dem armen Pheidippides vermutlich die Fußsohlen bluteten, schickte man ihn gleich noch einmal los, um die Nachricht von dem glorreichen Sieg nach Athen zu tragen. Augenblicke nach seiner Ankunft in der Stadt, er hatte eben den Sieg ausgerufen, passierte dem völlig fertigen Jogger, was unsereinem schon Tage zuvor passiert wäre – er fiel tot um.

Bis zur nicht weniger glorreichen Ankunft des elektrischen Telegraphen Mitte des 19. Jahrhunderts bedurfte es in der Regel eines Menschen oder eines Tieres, um die Nachricht physisch zu überbringen. Und angesichts der unermesslichen Weiten eines Imperiums tut man sich vermutlich leichter, ein Klavier die Treppe eines Wolkenkratzers hochzuhieven, als den einsamen Boten zu geben. Pheidippides' Existenz ist zwar umstritten, man sollte seine Geschichte nicht einfach für bare Münze nehmen, aber er soll hier gern Pate stehen für einen richtigen Beruf, den des *hemerodromos*. Diese »Tagläufer« waren Eilboten, die in der Lage waren, um die 130 Kilometer am Tag zurückzulegen, und das über Berg und Tal; ihre Aufgabe bestand darin, streng geheime Sendschreiben zu überbringen. Und die Moral von Pheidippides' Geschichte? Nun, im Gegensatz zu *Mission Impossible* vernichtete sich eben nicht die Botschaft binnen fünf Sekunden nach Überbringung, es fiel schon eher der Überbringer tot um.

Soziales Netzwerk statt soziales Netz

Tag für Tag verschicken wir per Telefon Texte, E-Mails, Tweets, Instant Messages, was weiß ich; wir haben eben rasch mal etwas zu kommunizieren. Das Gegenstück im alten Rom war der *tabellarius*, der zwischen einzelnen Stadtteilen hin und her zischte, um kurze Nachrichten von Freunden und Kollegen auf Wachstafeln zu überbringen, die zu löschen und neu zu beschreiben waren. Der Austausch zwischen Städten gestaltete sich da schon schwieriger. Trotzdem konnte sich bereits das Perserreich einer Postzustellung rühmen, die selbst einen Herodot beeindruckte: »Weder Schnee noch Regen noch Hitze noch Dunkelheit hält sie davon ab, die ihnen übertragene Aufgabe mit der größtmöglichen Geschwindigkeit zu erledigen« – ein Slogan, der auch heute jedem Unternehmen gut zu Gesicht stünde. Der Republik Rom allerdings fehlte ein solches zentrales System.

Caesar Augustus, der erste und größte in der langen Liste römischer Tyrannen, erkannte rasch, dass er nicht lange herrschen würde in einem Imperium, in dem Erlässe, Todesnachrichten oder Gerüchte um Eroberungspläne gegen ihn wochenlang unterwegs waren. Zu dem Zeitpunkt, in dem die Nachricht über eine Invasion die Hauptstadt erreichte, konnte der Feind bereits –

die Schwerter wetzend – vor dem Palast kampieren. Also mopste Augustus die Idee der Perser und baute mit dem *cursus publicus* auf der Basis zahlloser Relaisstationen ein umfangreiches Kuriernetz auf. Von da an ließen Nachrichten sich mittels Kutschen und Streitwagen mit einigem Tempo über das weitläufige Straßennetz des Imperiums schicken. Und wie der Name schon sagt, der *cursus publicus* stand der Öffentlichkeit zur Verfügung.

Ein besonders berühmter User war ein gewisser Saulus von Tarsus, besser bekannt als Apostel Paulus, Notebook-Freak und todsicherer Kandidat für den Oscar als bester Nebendarsteller des Neuen Testaments. Der Mann schrieb den christlichen Gemeinden ganzer Städte offene Briefe und genierte sich nicht im Geringsten über diese – vermutlich – ersten Postwurfsendungen der Geschichte. Der heilige Paulus erwartete von seinen Episteln (die Bücher des Neuen Testaments sind vorwiegend Sammlungen von Briefen), dass man sie las, kopierte und an andere Gemeinden weitergab; er vertraute darauf, dass ihm ein effektives System der Vervielfältigung und Übertragung die Ochsentour durch das Imperium ersparte, wo er sich in jeder Stadt hätte wiederholen müssen wie ein abgebrühter Popstar auf einer anstrengenden Tour um die Welt.

Weitere Belege für das System sind die Holztäfelchen aus Vindolanda, die Archäologen in den Ruinen des römischen Kastells am Hadrianswall ausgruben. Diese Dokumente geben einen faszinierenden Einblick in den Alltag der Soldaten, die sich in die zugigen Randgebiete des Imperiums entsandt sahen. Tafel 291 ist eine charmante Einladung zu einer Geburtstagsparty, die die Frau des Garnisonskommandanten verschickt hatte. Tafel 310 schrieb ein Soldat an seinen Kameraden Veldeius, der vorübergehend nach London abgestellt war; er fragt seinen Kumpel, ob er nicht dafür sorgen könnte, dass man ihm die Schere in den Norden schickt, die er im Voraus bezahlt hatte. Tafel 311 stammt von einem Soldaten, der sauer war, weil ihm sein Kumpel nicht antwortete: »Ich bin bei bester Gesundheit, was ich mir auch von dir erhoffe, du nachlässiger Mann, der mir nicht einen einzigen Brief geschrieben hat.«

Um der Wahrheit die Ehre zu geben, der Mann muss nicht unbedingt nachlässig gewesen sein. Auch wenn offizielle Post in Britannien per *cursus publicus* befördert wurde und ein Brief binnen einer Woche von Vindolanda nach London gelangen konnte, sieht es ganz so aus, als hätte man die Briefe gemeiner Soldaten einfach Reisenden mitgegeben, die ohnehin in die gewünschte Richtung unterwegs waren, was natürlich weniger verlässlich war. So schreibt auf der Tafel 343 ein besorgter Octavius an einen gewissen Candidus:

Ich habe dir mehrmals geschrieben, dass ich etwa fünftausend Modii [Hohlmaßgefäße] Kornähren gekauft habe, weswegen ich Bargeld benötige. Falls du mir nicht etwas Geld schickst ... werde ich verlieren, was ich als Anzahlung geleistet habe, um die dreihundert Denare, und ich sehe mich in eine peinliche Lage gebracht ...

Natürlich besteht die Möglichkeit, dass dieser Candidus ein nicht ganz koscherer Geldverleiher war, aber womöglich haben ihn die Briefe einfach nie erreicht.

Es waren nicht nur die eurasischen Reiche, in denen man über ungeheure Entfernungen kommunizieren musste. Auf seinem Höhepunkt gegen Anfang des 16. Jahrhunderts erstreckte sich das Inkareich über 4000 Kilometer über die Anden von Kolumbien bis nach Chile und umfasste etwa zwei Millionen Quadratkilometer. Ein ziemliches Gebiet für nur eine Postleitzahl. Die Kommunikation zwischen Städten muss logistisch ein Alptraum gewesen sein – eine endlose Kette von Boten, die in kleinen

Hütten stationiert waren. Im Gegensatz zum griechischen Modell, wo man einen Typ 250 Kilometer laufen und sein Ziel am Rande des Herzanfalls erreichen ließ, liefen die *chasquis* so schnell sie konnten über weit kürzere Distanzen und stießen, wenn sie die Hütte des nächsten Boten auftauchen sahen, in ein Muschelhorn, um diesen auf ihre Ankunft hinzuweisen. Der lief dann mit der Nachricht zum nächsten Wegpunkt. Wäre das nicht eine Idee für die nächste Olympiade? Ein Trompetenstoß bei der Übergabe im Staffellauf?

Natürlich gibt es einige Tiere, die schneller sind als der Mensch; es war also nur logisch, dass man sie ins Botengeschäft einbezog. Pferde sind die schnellsten Kuriere der Tierwelt, vor allem weil keiner auf die Idee kommen würde, einen Geparden zu satteln, und so nahm im April 1860 in Amerika der Ponyexpress seinen Dienst auf, der mit seinen Relaisstationen im Prinzip eine Reiterversion der *chasqui*-Methode der Inka war. In nur zehn Tagen brachten 40 Reiter auf etwa 120 Pferden einen Brief die 3000 Kilometer aus dem eben besiedelten Kalifornien nach Missouri. Der Ponyexpress war revolutionär, er war ein Abenteuer, er definierte eine Ära – und er hielt sich nur kurze Zeit. Nur 18 Monate nach seinem Start stieß großspurig der elektrische Telegraph die Saloon-Türen der Geschichte auf und machte die tapferen Reiter über Nacht arbeitslos. Ihre Karriere war damit kaum länger als die des Zweiten bei unseren heutigen Talentshows im Fernsehen. Oder deren Sieger, wenn man es genau nehmen will.

Natürlich sind Pferde, Kamele und Menschen nur mit Beinen gesegnet, und wenn es wirklich schnell gehen musste, legte man sich besser eine Brieftaube zu. So richtig versteht man den biologischen Mechanismus, der Tauben wieder nach Hause finden lässt, bis heute nicht, aber welchen Zauber auch immer die Natur ihnen mitgegeben haben mag, beeindruckend ist er allemal. Wir wissen zum Beispiel, dass während der Kreuzzüge belagerte muslimische Kämpfer ihre Nachrichten von Tauben über die Köpfe des frustrierten christlichen Feinds hinwegfliegen ließ; unmöglich, sie abzufangen. Etwas früher noch, vor über 2000 Jahren, brachten diese geflügelten Kuriere die Resultate der altgriechischen olympischen Spiele in die Städte in der Ägäis; mit den Nachrichten an den Beinen flogen sie mit 80 Stundenkilometern heimwärts und legten dabei Strecken von über 1700 Kilometern zurück.

Auch im Ersten Weltkrieg spielten Brieftauben eine wichtige Rolle; 100.000 von ihnen schickten allein die Briten von der Front nach Hause, um das Chaos eines mangelhaften Funknetzes zu kompensieren. Noch bemerkenswerter ist, dass sie mit einer Erfolgsrate von 95 Prozent unterwegs waren, und das selbst dann noch, wenn man ihre mobilen Schläge verlegt hatte. Einige bekamen sogar Orden, wie richtige Helden, wenn sie Schussverletzungen überlebten oder gar die Attacken ganzer Geschwader deutscher Falken, die abgerichtet waren, sie davon abzuhalten, die blutverschmierten Hilfsgesuche verzweifelter Soldaten in der Hölle der Gräben nach Hause zu tragen. In jüngster Zeit haben inhaftierte Kriminelle sich durch Tauben mit verbotenen Gegenständen versorgen lassen; so erwischten in Südamerika Wärter auf dem Gefängnishof flügellahme Vögel mit Handys im Gepäck. Ich freue mich schon auf einen herzerfrischenden Animationsfilm über die wackere Taube, die allen Widrigkeiten zum Trotz dem Drogenboss mit dem Gesichtstattoo die bestellte Lieferung Heroin überbringt.

Brieftauben sind übrigens nicht immer aus eigener Kraft losgeflogen. Im September 1870 sah Paris sich von 200.000 Preußen belagert; alle Telegraphendrähte waren gekappt. Um die Blockade zu durchbrechen und dem Rest Frankreichs Bescheid zu geben, meldete sich ein gewisser Gaston Tissandier, ein in Sachen Flugwetter versierter Wissenschaftler, sich in einem ramponierten, vielfach geflickten Heißluftballon aus der Stadt tragen zu lassen – an Bord hatte er 30.000 Postkarten und Briefe besorgter Pariser Bürger, die nicht sicher sein konnten, welches Schicksal ihrer harrte. Außerdem hatte er eine Kiste mit Brieftauben mit – sie sollten im Falle seines Erfolgs die Nachricht in die Hauptstadt tragen. Um 9 Uhr 50 schwebte Tissandiers Ballon hoch über den Formationen preußischer Liliputaner, deren Versuche, ihn abzuschießen, Tissandier dreist mit einem Regen von deutschsprachigen Flugblättern quittierte, die darauf abzielten, Frankreichs Feinde zu demotivieren.

Nach über zwei Stunden Flug baute er eine dramatische Bruchlandung in der Nähe des Städtchens Dreux. Unter dem Jubel der Einheimischen zog der todesmutige Tissandier seine Postsäcke in eine Kutsche, erfreute sich – eine Heldenzulage – eines Festmahls zu seinen Ehren und fuhr mit den Hoffnungen einer ganzen Stadt an seiner Seite zum nächsten Postamt. Erstaunlicherweise sollten die 30.000 Sendungen ihr Ziel erreichen. Und dank der Tauben sollte ganz Paris es erfahren.

Brieffreunde

Wir heben den Blick von der Zeitung, weil wir ein Geräusch an der Haustür hören, als jemand Briefe, Broschüren und Magazine durch den Briefschlitz steckt, die auf unserem Abstreifer landen. Der Postbote zieht sich diskret zurück und verschwindet die Straße hinauf. Nun stellen Sie sich mal vor, er stünde bei uns im Flur und wollte für seine Dienstleistung Geld. Und jetzt stellen Sie sich vor, er kommt elfmal am Tag und erwartet jedes Mal, bezahlt zu werden. So merkwürdig es klingt, aber genauso funktionierte die britische Post. Das regelmäßige Erscheinen des Postboten an der Haustür bedeutete, dass man als Hausbesitzer genügend Smalltalk auf Lager haben musste, um die zwölf Besuche zu überstehen. Kein Wunder, dass bei den besseren Leuten die Dienstboten aufmachten – irgendwann fällt einem selbst zum englischen Wetter einfach nichts mehr ein …

Aber wie kam es denn nun zu diesem merkwürdigen System? Wie wir bereits wissen, brachte Rom in Sachen Post den Ball vor 2000 Jahren ins Rollen, und auch wenn das römische Reich im Westen in sich zusammenfiel wie ein Gebäude aus matschigen Waffeln, machte man von Konstantinopel aus wacker weiter unter dem Namen Byzantinisches Reich. Zur gleichen Zeit konnte sich auch das arabische Kalifat im Süden davon 930 Poststationen rühmen, denen ein staatstreuer Postmeister vorstand. Im Osten war der *cursus publicus* also in besten Händen; im Westen dagegen gingen die Hände um einiges weniger geschickt zu Werke, und das einzige Kommunikationsnetz des mittelalterlichen Christentums war ein Intranet des katholischen Klerus, was bedeutete, dass unsereins dabei leer ausging. Wer im Mittelalter einen Brief zu verschicken hatte, hielt es wie die römischen Legionäre in Vindolanda; er vertraute seine Post dem nächstbesten Unbekannten in einer Taverne an. Es ist schon eine außergewöhnliche Vorstellung, intimste Geheimnisse, dringende Gesuche oder wichtige Geschäftskorrespondenz irgendeinem Vagabunden zu überlassen – allein die Gefahren, denen sie unterwegs ausgesetzt waren. Wäre Ihnen wohl dabei, Ihre Steuererklärung an der Tankstelle dem nächstbesten Fremden in die Hand zu drücken? Sehen Sie, mir auch nicht.

Sogar die Familie Paston, respektabler Norfolker Landadel im 15. Jahrhundert, war gegenüber dem Problem nicht immun. Obwohl dank der zuverlässigen persönlichen Zustellung eines getreuen Bediensteten namens Juddy ein Gutteil ihrer Korrespondenz erhalten ist, kam es dennoch zu Kommunikationslücken, was inmitten der brutalen Rosenkriege Anlass zur Sorge gab. Wer also sollte es Margaret Paston verdenken, wenn sie ihrem Gatten folgende besorgte Zeilen schrieb:

> Ich habe Ihnen durch Bernies Kammerdiener aus Witchingham ein Schreiben überbringen lassen, das an St. Thomas zur Weihnacht abgefasst war; und ich habe weder Zeitung noch Brief von Ihnen seit der Woche vor Weihnacht, weswegen ich in arger Sorge bin … Ich bitte Sie von Herzen, daß Sie mir, so schnell als möglich, Kunde zu senden geruhen, wie es Ihnen geht, da mein Herz nicht ruhen wird, ehe mir nicht Zeitung von Ihnen vorliegt.

Angesichts einer derartigen Unzuverlässigkeit dieses behelfsmäßigen Postsystems können wir nachvollziehen, warum man derart an Briefen hing. Es kam durchaus vor, dass man sie sich binden ließ, um sie sicher zu verwahren; manchmal ließ man sie sogar abschreiben und drucken, und solche Sammlungen blieben noch lange nach dem Ableben der Korrespondenten in Familienbesitz.

Eines der außergewöhnlichsten Beispiele für eine solche Korrespondenz aus dem 18. Jahrhundert war die 46 Jahre während Freundschaft zwischen Horace Mann, einem britischen Diplomaten in Florenz, und dem illustren Schriftsteller Horace Walpole, Sohn des Premiers Robert Walpole, in England. Die beiden hatten sich als junge Männer von Welt in Italien kennengelernt und waren die folgenden fünf Jahrzehnte über Brieffreunde geblieben. Sie haben es auf 1800 Briefe gebracht, die der Nachwelt überliefert sind. Zweifelsohne ist im Lauf der Jahre hier und da einer verlorengegangen, aber das größere Hindernis war in der Regel die schiere Entfernung zwischen den beiden Männern – bei drei Wochen Reise pro Brief! 1745 erkundigte sich Horace Mann nach der Gesundheit von Walpoles Vater; er konnte nicht wissen, dass Sir Robert bereits unter der Erde war. Entsprechend emotionell antwortete Horace Walpole: »Ich wünschte, ich hätte deine Briefe seinen Tod betreffend früher erhalten, da es doch sehr schockierend ist, all die Gedanken zu einem solchen Thema wieder geöffnet zu bekommen. Es ist dies ein großer Nachteil einer Fernkorrespondenz.« So bestürzend sich das anhören mag, überlegen Sie mal, Sie hätten im 19. Jahrhundert einen Brieffreund in Australien gehabt; also, sich nach den Kopfschmerzen Ihres Freundes zu erkundigen, hätte sicher keinen Sinn gehabt, wenn eine Antwort von der anderen Seite der Welt acht Monate auf sich warten ließ – vier Monate hin, vier Monate zurück.

Woran denkst du gerade?

Lange bevor Walpole und Mann die Feder in ihre Tintenfässer tauchten, war Großbritanniens Postdienst im Mittelalter das Vorrecht des Staates gewesen – Heinrich VIII. hatte sich den Namen Royal Mail ausgedacht –, aber diese Zentralisierung hatte auch einen finsteren Zweck: Alle Inlands- und Auslandspost, die am Hofe der Tudors eintraf, wurde von zwielichtigen Spionen auf der Jagd nach ruchlosen Verschwörungen heimlich geöffnet, gelesen, wieder versiegelt und dann weitergeschickt. Heinrichs Tochter, Elisabeth I, hatte eine ganz besondere Vorliebe für das Schnüffeln im großen Stil, und ihr Chefspion, der pathologisch patriotische Sir Francis Walsingham, war ein finsteres Genie, das überglücklich war, sein geheimes Netz von Spionen und Folterknechten zum Einsatz bringen zu können. Maria Stuart hat bekannterweise ihren Kopf verloren, nachdem sie in eine seiner raffinierten Fallen getappt war, aber sie war sicher nicht sein einziges Opfer.

Der Postdienst konnte jedoch nicht ewig ein Instrument der Staatssicherheit bleiben, jedenfalls nicht wenn Britannien eine geschäftlich florierende Nation werden wollte. Auf dem Kontinent hatte eine schnellere Kommunikation zwischen den Städten den Aufschwung der Zeitung begünstigt, und die britischen Kaufleute konnten nur neidisch von außen zusehen, die Nasen an den Scheiben plattgedrückt, und mit dem Finger auf so viel Fortschritt deuten:»Papa, Papa, warum können *wir* so was nicht haben?« Und so öffnete denn die Royal Mail nach intensivem Lobbying Mitte des 17. Jahrhunderts die Pforten für die Öffentlichkeit. Abgefangen und zensiert wurde die Post der Briten freilich wie eh und je; bis 1844 ging das. Heute liest man stattdessen unsere E-Mails. Tja, je mehr sich etwas ändert …

Wie nicht anders zu erwarten, forderte man das Staatsmonopol bald heraus. 1680 richteten Robert Murray und William Dockwra, zwei geschäftstüchtige Kaufleute, die Londoner Pennypost ein. Sie ermöglichte es der Kundschaft, ihre Sendung bei einem von sechs Büros abzugeben, und für die Pauschale von einem Penny wurde sie noch am selben Tag ausgeliefert. Es war eine glänzende Idee, weshalb sie denn auch zum Scheitern verurteilt war. Der Herzog von York, Bruder von Karl II. und ein notorischer Sauertopf, hatte einen netten kleinen Deal gedeichselt, der ihn die Profite der Royal Mail abschöpfen ließ; er war entsprechend pikiert von der Pennypost, die ihm die Fettaugen von der Suppe zu nehmen wagte. Da er nicht gern mit anderen teilte, ließ er sie schließen und brummte ihr auch noch ein Bußgeld auf. Dann klaute er die Idee und zog seine eigene Version davon auf. So wurstelte die Royal Mail ohne lästige Konkurrenz weiter, immun gegenüber jeder Art von progressiver Reform.

Wenn Sie in einem großen Land mit mehr als einer Zeitzone leben, können Sie sich leicht über die kleinen britischen Inseln mokieren. Trotzdem, Schottland oder der Norden von Wales liegen auch nicht gerade ein Stückchen die Straße rauf; die Post dorthin konnte durchaus vierzehn Tage unterwegs sein – heute reicht das buchstäblich für einen Flug zum Mond, eine Woche

Urlaub mit Golf über 18 Krater und dann wieder nach Hause. Es musste also etwas passieren. Aber was? 1782 verkaufte ein gewisser John Palmer, ein Theaterimpresario aus Bath, sein Geschäft und begann den Behörden mit der Forderung nach einer Postreform zuzusetzen. Er hatte bereits eine Art Kutschen-Intercity für seine Schauspieler und Kulissen aufgezogen und war überzeugt, dass auch Postkutschen schneller sein könnten. 1784 sagte man ihm eine Versuchslinie zu; seine gepimpte Postkutsche verließ Bristol um 16 Uhr und traf 16 Stunden später in London ein. Sie denken jetzt vermutlich, da hätte man auch eine arthritische Schildkröte losschicken können, aber der bisherige Rekord stand bei 38 Stunden. Man erklärte seine Idee zu einem durchschlagenden Erfolg.

Bald ratterten die roten Kutschen der Royal Mail bis in die letzten Winkel der Nation. Nur hatte man nicht von Dockwra und Murray gelernt. Die Kosten variierten erheblich nach Wohnort, nach Entfernung und danach, ob man sich kurz fasste oder langatmig war. Mit anderen Worten, man bezahlte nach den Seiten, die man füllte, und was ein rechter Knicker war, der bediente sich einer Taktik, die man *cross-writing* nannte, bei der man das Blatt platzsparend horizontal *und* vertikal beschrieb, sodass der Empfänger eine Art ausgefülltes Kreuzworträtsel zu lösen bekam. Betuchte Angeber dagegen ließen zum Ausdruck selbstgefälliger Unwirtschaftlichkeit einen extrabreiten Rand. Wichtiger jedoch war, dass Zeitungen und parlamentarische Korrespondenz zwischen großen Tieren gratis reisten, während für jede andere Sendung bei Erhalt zu zahlen war.

Ohne einen gierigen Herzog von York, der sich jeder Reform widersetzt hätte, arbeitete man fortan an der Verbesserung des Systems. Die entscheidenden Veränderungen konnte der progressive Erzieher Rowland Hill durchsetzen, der 1837 in einer Flugschrift nach dem Muster der Pennypost das Einheitsporto forderte, ungeachtet der Entfernung, die eine Sendung zurücklegte, und dass dieses Porto im Voraus vom Absender zu entrichten war. Trotz einer zweijährigen Opposition seitens einiger Ewiggestriger im Parlament bekam Hill schließlich grünes Licht für seinen kühnen Plan, der so ganz nebenbei auch noch der Erfindung der selbstklebenden Briefmarke bedurfte. Die Marke, die Hill als »ein Stückchen Papier« beschrieb, »gerade groß genug, um den Stempel zu tragen, und auf der Rückseite mit einem klebrigen Anstrich versehen«, erforderte natürlich, dass der Absender Königin Viktorias Kehrseite leckte – was für den einen oder anderen womöglich so ein klein wenig wie Hochverrat war.

Der Penny Black, die erste Briefmarke der Welt, startete 1840 und ist heute Stoff von Sammlerträumen; man bezahlt dafür ein Heidengeld. Und das, obwohl sie damals alles andere als selten war; immerhin verkauften sich 68 Millionen Stück allein im ersten Jahr. Nach einigen Monaten stellte man fest, dass die rote Tinte der Stempel, mit denen sie entwertet wurde, zu leicht abzuwischen war, was zu einem dreisten Recycling der Marken führte, und so wurde die Penny Black 1841 durch die Penny Red ersetzt. Man stelle sich die Begeisterung unter den angehenden Philatelisten vor! Eine zweite Marke lohnte das Anlegen einer Sammlung.

Der nächste Schritt in der Überholung des Systems bestand darin, durch die Erfindung des Umschlags die Privatsphäre des Absenders zu gewährleisten, und ab 1853 brauchte sich auch keiner mehr über die rotlivrierten *bellmen* zu ärgern, die wie gestochene Hummeln von Haus zu Haus wuselten, um die Post abzuholen. Jetzt warf man einen Brief einfach in einen der hübschen neuen Kästen am Straßenrand, eine Idee, die der weitgereiste Romancier Anthony Trollope, frisch bei der Post eingestellt, aus Frankreich mitgebracht hatte. Ein besonderer Freund des Briefkastens war Oscar Wilde, der angeblich – ganz im Sinne der mittelalterlichen Optimisten, die ihre Geheimnisse Fremden anvertrauten – Briefe einfach aus dem Fenster warf im Vertrauen darauf, dass sie ihm einer einwarf in der Annahme, es hätte sie jemand verloren. Geniale Idee oder bodenlose Dummheit? Mein Urteil darüber steht noch aus.

Rowland Hills Reformen waren ein Triumph, und die Briten wurden über Nacht zu besessenen Briefeschreibern. 1839 gaben sie 75 Millionen Sendungen in die Post, was sich nach einer ganzen Menge anhört, aber 1850 waren es bereits 350 Millionen, also mehr als das Vierfache. Als das britische Empire den Globus umspannte und Generationen von Emigranten in den Kolonien lebten, war es schwieriger denn je, mit seinen Lieben zuhause in Kontakt zu bleiben. Und dennoch, die Einrichtung nationaler Postsysteme im Ausland und deren internationale Zusammenarbeit machte die Kommunikation trotz wachsender Entfernungen unter dem Strich einfacher.

Freilich herrschte nicht allenthalben Friede, Freude, Eierkuchen. Wir mögen uns für schrecklich modern halten in unserem Kampf gegen zwielichtige Spammer, die mit fehlerstrotzenden Briefen hinter unserer Kontonummer her sind, aber Kriminelle, Trolle und Scherzbolde gibt es schon länger, als Sie vielleicht denken. Und sie nutzten die Revolution im Postwesen des 19. Jahrhunderts weidlich aus. Bittbriefe angeblich verarmter Damen waren einer dieser beliebten Schwindel; andere zogen eine finstere Freude daraus, anonym beleidigende Postkarten an Fremde zu schicken. Der medienträchtigste Betrug war allerdings die *British-American Claim Agency*, die zwei skrupellose Briten 1887 in New York ins Leben riefen. Sie verschickten Briefe an arglose Bürger, die diesen die Möglichkeit erheblicher Erbschaften in Aussicht stellten – sie ausfindig gemacht zu haben, kostete freilich eine geringe Gebühr. Natürlich gab es nirgendwo ein Vermögen, und die »Gebühren« wanderten geradewegs in ihre eigenen Taschen. Als die Polizei sie schließlich erwischte, scheffelten sie

500 Dollar am Tag – nach heutigen Verhältnissen das Gegenstück zu einem brandneuen Mercedes.

Das ist die ganze Weltgeschichte über so gewesen: Kaum taucht eine neue Technologie auf, wartet auch schon ein Krimineller darauf, sich damit wie ein Geier auf die Arglosen zu stürzen. Aber da wir nun mal soziale Tiere sind, die seit Tausenden von Jahren in komplexen Gesellschaften leben, zog man keinen Augenblick in Betracht, die Kommunikation mit seinen Mitmenschen aufzugeben; unser Leben mit anderen zu teilen ist einfach zu wichtig für uns. Und damit wird es vermutlich langsam Zeit, sich für den großen gesellschaftlichen Anlass am Abend anzuziehen. Auf dem Sofa sind die Stunden nur so verflogen, und plötzlich laufen wir Gefahr, nicht rechtzeitig fertig zu sein.

18 Uhr

DAS RICHTIGE OUTFIT

Für den Abend haben wir einige Freunde zum Essen eingeladen; es obliegt uns also vermutlich, Trainingshose und T-Shirt, so bequem sie auch sein mögen, gegen ein fesches Partyoutfit einzutauschen. Oder wenigstens irgendein Teil ohne Flecken vom Tomatensaft unserer Baked Beans. Wir gehen ins Schlafzimmer, öffnen die Türen des Kleiderschranks und sehen uns vor einer Vielfalt von Textilien – einige sauber gefaltet, einige auf Bügeln, die meisten freilich einfach gefaltet und achtlos in eines der Fächer gestopft. Die Bandbreite von Farben und Stilen erinnert uns daran, dass Kleider mehr als nur einem praktischen Zweck dienen; recht betrachtet, vermitteln sie unseren sozialen Status, unseren Wohlstand oder den Mangel daran, ja selbst welcher gesellschaftlichen Schicht oder Gruppe wir angehören. Was wir anziehen, ist eine Message an die Welt, auch wenn uns das womöglich gar nicht so bewusst sein mag.

Wie auch immer, in den Anfängen war Kleidung wahrscheinlich kaum mehr als eine vernünftige Maßnahme dagegen, uns den Arsch abzufrieren.

Sie würde lieber Pelz tragen, als nackt zu gehen

Wenn wir von Weltgeschichte sprechen, dann rücken wir das Offensichtliche in den Vordergrund, das Revolutionäre: Rad, Feuer, Metallbearbeitung, Ackerbau, Massenkommunikation. Das sind die großen Themen, um die es in unseren Schulbüchern geht, aber wir sollten wenigstens noch eines hinzufügen: die Garnrevolution. Im Gegensatz zu unseren affenartigen Vorfahren sind die meisten von uns nicht mit einer isolierenden körpereigenen Fellschicht geboren. Zwar verschafft uns das den Vorteil, schwitzen und so über große Distanzen laufen zu können, ohne uns zu überhitzen, aber wenn der Winter kommt, stehen wir buchstäblich im Freien. Die ältesten Nähnadeln, die man bis dato gefunden hat, datiert man auf ein Alter von 60.000 Jahren; es sind schlanke Knochenwerkzeuge, in die man winzige Ösen gestochen hat. Sie erlaubten den Menschen, Tierfelle – die man bis dahin als kleine Decken über die Schultern getragen hatte – mit Sehnen zu einem enganliegenden Kleidungsstück zusammenzunähen, das Körper und Gliedmaßen warmhielt. Es mag sich nicht so aufregend anhören wie Keilereien mit Säbelzahntigern, aber das Nähen bewahrte in der letzten Eiszeit den Menschen vor dem Erfrieren. Als uns Hollywood in *Eine Million Jahre vor unserer Zeit* Raquel Welch im Fellbikini bescherte, lag es – mal abgesehen von den Dinos – also nicht völlig falsch.

Mit seiner drallen Hauptdarstellerin im Fellhöschen beflügelte der Film seinerzeit zweifelsohne so manche Schuljungenfantasie; was ihm jedoch fehlte, waren endlose Szenen, in denen die Welch auf ihren vier wohlgeformten Buchstaben sitzend an ihrer Kleidung nagt wie ein Hundebaby an einem Pantoffel. Warum? Nun, eine der ältesten bekannten Techniken, Leder weichzubekommen, ist die Bearbeitung mit Zähnen und Speichel. Sie ist zwar nicht gerade Hightech, aber sie hilft gegen das Austrocknen, zu dem es bei Tierfellen unweigerlich kommt; noch heute wird sie von Traditionalisten bei den Inuit gepflegt, die ihr Parka aus Karibufell vor Frostbeulen schützt.

In der Steinzeit kam man darauf, die Tierhaut zu Leder zu gerben, indem man sie im fettreichen Gehirn von Tieren einweichte oder in einem Brei aus Wasser und säurehaltiger Baumrinde. Das hielt die Häute weich und geschmeidig, und die Kleidung ließ sich länger als ein paar Tage tragen, weil sie nicht gleich wieder austrocknete und dann bretterhart war. Ganz außergewöhnlich ist, dass man einige dieser prähistorischen Kleidungsstücke heute noch in Museen bewundern kann.

Prähistorische Mode(-opfer)

Vor etwa 5250 Jahren lag in den Ötztaler Alpen, die heute Österreich und Italien trennen, ein Mann im Sterben, der mitnichten Opfer eines Skiunfalls geworden war. Ein Pfeil mit Flintspitze war gewaltsam in seinen Oberkörper eingedrungen; jetzt lag er auf dem Bauch im Schnee und driftete langsam in die Bewusstlosigkeit, während ihm das Blut aus der Wunde rann. Der Name unseres Mordopfers ist für immer verloren, dennoch ist der Mann seit seiner zufälligen Entdeckung durch zwei Wanderer 1991 weltberühmt; das Ehepaar hatte seinen mumifizierten Körper aus dem tauenden Eis ragen sehen, als versuche er sich herauszuziehen. Für die Archäologen, die ihn sich vornahmen, ist Ötzi der Eismensch das menschliche Gegenstück zu Pompeji – ein buchstäblich eingefrorener Augenblick Geschichte; und seine Kleidung hatte er auch noch an.

Nun denn, hatte Ötzi mit seiner Bikinifigur angegeben? Ganz im Gegenteil, leider, und wer wollte es ihm verdenken? Immerhin lag er auf halber Höhe auf einem verschneiten Berg. Lendenschurz und Wams waren aus Ziegenhaut; Letzteres war aus einem mit Kreuzstichen zusammengenähten Flicken aus geschabtem Fell; und da die Ziege schon mal tot war, fertigte er daraus gleich noch ein fesches Beinkleid, um das ihn sogar Mr. Tumnus beneidet hätte. Um seinen Kopf warm zu halten, trug Ötzi eine Bärenfellmütze, die Taille gürtete ein fester Leibriemen aus Kalbsleder, während seine Schuhe mit Schnüren aus Tierhaut an seinen Leggins befestigt waren. So viel steht fest: Es hatten so einige Tiere ihr Leben gelassen, damit Ötzi den Winter über nicht fror. Was aber nicht heißt, dass Steinzeitkleidung grundsätzlich mit Blutvergießen verbunden war.

Es gibt handfeste – auf 40.000 Jahre datierte – Hinweise darauf, dass unsere Vorfahren in der Steinzeit Pflanzenfasern verwebten, nachdem sie sie zuvor auf primitiven Spinnrädern zu Garn gesponnen hatten. Beweise für natürliche Stränge, Garn oder Gewebe sind selbstverständlich selten, und eine tadellose Strickweste aus der Steinzeit steht bislang aus. Entsprechend wandten sich die Archäologen zur Untermauerung ihrer Vermutung künstlerischen Hinweisen zu. In Europa und Eurasien tauchten in Ausgrabungsstätten aus der Steinzeit zahlreiche Keramik- und Steinfigurinen von üppigen Frauen auf. Diese schönen Objekte gehören zu den frühesten Beispielen menschlicher Kunst, und ihre – ungeachtet des Fundorts – konsistente Ausführung weist bei aller Größe des Gebiets auf eine kulturelle Kontinuität.

Für die Modehistoriker besonders interessant ist jedoch, dass diese sogenannten Venusfigurinen gewebten Stoff zu tragen scheinen. Die Venus von Lespugue in Frankreich scheint einen Garnrock mit einem tief um die Hüften geschlungenen Gürtel zu tragen, die Venus von Willendorf eine Strickmütze – Bob Marley hätte vermutlich so eine getragen, hätte er seine Platten in einer österreichischen Höhle eingespielt. Es sieht also ganz so aus, als hätten die Menschen sogar schon vor Tausenden von Jahren nicht nur Tierhäute, sondern auch Strickware getragen.

Sinnenwelt ist stoffliche Welt

1881 verriet ein Mann namens Mohammed al-Rassul seine beiden Brüder. Das Trio hatte ein Jahrzehnt lang illegal ägyptische Antiquitäten aus einem geheimen Grab verhökert, über das sie bei der Jagd nach einer verirrten Ziege gestolpert waren. (Wem ist das nicht schon passiert?) Aber nachdem Beamte Verdacht geschöpft und ihre Ermittlungen zu den Brüdern geführt hatten, beschloss al-Rassul, seine beiden Brüder hinzuhängen und die Belohnung dafür zu kassieren. Ein solcher Verrat weist auf einen lausigen Charakter, aber die Welt war ihm zweifelsohne dankbar dafür, die Archäologen zu einem Grab mit über 50 altägyptischen Mumien zu führen, darunter die des größten aller Pharaos, König Ramses II.

Was das mit unserer Kleidung zu tun hat? Nun, Ramses war in perfekt erhaltenes Leinen gehüllt, ein Gewebe aus Flachs, das man womöglich bereits vor 30.000 Jahren getragen hat. Die Ägypter mochten es besonders, weil es kühl ist, leicht und einfach auf seinen gefälligen Cremeton zurückzubleichen. Und Leinen galt als hygienisch, was in einer Kultur, die Reinlichkeit zu schätzen wusste, gut ankam. Ramses mag als König ein Halbgott gewesen sein, aber er war nicht in prächtige Seide, Samt und Pelze gehüllt, nein, seine Bestattungskleidung war dieselbe wie die eines gewöhnlichen Bauern mit Ochsending an den Füßen; Leinen war in Ägypten für alle da.

Und wie wir wissen, waren Hemden und Unterröcke aus Leinen auch die übliche Unterwäsche im Europa des 17. Jahrhunderts, wo der Umstand, dass man sie regelmäßig wechseln und waschen konnte, den Leuten weit lieber war, als mit Wasser und Seife bei sich selber zu Werke zu gehen. Wichtiger noch war jedoch, dass Leinen selbst nach dem großen Comeback des Waschens nicht einfach wieder verschwand; so manches viktorianische Hausmädchen konnte ein Lied singen vom täglichen Kampf um ein strahlendes Weiß. Heute tragen wir es weniger; wir ziehen es lieber über Tische oder Matratzen als über die Schultern, aber wir haben es trotzdem immer dabei. Es lauert in unseren Geldbörsen, weil Leinen – neben Baumwolle – ein Bestandteil einiger moderner Banknoten ist. Was aber nicht heißt, dass man sie in der Maschine mitwaschen kann. Das hieße, Geldwäsche etwas zu wörtlich zu nehmen.

Natürlich ist auch Baumwolle ein altes Gewebe. Schon Herodot schrieb: »Außerdem tragen daselbst [in Indien] wilde Bäume statt der Frucht eine Wolle, die an Schönheit und Güte die Schafwolle übertrifft, und die Inder tragen Kleider von dieser Baumwolle.« Er beschrieb damit einen Brauch, der bereits zwei Millennien älter war als er, und das will etwas heißen, schließlich ist der alte Grieche schon seit 2400 Jahren tot. Also, wer waren denn nun diese Baumwollbauern der Bronzezeit? Wenn Sie jetzt darauf getippt haben, dass es die trendsettenden Harapper gewesen waren, die die Baumwolle auf den Weg zum einflussreichsten Gewebe der Weltgeschichte gebracht hatten, liegen Sie völlig richtig. Aber Baumwolle gab es nicht nur in Asien; sie war auch das hauptsächliche Gewebe in den Hochkulturen Süd- und Mittelamerikas, der Inkas und der Azteken; Letztere fertigten aus Mangel an Stahl ihre Rüstungen aus nichts weiter als einem dicken Polster aus Baumwoll- und Agavenfasern, die in Salzlake gehärtet waren. Sie war überraschend widerstandsfähig, selbst gegen scharfe Waffen, auch wenn ich meinen Lesern davon abraten würde, damit nächtens Jagd auf Messerstecher machen zu wollen. Sie sind nicht Batman, und ich möchte Sie nicht auf dem Gewissen haben.

Baumwolle ist fast so vielseitig wie Meryl Streep in ihren Schauspielrollen. Nobelherbergen werben damit, ihre Gäste in Bettwäsche mit Fadendichte 400 zu packen, aber das ist nichts gegen die Weichheit von Royal Muslin, dem »weißen Gold«, eine handgesponnene Sorte, die es im alten Indien zu einem fast legendären Status brachte; das schimmernde Gewebe toppte die Charts mit satten 1800 Fäden pro Quadratzoll. Wie schrieb der mittelalterliche Dichter Amir Kushrow? »Sie ist so durchscheinend und leicht, dass es aussieht, als trage man überhaupt keine Kleidung, es ist eher, als hätte man seinen Körper mit reinem Wasser benetzt«. Man könnte darüber spekulieren, ob so viel Durchsichtigkeit nicht vielleicht einen Einfluss auf die moralische Mär von des Kaisers neuen Kleidern gehabt haben könnte. Immerhin wäre es eine großartige Ausrede für festgenommene Blitzer: »Nein, nein, ich habe was an, Herr Wachtmeister, handgewebt nur von alten indischen Fräuleins … ich schwör's!«

Im 17. Jahrhundert aus Indien importiert, hatte Baumwolle eine ungeheure Wirkung auf die europäische Mode. Chintz, ein gröberes, imprägniertes Baumwollgewebe mit auffallenden Blumenmustern, kam bei der unteren Mittelschicht groß in Mode und löste, unter anderem, den Aufstieg von Englands eigener Baumwollindustrie aus, die Manchester zur »Cottonopolis« des 19. Jahrhunderts machte. Durch Importe von amerikanischer Baumwolle, die man in riesigen dampfgetriebenen Webstühlen in Lancashire verarbeitete, übertrumpfte Britannien sogar den indischen Markt und machte das billige Gewebe zur Kleidung der Massen. Außerdem war sie der Motor von Britanniens Aufstieg zu jener wirtschaftlichen Macht, die schließlich den ganzen Globus umspannte.

Zuvor war Britannien – oder besser England – von der Wolle besessen gewesen. Schafe spazierten durch die ländliche Idylle; ihre Wolle wurde zu guten Preisen nach Italien oder Flandern exportiert. Joseph Hall, Bischof und Satiriker (ja, ja, ich weiß) des 17. Jahrhunderts, schrieb: »Man sagte England früher drei Wunder nach, *ecclesia, foemina, lana* – Kirchen, Frauen und Wolle.« Offensichtlich hatten es die englischen Männer in Halls Augen einfach nicht drauf. Die Wolle war so entscheidend für das England des Mittelalters, dass König Edward III. seinen Lordkanzler per Dekret auf einem mit Wolle ausgestopften roten Kissen (dem *Woolsack*) sitzen ließ, wann immer er vor dem königlichen Rat sprach. Das sollte alle Welt daran erinnern, woher der Reichtum der Nation kam, und der *Woolsack* befindet sich heute noch im House of Lords, obwohl man – ist das nicht köstlich? – 1938 festgestellt hat, dass er in Wirklichkeit mit Rosshaar ausgestopft war. Flunkereien in der Politik! Wer hätte das gedacht?

Ähnlich wie die Baumwolle ergab die Wolle sowohl grobes Tuch für die Hosen eines Bauern als auch kostspieliges für das Scharlachkleid einer Prinzessin; sie ist eine warme strapazierfähige Faser, kann aber erhebliche Unterschiede in der Qualität aufweisen und war entsprechend im alten wie im mittelalterlichen Europa allenthalben zu sehen. Was Asien angeht, ist es durchaus möglich, dass man auch das Haar anderer Tiere wie etwa Yaks und Ziegen verspann und zu Tuch verwob. Ein Gewebe, von dem wir jedoch getrost davon ausgehen können, dass es aus China kommt, ist die Seide; sie wird jedoch nicht von blökenden Wiederkäuern produziert, sondern von den Larven einer eher hässlichen Motte.

Der Legende nach saß – vor etwa 5000 Jahren – Léi Zû, die Frau von Chinas Gelbem Kaiser, in ihrem Garten bei einer gemütlichen Tasse Tee, als ein komischer Klumpen vom überstehenden Ast eines Maulbeerbaums plumpste wie ein blutiger Anfänger vom Zehn-Meter-Turm. Als die Kaiserin in die Tasse griff, um den Störenfried herauszufischen, stellte sie fest, dass er sich zwischen ihren Fingern abspulte, da ein Seidenwurm, bei lebendigem Leib gekocht, seinen Faden verliert. Entzückt über ihre Entdeckung, bat sie ihren Gatten um einen eigenen Maulbeerbaum und begann mit dem Spinnen und Verweben von Seide zu experimentieren und der Rest ist … nun, eine nette Geschichte, sicher, aber dass die Frau damit im Alleingang die chinesische Seidenindustrie startete, ist wohl eher barer Unsinn. Es gibt sogar Hinweise darauf, dass die chinesische Seidenkultur bereits vor 7000 entstand, also lange vor der Geburt der legendären Kaiserin. Obwohl Seide dem gewöhnlichen Sterblichen strikt verboten war, machten die Chinesen kein großes Geheimnis darum. Im Gegenteil, ihres immensen Wertes im Abendland wegen schafften Karawanen fertige Seide auf der beschwerlichen Seidenstraße sechseinhalbtausend Kilometer von Chinas Osten aus nach Damaskus, von wo aus sie an Römer, Perser, Byzantiner und Araber ging, die sie kaum erwarten konnten, da bei ihnen Seide wertvoller war als Gold. Aber so erpicht die Chinesen darauf waren, aus ihrem edlen Export Kapital zu schlagen, hüteten sie das Geheimnis der Seidenraupe so streng, dass der Schmuggel damit unter Todesstrafe stand. Dennoch scheinen Korea, Indien, Japan und Persien bis zum 4. Jahrhundert unserer Zeitrechnung ihre eigenen Industrien entwickelt zu haben, und ein Jahrhundert später gelang es zwei Mönchen im Auftrag des Kaisers von Byzanz, in einem dreisten Coup Seidenraupen in Bambusstäben aus dem Reich der Mitte zu schmuggeln. Damit war es an den Byzantinern, das neue Geheimnis zu hüten, um ihr Produkt zu exorbitanten Preisen verhökern zu können. Letztlich gelangte die Methode doch schrittweise westwärts und nach Europa, bis sie im 17. Jahrhundert französische Hugenotten nach Großbritannien brachten. So begann man denn, allen exotischen Anfängen zum Trotz, Seide im weniger exotischen Macclesfield zu produzieren.

Historisch gesehen ist Seide seit jeher eher etwas für die, sorry, Betuchten – mal abgesehen von Dschingis Khans mongolischen

Horden, die bei der Verwüstung Chinas im Mittelalter auch die Seidenlager plündern durften. Ihnen kam der edle Zwirn vor allem in der Schlacht gelegen, denn ein Pfeil mochte zwar die Haut durchdringen, nicht aber die Seidenbluse (Seide ist geradezu absurd stabil); man brauchte also zur Extraktion einfach nur an der Kleidung zu ziehen. Heute ist Seide erheblich billiger, aber an Leuten hinter der Imbisstheke sieht man sie trotzdem kaum. Wir tragen eher Kunstfasern, die den Seidenglanz imitieren, sich aber dennoch mit den schmutzigen Socken in die Maschine werfen lassen. Das sind die Fasern der modernen Welt, thermoplastisches Nylon und synthetisches Polyester, die beide um die Zeit des Zeiten Weltkriegs aufkamen, was kein Zufall war – in einem Weltkrieg von so monumentalen Ausmaßen herrschte ein enormer Bedarf an billigen, in Masse produzierbaren Stoffen für Fallschirme, Seile und Uniformen und dergleichen mehr. Nachdem heute der Bedarf an Fallschirmen eher zu vernachlässigen ist, finden sich die synthetischen Fasern vor allem in unserem Kleiderschrank und in der Kommode.

Oh, da wir gerade davon reden, jetzt wird es langsam Zeit, unser Outfit zusammenzustellen. Ich denke, die Unterwäsche ist ein guter Anfang.

Die Unterhose der Pharaonen

Als Howard Carter 1922 der Welt mit der Entdeckung von Tutanchamuns Grab den Atem raubte, beschäftigte die Schlagzeilen das Offensichtliche: Gold, Schmuck, der umwerfende Sarkophag und natürlich der absurde – scheinbar einer Episode von *Scooby Doo!* entlehnte – Fluch. Wovon man nichts hörte, das war Tuts Trikotage. Dabei hatte man dem Mann mehr Unterhosen mit auf die letzte Reise gegeben, als eine überängstliche Mutter sie ihrem Sohn ins Sommerlager hätte einpacken wollen – 145 Stück, um genau zu sein. Die Unterhose des Altertums war der Lendenschurz oder *shenti*, eine dreieckige Leinenwindel, die an den Hüften geknotet war. Für die ägyptischen Bauern, die sich unter der Saharasonne auf den Feldern abrackerten, war er nicht nur Untersondern die komplette Arbeitsbekleidung.

Heute tragen Männlein und Weiblein mehr oder weniger ähnliche Unterhosen, will sagen irgendeine Art oder Abart von Shorts oder Slips, und die Frau darüber hinaus noch einen BH. Letzteren trägt man in erster Linie der Stütze willen, aber natürlich auch, weil die westliche Gesellschaft auf exponierte Nippel ziemlich gespalten – entweder mit einem staunenden »boahhh!« oder purer Entrüstung – reagiert. Die Combo Höschen/BH gilt als ein Produkt der Mitte des zwanzigsten Jahrhunderts, obwohl es sie mehr oder weniger bereits bei den Römern gab. Das *subligaculum* war eine von beiden Geschlechtern getragene Unterhose aus Leder, mal eher Lendenschurz, mal eher Slip; erwachsene Frauen trugen diese mit einem zusätzlichen trägerlosen Bandeau, der *fascia pectoralis* oder dem *strophium* für den, der es lieber griechisch hat. Einige Frauen ließen es aber auch einfach ohne Bandeau gut sein unter all den Schichten von Kleidern; definitiv Halt bot es natürlich beim Sport, es war vielseitig genug, um große Brüste entweder flachzudrücken oder zu stützen, oder wenn ein üppiges Dekolleté gefragt war.

Angesichts des milden Klimas hatten Römer kaum Bedarf an Socken, mal abgesehen von den alten Zauseln, die mangels Durchblutung die Beine bandagierten, damit sie nicht froren, und nicht zu vergessen die unseligen Legionäre, die sich zur Landesverteidigung in die frostigen Randgebiete des Imperiums geschickt sahen. Ausgrabungen im Kastell Vindolanda, dem römischen Stützpunkt gleich südlich vom Hadrianswall, förderten Hunderte von Holztäfelchen mit faszinierenden Briefen zutage, die den drögen Alltag beschrieben, bis ins Detail. Mit die berühmteste ist die Tafel 346, auf der eine besorgte Seele, eine Mutter vielleicht, die Extrasachen beschreibt, die sie ihrem Sohn gegen den frischen schottischen Wind geschickt hat:»Ich schicke dir zwei Paar Socken aus Sattua, zwei Paar Sandalen und zwei Unterhosen.« Na, wenigstens waren es nicht 145 ...

Der Antike im Mittelmeerraum galt Beinbekleidung entweder als barbarisch oder als Zeichen eines Mangels an Männlichkeit; aber so etwas lässt sich leicht sagen, wenn man sich in der herrlichen Sonne aalt. Weiter nördlich dagegen konnte das Wetter trostloser sein als ein russischer Roman, und so waren Kelten, Sachsen und Wikinger durchaus erpicht darauf, sich lange Socken über die Quanten zu ziehen und ihre edleren Teile mit bauchigen Leinenhosen – *braies* – zu isolieren. Die waren freilich genaugenommen nicht Unterwäsche, da man nichts darüber trug. Die Damen auf der anderen Seite schienen einen langen Kittel unter den schwereren Kleidern getragen zu haben; mit Schlüpfern gab man sich dagegen vermutlich erst gar nicht ab.

Jetzt wird's intim

Wir sind den Anblick gemusterter Schlüpfer und BHs gewöhnt: die einen sexy, die anderen niedlich, wieder andere albern. (Der Umstand freilich, dass man alle Jahre wieder Boxershorts mit Weihnachtsmotiven sieht, heißt ja wohl, dass sie irgendwo irgendwer kauft.) Den größten Teil der Geschichte über war Unterbekleidung einfach aus funktionellem schmucklosem Tuch. Im China der Antike und des Mittelalters dagegen, wo Mode sorgfältig durch die Sozialmoral reguliert war, konnte Damenunterwäsche reich ornamentiert sein als insgeheimer Ausdruck von

Persönlichkeit und Verlangen; vermutlich bekam diese jedoch nur zu Gesicht, wen die Dame nahe genug an sich heranließ.

Diese Art von – als *moxiong* bekannter – Unterwäsche war oft sehr aufwändig gefertigt: diamantförmige Stoffe mit leuchtend bunten Stickereien, die dann vorn mit kräftigen elastischen Schnüren um den Oberkörper gebunden wurden. Es war ein enganliegendes Top, das Bauch und Brüste bedeckte, aber nicht notwendigerweise den Rücken; allerdings gab es für den Bedarfsfall eine Klappe nach hinten raus. Wer sich gewagter geben wollte, zeigte die Konturen von Rücken und Rückgrat unter dem langen Kleid. Obwohl derartige Moden sich über Jahrhunderte entwickelten und der *moxiong* nur einer von mehreren beliebten Stilen war, gab es diese Intimwäsche, bis Maos Kulturrevolution dem Spaß eine Ende machte.

Im Europa des Mittelalters wurden die *braies* – die weiten Kniehosen für Männer – langsam aber sicher kürzer und begannen zu Unterhosen zu mutieren; die immer länger werdenden Strümpfe, die sie die Beine hochhetzten, waren bis zum 15. Jahrhundert zu einem dicken zweiteiligen Beinkleid – praktisch einzelnen Hosenbeinen – geworden. Allerdings war es für den Herrn durchaus normal, die Unterhosen einfach wegzulassen und dafür das Hemd hinten und vorn zwischen die Beine zu ziehen. Was die Unterwäsche der Frau im Mittelalter anbelangt, ist man im Augenblick dabei, die traditionelle Version zu überdenken …

Ein Wonderbra im MA?

Schloss Lengberg in Osttirol ist ein malerischer Wehrbau aus dem 12. Jahrhundert, der auf einer Anhöhe in einem bewaldeten Tal steht. Von außen ist der weiße Bau mit den grauen Schrägdächern schön zu fotografieren, das verborgene Innenleben des österreichischen Schlosses jedoch gab vor wenigen Jahren Anlass zu noch mehr Staunen. Bei Umbauten im Jahr 2012 entdeckte man unter Bodendielen in einem Gewölbezwickel eine merkwürdige Füllung – unter anderem aus längst vergessenen Textilien, die den Zahn der Zeit und die Motten überlebt hatten. Darunter fanden sich Träger-BHs aus dem Mittelalter, Sachen, die unsereinen, der auf tote Könige und heilige Grale spekuliert, nicht unbedingt interessieren müssen, aber Kostümkundler reagierten mit Begeisterungstänzen, hatte man doch BHs bis dahin kategorisch ins 20. Jahrhundert datiert.

Was diese BHs von den oben erwähnten römischen Tube-Tops unterscheidet, sind nicht nur die Träger, sondern die beiden Körbchen, die jede Brust einzeln stützten. Könnte Henri de Mondeville, ein Arzt aus dem 14. Jahrhundert, dergleichen im Sinn gehabt haben, als er schrieb: »Einige Frauen ... schieben zwei Taschen unter ihre Kleidung, die eng anliegend nach den Brüsten gearbeitet sind, und sie tun [die Brüste] jeden Morgen [in diese Taschen] und befestigen selbige wenn möglich mit einem passenden Band«? Sieht ganz so aus, als könnte der Wonderbra bereits 600 Jahre auf dem Buckel haben; damals hätte man in einer ersten Werbekampagne statt »*Hello Boys*« wohl eher »*Gooday, Gentle Sirs*« getextet.

Aber der Offenbarungen nicht genug. Historiker machten sich nun auch Gedanken über mittelalterliche Schlüpfer (völlig seriös, versteht sich), weil man davon ebenfalls zwei gefunden hat – mit seitlicher Schnürung. Eine rechte Kopfnuss ist allerdings, ob dieses Schnürbikini-Höschen für Frauen oder für Männer war. Wahrscheinlicher ist, dass Männer ihn trugen, da es aus dieser historischen Periode nur spärliche Hinweise auf Schlüpfer gibt – es sei denn, wir sprechen buchstäblich von der Periode der Frau. In einigen Bibelübersetzungen ist bei Jesaja von *menstruous rags* die Rede (Luther macht daraus ein »unflätig Kleid«), aber ob diese »Monatslumpen« als Hinweis auf mittelalterliche oder alte judäische Gebräuche zu lesen sind? Schwer zu sagen. Wir wissen, dass wohlhabende Italienerinnen im 16. Jahrhundert »Schlüpfer« trugen, aber sie waren die Ausnahme – ansonsten waren in Europa Unterhosen für Damen tabu.

Stattdessen trugen die meisten Frauen weiter den *smock*, den langen Kittel, der preziösen Snobs am englischen Hof als *chemise* geläufig war, den Deutschen seinerzeit schlicht als »Hemd« oder »Unterrock«; er blieb in Mode bis weit in die viktorianische Zeit. Es gab vom 17. bis 19. Jahrhundert in Großbritannien auf dem Land eine als *smock race* bekannte Volksbelustigung, bei dem junge ledige Frauen mit nichts als besagtem Hemd auf dem Leib um die Wette liefen; derjenigen, die unter den Zurufen einer verständlicherweise begeisterten Menge als Erste durchs Ziel ging, winkte merkwürdigerweise ein weiteres Hemd. Was nur logisch war, schließlich dürfte das ihre voll Grasflecken gewesen sein. Den Männern war das schnuppe; sie kamen in der Hoffnung, mannbare Mädchen in ihrer Unterwäsche schwitzen zu sehen, und damit zum Wet-T-Shirt-Contest jener Zeit. Bedenkt man folgende Passage aus dem *Abenteuerlichen Simplicissimus*, in dem einige Reisende unter die Räuber fallen, war »im Hemd« für die Zeit durchaus ziemlich nackig, so viele wie man von diesen Dingern trug: »Es war nicht genug, daß sich ein jeder biß auf seine drey Hemder ausziehen muste, sondern sie wurden auch gezwungen, zwey von demselbigen auszuziehen und nur eins anzubehalten.«

Aber kehren wir wieder zur Auswahl unseres Outfits zurück. Wir sind immer noch unschlüssig, ob wir die nicht mehr ganz taufrische, aber superbequeme graue Unterhose nehmen oder unser protestierendes Fleisch in die enge mit dem Lifteffekt zwängen sollen, die das allmähliche Absacken unseres Hinterns kaschieren soll. Während wir unsere Optionen abwägen, entscheiden wir uns doch erst mal für die Socken.

Sock it to me!

Mitte des 16. Jahrhunderts waren Strümpfe bei der europäischen Aristokratie als Accessoire unerlässlich, und als Gewebe dafür war Seide ihres Preises und ihrer Weichheit wegen auf der Stelle die Nummer eins. Königin Elisabeth I. bekam ihr erstes Paar Seidenstrümpfe Anfang der 1560er; nachdem sie sie mit ihren wollenen verglichen hatte, erklärte sie auf der Stelle: »Ich mag Seidenstrümpfe so sehr, da sie angenehm, fein und zart sind, dass ich fortan keine Tuchstrümpfe mehr tragen werde.« Kurz darauf begann sie sich ihre Seidenstrümpfe selbst zu kaufen, für die sie um die zwei Pfund hinblätterte, was in etwa dem Jahresgehalt eines kleineren Bediensteten entsprach. Um zu zeigen, dass sie sich das leisten konnte, trug sie jedes Paar nur eine Woche und schenkte sie dann einer ihren Zofen. Die Intimwäsche der Königin zu bekommen war eine große Ehre – als würde man das verschwitzte T-Shirt eines Rockstars auffangen, das von der Bühne geflogen kommt. Ich für mein Teil wäre nicht eben begeistert, würde meine Chefin mir ihre getragenen Socken zu Weihnachten schenken (nichts für ungut, Caroline ...)

Ironischerweise bestimmte Elisabeth I. im Jahr 1571 per Gesetz, dass der größte Teil ihrer Untertanen zur Ankurbelung der englischen Wollbranche sonntags wollene Kopfbedeckungen zu tragen hatte, eine Heuchelei von der frisch bekehrten Seidenfreundin. Wie auch immer, Seidenstrümpfe waren unerschwinglich für den gewöhnlichen Sterblichen, weshalb man gemeinhin wollene trug. Die Beinbekleidung der Damen ging bis ans Knie, während die der Herren weiter nach oben reichten. Die männliche Aristokratie ließ sie sich zu gepolsterten trikotähnlichen Hosen zusammennähen, die bei kurzen Röcken das Kaschieren des offenen Hosenschlitzes durch einen Latz nötig machten, der sich bald wie der Ballschutz eines Kricketspielers ausnehmen sollte.

Nicht dass man harte Bälle nach den Leuten geworfen hätte; das Ganze war ein rein ästhetischer Trend zur Betonung der Männlichkeit. Sie erinnern sich an Derek Smalls? Den Typen mit der Zucchini in der Hose in der satirischen Rockdoku *This is Spinal Tap*? Wie auch immer, nachdem wir endlich in einem Paar schwarzer Socken (für den sprichwörtlichen schlanken Fuß) dastehen, wenden wir uns wieder dem Problem der Unterhose zu.

Der Vormarsch der Unterhose

Also, wann tauchte denn nun die moderne Unterwäsche auf? Nachdem sie sich in Sachen Leibwäsche lange auf Schichten und Aberschichten von Unterröcken verlassen hatten, stiegen im Abendland die meisten Frauen erst Anfang des 19. Jahrhunderts in Schlüpfer. Diese entwickelten sich zu den gewagteren Pantalons, die – etwas zarter gearbeitet – die männlichen Unterhosen nachahmten und bereits um die 1840er-Jahre mit Rüschen um die Waden geschmückt waren. Männer trugen, wenn überhaupt, im Wesentlichen einfach »lange Shorts«. Wir wissen, dass Karl II. von England Ende des 17. Jahrhunderts 13 Zoll lange Seidenboxershorts trug, die um die königliche Taille mit Bändern geschnürt waren; der eher kleine Wilhelm III., der Karls katholischen Bruder Jakob II. vom Thron gekickt hatte, bevorzugte angeblich grobwollene Liebestöter, grüne Socken und ein rotes Wams – womit er vermutlich wie einer von Santas kleinen Helfern aussah.

Die nächsten 150 Jahre über wurden modische Hosen für den Herrn so eng, dass man auf bauschige Unterwäsche verzichtete und lieber die Hemdzipfel unter den edlen Teilen zusammenzog. Allmählich wurden kürzere, engere Boxershorts populär, deren berühmtester Freund der große Philosoph Jeremy Bentham war. Als dieser brillante Exzentriker 1832 im Alter von 84 Jahren starb, hatte er als letzten Willen verfügt, aus seinem Körper eine Auto-Ikone – oder eine menschliche Vogelscheuche, wenn man so will – machen zu lassen. Seinen auf diese besondere Weise mumifizierten Körper vermachte er dem University College London, das er mitbegründen half. Warum? Na, vermutlich um als wohlgewogener Pädagogen-Zombie dessen Fortschritte verfolgen zu können. Wunderbarerweise sitzt er heute noch dort; nur sein vergammelter Kopf ist durch ein Wachsmodell ersetzt, dem man den Rest seiner Haare aufgeklebt hat. Aber das nur nebenbei; wie man jüngst bei einer Inspektion der Mumie festgestellt hat, trug Bentham unter den Breeches, die am Oberschenkel weit saß und an den Knien dicht am Bein anlag, ziemlich fesche wollene Boxer-Shorts.

Bentham starb zur Regierungszeit Georgs IV., der sich mit Heinrich VIII. und Viktoria die Taillenweite 137 und damit die Auszeichnung »Dickster Britischer König« teilt. Dass der knubblige Monarch seinen stattlichen Ranzen in ein Korsett zwängte, ist allseits bekannt; weniger bekannt ist, dass das in seiner modebewussten Ära keine Seltenheit war. So mancher *macaroni*, wie man die himmelschreiend aufgemachten männlichen Fashionistas der Ära nannte, schnürte sich um der perfekten Silhouette willen in ein Fischbeinkorsett. Und selbst als diese marklosen Gents sich durch die maskulineren Dandys ersetzt sahen, blieb das Herrenmieder im Trend. Aber während man das Bäuchlein dergestalt wegsteckte, wurden andere Teile der Anatomie durch Polster betont, und das in einem Maß, dass ein zeitgenössischer Beobachter mit beißendem Witz bemerkte, diese Fashion-Victims seien ihren Formgebern völlig ausgeliefert – wenn man sie von Kleidung und Polstern trennte, nähmen sie sich wie eine »ganz andere Spezies« aus.

Gefährliche Zwangsjacken

So sehr man die Gecken verspottete, es litten unter ihrem Verhalten schlimmstenfalls Bankkonto und Glaubwürdigkeit; Frauen dagegen konnten durchaus körperliche Schäden davontragen von dem Trend zum Engschnüren, schließlich läuft es auf eine drastische Veränderung des Körpers hinaus. Am folgenreichsten wurde das im 19. Jahrhundert, als die ideale Frauenfigur Wespentaille, aber breite Hüften verlangte. Die modebewusste Dame strebte nach einem Umfang von gerade mal 53 Zentimetern; die Schauspielerin Émilie Marie Bouchaud jedoch, eine Algerien-Französin, die unter dem Künstlernamen Polaire auftrat, war berühmt für ihre pneumatische Oberweite von 96 bei einer Taille von nur 40 Zentimetern.

Diese Art von Schnüren musste unweigerlich zu Schädigungen des Körpers führen. Blaue Flecken gehörten ohnehin zum Alltag, das Atmen war problematisch, und allein eine Treppe hochzusteigen konnte schon zu Schwindelanfällen führen. Mal abgesehen davon, dass manche Damen ihr Korsett auch während der Schwangerschaft trugen, gehörten zu den üblichen Folgen Muskelschwund an Unterleib und Rücken, eine Verminderung der natürlichen Fruchtbarkeit und im schlimmsten Fall Organversagen. So selten es vorkommen mochte, aber es gab durchaus Fälle, in denen Frauen – ja selbst vorpubertierende Mädchen – ihr Leben für diese modische Zwangsjacke ließen. Zeitgenössische Ärzte waren bestürzt über die Praxis, und die Autorin von *Female Beauty* äußerte 1837 ihre Bedenken ganz unverblümt:

> Frauen, die eine sehr enge Schnürbrust tragen, klagen darüber ohne sie nicht aufrecht sitzen zu können, ja sehen sich sogar gezwungen, nachts im Bett eine Schnürbrust zu tragen ... die Wirkung der Schnürbrust ist nicht nur der Gestalt abträglich, sie ist darauf angelegt, zu schwerwiegendsten Folgen zu führen.

Anfang des 20. Jahrhunderts begann das Fischbeinkorsett außer Mode zu kommen; zurück blieben stütztechnisch der Hüftgürtel aus Stoff und das Miederhemd, das Büsten- und Strumpfhalter miteinander verband. Dieses Korselett, das vor allem in den 1950ern beliebt war, wurde von modebewussten Frauen in den 1960ern erst einmal ad acta gelegt; sie ließen den Nabel lieber frei und hielten es mit der Schlichtheit von Schlüpfer und BH. Aber da sich die Mode zyklisch entwickelt, sind Korseletts heute wieder angesagt. Strümpfe, Hüftgürtel, BHs, Strumpfhalter, sie alle sind als Dessous untrennbar mit Schlafzimmer, Verführung oder Glamourgirls verbunden, und die Rückkehr des Korsetts als Problemzonenbezwinger unter dem Namen Spanx zeigt nur, dass unsere althergebrachte Fixation auf den flachen Bauch noch lange nicht abgehakt ist. Wollen wir hoffen, dass die Verwendung von elastischen Hightechfasern statt Fischbein bedeutet, dass diesmal niemand dran stirbt.

Nachdem wir uns für die langweiligen, aber bequemen Unterhosen entschieden haben, sind wir weiter unten herum trotzdem noch nackt.

Zwischen Knöcheln und Knien

Es gibt eine oft erzählte, vor allem unter Modehistorikern beliebte Anekdote um einen berühmten Hosenzwischenfall (und das ist kein Euphemismus!) aus dem London des Regency. Eines Abends, möglicherweise 1814, stand der illustre Herzog von Wellington vor der Pforte der nicht weniger illustren Almack's Assembly Rooms, einem privaten Club für die Crème der Londoner High Society. Nur wenige Monate später sollte der Herzog in der Schlacht bei Waterloo einen heroischen Sieg über Napoleon Bonaparte erringen und als Sinnbild britischer Männlichkeit in die Geschichte eingehen; an diesem Abend jedoch ließ man Wellington noch nicht einmal ein. Wellington, so müssen Sie wissen, war dummerweise in langer Hose aufgekreuzt, wo doch die strikte Kleiderordnung auf Breeches – Kniehose – pochte. Zwar ist die Anekdote umstritten, vermutlich wurde er einfach zurückgewiesen, weil er ein paar Minuten zu spät dran war, aber Tatsache ist, dass lange weite Hosen damals schockierend modern waren. Wellingtons Soldaten trugen sie erst seit einigen Jahren in der Schlacht, und sie waren langsam auch im modischen Alltag aufgekommen; dennoch, als gepflegte Abendgarderobe galten nur die bis ans Knie reichenden Breeches oder die engen, durch einen Steg unter den Schuhen straff gezogenen Pantalons.

Wir sind den Anblick von Hosen im Alltag so sehr gewöhnt, dass uns das doch überrascht. Aber sind sie wirklich erst 200 Jahre alt? Nein, nicht direkt. Römer und Griechen kannten die *braccae*, wie sie auf Lateinisch hießen, hielten sie aber – vom militärischen Einsatz abgesehen – für unter ihrer Würde. Ganz anders sahen das ihre Feinde und Nachbarn. In Indien waren die weite *vajani* und die enge *churidar* verbreitet, und die angeblich barbarischen Perser, die selbst Christian Dior wie einen ungepflegten Stoffel hätten aussehen lassen, waren ganz vernarrt in ihre leuchtend bunten *anaxyrides*. Sie waren gemustert, aus gefärbter Baumwolle oder Hanf und konnten sich eng an die Konturen des Beines anlegen oder Knie und Knöchel weiträumig umschmeicheln wie ein bequemer Schlafanzug.

Desgleichen waren die späteren Araber, die Wüstensöhne, die die Perser besiegten, um der Welt den Islam zu bringen, tja, Hosenträger. Die *sirwal* war – ist heute noch – eine weite Pluderhose, die bei den drückenden arabischen Temperaturen für hygienische Frische sorgte. Wikinger und Westsachsen, die in einem raueren Klima zu Hause waren, versuchten sich warm zu halten; sie trugen lange Hosen oder umwickelten die Beine mit schmalen Bandagen, als bereiteten sie sich auf die Mumifizierung vor; sie versuchten damit die Körperwärme zu konservieren. Im mittelalterlichen Europa jedoch kam diese Art von Beinkleid außer Mode, auch wenn sie sich im Osten hielt.

Warum das so war? Nun, es gibt die Theorie, dass Hosen vor allem bei Reitervölkern vorherrschten, besonders bei solchen mit großen Bürgerheeren. Der Grund dafür liegt auf der Hand – sie sind einfach praktischer für den Kavalleristen als Röcke; und so überrascht es denn auch nicht weiter, dass die pferdelieben Skythen, Türken, Parther, Perser und Mongolen es durch die Bank mit der weiten Hose hielten – das Volumen der Varietät aus dem Nahen Osten hätte selbst Hiphops ersten Vertreter voluminöser Beinbekleidung MC Hammer beschämt. Römer, Griechen, Chinesen und Japaner dagegen bevorzugten den Kampf zu Fuß, und als sie sich denn doch murrend in den Sattel schwangen, um sich eines überlegenen – und behosten – Reitervolks zu erwehren, entledigten auch sie sich recht fix ihres Kittels zugunsten der Büx.

Jeans-Blues

Als wir den Blick über die gefalteten Optionen für das abendliche Outfit schweifen lassen, sehen wir uns vor dem ewigen Dilemma der Mittelschicht: salopp oder förmlich? Im ersteren Fall kommen wir mit einem Stoff durch, den Anthropologen für so verbreitet halten, dass ihn in jedem beliebigen Augenblick etwa die Hälfte der Menschheit trägt. Aber trotz ihrer Allgegenwart ist die Geschichte der Jeans gar nicht so leicht auszumachen. Niemand ist sich nämlich so ganz sicher, wo der Stoff dafür, der Denim, seinen Anfang nahm. Die traditionelle Annahme nämlich, laut der er aus der französischen Stadt Nîmes – *de Nîmes* – stamme, wurde jüngst in Frage gestellt, als man auf italienischen Gemälden des 17. Jahrhunderts auf visuelle Belege für blauen Denim gestoßen ist; und in der Tat gibt es eine robuste Theorie, der zufolge das Wort *jean* auf Genua zurückzuführen sei. Gesichert ist, dass der kräftige, zuverlässige Denim bereits im 19. Jahrhundert beim amerikanischen Cowboy beliebt war, der Monate über im Sattel saß und sich überhaupt meist im Freien aufhielt.

Der Knabe, der diese robuste Kleidung zu fertigen begann, war ein gebürtiger Deutscher, ein als »Löb Strauß« geborener Oberfranke aus Buttenheim, der – nach Amerika ausgewandert – den weit cooleren Namen Levi Strauss annahm. In San Francisco eröffnete er 1850 einen Laden für Kurzwaren und Textilien, mit dem er vor allem die Heerscharen von Goldgräbern versorgte, die der Goldrausch nach Kalifornien trieb. Und auch wenn der Traum von riesigen Nuggets für die meisten unerfüllt blieb, sie konnten sich darauf verlassen, dass Levis robuste Jeans der Aufgabe gewachsen waren. Und dabei waren sie zunächst noch nicht einmal mit den berühmten Nieten versehen. Deren Erfindung verdanken wir Levis späterem Geschäftspartner Jacob Davis, einem Schneider, der sich seine Niettechnik 1873 patentieren ließ; diese hielt den Stoff weit besser zusammen als die bloße Naht.

Zusammen kleideten die beiden wackeren Pioniere den Wilden Westen ein, und als Hollywood diesen dann auf Zelluloid zu bannen begann, wurde der Look der Leinwandcowboys zum letzten Schrei. Im Nu eroberte Denim die Kleiderschränke selbst von Leuten, die Kühe nur aus dem Kino kannten, geschweige denn dass sie je eine zu Boden gerungen hatten. Natürlich ist Mode etwas, was kommt und geht – wer von uns würde nicht am liebsten im Boden versinken, wenn er sich auf Fotos als Teenager sieht –, und der Cowboylook wäre womöglich ein alter Hut geworden, wäre in den 1950ern nicht etwas ganz Neues aufgekommen: der Rock 'n' Roll. Im Zuge der Explosion einer Jugendkultur mit Pomade im Haar und Schwung in der Hüfte griffen Rocker und Biker zur robusten Levi's und verliehen damit den Jeans den trendigen Sexappeal einer Uniform des hippen Rebellen.

Heute sind sie natürlich längst die Uniform müder Leute mittleren Alters, deren Knie beim Aufstehen knirschen – und trotzdem haben die Jungen sie nicht aufgegeben. Irgendwie haben Jeans nicht nur theoretisch die quantenmechanische Überlagerung realisiert: Sie sind sowohl cool als auch das genaue Gegenteil – auch wenn sie weniger Schrödingers Katze als Schrödingers Catwalk sind.

Die Hose – buchstäblich revolutionär

Wie konnten angesichts der Tatsache, dass Breeches bis ins 19. Jahrhundert hinein dominierten, lange Hosen im Westen wieder modisch werden? Nun, die vielleicht berühmtesten frühen Träger waren die Jakobiner oder Sansculotten der Französischen Revolution von 1789 mit ihren auffällig gestreiften Hosen, die bis an die Knöchel reichten.

Apropos Streifen, sie haben eine kontroverse Geschichte. Die Mode des Mittelalters schmähte sie, wahrscheinlich eines Verbots im 3. Buch Mose wegen, wo es heißt, dass man »kein aus zweierlei Fäden gewebtes Kleid anlegen« soll. Entsprechend waren Streifen Aussätzigen vorbehalten, Bastarden, i.e. außerhalb des Ehestands Geborenen, Scharfrichtern und anderen gesellschaftlichen Außenseitern – es kommt nicht von ungefähr, dass moderne Gefangene langgestreifte Pyjamas trugen. Dass das deutsche »strafen« gar so ähnlich klingt, kommt von einer etymologischen Verwandtschaft »mit streiffen, sofern dieses ehedem auch streichen, peitschen, bedeutete«. Allmählich schliff die Bedeutung von Streifen sich jedoch ab und atmete eher den Duft von Dienstbarkeit und Lakaien, bevor sie vollends zum positiv besetzten Symbol für den Radikalismus der Aufklärung wurden; ihren Kulminationspunkt erreichten sie schließlich auf dem stolzen Banner der eben unabhängig gewordenen USA.

So vulgär und modern die Hose mit den weiten Beinen in den 1790ern war, als sie erst einmal der französischen Streifen verlustig ging und der Herzog von Wellington sie in bester Gesellschaft trug, hatten sie die Breeches rasch überholt und waren spätestens in den 1820er-Jahren die akkreditierte Beinkleidung des Mannes, die sie bis heute geblieben ist. Aber wie ist das mit der Hose der Frau? Nun, die erste ernstzunehmende Kampagne der modernen Geschichte, die der Frau Hosen anzuziehen versuchte, kam 1851 aus Amerika. Amelia Bloomer, Quäkerin, Abstinenzlerin und Suffragette, fand die der Frau zugeordnete Kleidung sowohl in körperlicher als auch in symbolischer Hinsicht zu restriktiv. Ihre Lösung für das Problem war eine Kampagne für die gewaltigen türkischen Pluderhosen, die ihr zu Ehren den Namen *bloomers* erhielten, aber der Aufschrei moralischen Zorns, mit denen man ihr begegnet, sagt so einiges über die zeitgenössische Haltung gegenüber der Frau. Der *Punch* behauptete, die Mode würde zu einer Gesellschaft führen, in der Damen buchstäblich die Hosen in der Beziehung trugen, und führte aus, »er wird ein Kleid tragen müssen; wenn er sie nicht schleunigst ihre kurzen Bloomer-Röcke wieder ablegen lässt«.

Letztendlich erwies sich die feindliche Opposition als zu stark, und es dauerte drei weitere Jahrzehnte, bis man die Bloomers übernahm, wenn auch nicht als Alltags-, sondern als Sportgewand. So wie die Reiter auf die Hose umgesattelt hatten, so sah die Ankunft des Fahrrads gegen Ende des 19. Jahrhunderts und die zunehmende Beliebtheit frauenfreundlicher Sportarten Damen die unpraktischen Röcke zugunsten »vernünftiger Kleidung« ablegen. Bloomers und Pantalons erlaubten eine Fortbewegung ohne das Risiko, mit einem seiner wallenden Unterröcke in die Speichen zu geraten und kopfüber gegen einen Baum geschleudert zu werden. Dies bedeutet – neben dem Umstand, dass Fahrräder den Frauen außerdem erlaubten, ohne Begleitperson unterwegs zu sein: Die Hose spielte eine wesentliche Rolle in der Befreiung der Frau.

Salonfähig machte die Damenhose die französische Königin der Eleganz, Coco Chanel. Die weiten Matrosenhosen, die sie in den 1920er-Jahren mit solcher Verve trug, waren Symbol einer neuen Ära, in der die Damenmode frech mit männlichen Traditionen spielte. Immerhin hatte die Frau eben erst zur Schicht in der Fabrik eingestempelt, als sie im Ersten Weltkrieg für die Männer einspringen musste; jetzt stutzte die Dame der besseren Gesellschaft ihr Haar und pflegte einen bewusst androgynen Look. Aber Partys der amerikanischen High Society in den Hamptons waren eine Sache, eine ganz andere war eine Ladenzeile in Bolton, Lancashire. Anders gesagt, Coco Chanels gepflegter Arm reichte kaum bis hinunter zur Arbeiterklasse, und obwohl die *pitbrow women*, die Frauen an den Hängebänken der Kohleschächte im englischen Revier, seit Mitte des 19. Jahrhunderts unter den Röcken Hosen trugen, dauerte es bis zum Zweiten Weltkrieg, dass eine Frau in Hosen zum Einkaufen gehen konnte, ohne abschätzige Blicke auf sich zu ziehen. In Paris war es, man mag es kaum glauben, tatsächlich noch bis 2011 gesetzlich verboten, dass Frauen sich in der Öffentlichkeit in Hosen sehen ließen, außer sie waren mit dem Rad oder dem Pferd unterwegs.

Röcke für sie und ihn

Aber vielleicht haben wir es ja gar nicht so mit der Hose; vielleicht ist heute der richtige Tag für einen Rock oder ein Kleid? Immerhin hat das Tragen von Röcken bei beiden Geschlechtern eine lange Tradition. Der furchterregende Ruf der tapferen Hochland-Regimenter des britischen Heeres kommt nicht von ungefähr, und daran ändert auch die Tatsache nichts, dass sie ihn sich in kurzen Kilts erworben haben. Im Ersten Weltkrieg zogen sie sogar eine Strumpfhose über, um die Haut vor dem blasenziehenden Giftgas zu schützen. Offen gesagt, sie hätten auch in Barbra Streisands Hosenanzug mit Broadway-Melodien auf den Lippen gegen die feindlichen Linien marschieren können, ihrer Männlichkeit hätte das keinen Abbruch getan.

In Indien tragen Arbeiter und Bauern seit langem den *lungi*, einen bis an die Waden reichenden Rock, oder den *dhoti* der alten Harapper, einen langen Lendenschurz, den man vorn einsteckt wie unsereins das Badetuch, das man sich nach dem Duschen um die Hüften schlägt. Röcke waren außerdem ein Kleidungsstück des männlichen Adels, und die alten Babylonier wie auch die ägyptischen Könige stolzierten im knöchellagen Sarong einher, der gelegentlich nach Art der Kaunakes, des sumerisch-babylonischen Zottelrocks, gerüscht war, um die wuschelige Textur von Wolle zu imitieren. Statt Röcken trugen die wohlhabenden Frauen des alten Ägypten bodenlange Kleider, die sich – taillebetont nach unten verjüngend – um Schenkel und Waden schmiegten; oft waren sie oben aus durchsichtiger Gaze, die den Blick auf die Brüste freigab, was vermutlich erklärt, wie Kleopatra sich gleich zwei mächtige römische Staatsmänner um ihren zarten Finger hatte wickeln können.

Diese Ungezwungenheit gegenüber der Nacktheit ist in der Bronzezeit auch andernorts zu beobachten. Die Minoer auf der

Mittelmeerinsel Kreta pflegten einen ganz eigenen Look. Obwohl die meisten gewöhnlichen Leute schlichte Tuniken trugen, weisen bildhafte Darstellungen darauf hin, dass Männer von Rang sich modetechnisch anscheinend von Mattels He-Man inspirieren ließen – sie turnten in kaum mehr als Lendenschurz und Metallgürtel durch ihren Palast. Die besseren Damen dagegen trugen verblüffend moderne Glockenröcke, die die Pariser Haute Couture der 1870er zu atmen scheinen. Sie waren aufwändig gewebt, die Muster komplex, und manchmal waren um des Zugeffekts willen Streifen unterschiedlicher Farben aneinandergenäht. Diese Falbeln sorgten für den Effekt eines aufgestellten Federballs – während sie am Saum weitläufig die Fesseln umschwebten, wurden sie um die Hüften eng, schlossen sich dann korsettartig um die Taille, hörten aber am Brustansatz auf, sodass die entblößten Brüste wie auf dem Präsentierteller lagen.

Anders gesagt, auf einer Party der minoischen High Society liefen die Männer in Unterhosen herum und die Damen mit bloßen Möpsen; hört sich an wie ein Single-Urlaub – mit anderen Worten wie das, was der Kreter von heute sich jeden Sommer ansehen muss, wenn das hedonistische Heer junger Briten auf der Insel einfällt.

Aufgebrezelt oder leger

In vielen Teilen der Welt, darunter Kreta, der Mongolei, Skandinavien, Griechenland und Rom, war die Tunika das übliche Kleidungsstück für Mann und Frau. Die Griechen hatten zwei Grundvarianten, *chiton* (unisex) und *peplos* (für Frauen), und sie sehen auf den ersten Blick ziemlich ähnlich aus. Der *chiton* war die einfache Variante, ein Gewand in Form einer Röhre, die entstand, indem man Vorder- und rückwärtiges Teil an den Säumen zusammennähte, wie ein langes T-Shirt; dann zupft man die Mitte hoch und lässt sie über den Gürtel hängen. Während die Damen ihren *chiton* am liebsten lang trugen, schienen die jungen Burschen den ihren gern bis ans Knie getragen zu haben. Vielleicht waren sie in der Kindheit zu oft gestolpert, weil ihnen ihre Mütter nie gesagt hatten: *Lauf nicht mit offenem Schwert!* Wer weiß?

Im Gegensatz dazu war der *peplos* für die Frau ein Wickelkleid aus einem länglichen Tuch, das um den Körper gewickelt und an der Schulter von einer Fibel (Spange) gehalten wurde. Der *peplos* konnte es auf einer Seite kess blitzen lassen, ein aufregender Blick auf Bein und Hüfte, sodass er gelegentlich gegen allzu aufdringliche Blicke von Passanten auch seitlich mit einer Fibel geschlossen wurde. Aus ähnlichen Gründen der Sittsamkeit tragen viele muslimische Frauen die Burka – ein loses Gewand, das vom Kopf aus über den Körper drapiert wird, mit einem Loch für die Augen; sie bedeckt den ganzen Körper bis zu den Knöcheln. Ebenfalls verhüllen soll die schwarze Abaja; sie reicht aber nur bis zum Hals und wird durch einen Schleier oder ein Kopftuch ergänzt.

Muslimische Männer tragen traditionell ebenfalls bescheidene Kleidung, vor allem den baumwollenen Thawb. Diese knöchellange Tunika mit den Ganzärmeln ist älter noch als selbst der islamische Glaube und diente ursprünglich nicht der Wahrung der Bescheidenheit, sondern sollte den Körper vor der sengenden arabischen Sonne schützen und durch eine sanfte Konvektionsbrise die Körpertemperatur regulieren. Da der Islam sich von seinen Wüstenwurzeln ausgebreitet hat, ist der Thawb heute in der ganzen Welt zu sehen, wenn auch in regionalen Varianten. In Marokko zum Beispiel sind die Ärmel eher kürzer, und in anderen Teilen der Goldregion ist er zu anderen Namen gekommen, wie zum *dishdasha* in Kuwait, Katar und Oman. Entscheidend ist jedoch, dass er von allen sozialen Schichten getragen wird, vom Ziegenhirten bis zum Wolkenkratzer-bauenden Ölmilliardär, der sich einen Fußballclub kaufen kann. Das Wort *Thawb* ist so allgemein geworden, dass es heute praktisch nichts weiter als »Kleidung« heißt.

Alles andere als schief gewickelt

Während wir unseren Schrank verzweifelt nach unseren Lieblingsklamotten durchwühlen, stoßen wir womöglich auf das Bettlaken, das wir auf der Kostümparty vor einigen Jahren getragen haben. Es war eine Notlösung für eine improvisierte Toga-Party gewesen, und beim Verteilen dieser unhandlichen Menge Stoff auf unserem Körper haben wir auf den idiotischen Geschmack der Römer geschimpft. Aber wir sollten nicht allen böse sein, schließlich waren es nur die Bürger, die so ein Laken tragen durften, und selbst von diesen war es nur die Crème der späten Republik und des frühen Imperiums, die sie in der Praxis trugen; die meisten Römer hielten sich wie die Griechen an die knielange Tunika. Was aber nicht hieß, dass diese ein Kleidungsstück zweiter Klasse gewesen wäre; selbst Senatoren und Kaiser trugen sie unter der Toga, zweifellos, weil man den meterlangen Wickel nur so lange nicht verlor, solange man den linken Arm in Hüfthohe von sich gestreckt hielt, als balanciere man ein imaginäres Tablett. Angesichts der Tatsache, dass es zwei Sklaven brauchte, um das verdammte Ding anzulegen, brauchte man wahrscheinlich nur zu stolpern, um wie ein begossener Pudel mit meterweise Stoff um den Knöcheln dazustehen.

Wie auch immer, die Römer haben die Idee für die Toga mehr oder weniger von den Etruskern geklaut, und wenn man es genau nimmt, den Körper mit Stoffbahnen zu drapieren war immer und überall in. Schon die Aristokraten Babyloniens und Assyriens brachten das ganz souverän, Männer wie Frauen, und heute würden wir den Stil als typisch indisch bezeichnen, wo die Frau über einer engen, knappen Bluse, der *choli*, den traditionellen *sari* trägt, ein langes, elegantes Tuch, das, über eine Schulter gelegt, den ganzen Körper bis hinab zu den Fesseln bedeckt. Bemerkenswerterweise gibt es um die 100 verschiedenen Möglichkeiten, sich in einen *sari* zu wickeln – wogegen sich das »vielseitig«, mit dem man mir meine Regenjacke angepriesen hat (sie lässt sich wenden) ziemlich übertrieben ausnimmt.

Fashion-Crimes

1681, während der Edo-Zeit, zu deren Beginn Tokio (Edo) Japans Hauptstadt wurde, schlug ein flüchtiger, aber gesellschaftlich hochrot peinlicher Augenblick eine ziemliche Welle in den stillen Wassern der Modewelt. In der Annahme, es handle sich um eine veritable Aristokratin, sprach Japans neuer Herrscher, der fünfte Shogun Tokugawa Tsunayoshi, eine opulent gewandete Dame an. Die beiden schienen sich glänzend zu unterhalten, aber der Shogun war knietief in ein Näpfchen getreten, das in gesellschaftlicher Hinsicht dem peinlichen Irrtum gleichkam, der einem Mann in den 1970ern widerfahren konnte, wenn er versehentlich einen Geschlechtsgenossen mit trendiger Mähne anmachte, weil er dachte, es sei eine Frau. War die Dame eine Prostituierte? Eine Kriminelle? Ein Kerl im Fummel gar? Nein, schlimmer noch – sie war eine Kaufmannsfrau.

Seit Ende des 19. Jahrhunderts trägt die Aristokratie im Westen praktisch dasselbe wie die Mittelschicht, wenn auch meist Maßgeschneidertes, aber der Unterschied zwischen einem modernen Herzog und einem Banker ist auf den ersten Blick nicht zu sehen. Früher dagegen war Mode ein Statussymbol gewesen. Praktisch überall auf der Welt führte man Aufwands- oder Luxusgesetze ein, die unter anderem den unteren Schichten verbieten sollten, sich wie bessere Leute zu kleiden – und wenn sie sich das zehnmal leisten konnten. So verfügte im Mittelalter König Edward IV. von England, dass ausschließlich die Royals purpur-, gold- und silberfarbene Stoffe tragen dürften, und um sich im Samtoutfit sehen lassen zu dürfen, musste man mindestens ein Ritter sein. Papst Pius V. dagegen fand, das bei den niederen Handwerkerständen beliebt gewordene Blau mache nicht genug her, um in der Liturgie seiner Kirche Verwendung zu finden – seiner Ansicht nach würde es die Macht der Religion schmälern, wenn die Gemeinde eine so gewöhnliche Farbe am Altar zu sehen bekam.

Wie gesagt, derartige Luxusgesetze gab es nicht nur in Europa. Im 17. Jahrhundert schwappte ein goldener Tsunami über Japan hinweg; er schuf ein neureiches Bürgertum, das die traditionelle Ordnung herausforderte und den Stil der landbesitzenden *samurai* nachahmte. Shogun Tokugawa Tsunayoshi war so irritiert von dem versehentlichen Smalltalk mit einer Bürgerlichen, dass er das erste einer ganzen Reihe von Gesetzen zur Zügelung der bürgerlichen Opulenz in Sachen Mode erließ. Sie regelten gewisse Aspekte des öffentlichen Auftritts, sollten aber vor allem der plötzlichen Beliebtheit des prachtvollen seidenen *kosode* einen Riegel vorschieben. Im Prinzip ein *kimono*, ist das ein kurzärmeliges offenes Gewand, kaum länger als breit, das durch einen Stoffgürtel gehalten wird. Das Problem dabei war nicht so sehr das Kleidungsstück an sich als die Art der Verzierung – bei den Angebern unter den Kaufleuten war er nämlich voll ebenso lebendig wie kunstvoll gearbeiteter Szenen aus Mythologie und Natur. Man stelle sich vor, unser Immobilienmakler stünde statt in nüchternem Schwarz und Grau plötzlich in Haute Couture aus Alufolie vor der Tür.

Die Edikte des Shogun jedoch waren so zahlnos, dass sie bald den Spitznamen »Drei-Tages-Gesetze« abhatten, weil die Leute sie auf der Stelle zu missachten begannen, indem sie unter der schlichten, unprätentiösen Eleganz des *kosode* im *iki*-Stil heimlich verbotene rote Stoffe als Unterwäsche zu tragen begannen. Andere scheinen ihre farbenfrohe Kleidung zu Hause oder – als besonderen Kick – insgeheim beim Sex mit Prostituierten getragen zu haben. Darüber hinaus sieht es ganz so aus, als hätte man viele der verbotenen Muster einfach von der Seide des *kosode* auf die Haut übertragen, was zu einer wahren Tätowierungsmanie führte, wobei das faszinierende Design so eines Tattoos (*irezumi*) sich nicht selten über den ganzen Körper zog. Und das auf immer.

Faszinierend ist, dass dieser Trend heute noch in Japan bei gewissen Kreisen hoch im Kurs steht; ich habe sogar gehört, dass ein Tokioter Museum schon Leute zu Lebzeiten dafür bezahlt hat, ihm nach dem Tod ihre Haut zu überlassen, um diese dann ausstellen zu können wie einen Botticelli. Gesetzliche Verbote zeitigen nicht selten die merkwürdigsten Folgen, aber ich bezweifle, dass die Berater des Shoguns hätten vorhersehen können, dass man einmal Kunstgalerien mit ausgehöhlten Menschen füllen würde ...

Größer ist besser

Irgendwo in unserem Kleiderschrank findet sich womöglich das unnatürlich aufgeblasene Puffballkleid einer Disney-Prinzessin – wenn schon nicht unser Hochzeitskleid, so doch etwas für besondere Anlässe. Es gab jedoch eine Zeit, in der ein derartiger Aufzug keineswegs speziell für einen besonders glamourösen Anlass gedacht war; es handelte sich vielmehr um Alltagskleidung, die von Frauen relativ niedrigen Stands getragen wurde – nicht dass sie deswegen gleich praktisch war. Obwohl die Damenbekleidung des europäischen Mittelalters lang war und Arme und Beine bedeckte, war sie nicht verschwenderisch im Umgang mit Stoff. Sicher, sie fielen hinten elegant bis auf den Boden und die Ärmel, die sich an den Handgelenken wie gefaltete Flügel ausnahmen, hatten einen Touch von Hexenmeister, aber in der Regel folgten sie der Figur und waren um die Knöchel leicht ausgestellt.

Im modebewussten 15. Jahrhundert jedoch sollte sich das ändern; hier nämlich erfolgte eine radikale Hinwendung zum luxuriösen Exzess. Die Damen der Aristokratie trugen die lange, vorn offene *houppelande*, deren ausladende Schleppe sich um die Füße sammelte, als stünde die Trägerin in einer gleißenden Pfütze sonnendurchfluteten Regenwassers. Und selbst das war noch nichts im Vergleich zu dem, was noch kommen sollte. Zur Zeit Elisabeth I. von England, also Ende des 16. Jahrhunderts, waren Polster der letzte Schrei. Die Taille durch ein Schnürleibchen auf die einer Wespe reduziert, der Oberkörper entsprechend beengt, folgte darunter der Reifrock, das Gegenstück zu einem Wagenrad um die Hüfte, über das einem Zelt gleich der Stoff gespannt war. Dieser Look verlieh der Dame ein aufgepumptes Fundament, das den Eindruck vermittelte, die Beine seien durch ein hübsch geschneidertes Luftkissenfahrzeug ersetzt. Übertreibung war ganz offensichtlich der Sinn des Looks; er wurde durch zusätzliche Kissen unter dem Po sogar noch betont. Dies verlieh der Frau »einen Hintern wie ein Fass« und »macht[e] ihre Hinterbacken widernatürlich rund« – oder wenigstens sahen englische Kritiker das so. Nur englische? Auch das deutsche *Frauenzimmerlexikon* von 1725 scheint die Mode nicht ganz ernst zu nehmen, wenn es dort heißt:»die reifröcke gehen wie eine wiege im schwunge und haben an der seite gleichsam bänkgen oder pauken; vorn sind sie eingebeugt, wie türkische trommeln«. Da der Reifrock Vorrecht der höheren Stände war, behalfen sich die Damen der unteren Stände mit dem»Weiberspeck«, einen ringartigen Wulst aus Leder, den bürgerliche Damen sich um die Hüften banden, um einen Reifrock vorzutäuschen. Dieses Aufplustern des Hinterteils war eine Mode, die während der folgenden drei Jahrhunderte immer wieder auftauchte, und Ende des 17. und Mitte des 18. Jahrhunderts ließ die Manie, sich mit einem Höchstmaß an Tuch zu drapieren, Damen von Stand wie mobile Kleiderständer durch die angestammten Hallen schweben, wandelnde Schichtwerke von Strümpfen, Unter- und Überröcken, Leibchen, Kragen und Schals. Der Gipfel stilistischen Prunks waren jedoch zweifelsohne die kolossalen Mantua-Kleider, wie sie an europäischen Königshöfen die Mode waren. Es waren prächtige Kleider, über versteckte Gerüste drapiert, die von den Hüften abstanden wie die Einkaufstaschen, die wir heute ans Fahrrad klemmen. So berichtete das *Weekly Journal* von 1718: »Ich habe viele feine Damen von kleiner Statur gesehen, die, wenn sie in ihren Reifen durch die Wohnung segeln, aussehen wie Kinder in ihren Wägelein.«

In den 1740ern waren diese Kleider so breit geworden, dass die Damen seitwärts durch Türen mussten wie Krebse, und immer schön eine nach der anderen, sonst blieben sie stecken wie Lastwagen, deren Anhänger sich in einem engen Tunnel querstellen. Die Schwierigkeiten, damit in eine hohe Kutsche zu steigen, kann man sich nur vorstellen, schon gar wo man obendrein noch mächtige, so schwere wie kunstfertige Perücken und unter den Petticoats keine Höschen trug – das Potenzial für Peinlichkeiten muss immens gewesen sein. Außerdem brauchte es Unterstützung, diese Kleider anzulegen, wobei die Trägerin stillzustehen hatte, während rundum ein Team von Bediensteten damit beschäftigt war, sie Stück für Stück startklar zu machen wie einen Formel-1-Wagen beim Boxenstopp.

Es war wahrscheinlich unvermeidlich, dass eine derart bizarre Mode im Gefolge der blutigen französischen Revolution rasch verschwand; die nervös gewordene Aristokratie entledigte sich der vielschichtigen Kleidung ebenso schnell wie der Perücken, die an die eben abgeschaffte Monarchie erinnerten. Man nahm natürlichere Frisuren und schlanke Kleider an, wie sie uns aus Jane-Austen-Verfilmungen bekannt sind. Es entbehrt nicht einer gewissen Ironie, dass dieser schlichtere Stil seinen Ursprung bei keiner anderen hatte als der Doyenne überdimensionaler Kleider höchstpersönlich, Königin Marie Antoinette, deren merkwürdiges Hobby darin bestand, in ihrem Hameau de la Reine, einem eigens dafür eingerichteten bukolischen Themenpark in der Nähe des Versailler Schlosses, das schlichte Bauernmädchen zu spielen. Sie gab dort, weit entfernt vom Schnickschnack königlicher Pracht, das einfache Bauernmädchen und molk Kühe in einer Art Fantasy-Rollenspiel. Sie und ihre Kinder bewegten sich in schlichten Musselinkleidern zwischen wahrhaftigen Bauern, sich der Schrecken der Revolution um sie herum nicht bewusst.

Aufgestylt

Dennoch, aller Schlichtheit einer Jane Austen zum Trotz, führten die Viktorianer Mitte des 19. Jahrhunderts in einem Rückgriff auf den Verdugado, die Frühform des Reifrocks, den Big Dress wieder ein. Die verbesserten Käfige der neuen Krinolinen, steife Petticoats, die – wie später der Eiffelturm – bald aus Stahl gebaut waren, betonten die schmale Taille und die breite Hüfte, die Symbole weiblicher Fruchtbarkeit. Um das zu erreichen, kontrastierte man eine zierliche Obertaille mit einem Wust weichen Stoffs, der von den Hüften abstand, als hätte die Trägerin den Kopf in einen leeren Heißluftballon gesteckt und sich den dann über die Hüften gezerrt.

Krinolinen waren zweifelsohne elegant, aber sie hatten auch

ihre Nachteile. Letztlich Fallschirme, genügte schon die kleinste Böe, um sie der Trägerin über den Kopf zu wehen. Und da in einer Gesellschaft, die der Anblick eines Knöchels zu schockieren vermochte, ein entblößter Hintern und mehr so ziemlich das Peinlichste war, was einer Frau passieren konnte, wird durchaus verständlich, dass fast schlagartig das rüschenbesetzte knöchellange Unterbeinkleid in Mode kam. Es versehentlich blitzen zu lassen, war freilich nicht das einzig Gefährliche an der Krinoline; sie stellte ein ernstes Sicherheitsrisiko dar. Da viele aus Celluloid waren, einem entsetzlich feuergefährlichen frühen thermoplastischen Kunststoff, der uns vor allem als Material für Kinofilme bekannt ist, genügte schon ein Funken einer Zigarre oder aus einem offenen Kamin, um so eine modische Dame in Flammen aufgehen zu lassen – was dem Begriff »Fashion-Victim« eine ganz neue Bedeutung gibt.

Alles in allem waren Reifröcke jedoch glücklicherweise eher ein Quell unbeholfenen Slapsticks als haarsträubenden Grauens. Da Krinolinen sich selbst bei Frauen der Arbeiterklasse enormer Beliebtheit erfreuten, wurden sie zur leidigen Bedrohung für die wirtschaftliche Produktivität. 1863 richtete die weibliche Belegschaft in einer englischen Keramikfabrik einen Schaden von 200 Pfund an – allein dadurch, dass sie mit ihren gewaltigen Röcken Inventar umstieß – ein Beleg dafür, dass man kein Elefant sein muss, um für Chaos in einem Porzellanladen zu sorgen.

Neues von gestern

Zum Ende des Zeitalters Edwards VII. erlebte die Damenmode einen massiven Umbruch. Anstatt der vielschichtigen, überdimensionalen Proportionen der beiden vorhergehenden Jahrhundertmitten, die die natürlichen Kurven der Frau mit Korsett und

Polster künstlich betonten, brachten die 1920er das genaue Gegenteil; der damals aufkommende Glamour des amerikanischen Kinos machte die knabenhafte Figur zum Inbegriff der Eleganz. Alle muffige, einengende Steifheit über Bord werfend, trug man nun ärmellose, knielange Kleider, die im Licht der Tanzhallen schimmernd lose an knochigen Schultern hingen. Die Mode der 1750er und 1850er war groß gewesen und unverschämt übertrieben, aber die Gegenbewegungen der 1820er und 1920er machten beide Male mit alledem Schluss. Sehen wir das als interessante Erinnerung daran, dass die Geschichte der Mode sich als rasante Folge gegenläufiger Trends präsentiert, die das Alte mal aufgreifen, mal verwerfen.

Bis aufs Hemd

Wenn wir uns für Jeans oder Rock entscheiden, dann brauchen wir dazu ein passendes Oberteil, sonst wissen unsere Freunde beim Essen nicht, wo sie hingucken sollen. Wie wir bereits wissen, waren Chiton bzw. Tunika über Jahrtausende hinweg die allgegenwärtigen Hauptsäulen akzeptablen Auftretens, und zwar für Mann, Frau und Kind. Bis zum 16. Jahrhundert war daraus das Wams geworden, eine gerade mal bis zur Hüfte reichende und vorn geknöpfte Jacke, die dann mithilfe von Strapsen mit Kniehose oder Beinlingen verbunden war. Es war im Grunde eine absolut vernünftige Idee, aber nicht eben ideal für jemanden mit Dünnpfiff oder Konfirmandenblase, da einiges an fingerfertigem Gefummel nötig war, bevor die Hose endlich fiel.

Ganz im aristokratischen Stil war das Tudor-Wams des 16. Jahrhunderts um die Brust gepolstert, um den Träger stattlicher erscheinen zu lassen, auch wenn er für heutige Begriffe eher einer mit Fritten gemästeten Taube glich. Für alle anderen war es nur eine wärmende Schicht mehr, unter der man noch ein ärmelloses und schließlich noch das Leinenhemd mit den weiten Spitzenmanschetten trug, die Unterwäsche, die einen vor dem Verdrecken schützte. Die Bauern hielten sich eher weiter an den grobwollenen Kittel und die Weste. Weder Hemd noch Kittel waren in der Mitte durchgeknöpft; das Hemd hatte einen kleinen Umlegekragen, der beim Adel zur abnehmbaren gefältelten Halskrause aus gestärktem Leinen mutierte, die den Hals rundum umgab. Merkwürdiges Resultat dieses Rüschenkranzes war der Eindruck, der Kopf habe nichts mehr mit dem Körper zu tun – er wirkte wie von einem Psychopathen abgeschlagen und auf einem Spitzendeckchen serviert.

Gegen Ende des 16. Jahrhunderts wurden diese Halskrausen so breit, dass es angeblich in einigen Fällen extralanger Löffel bedurfte, wollte man damit essen, da man mit der Hand allein nicht an den Mund kam. Königin Elisabeth I., stets eine Trendsetterin, beschnitt die Krause gern vorn und hob sie hinter dem Kopf etwas an wie das Nackenschild eines Triceratops; das erlaubte es ihr, die königliche Büste besser zur Geltung zu bringen, und sie hielt das bis ins hohe Alter so – sehr zum Missfallen ausländischer Botschafter, die auf den Anblick prähistorischer Vorgebirge nicht gefasst waren.

Um die 1620er-Jahre kam die Halskrause außer Mode; der bescheidenere Kragen stellte sich wieder ein. Dafür begann gegen Ende des Jahrhunderts das Hemd sich vorn am Hals zu kräuseln. Es entwickelte sich das Jabot, eine zunehmend auffällige am Kragen befestigte Brustkrause, deren Rüschen bald überhandnahmen. Der berühmt-berüchtigte Trendsetter des Regency, George »Beau« Brummell, war ein geradezu besessener Perfektionist, der das Hemd dreimal am Tag wechselte und den Kragen hochgestellt und mit Schalkrawatte trug. Und so schlicht sich das stilistisch anhören mag, für ihn scheint es jeden Tag aufs Neue eine schier unüberwindliche Herausforderung gewesen zu sein. Einer berühmten Anekdote zufolge sah ein Freund bei einem Besuch einen Berg Krawattenschals auf dem Boden von Brummels Ankleidezimmer, der Kammerdiener des Hausherrn war gerade dabei, eine neue Krawatte aufzubügeln. Verwirrt erkundigte sich der Freund, was es mit dem Haufen Plastrons auf sich habe, worauf der modische Dandy antwortete:»Sir, das sind unsere missglückten Versuche.« Es wird Sie kaum überraschen, dass Großbritanniens bedeutendster Stutzer pingelig genug war, seine Schuhe mit Champagner zu putzen und einmal einer Freundin den Laufpass gab, weil er sie hatte Kohl essen sehen.

Bei aller Detailfreudigkeit Brummells, das Hemd zählte nicht, das hatte niemand zu Gesicht zu bekommen; mehr als Rüschen und Kragen zu zeigen, galt als anstößig. Vergessen wir nicht, dass das Hemd bis ins frühe 20. Jahrhundert, als es endlich zu Knöpfen gekommen war, zur Unterwäsche zählte. Wer kein Hemd tragen konnte, etwa Soldaten und Seeleute, trug eine enganliegende, knopflose Variante davon.

Endstation Kult

Die Ärmel über dem Bizeps gekappt, am Hals ein Bündchen, hatte sich das T-Shirt aus dem weißen Flanellunterhemd entwickelt, das die amerikanischen Seeleute des 19. Jahrhunderts trugen, und auch wenn seine Ursprünge umstritten sind, wir wissen, dass es bei der US Navy 1913 Dienstkleidung wurde. In den 1930ern dann übernahmen es die Sportler zum Joggen, für den Rest der Welt blieb es Unterwäsche. Was nicht hieß, dass man Männer an heißen Tagen nicht mal im T-Shirt gesehen hätte, aber das waren Arbeiter, und keiner von ihnen hätte sich darin abends in der Bar sehen lassen. Um das T-Shirt zum selbstständigen Oberbekleidungsstück zu machen, bedurfte es einer Portion Hollywood- Glamour, und diese kam 1951, und das Unterhemd wurde Kult.

In der klassischen Adaption von Tennessee Williams' Stück *Endstation Sehnsucht* zog Marlon Brando auf den Kinoleinwänden der ganzen Welt Blasen als siedendheißes Sinnbild potenter Männlichkeit. Sein Stanley Kowalski war ein Mannsbild direkt aus der Ursuppe, ein Übermann, mit dessen erotischer Energie man wahrscheinlich eine Stadt hätte heizen können. Ein wesentliches Element dieser Anziehungskraft war der Look – das enge T-Shirt, dessen Säume zu platzen drohten unter seiner leidenschaftlichen Frustration. Und so verschwitzt, zornig und psychisch defekt er auch sein mochte, das Publikum konnte sich nicht sattsehen an ihm. Fast über Nacht wusste die Jugend Amerikas, wo die Zukunft der Mode lag ... und an die Halskrause dachte sie dabei mit Sicherheit nicht.

Schön, nachdem wir unser Outfit beisammen und eine letzte Pirouette vor dem Spiegel gedreht haben, wird es Zeit, sich auf die Ankunft unserer Gäste vorzubereiten. Das Essen haben wir bereits am Abend zuvor vorbereitet; wir brauchen also nur noch eine Flasche Schampus zu entkorken und den Tisch zu decken. Gott sei Dank.

19 Uhr

CHAMPAGNER-APERITIF

Wir geben heute Abend eine kleine Party, um den Geburtstag einer guten Freundin zu feiern, und als unsere Gäste sich gestylt und munter im Esszimmer versammelt haben, bieten wir allen ein Glas Champagner an. Immerhin ist Schampus bei Festivitäten aller Art *de rigueur*, unerlässlich – aber das war nicht immer so.

Des Teufels Wein

Wollen Sie eine nette Geschichte hören? Am 4. August 1693 stand ein betagter Benediktiner namens Dom Pierre Pérignon staunend in der Weinkellerei der Abtei Hautvillers. Sofort rief er seine Klosterbrüder: »Kommt schnell! Ich trinke Sterne!« Er hatte jeden Grund, aufgeregt zu sein. Nach jahrelangen Experimenten war es so weit – endlich hatte er das Rätsel der Schaumweinherstellung geknackt. Leider ist diese charmante Anekdote größtenteils Quatsch. Die Vorstellung, dass Dom Pérignon von vornherein den Champagner hatte erfinden wollen, ist ein Marketingmythos aus dem 19. Jahrhundert; die Ursprünge des bekanntesten Luxusgetränks der Welt liegen in einer Kombination von Zufallsentdeckung und – zum Entsetzen meiner französischen Mutter, da bin ich sicher – englischer Findigkeit.

Es handelt sich bei Champagner nicht um eine bestimmte Weinsorte, den Namen verdankt das Getränk dem französischen Weinbaugebiet, und der katalanische Cava und der italienische Prosecco stehen ihm relativ nah. Abgesehen davon waren Champagnersorten des Mittelalters von Natur aus still und eher von fahlem Grau als von lichter Spritzigkeit. Obwohl man sie durchaus respektierte, das Renommee der großen Produkte aus Bordeaux hatten sie nicht. Aber da der Wein nun mal nahe der Krönungsstadt Reims angebaut wurde, konnten sich die Winzer dort wenigstens der königlichen Gönnerschaft sicher sein. Schön, dann waren die Ursprünge des Champagner eben nur respektabel statt spektakulär, aber können wir dann wenigstens davon ausgehen, dass es der erste Schaumwein der Welt war? Fehlanzeige, diese Ehre gebührt der Blanquette de Limoux, die 1531 von den Benediktinern von St. Hilaire produziert wurde, eine Abtei unweit der französischen Festungsstadt Carcassonne. Und nein, Dom Pérignon hat sein Handwerk auch nicht bei denen gelernt; das ist nur einer von mehreren Minimythen, aus denen man die Propagandakampagne um die »trinkbaren Sterne« gestrickt hat. *Pardonne-moi, maman!*

Um die Wahrheit zu sagen, die Bläschen, die heute in unserem Glas aufsteigen, waren eher der Fluch von Dom Pérignons Leben. Und der Grund seiner Abneigung gegen sie? Nun, sie waren Symptom eines Fehlers im Herstellungsprozess. Moussierender Champagner war eine ärgerliche Anomalie – für Dom Pérignon war es *le vin du diable* (des Teufels Wein) –, aber wir wissen heute natürlich, dass da nicht der Satan die Hand im Spiel hatte, der Grund für die Bläschen ist eine Laune der organischen Chemie. Die Champagne liegt hoch im Norden, die Winter sind dort ziemlich frisch, und der Frost stoppt vorübergehend die chemische Reaktion der Hefe, die den Zucker im Wein in Alkohol verwandelt. Anders gesagt, der Gärungsprozess, den man damals für abgeschlossen hielt, hatte nur pausiert. Als man den neuen Jahrgang dann im März in Flaschen abfüllte, reaktivierte die Sommersonne die schlafende Hefe, was die plötzliche Entwicklung von Kohlendioxid zur Folge hatte und damit die Bläschen.

Aber es kommt noch schlimmer. Die schlechte Qualität des französischen Glases ließ einige der Flaschen bersten, ein kostspieliges und peinliches Desaster für Dom; außerdem zwang es die Arbeiter, in den Kellern Schutzkleidung und eine eiserne Gesichtsmaske zu tragen, um nicht von Splittern geblendet zu werden. Die Flaschen, die nicht zersprangen, vielleicht weil der ölige Hanflumpen oder Holzkorken nicht luftdicht war, wurden schleunigst an die Kundschaft in Frankreich verschickt, fanden aber – was noch wichtiger war – auch ihren Weg nach England. Nach dem Entladen auf der anderen Seite des Ärmelkanals füllte man sie gern um, damit sich der Wein besser hielt. Nun wurden die englischen Flaschen aber in heißeren Öfen hergestellt, bei denen man Steinkohle verheizte statt Holz, was das Glas härter machte. Und dann zogen sie die luftdichten Korkstöpsel den Lumpen vor, was zu einem ganz neuen Prozess führte – der leicht moussierende Wein wurde so richtig spritzig, als das Gas gegen sein hartes Gefängnis aus Glas und Kork schob.

Da die Bläschen ein Symptom mangelnder Qualitätskontrolle waren, könnte man nun meinen, die Engländer hätten pampig reagiert, schließlich hatten ihnen ihre zeitweiligen Feinde nicht einwandfreie Ware verkauft, aber das leichtblütige England von König Karl II. nahm das Getränk als prickelnde Neuheit auf. Dom Pérignon war ja gewiss ein engagierter Kellermeister, der an der Verbesserung seines Weins arbeitete; er hatte einen stillen weißen Wein aus roten Trauben produziert und experimentierte mit Mischungen verschiedener Rebsorten, aber nicht einen Augenblick hätte er sich die Flut von Bestellungen träumen lassen, die für seinen Teufelswein aus Übersee kam. Und es dauerte nicht lange, bis seine feine französische Klientel ebenfalls nach dem spritzigen Schaumwein zu verlangen begann. Dem verdutzten Mönch blieb nichts anderes, als sich umzustellen.

Spritziges für Royals

Als Dom Pérignon 1715 starb, produzierten seine Keller sowohl Still- als auch Schaumweine, aber es war Letzterer, den man dem Herzog von Orléans in den Pokal goss, als er im selben Jahr die Regentschaft übernahm. Das war der Startschuss, der Augenblick, als der Champagner den Zuspruch eines Prominenten bekam, und es dauerte nicht lange, da begannen geschäftstüchtige Kaufleute die Chancen im Schaumweinhandel auszuloten. 1729 etablierte Nicolas Ruinart, der Neffe von Dom Pérignons engem Freund Dom Thierry Ruinart, die erste Champagner-Marke; 1743 folgte ein rühriger Wollhändler namens Claude Moët, dem es irgendwie gelang, die Mätresse Ludwig XV., Madame de Pompadour, als treue Kundin zu gewinnen. Ihr Urteil lautete: »Champagner ist der einzige Wein, der eine Frau schöner macht.« Das war genau die Art von unglaublicher PR, die man im 18. Jahrhundert schlicht nicht kaufen konnte. Als sich eifrig weitere Kaufleute ins Geschäft mit der alkoholisierten Brause stürzten, wurde rasch klar, dass der kleine Markt aus Aristokraten die vielen neuen Weingüter nicht tragen würde. Der Champagner musste sich nach neuer Kundschaft umsehen.

Nachdem das Geheimnis von gehärtetem Glas und Korken entdeckt war, konnten Champagnerhersteller ihren Wein in die ganze Welt verschicken, ohne dass ihre Flaschen explodierten wie B-Ware aus der Waffenfabrik. Gegen Ende des Jahrhunderts plätscherte Champagner durch die eleganten Kehlen von Zar Peter dem Großen und Amerikas republikanischem Superhelden George Washington. Er war zum Getränk von Macht, Eleganz und Luxus geworden, nur dass man eben kein Monarch sein musste, um ihn sich leisten zu können. Die Werbekampagnen des 19. Jahrhunderts schlugen sogar raffiniert Kapital aus der gefühlten Opulenz, als sie das Getränk einer aufstrebenden Mittelschicht schmackhaft zu machen versuchten. Natürlich blieben einige Marken für immer außer Reichweite –Louis Roederer zum Beispiel füllte seinen Cristal ausschließlich für die russischen Zaren ab; für das gemeine Volk blieb die Marke bis zum Ende des Zweiten Weltkriegs unerreichbar.

Bei uns gibt es heute Abend keinen Cristal, den können sich nach wie vor nur Rapper und Fußballer leisten, aber als wir auf der Jagd nach einer Flasche die Regale im Supermarkt langgingen, hatten wir die Qual der Wahl. Der einst süße graue Wein aus dem mittelalterlichen Frankreich ist heute mehr oder weniger zuckrig als *doux* und *demi-sec* oder – weniger süß – als *sec* oder *brut* zu haben, ja selbst strohtrocken als *extra-brut*. Und natürlich gibt es Sorten aus weißen Trauben (*blancs de blancs*), aus roten (*blancs de noirs*), die aufreizend rosigen *rosés* und schließlich die *cuvées de prestige,* die in der Regel die Spitzenprodukte der Kellereien sind. Eines ist jedoch allen Sorten gemein, und das ist die perlende Spritzigkeit. Bläschen sind für den Champagner, was Stirnbänder für den Stadion-Rock der 1980er waren – die aufregende Essenz, der Kick, ohne die die Erfahrung auf der Stelle zur Enttäuschung gerät.

Also, die Gläser gefüllt, trinken wir auf das Wohl des Geburtstagskinds und lassen den Abend angehen.

ABENDESSEN MIT FREUNDEN

Die Party ist in vollem Gange, alle plaudern munter miteinander, als sich ein aufgeregtes Zirpen vernehmen lässt – der Timer unseres Herds lässt uns wissen: Es ist fast so weit. Um ehrlich zu sein, wir servieren keine kulinarische Höchstleistung, aber vor den Kopf gestoßen ist auch keiner, als wir unser Menü enthüllen. Die Leute sind nicht eigentlich wegen der Mahlzeit hier; sie sind einfach gern in Gesellschaft. Wir haben uns getroffen, um Brot zu brechen, um eine Mahlzeit zu teilen.

Lieber mit anderen oder allein?

Die Eiszeit war für den Menschen eine eher frostige Angelegenheit. Es herrschten nicht unbedingt arktische Temperaturen, aber nachts mussten die Bewohner Mitteleuropas durchaus mit Minusgraden rechnen, zu schweigen von der ständigen Gefahr, einem Raubtier auf Beutezug zum Opfer zu fallen. Vor 30.000 Jahren dürften die Winde mit rauer Unerbittlichkeit durch die geschwungenen Täler Mährens gefegt sein; entsprechend braucht es nicht weiter zu überraschen, dass Archäologen bei Dolní

Věstonice auf zahlreiche Belege für Feuerstellen gestoßen sind. Feuer wärmt nicht nur, es lässt sich damit auch kochen, und Kochen wiederum erschließt uns die Extrakalorien im Fleisch, die den Körper widerstandsfähiger gegen Kälte machen, von der beschleunigten Verdauung ganz zu schweigen. Wie mögen Sie es denn lieber, als Rohkost oder gegart? Der Mensch der Eiszeit brauchte da nicht lange zu überlegen.

Doch diese Wildbeuter kauerten nicht nur ums Feuer und ignorierten einander. Die Feuerstelle war vermutlich auch der gesellschaftliche – *Pardon!* – Brennpunkt, wo man die sozialen Bande pflegte. Vergessen wir nicht, das lateinische Wort für die Feuerstelle, den Herd, ist *focus;* sie ist seit Tausenden von Jahren pulsierender Mittelpunkt der Gemeinschaft. Und natürlich macht Kochen das Essen nicht nur nahrhafter und wohlschmeckender, es weicht auch die zähen Fasern auf, vor denen Kinderkiefer und zahnlose Alte sonst hätten kapitulieren müssen. Und wie wir aus prähistorischen Skelettfunden wissen, ließ man auch Menschen mit Gebrechen nicht einfach verhungern, sondern kümmerte sich um sie. Entsprechend bedeutete so ein abendliches Barbecue auch, dass die Schwächsten zu essen hatten, und die kauende Runde um die Flammen brachte alle im Schoß der Gemeinschaft zusammen. Nicht von ungefähr kommt der englische *companion*, unter dem man den »Lebensgefährten« versteht, vom altfranzösischen *compaignon*, das sich aus den lateinischen Wörtern *com* (zusammen, mit) und *panis* (Brot) zusammensetzt; es handelt sich dabei also um die Person, mit der zusammen man das Brot bricht. Nicht mehr so deutlich ist das leider im Deutschen, wo der *kompagnon* dummerweise schon im 16. Jahrhundert zum *zechgenosz* verkommen war. Und dann weiter zum Geschäftspartner.

Ich nehm' dasselbe!

Allen vorliegenden Belegen zufolge ist der gemeinsame Schmaus ein seit jeher weitverbreiteter Brauch, der zuweilen gar nichts mit der Aufnahme benötigter Kalorien zu tun hatte. Der Ringwall aus der Eisenzeit am Hambledon Hill in der Grafschaft Dorset war eine beeindruckende Schanze auf der Kuppe eines 200 Meter hohen Hügels, die den Bewohnern die Verteidigung gegen feindliche Stämme erleichtern sollte. Uns interessieren jedoch hier weniger die Kelten, die sich dort verschanzt hatten, als die Menschen der Jungsteinzeit und der späteren Bronzezeit, die den Hügel zuvor als zeitweiligen Versammlungsort genutzt hatten. Sie haben nicht dort gewohnt, wohlgemerkt, für sie war der Hügel ein Ort, an dem man sich zum Abfeiern und zur Bestattung der Ahnen traf; und dazu scheint man, wenn die Tage des Sommers wieder kürzer zu werden begannen, auch andere aus der weiteren Umgebung eingeladen zu haben, um sich an einer Kuh gütlich zu tun, einem Hirschen oder was auf den Wiesen rundum sonst noch halbwegs lecker aussah.

Es nimmt sich fast ein bisschen wie die englische Festival-Kleinstadt Glastonbury aus – die Leute kamen zusammen, amüsierten sich, machten eine Riesensauerei und gingen wieder nach Hause (man kann nur hoffen, dass die Toiletten zivilisierter waren). Warum sie das taten, ist uns ein Rätsel. War es vielleicht eine religiöse Festivität? Oder war es vielleicht einfach eine jährliche Fete für angeheiratete Verwandtschaft? War es womöglich eine Art Dating-Service unter den Stämmen, der seinen Höhepunkt in der einen oder anderen erbaulichen Hochzeit für die eben Verkuppelten fand? Offen gesagt, wir haben keine Ahnung, aber das Fehlen von Wohngebäuden am Hügel selbst sagt uns, es war für Ende Juli eindeutig der angesagte Ort, aber alles, was dort im Dezember noch übrig war, das waren sorgfältig vergrabene Knochen von verspeisten Tieren und betrauerten menschlichen Vorfahren.

Ein Festessen konnte also auch Spaß machen; es musste dabei nicht nur um die lebensnotwendige Nahrungsaufnahme gehen, sondern spielte eine wichtige Rolle als Schmiermittel des sozialen Räderwerks. Im Mesopotamien der Bronzezeit bekräftigte eine gemeinsame Mahlzeit ein babylonisches Geschäft, es war sozusagen die Unterschrift; in juristischen Dokumenten der Zeit heißt es immer wieder: »Brot wurde gegessen, Bier wurde getrunken, Körper wurden in Öl gesalbt«, was sich weit abartiger anhört, als es in Wirklichkeit war. Insbesondere teilten die Geschäftspartner demonstrativ Salz und Wein als Symbol der neuen Bruderschaft; das Angebot dazu auszuschlagen, war nicht einfach nur unhöflich, es konnte durchaus zum Abbruch des Abschlusses führen. Ein mesopotamischer Schmaus war wie ein moderner Handschlag für die Kameras, wenn Fußballer bei einem neuen Team anfangen – er ist nicht notwendig, aber Anlass zur Sorge, wenn er fehlt.

Dieser Augenblick der Vereinigung, ob im Geschäft oder in der Ehe, mag sich nach einer trivialen Geste anhören, aber die Alten nahmen solch ein Gelöbnis sehr ernst, oft über Generationen hinweg. In Homers gefeiertem Epos – der *Ilias* – trafen die Krieger Glaukos und Diomedes auf dem Schlachtfeld aufeinander und begannen eben aufeinander einzustechen, wie sich das auf einer Walstatt gehörte, als einer den Namen des anderen erkannte und ihm auf der Stelle seine Rüstung zum Geschenk machte. Im Banne dieser Geste legte dieser sein Schwert nieder und erwiderte sie. Dann beschließen sie zusammen, auf einen anderen armen Hund loszugehen. Hatten sie sich irgendwann einmal bei einem Glas Roten etwas gelobt? Nein, aber ihre Großväter, vor vielen Jahren. Diese Geste der *xenia* oder Gastfreundschaft war bei den Griechen erblich wie eine Männerglatze und konnte sich halten, solange sie irgendjemandem in Erinnerung blieb.

Wie sie sich nun wahrscheinlich denken können, hielten die Römer und Griechen die gemeinsame Mahlzeit – das gesellige Beisammensein – für das tiefste soziale Band überhaupt, eine Möglichkeit, mit anderen zu kommunizieren, und auch wenn ungehobelte Barbaren und wilde Tiere angeblich mehr oder weniger nebeneinander fraßen, für die Römer fehlte es ihnen an der Etikette, an all den Regeln, die das Miteinanderteilen von Nahrung zu einem zivilisatorischen Ereignis machten. Wie der Schriftsteller Plutarch es so elegant ausdrückt:»Wir setzen uns nicht nur an den Tisch, um zu essen, sondern um gemeinsam zu essen.« So nahmen die Römer Tag für Tag eine herzhafte Hauptmahlzeit zu sich, die *cena,* und das in Gruppen von bis zu zwölf Leuten. Eine wirklich große Tischgesellschaft war als *convivium* bekannt, und ein spezielles religiöses Bankett war ein *epulum.*

Natürlich meldeten sich deren Bäuche – wie die unseren – vor und nach dieser großen Mahlzeit, also gab es zwischendurch mal ein *prandium,* einen kalten Snack, aber der galt nur der Nahrungsaufnahme, um die Leute vor dem hypoglykämischen Crash zu bewahren, wogegen die *cena* eine heilige, zum Status von sozialem Klebstoff erhobene Mahlzeit war. Ob die ärmere römische Unterschicht hierin die besseren Leute nachahmte, ist schwer auszumachen. Tatsache ist, dass sie eine gewisse Gemeinsamkeit in der *popina* fanden, einer Art Fast-Food-Lokal, und dann natürlich in den größeren, lauteren *tabernae,* wo für die anspruchslosere Kundschaft Getränke, Speisen, Glücksspiel und Huren zu haben waren, alles unter einem Dach.

Man kennt seinen Platz

Als aufmerksame Gastgeber bedeutet das Piepen vom Herd für uns, dass es Zeit wird, unsere Gäste durch Handzeichen sanft, aber bestimmt von den Polstermöbeln und Stehplätzen in Richtung Esszimmertisch zu dirigieren. Da wir keine Tischkarten ausgelegt haben, sehen wir unsere Gäste kurz zögern, während sie überlegen, welchen Platz sie für sich beanspruchen sollen. Wir sehen dem verheirateten Paar an, dass es kurz abwägt, ob man Seite an Seite oder einander gegenüber sitzen soll, um schweigend mit angedeutetem Augenrollen und im Lauf der Jahre eingeübter Mimik zu kommunizieren. Andere wollen wissen, ob wir an ein Männlein-Weiblein-Männlein-Weiblein-Arrangement gedacht haben, während die gertenschlanke Vegetarierin sich höflich erbietet, sich in die beengte Ecke zu zwängen, da sie zierlicher ist als wir.

Es ist ein heiterer Augenblick allgemeiner Unentschlossenheit, der allenthalben zu wissend-verlegenem Grinsen führt. Trotzdem enthüllt dieses Minitheater sozialer Verlegenheit, warum in fast allen Kulturen der Weltgeschichte geregelt war, wer seinen Hintern auf welchem Platz parken durfte und wessen Hintern erst gar nicht willkommen war. Plutarch stellte in seinem Werk *Tischreden* Überlegungen an, ob es der Verantwortung des Gastgebers obliege, seinen Gästen einen Platz zuzuweisen, oder ob sie das untereinander ausmachen sollten; andere römische Gastgeber zogen es vor, sich einzumischen und ihren Bankettsaal als Spiegelbild gesellschaftlicher Schichtung zu sehen. Gab es keine gemeinsame große Tafel, saß der Gastgeber oft am Kopfende des Raums und die favorisierten Gäste in seiner Nähe; furchtbare Kletten, peinliche Onkels und tödliche Langweiler aus der Verwaltung sahen sich, um die Ohren der A-List zu schonen, auf die Sofas am Rand verbannt.

Um ihnen noch deutlicher zu verstehen zu geben, dass ihre Anwesenheit nicht sonderlich erwünscht war, servierte man diesen geringeren Gästen womöglich auch minderes Essen und billigen Wein; und das wussten sie nur zu gut, schließlich trug man die guten Sachen – wie zum Hohn – immer gerade mal außer Reichweite an ihnen vorbei. Eine solche *cena* als popliger Begleiter des Geladenen zu besuchen war vermutlich so, als geriete man auf einem Transatlantikflug versehentlich in die erste Klasse und müsste dann, nach einem Blick auf richtige Weingläser und leckeres Essen, wieder zurück auf seinen engen Sitz in der Holzklasse, wo uns die Mikrowellenlasagne, die man uns auf den Klapptisch knallt, wie Plastik vorkommt.

Griechen von Stand dinierten zusammen im *andron* – oder Männergemach –, und zwar ohne ihre viel zu besorgten Frauen, obwohl sie das nicht davon abhielt, zur Unterhaltung Kurtisanen, Tänzerinnen und Flötistinnen einzuladen, zum Flirten oder expliziteren Darbietungen nackter Art. Die Römer scheinen weniger restriktiv gewesen zu sein als ihre Nachbarn in der Ägäis; bei ihnen durften die Ehefrauen oft mitkommen, mussten aber auf formelleren Stühlen Platz nehmen, während ihre Göttergatten sich auf den Kanapees aalten. Sich ebenfalls flachlegen zu dürfen war wahrscheinlich eine eher seltene Ehre für meisten gewöhnlichen Frauen.

Was die »unzivilisierte« Welt anbelangte, so beschrieb der Schriftsteller Athenaios die Kelten – die in klassischen Quellen als ziemlich schräge Vögel dargestellt werden, als nervige Barbaren mit blaugefärbter Haut und Schnauzbärten – als martialisches Volk, dem Männlichkeit und Gewalt über alles gingen. Entsprechend saßen bei ihren Mahlzeiten der edle Gastgeber und der stärkste Krieger in der Mitte; die geringeren Männer sowie die Frauen zechten um sie herum und aßen gekochtes Fleisch von Keramiktellern und Gemüse aus Körben. Wenn wir jedoch einige

Jahrhunderte vorwärts ins Mittelalter springen, sieht man auf Gemälden von großen Festen in majestätischen Hallen manchmal überhaupt keine Frauen; die speisten getrennt anderswo, wie übrigens auch die Aristokratinnen des Mittelalters in Japan und China; oder sie saßen beisammen auf einer Bank am hinteren Ende, am Rande der Party, als hätte man erst im letzten Augenblick noch an sie gedacht.

Wie beim römischen Snob, wo die unerwünschte Bekanntschaft an den Rand verbannt wurde, war im englischen Mittelalter das Bankett für gewöhnlich so strukturiert, dass der Gastgeber und seine engsten Gäste an einem festen Tisch saßen, der auf einem Podium an einem Ende der Halle stand. Man sieht dieses Arrangement heute noch auf britischen Hochzeiten. Von dort oben konnte der Gastgeber den Blick über seine Gäste schweifen lassen, die vor ihm im rechten Winkel an ad hoc aufgebockten Tafeln saßen. Diese Leute waren herzlich eingeladen, bei ihm zu essen, waren aber nicht würdig, am erhöhten Tisch des Hausherrn zu sitzen. Man sagte von ihnen, sie säßen »unter dem Salz«, weil auf dem erhöhten Tisch des Hausherrn das schöne Salzfass stand, das manchmal aus Silber getrieben und mit Edelsteinen besetzt war. Es gab sogar Salzfässer in Form goldener Schiffe, die spätestens im 16. Jahrhundert auch über ein Räderwerk und Räder verfügen konnten, sodass das Schiff über den Tisch glitt wie ein Spielzeug für den kleinen Sohn eines Milliardärs.

Anderswo in Europa war es durchaus üblich, dass der Gastgeber seinen Platz auf dem Podium aufgab und nach keltischer Tradition die Mitte für sich beanspruchte; er saß dann stolz an einer langen Tafel und die Gäste ihrem Rang nach von ihm entfernt. Man fragt sich, ob die unerwünschten Leute an den fernen Enden der Tafel, womöglich Weibsleute, ihrer entwürdigenden Platzierung wegen murrten oder ob sie – wie unbezahlte Praktikanten auf der Weihnachtsfeier der Firma – schlicht froh über die

Einladung waren. Jedenfalls machte diese klare Unterscheidung im Raum mehrere nuancierte Variationen durch, bevor die Aristokratie im 17. Jahrhundert auf derartige Massenveranstaltungen völlig verzichtete und stattdessen exklusiver in kleinen Grüppchen mit anderen Blaublütern speiste. Aber selbst dann bekam ein Herzog sein Futter immer noch vor dem bloßen Vicomte serviert.

Außerhalb der dünnen Luft solch elitärer Kreise galt diese bevorzugte Behandlung nicht unbedingt. Wenn wir heute in einem hübschen Restaurant sitzen anstatt zu Hause, sähe sich keiner von uns bemüßigt aufzustehen und den Platz zu wechseln, wenn einer mit einem höher dotierten Job in den Laden kommt. In England begann diese Zwanglosigkeit in den Kaffeehäusern des 17. Jahrhunderts, die – wie wir bereits erfahren haben – zu Treffpunkten von Dichtern, Schriftstellern, Wissenschaftlern und Kaufleuten wurden. In einer Subkultur, der neue Ideen über alles gingen, verzichtete man auf alte Gebräuche wie Bückling und Kratzfuß gegenüber Leuten höheren Rangs; 1674 erklärte ein neuer Führer durch die Gepflogenheiten der Kaffeehäuser:

Zunächst, Gentry, Handelsleute, sie alle sind hier willkommen,
Und dürfen sich ohne Schimpf beieinander niedersetzen
Vorrang des Platzes, niemand soll sich hier darum kümmern,
Sondern den nächsten Sitz einnehmen, den er finden kann,
Noch muss einer, falls eine Person besseren Standes kommt,
Sich erheben, um ihm seinen Raum zu überlassen.

Eine weitere Überraschung für den Reisenden vom Kontinent war, dass englische Männer überhaupt nichts dagegen hatten, mit respektablen Frauen in Tavernen zu dinieren, und Einträgen in Samuel Pepys' Tagebuch ist zu entnehmen, dass er seine Frau re-

gelmäßig zu Mahlzeiten mit Bekannten in Londons bessere Eta-
blissements einlud, obwohl es nicht sehr wahrscheinlich war, dass
sie sich für das Männlein-Weiblein-Arrangement entschieden, da
John Truslers *Honours of the Table* darüber 1788 – also ein Jahrhundert später – noch als Neuheit berichtete: »Eine neue ver-
mischte Art zu sitzen [hat begonnen, bei der] ein Herr und eine
Dame abwechselnd um einen Tisch sitzen, und selbiges zur besseren Aufmerksamkeit gegenüber der Dame willen geschieht, der
der Herr neben ihr sich widmet.« Ähnlich war im Paris Mitte des
18. Jahrhunderts das Restaurant ein neuer Ort, in dem sich speisen ließ, und diese neuen Restaurants begannen eben erst Frauen
neben den Herren zu bedienen, anstatt sie an ihren eigenen Tisch
zu bugsieren. Langsam begann man auch dort einige der alten
Regeln auszuhöhlen.
Aber nicht alle …

Nach Ihnen, nein, nach *Ihnen* …

Nachdem unsere Gäste sich einen Platz ausgesucht haben, ge-
statten wir ihnen, sich alle zur selben Zeit zu setzen. Aus Truslers Bericht von 1788 geht jedoch klar hervor, dass für die oberen
Schichten die Tradition des Rangs weiterhin gültig blieb: »Die
Damen, ob von höherem oder niedrigem Stand, sind der Reihe
nach zu bedienen, nach ihrem Rang oder Alter, und danach die
Herren in derselben Reihenfolge.« Das hört sich recht einfach
an – bis man sich die verwirrende Komplexität der gesellschaftlichen Hierarchie Großbritanniens einmal näher anzusehen beginnt: Lords, Ladys, Earls, Herzoge, Freiherren, Ritter, Gräfin-
nen, Prinzen und Prinzessinnen, alle mit ihren ebenfalls betitelten
Nachkommen, die darauf warteten, in ihre Fußstapfen zu treten.
Und wann immer einer von ihnen heiratete oder verwitwet wurde,

rückte die Person an der Tafel ihrem neuen Rang entsprechend entweder nach oben oder sie rutschte ab. Der Gastgeber musste dazu im Geiste wie beim Autoquartett ihre Verdienste durchgehen, bis eine klare Hierarchie etabliert war.

Interessanterweise schrieb die traditionelle chinesische Etikette genau das Gegenteil vor. Hier sollten sich die Gäste am besten gegenseitig durch die Tür zum Speiseaal schieben; alle Beteiligten versuchten verzweifelt dafür zu sorgen, dass zuerst derjenige, der hinter ihm an der Reihe war, vor ihm den Platz einnahm. Für Außenstehende hört sich das nach einem bizarren Monty Python-Sketch an, in dem das Wetteifern darum, der Höflichste zu sein, in eine Keilerei ausartet, aber dies geschah keineswegs. Es war eine Farce, bei der jeder seine Rolle kannte, und nachdem das Ritual genügend peinliche Augenblicke in Anspruch genommen hatte, sagte jemand, für gewöhnlich ein älterer Gast, den netten Satz: »Gehorsam vor Ehrerbietung.« Worauf die Gäste augenblicklich der Aufforderung des Gastgebers nachkamen und ihre Plätze einnahmen.

Ein weiteres Minenfeld in Sachen Umgangsformen war im Westen die Abendgesellschaft, bei der die Gäste von höherem Rang waren als der Gastgeber; nicht nur setzte es Letzteren dem Vorwurf aus, ein prätentiöser sozialer Aufsteiger zu sein, es bestand auch die Möglichkeit, dass Küche, Tafel und Konversation unter das von hochrangigen Gästen erwartete Niveau fielen – ganz zu schweigen davon, dass die Dienerschaft womöglich einfach nicht über die nötige Versiertheit verfügte für ein reibungsloses Diner und der Gräfinwitwe versehentlich die heiße Suppe in den Schoß goss. Mit Kettensägen auf einem Hochseil zu jonglieren konnte nicht gefährlicher sein, als in der viktorianischen Zeit eine Tischgesellschaft zu geben – der kleinste Ausrutscher konnte sich als tragisch erweisen und Folgen haben, die man einem jahrelang nicht vergaß.

Und schließlich herrschte da noch ein merkwürdiger Aberglaube hinsichtlich der erlaubten Zahl der Gäste an einer Tafel. Für Christen scheint das über Jahrhunderte Anlass zur Sorge gewesen zu sein – wegen der Geschichte mit Jesus und seinen zwölf Jüngern bei jenem schlecht bestrahlten Abendmahl. Wenn man im Frankreich des 19. Jahrhunderts 13 Leute einlud und einer im letzten Augenblick absagte, konnte man rasch noch einen als *quatorzième* (Vierzehnten) bezeichneten professionellen Notnagel rufen, damit die Tafel kein Unglück befiel. Der Kamerad wartete bereits seit fünf Uhr nachmittags in seiner Wohnung, geschnäuzt und geputzt, auf seinen heroischen Einsatz – ein eleganter Superheld, dessen Blick auf der Suche nach einem Notsignal über den Himmel streift.

Diese Triskaidekaphobie – Angst vor der 13 – war so groß, dass in den 1880ern ein gewisser Kapitän William Fowler, ein Veteran des amerikanischen Bürgerkriegs, in New York den Thirteen Club gründete in der hehren Absicht, diesen Aberglauben zu widerlegen. Er und seine zwölf Gäste, zu denen später fünf Präsidenten gehörten, begannen ihre Diners am 13. Januar um 19 Uhr 13, servierten 13 Gerichte und hielten 13 Toasts; die Mitglieder feierten ihren Rationalismus dadurch, ganz bewusst alles zu tun, was angeblich Unglück brachte – sie gingen unter Leitern hindurch, verstreuten Salz, zerschlugen Spiegel, öffneten Regenschirme im Haus, schmückten den Raum mit Skeletten und Piratensymbolen und hängten ein Transparent mit der Aufschrift »Die Todgeweihten grüßen dich« auf. Kurzum, man forderte das Schicksal nicht nur heraus, man verhöhnte es gnadenlos in dem sicheren Wissen, der Tod ereilte einen weniger durch den Sensenstreich eines untoten Killers als durch einen Herzanfall infolge der eigenen Unmäßigkeit.

Wir sitzen zu Tisch

Nach ausgiebigem Hin und Her sitzen wir denn endlich alle in einer Reihe um einen langen, rechteckigen Tisch. Für uns im Westen ist das das übliche Arrangement für das Festmahl – wir essen von ein und derselben Oberfläche, auf der wir eventuell Platzdeckchen finden, Kerzen, Besteck, und wir sitzen aufrecht auf unseren Stühlen. Aber auch das war nicht immer so.

In den frühen Tagen des alten Ägypten, vor etwa 4000 Jahren, lagen die Angehörigen der oberen Schichten auf Schilfmatten und aufgeschüttelten Kissen, ihre Getränke standen auf dem Boden, ihre Speisen vor ihnen auf einem niederen Tisch. Fehlen nur noch Fernseher und Kapuzenpulli, und ich sehe mich selbst, wenn meine Frau nicht zu Hause und mir nicht nach Arbeiten ist. Um die Zeit von Tutanchamun und Ramses dem Großen war bereits der Stuhl mit der Rückenlehne auf dem Vormarsch ins Esszimmer; ihr Stil hatte also – im Gegensatz zu meinem – bereits Fortschritte gemacht.

Weder Griechen noch Römer konnten mit dem Stuhl etwas anfangen – oder jedenfalls nicht die Betuchten. Sie zogen, wie wir bereits angesprochen haben, das Speisesofa – die Kline – vor, auf der der Gast seitwärts auf dem linken Ellbogen aufgestützt lag, die Knie angewinkelt, die Hüfte um der stabilen Position willen verdreht. In dieser koketten Pose verharrte man, konnte sich aber nach vorn beugen, um mit den Fingern der rechten Hand nach den Speisen zu greifen; niedere Tische – und Sklaven – sorgten dafür, dass die köstlichen Näschereien stets in ihrer eingeschränkten Reichweite waren.

Im Gegensatz zu den Römern versammeln wir uns um einen großen Tisch in der Mitte des Raums; im *triclinium* – dem Esszimmer – des alten Roms dagegen standen, wie der Name besagt, traditionell drei Klinen, genauer gesagt drei *lecti*, deren U-förmige

Anordnung den gemeinsamen Schmaus gestattete – und der Dienerschaft, die Speisenden flink mit reichlich Sprit und Snacks zu versorgen. Wenn natürlich jemand eine wirklich große Sause gab, ließen sich in einem entsprechend großen Raum entsprechend viele Klinen unterbringen, von denen jede zwei oder drei horizontale Gäste fasste. Plutarch warnte übrigens davor, zu viele Tische und Sofas in einen einzigen großen Raum zu pferchen – wegen des ebenso unvermeidlichen wie nervigen Lärms.

Bei einem Gespräch über Mahlzeiten fällt dem Christenmenschen natürlich vor allem das letzte Abendmahl ein – oder wenigstens unser Fantasiebild davon: der lange Tapeziertisch mit Jesus und seinen Jüngern, die fleißig reinhauen, während Jesus mit seiner ausladenden Geste aussieht, als setze er eben zu einer – unbeholfenen – Landung an. Dieses Bild ist jedoch ein Faksimile der Essgewohnheiten im italienischen Mittelalter. Es ist weitaus wahrscheinlicher, dass die Juden in Palästina seinerzeit auf dem Boden aßen; und wenn sie auf einem Bankett waren, dann dürften sie sich wie Plutarch und seine Spezis auf den Ellenbogen abgestützt haben. Woher wir das wissen? Nun, weil Johannes es in der Bibel beschrieben hat, und zwar in der Szene, als Jesus den Jüngern sagt, dass einer von ihnen ihn verraten werde:

> Es war aber einer unter seinen Jüngern, der zu Tische saß an der Brust Jesu, welchen Jesus liebhatte. Dem winkte Simon Petrus, daß er forschen sollte, wer es wäre, von dem er sagte. Denn derselbe lag an der Brust Jesu, und er sprach zu ihm: HERR, wer ist's?

Wenn sich der Kopf des Jüngers also auf Höhe von Jesu Brust befand, muss der Jünger wohl auf dem Boden gesessen haben.

Jahrhunderte später, in den großen Hallen des Mittelalters, hatten der edle Gastgeber und die besonders Illustren unter seinen Gästen die Ehre, mit dem Rücken zu dem tosenden Feuer im Kamin zu sitzen, um es warm zu haben, während man zu Tisch saß; alle anderen hockten auf Bänken ohne Lehnen und konnten nur darauf hoffen, dass ein bisschen Restwärme vorbeizog. Für die rustikaleren Leutchen, die von Gelagen in herrschaftlichen Hallen gerade mal träumen konnten, waren Tische im Haus so selten wie teure Kerzen und Lampen; das bedeutete, man aß wohl in der Nähe der Haustür oder am Herd, um im Dunkeln wenigstens halbwegs sehen zu können, was man da aß. Falls es keinen Tisch gab, saß man wohl auf einer kleinen Bank, die Speisen vor sich ausgebreitet, und manchmal gab es auch nur einen Stuhl für den Hausherrn, sodass der Rest der Familie auf kleinen Hockern oder Strohmatten saß.

Unser Hintern ruht natürlich nicht auf einem Sack voll getrocknetem Heu, aber das hat sich erst jüngst geändert; Esszimmerstühle für die Masse begannen erst im 16. Jahrhundert üblich zu werden. Reiche Familien der Renaissance kauften sich welche, um sie um ihre neuen eleganten Tafeln aufzustellen, die über Ausziehplatten verfügten, um bei Bedarf mehr Platz zu bieten. Diese Tische schützte man gern durch dicke, komplex gewobene türkische Läufer. Es entbehrt nicht einer gewissen Ironie, dass es sich bei diesen hier und da um Gebetsteppiche der Muslime handelte, aber in den ersten Tagen dieser Mode war das niemandem aufgefallen, und so kam es zu dem durchaus kuriosen Brauch, dass europäische Christen, die sich einen Gutteil des Jahrhunderts blutige Kriege mit den osmanischen Türken lieferten, ihr Abendessen von einem Teppich aßen, der ihren muslimischen Feinden heilig war.

Die Verschönerung der Tafel war damit jedoch noch nicht beendet. Wir haben heute Abend zwei Kerzen und einen kleinen Strauß Blumen auf dem Tisch; im 18. Jahrhundert jedoch wurde es in vornehmen europäischen Esszimmern ungemein modisch, die Aufmerksamkeit durch einen aufwändigen, ja denkwürdigen Tafelaufsatz zu fokussieren. Das konnte ein gewaltiger Strauß frischer oder – besser noch – künstlicher Blumen aus Seide sein; es gab jedoch noch andere Objekte, die den Blick auf sich ziehen und eine geistreiche Konversation auslösen konnten, Skulpturen aus Edelmetallen oder Glas, zum Beispiel, Kunst in Sandkästen und – besonders exotisch – eine einzelne Ananas, damals eine Frucht von so mysteriöser Seltenheit, dass die Leute sie nicht zu essen wagten, sondern einfach auf dem Tisch platzierten, um ihren Gästen Gelegenheit zu geben, sich in entgeistertem Staunen zu ergehen.

Ein Blick auf die Speisekarte

Eines Tages, möglicherweise 1810, versammelte sich die prächtig aufgeputzte Elite des napoleonischen Paris in der nicht weniger prächtigen Residenz des russischen Botschafters Fürst Alexander Borissowitsch Kurakin zu etwas, was ein fürwahr ausgefallenes Festmahl zu werden versprach. Immerhin war er als *le prince Diamant* bekannt wegen seines außerordentlich teuren Geschmacks in Sachen Kleidung, was alle Geladenen spektakulären Luxus erwarten ließ. Entsprechend hatte niemand erwartet, einen Speisesaal völlig ohne Speisen vorzufinden; die Dekorationen waren da, Geschirr und Besteck lagen aus, nur das Essen glänzte durch Abwesenheit.

Der Tisch, den wir heute Abend vor uns haben, nimmt sich in etwa genauso aus – na ja, er ist nicht aus elegantem Mahagoni, aber Sie wissen, was ich meine. Wir haben uns entschlossen, jeden Gang tellerfertig zu servieren, wie das heute die meisten Restaurants praktizieren, aber Kurakins schockierte Gäste erwarteten zahlreiche Gänge – wie Regimenter von Zinnsoldaten aufgereiht auf einer endlosen Tafel, an der sich nach Belieben von allem probieren ließ. Dieser traditionelle *service à la française* – oder Vorlegeservice – machte jedes Diner zu einem majestätischen Augenschmaus: die Horsd'œuvres, die damals noch keine Appetithappen vorab waren, sondern Beigerichte (*hors d'œuvre* heißt buchstäblich »Beiwerk«) flankierten die Ränder, während die verschiedenen Hauptgerichte in der Mitte der Tafel aufgereiht waren. Die Regel war nicht in Stein gehauen, aber wirklich üppige Festmähler servierten zwölfmal so viele Gerichte wie Gäste geladen waren, das heißt, die große Tafel ächzte unter dem Gewicht ganzer Heerscharen von einzelnen Schüsseln und Terrinen, auch wenn man nicht alle genau zur gleichen Zeit servierte.

Der erste Gang bestand für gewöhnlich aus der Suppe, die aus Terrinen gereicht wurde; der zweite bestand aus Fleisch, Fisch, Gemüse und süßen Desserts – im Wesentlichen also aus alledem, was für uns heute zu einer kompletten Mahlzeit gehört. Nur dass dann das Tischtuch entfernt wurde, unter dem bereits ein frisches lag, bevor der dritte und letzte Gang serviert wurde, der aus Käse, Obst und weiteren Desserts bestand. (*Dessert* kommt von *desservir*, »abtragen«, d.h. es kam, nachdem der Tisch abgeräumt war.) Sich durch dieses Meer von Futter zu arbeiten, dauerte buchstäblich Stunden, ließ den Bauch aufquellen, vergeudete tonnenweise Zutaten und führte unweigerlich dazu, dass man in der Regel kalte Speisen aß, aber in diesem Stil zu tafeln ließ den Gastgeber als enorm großzügigen Menschen dastehen.

Trotzdem, Kurakins *service à la Russe*, bei dem nur das Besteck ausgelegt und jeder Gang separat aufgetragen wurde, setzte sich in der High Society rasch durch und war in den 1880ern bereits akzeptiert. Warum? Nun, sicher nicht zuletzt, weil es praktischer war – immerhin kam das Essen so eher heiß als lauwarm in den Magen; außerdem hatte man das Mahl in anderthalb Stunden hinter sich, anstatt daraus einen vierstündigen Härtetest zu machen. Für das ständige Auf- und Abtragen benötigte man natürlich weit mehr Bedienstete, und das Mehr an Angestellten machte also das Weniger an Gerichten in gewisser Weise wett. Wie bei modernen Prominenten die Größe der Entourage wurde die Größe der Dienerschaft das neue Symbol des Reichtums.

Segne, was du uns bescheret hast

Nachdem jeder am Tisch seine Vorspeise bekommen hat, setzen wir uns und beginnen zu essen. Freilich, wären wir religiös, uns würde kein Bissen über die Lippen kommen, bevor die reichen Gaben nicht mit einem Gebet gesegnet sind. Viele Christen – wenn auch traditionell nicht die Engländer – sprechen ein Tischgebet, ein kurzes, schlichtes Dankeschön an den Herrn. Die Hindus halten es ähnlich, wogegen die Juden die Birkat Hamazon nach einer Mahlzeit sprechen, zu der Brot gehört hat; Muslime gehen auf Nummer sicher, indem sie vorher die Basmala (»Im Namen Allahs«) sprechen und hinterher die Hamdala (»Gepriesen sei Allah«). Erwähnenswert ist, dass die Muslime des Mittelalters zu warten hatten, bis alles aufgegessen war, bevor sie Allah lobten – andernfalls, so dachten sie wohl, könnte es sich so anhören, als hätten sie etwas Besseres zu tun, als wollten sie, die Mahlzeit wäre vorbei.

Rituale vor den Mahlzeiten haben jedoch nicht immer einen religiösen Hintergrund. So wissen wir, dass im Mesopotamien der Bronzezeit das Bankett nicht beginnen konnte, bevor nicht alle Gäste mit einer Mixtur aus Öl, Myrte, Ingwer und Zeder gesalbt waren, was ihre Hände so lecker duften ließ wie das Essen, das gereicht wurde, wenn nicht noch besser. Ägypter, Römer und Griechen zogen es – wie später die Menschen des Mittelalters – vor, die Hände vorher mit Wasser zu reinigen; der Hochadel aus

278

dem Niltal erschien zudem gern mit Blumengirlanden und einem duftenden Wachskonus auf dem Haupt. Dieser begann während des Mahls zu schmelzen, was ihren modischen Perücken ein angenehmes Aroma entströmen und sie selbst zu wandelnden Duftspendern werden ließ.

Die Griechen konnten sich mit dieser Kuriosität nicht anfreunden, setzten aber die Tradition der zeremoniellen Girlanden fort. Sie sollten sie an Prometheus erinnern, den Titanen aus der Mythologie, der den Menschen geschaffen und dann seinen Götterkollegen für die Menschen das Feuer gestohlen hat. Für diese altruistische Geste bezahlte er den hohen Preis einer ewigen Folter – an einen Felsen gekettet, musste er sich jeden Tag von einem Adler die ständig nachwachsende Leber aus dem Leib reißen lassen. Die Geschichte des Prometheus hatte bei den Griechen zu dem Glauben geführt, die Götter könnten das siedend heiße Fett eines Opfertiers trinken, vorausgesetzt, dass man es in ihrem heiligen Namen schlachtete. So begann im Mittelmeerraum der Antike jedes größere Festmahl mit dem rituellen Verbrennen von tierischem Fett und dem von Gesang begleiteten Füllen einer brodelnden Schale. Das beschwichtigte offensichtlich die notorisch launischen Götter, was prima war, denn den Griechen blieben fürs Mahl das magere Fleisch und der Wein.

Sich die Hände zu waschen ist praktisch seit Jahrtausenden Standard – angesichts des Mangels an Besteck lag das nahe –, aber die Mächtigen hatten nicht nur Angst vor Dreck in ihrem Essen. Im Frankreich des Mittelalters stieß man in adeligen Häusern vor einem Festmahl ins Horn, um den Leuten zu sagen, sie sollten sich schon mal die Hände säubern, wozu auf einem gesonderten Tisch Wasser in Krügen bereitstand. Während man sich die Hände wusch, prüfte der offizielle Vorkoster die einzelnen Gänge mit mehr oder weniger magischen und alchemistischen Methoden – Haifischzähnen, Froschteilen oder schimmernden Kristallen – auf Gift. Wenn die Substanzen bluteten oder die Farbe wechselten, war Gift im Essen und es lauerte wahrscheinlich ein Meuchler im Raum! Das Essen besonders renommierter Gäste wurde vorgekostet, manchmal von einem Schoßhund, einem *chien gouter;* den richtig Paranoiden beruhigte aber auch das noch nicht. Ludwig XIV. aß größtenteils allein, eventuell mal im Beisein der Königin, und sein Essen bekam er in verschlossenen Behältern, die unter Bewachung von Musketieren aus der Küche geliefert wurden, um sicherzugehen, dass nichts drin war, was nicht drin sein sollte. Wenn wir ins Restaurant gehen, gibt es leider keine schwer bewaffneten Spezialkräfte, die den Kellner daran hindern, uns in die Suppe zu spucken. Leider.

Gabeln sind nicht alle *zweyzinckig*

Philoxenos war ein komischer Kunde, tagsüber Dichter und Philosoph, nachts ein wandelnder Magen auf der Suche nach einer Mahlzeit. Er war ein Schlemmer, ein nimmersatter Feinschmecker, und um seiner Sucht so richtig frönen zu können, entwickelte er eine merkwürdige Methode, um sicherzustellen, dass er auf seinen eigenen Partys als Erster ans Essen kam. Es sieht ganz so aus, als hätte er sich in öffentlichen Bädern bewusst Hände und Zunge mit heißem Wasser verbrüht, um sie zu desensibilisieren; dann wies er seine Sklaven an, die Speisen bei extremen Temperaturen zu kochen und praktisch direkt aus dem isländischen Geysir zu servieren. Die Gäste auf den Sofas griffen danach, verbrannten sich die Finger, zogen die Hände verwirrt zurück; der schlaue Philoxenos dagegen mit seinen Asbest-Händen und dem feuerfesten Gesicht schnappte sich hungrig die besten

Stücke und schlang sie problemlos in sich hinein. Er war so gierig, dass er Nervenschäden riskierte für ein paar Sekunden Vorsprung an der Futterkrippe.

Wir machen es heute Abend Philoxenos aus mehreren Gründen nicht nach, nicht nur weil der Mann so offensichtlich nicht richtig tickte. Der offensichtlichste Unterschied ist der, dass wir Besteck benutzen, wogegen man bei vielen Gesellschaften des Altertums – Römern, Babyloniern, Griechen, Juden und Ägyptern – hauptsächlich mit den Fingern aß. Und wenn man doch Besteck benutzte, dann höchstwahrscheinlich Löffel für Flüssiges und Messer zum Schneiden, nur schob man sich eben die Bissen nicht mit der Gabel in den Schlund. Natürlich hatten sie Irdenes für ihre Speisen, und der berühmte Fund von Tivoli ist ein schönes Beispiel für römisches Tafelsilber, das für besondere Feste und Trinkgelage gedacht war. Die Kaiserzeit erlebte außerdem einen großen Aufschwung an elegant verzierten Glasschalen, auch wenn die armen Römer sich mit schlichter Terrakotta zufriedengeben mussten.

Im ersten Jahrhundert unserer Zeitrechnung, als Caligula, Nero und die anderen berüchtigten Kaiser sich einen Namen als ausgesprochene Psychopathen machten, gab es den römischen Löffel in zwei Varianten: die breite *ligula* für Suppe und weiche Festnahrung und das *cochleare,* das aus einer kleinen Schale am Ende eines schlanken Stils bestand; es ähnelte einer Tabakspfeife und eignete sich am besten für Muscheln, Eier und andere zierliche Leckerbissen. Interessanterweise ist *cochlea* im Lateinischen die Schnecke bzw. deren Haus, und es ist durchaus möglich, dass die Geschichte des Löffels bis zurück in die Steinzeit reicht. Unsere Ahnen könnten mit den hohlen Austernschalen durchaus Sachen ausgeschöpft haben – wie Kinder beim Spielen am Strand. Der Gedanke ist gar nicht so weit hergeholt, und man geht davon aus, dass die beinernen »Spateln«, die man in Paviland, im Süden von Wales, gefunden hat, womöglich 26.000 Jahre alte Werkzeuge sind.

Römische Besteckdesigner waren überaus einfallsreich; das New Yorker Metropolitan Museum of Art hat eine Kollektion antiken Bestecks, darunter ein Löffel-Gabel-Hybrid mit drei Zinken am einen Ende und einer kleinen Schale am anderen. Dann gibt es noch einen Löffel, an dem einmal eine ausklappbare Klinge unter dem Griff versteckt war. Sollte das ein raffinierter Trick eines tückischen Attentäters gewesen sein, der mit dem Löffel auf die Party seines Opfers ging, um ihm dann die versteckte Klinge in den Bauch zu stoßen? Nein, sicher nicht. Ist aber ganz witzig, sich so einen Löffelattentäter vorzustellen, nicht wahr? Man stelle sich so etwas in den Abendnachrichten vor!

Aber zurück zu den Gabeln ... Zu römischen Zeiten dienten sie höchstwahrscheinlich nur zum Servieren, und im Mittelalter verschwanden sie im westlichen Europa, mit einigen berühmten Ausnahmen, völlig vom Tisch. Im Jahre 972 unserer Zeitrechnung hieß der Erbe des Heiligen Römischen Reichs Otto II. seine frisch aus dem Byzantinischen Reich importierte Braut im Rheinland willkommen. Prinzessin Theophanu war der Rolls Royce unter den politischen Partien, elegant, mondän und verdammt kostspielig obendrein, und auch wenn Otto selbst nicht gerade ein Zwergfürst war, für die Deutschen war diese interdynastische Megaheirat ein Coup. Das Byzantinische Reich erlebte eben seine zweite Hochblüte; Theophanus gefeierte Ankunft war wie Manchester Citys Einkauf des brasilianischen Superkickers Robinho, der 2008 das fußballbegeisterte England sich an seinen Cornflakes verschlucken ließ.

Die vielköpfige Entourage der byzantinischen Prinzessin überraschte ebenso wenig wie ihre gewaltige Garderobe; was den versammelten Hof jedoch geradezu schockierte, war ihre Weigerung, mit den Fingern zu essen – sie führte die Bissen statt dessen mit einer »zweizähnigen goldenen Gabel« zum Mund. Eine *derartige* Extravaganz war nun wirklich unerhört und der Ruf der Gabel – war mitsamt dem der Prinzessin – in ganz Europa dahin. Es waren schließlich die pastabegeisterten Italiener, vor deren Augen die Gabel allmählich Gnade fand, nachdem sie dahintergekommen waren, wie wunderbar sich mit der Gabel die unvermeidliche Sauerei von Hand geschöpfter Linguine vermeiden ließ. Im 15. Jahrhundert war sie bei Tisch normal. So war es denn auch in Italien, wo der englische Reisende Thomas Coryat der Gabel begegnete, und als er nach Hause zurückkehrte, um über seine Abenteuer zu schreiben, brachte er welche mit. Die Reaktion ließ zu wünschen übrig.

Die Engländer machten sich auf der Stelle lustig über dieses Werkzeug, das ihrer Ansicht nach weibisch und unnötig war: »Warum sollte eine Person eine Gabel benutzen, wo Gott ihr doch Hände gegeben hat?« Und nicht nur solche Skeptiker, selbst Coryats Literatenfreunde John Donne und Ben Johnson zogen ihn munter durch den Kakao. Doch der vielgeschmähte Reisende führte ins Feld, die Italiener hätten die Gabel aus hygienischen Gründen eingeführt, da »nicht jedermanns Finger von gleicher Sauberkeit sind«. Und das war denn doch ein starkes Argument in einer Zeit, in der das »bewegliche Zimmerklosett« Eingang in den Speisesaal fand. So gewann Coryats Logik langsam an Boden, und die Gabel fand Eingang in die besseren Häuser, wo sie zum geschätzten Besitz wurde. Ursprünglich handelte es sich um kleine Werkzeuge mit schmalem Griff und normalerweise zwei Zinken. Im Allgemeinen benutzte man sie für klebrig-süße Speisen, mit denen man sich sonst die Finger verschmiert hätte, aber es gibt auch Hinweise darauf, dass Leute die Bissen mit der Gabel aufspießten und sie dann mit den Fingern von der Gabel nahmen, um sie den Rest des Wegs in den Mund zu führen. Was das Ganze natürlich irgendwie sinnlos macht.

Bei näherer Betrachtung unserer heutigen Gabel sehen wir, dass sie vier Zinken hat, was vermutlich die perfekte Zahl Zinken ist, aber es dauerte eine Weile, bis man darauf kam. Spätestens im 18. Jahrhundert waren Gabeln zu einem dritten Zinken gekommen und hatten sich zu krümmen begonnen, was die Löffelbewegung unnötig machte, und im 19. Jahrhundert kam dann ein vierter Zinken hinzu – zumindest in Europa. Als Charles Dickens in den 1840er-Jahren die USA bereiste, stellte er zu seiner Überraschung fest, dass Gabeln eine Seltenheit waren, und wenn sie doch zum Einsatz kamen, dann noch in ihrer geraden und zweizackigen Variante. Beunruhigender noch, berichtete er, dass man diese beängstigenden Instrumente so tief in den Schlund einführte, dass ihm seine Tischgenossen wie schwertschluckende Clowns vorkamen. Es dauerte noch einige Jahrzehnte, bis der Amerikaner dem Club der Vier Zinken beitrat, und auf die zweifelhaften Vorzüge der gescheiterten fünfzinkigen Gabel ließ man sich erst gar nicht ein; die war aber als Upgrade wirklich so überflüssig wie die x-te Klinge am Rasierer, die Gillette uns anzudrehen versucht.

Während der langen Metamorphose der Gabel vom beliebigen Spieß zum unentbehrlichen Tafelutensil hatte ein anderes Werkzeug all die Lorbeeren eingeheimst. Geschärfte Steinklingen, wie sie der Homo heidelbergensis zum Tranchieren von Fleisch verwendet hat, lassen sich auf 1,6 Millionen Jahre zurückverfolgen, und das Messer ist seither keinen Augenblick aus der Mode gekommen. Das ganze Mittelalter über war es König, und das in einem Maße, dass Gäste sogar ihr eigenes Messer an anderer Leute Tafel mitbrachten. Es war wie in der *West Side Story* – jeder lief mit dem Messer rum, Bauer, Mönch, Edelmann. Der heilige Benedikt, der berühmte Gründer des Benediktinerordens, ging sogar so weit, seinen Mönchen einzuschärfen, nicht mit dem Messer an der Seite zu schlafen – damit sich nicht einer beim Umdrehen versehentlich die edlen Teile abschnitt.

Da wir keine Steakmesser ausgelegt haben, ist das Schneid-werkzeug in unserer Hand enttäuschend stumpf; würden wir es gegen die Wand werfen, es würde wohl kaum mit einem satten Surren federnd im Putz steckenbleiben wie in einem Zorro-Film. Im Mittelalter dagegen waren die Messer scharf; es waren wirklich Allzweckdolche, die bis zur Spitze geschliffen waren; sie dienten der Selbstverteidigung, der Jagd und praktischen Aufgaben. Deshalb galt es auch schon jeher als unmanierlich, mit der Messerspitze auf Tischgenossen zu deuten oder sie mit der Faust anzupacken wie eine Waffe. In der Welt des Mittelalters waren Messerstechereien alltäglich – dass jedermann ein scharfes Messer am Gürtel hatte, während man dem Alkohol zusprach, war vielleicht keine so gute Idee.

Angesichts des bedrohlichen Potenzials von Besteck – denken Sie an den furchtbaren Löffelmörder! –, überrascht es auch nicht weiter, dass Kardinal Richelieu, zeitweilige Geißel von Dumas' erfundenen Musketieren und Vollzeitberater des nicht ganz so erfundenen Ludwig XIII., 1637 spitze Messer bei Tisch verbot. Im Jahr 1669 ließ dann der König sogar die Herstellung von spitzen Messern verbieten. Das führte zu den nach innen gekrümmten Klingen mit dem Aufwärtsschwung an der Spitze; und da man Tafelmesser teils auch mit einem Pistolengriff versah, glichen die Resultate in ihrer S-Form einem mäandernden Bach. Das Design war jedoch nicht nur ein Sicherheitsfeature, es half auch dabei, Speisen wie Erbsen oder Kuchen auf der flachen Messerklinge bequemer an den Mund zu führen als mit dem Löffel oder mit der Gabel.

Erst schneiden, dann wechseln?

Wir benutzen heute Abend Gabeln, um die bereits die Venezianer des Mittelalters ihre Pasta gewickelt haben; fände unsere kleine Abendgesellschaft in Ostasien statt, wir nähmen Essstäbchen zu Hilfe, die – nach den Fingern – das meistbenutzte Besteck der Welt sein dürften. In China nannte man diese schlichte Technik einst *zhu;* heute spricht man von *kuaizi,* das bedeutet »schnelle Stöcke« oder »flinke Jungs« – fantastische Namen für Eishockeyteams, falls Sie gerade eines zusammenstellen. Wie auch immer, Essstäbchen scheinen ihren Ursprung in China zu haben, womöglich bereits vor 5000 Jahren, als die Leute ihr Essen in großen isolierten Töpfen kochten und vermutlich Zweige von den Bäumen brachen, um sich etwas aus dem Pott fischen zu können, solange das Essen noch heiß war.

Zum Ärger der Archäologen ist diese Ära undurchsichtiger als italienische Kommunalwahlen, sodass sich kaum etwas mit Sicherheit sagen lässt. In einem frühen Handbuch der Etikette – *Das Buch der Riten, Sitten und Gebräuche (Liji)* – ist davon die Rede, dass der letzte König der Shang-Dynastie (1600–1046 vor unserer Zeitrechnung) ausgefallene Essstäbchen aus Elfenbein benutzt hätte, aber da das Buch erst Jahrhunderte nach seinem Tod geschrieben wurde, ist darauf nicht unbedingt Verlass. Hier kommt uns jedoch die Archäologie zu Hilfe; die Ausgrabungen bei den Ruinen von Yin, der alten Hauptstadt der Shang bei Anyang City in der heutigen Provinz Henan, brachten ein herrliches Paar Stäbchen aus Messing zum Vorschein, das über 3000 Jahre alt ist.

Später ließ man dann auch andere Materialien zu. Die Armen hielten sich seit jeher an Holz oder Bambus, die Reichen jedoch hatten die Wahl zwischen Gold, Achat, Lackholz, Messing, Jade und Silber; Letzteres, so dachte man, ändere beim Kontakt mit

Zyankali die Farbe, was es zum praktischen Gimmick für paranoide Potentaten machte, nur wurde es bei Nässe praktisch reibungsfrei, sodass sich der aufgegabelte Happen dem Zugriff des Benutzers entwand. Eigentlich das perfekte Esswerkzeug für Diäten; ich denke an ein Selbsthilfebuch mit dem Titel *Frustriert, aber schlank – Das Geheimnis der Silbernen Stäbchen.*

Bereits im 6. Jahrhundert n. Chr. hatten sich die Essstäbchen auf andere Teile Asiens ausgebreitet, und auch wenn sie zunächst religiösen Anlässen vorbehalten waren, nahmen sie in Japan eigene Formen an: meist aus Holz, manchmal schön lackiert, oft rund statt kantig, liefen sie auf einer Seite spitz zu. Außerdem waren sie in der Regel etwas kürzer als die 9-Zöller der Chinesen, die für Frauen waren etwas zierlicher als die für Männer, und gegen Ende des 19. Jahrhunderts entwickelten die Japaner bereits die ersten trennbaren Einwegstäbchen, was praktisch dem Plastikbesteck entsprach, das wir einfach wegwerfen, nachdem das billige Take-away verdrückt ist.

Eine schöne Sauerei

Unsere Vorspeisen, kleine Bruschette mit Wurst und Schinken, waren relativ einfach zu schnabulieren; unser Hauptgericht jedoch, Huhn nach spanischer Art, kommt in einer deftigen Tomatensoße, angesichts der wir sofort um unsere frisch gewaschene Kleidung fürchten. Fast wie auf Kommando entfalten wir die Servietten. Peinlich berührt, meint jemand scherzhaft, dass die Dinger im Kragen schon sehr nach Kinderlätzchen aussähen. Ich frage mich unwillkürlich, wie lange es diesen Schutz für die Kleidung eigentlich gibt.

Die Serviette scheint auf die Römer zurückzugehen, die ein gemeinsames Tuch zum Trocknen der Hände hatten, darüber hinaus aber auch ein kleines – die *mappa* – für Finger und Mund. Angeblich startete Nero einmal ein Wagenrennen im Circus, indem er eine Serviette aus dem Fenster warf. Vermutlich benutzten die Römer auch hier und da Tischtücher, aber so richtig gängig wurden sie erst im Mittelalter – man wischte sich daran die fettigen Finger ab. Das wiederum schmeckte den Gastgebern nicht, schließlich handelte es sich bei diesen Tüchern oft um handgewebte Erbstücke, die von der Mutter auf die Töchter übergingen, sie waren Teil des Ehevertrags. Sie sich mit Schweinefett und Wein ruinieren zu lassen, deckte sich nicht eben mit den romantischen Träumen der Braut. Andererseits konnte man sie auch nicht einfach im Schrank lassen, da Tischwäsche auch Symbol der Gemeinschaftlichkeit aller um den Tisch Versammelten war, und das ungeachtet der gesellschaftlichen Stellung der Einzelnen. Es stellte eine schreckliche Beleidigung dar, wenn der Gastgeber eine der Wachen auffordern musste, das Tischtuch rechter- und linkerseits eines Gastes mit dem Schwert zu durchtrennen, da dies ein metaphorischer Ausschluss von der geselligen Runde war. Stellen Sie sich das ungezogene Kind in der Schule vor, das unter den Blicken und deutenden Fingern der anderen sein Mittagessen allein einnehmen muss.

Da sich fettige Finger und schmutzige Manschetten nicht vermeiden ließen, investierte so mancher Hausherr des Mittelalters in Tischläufer oder *sur-nappes* (das Wort *nappe* für Tischtuch hatte sich aus dem lateinischen *mappa* entwickelt); sie bedeckten das Tischtuch dort, wo es am ehesten zu Kleckereien kam. Erasmus, der brillante Humanist des 16. Jahrhunderts, fand trotz seines vollen Terminkalenders für die Arbeit an einem Knigge, in dem er vorschlug: »Es ist in dem gleichen Maße unhöflich, seine fettigen Finger abzulecken, wie sie sich an seiner Kleidung abzuwischen. Man wische sie sich mit der Serviette oder dem Tischtuch ab.« Der nicht weniger berühmte französische Essayist

Michel de Montaigne gestand, er bringe seine Tage damit zu, Tellertücher zu ruinieren, da er »wenig Gebrauch von Löffel oder Gabel« mache. Die beiden gehörten zu den größten Gelehrten Europas, und man erachtete eine derart offensichtliche Schmuddelei scheinbar als feine Manieren. Dem nicht genug, berichtete der portugiesische Missionar João Rodrigues im selben Jahrhundert, die vornehmen Leute in Japan seien »sehr erstaunt darüber gewesen, dass wir mit den Händen aßen und sie sich an Servietten abwischten, die dann mit Essensflecken beschmutzt waren, was sie mit Ekel und Abscheu erfüllte«. Hört sich ganz so an, als wäre der kultivierte Montaigne dort rübergekommen wie Terry Jones' Mr. Creosote, der explosive Rüpel aus Monty Pythons *The Meaning of Life*.

Montaigne und Erasmus schrieben im 16. Jahrhundert; damals bekam jeder Gast bereits sein eigenes Tellertuch, d. h. seine Serviette, die durchaus einen Meter im Quadrat messen konnte und entsprechend unhandlich war. Gegen Ende des Jahrhunderts dann machte die neue Mode der Halskrause – des gestärkten Rundkragens – es nötig, die Serviette rundum einzustecken, damit den feinen Leuten nicht das Schmalz auf die modischen Rüschen tropfte, ein Brauch, der sich auch nach dem Verschwinden der Halskrause hielt, um die Rüschen vorn am Hemd zu schützen, die im 17. und 18. Jahrhundert in Mode waren. Erst im 19. Jahrhundert, als das Besteck die Speisen zuverlässiger in den Mund beförderte, legte man sich die – mittlerweile stark geschrumpfte – Serviette nur noch auf den Schoß.

Tischgespräche

Obwohl alle fleißig am Kauen sind, sorgt die Geburtstagsatmosphäre für beste Laune und Plaudereien. Das hätte den römischen Autor Plutarch beeindruckt, der besonders erpicht darauf war, seine Gäste gut unterhalten zu sehen. Er hatte keine Lust, sich die Kabbeleien zweier Neidhammel anzuhören, er war der Ansicht, eine Mahlzeit sollte eine demokratische Angelegenheit sein, die die Leute zusammenbrachte. Entsprechend schlug er sinnvolle Themen für das Tischgespräch vor, darunter das klassische Paradoxon, was denn früher da gewesen sei, das Huhn oder das Ei? Außerdem bat er durchreisende Seeleute um aufregende Reiseerzählungen, die sich anbringen ließen, wenn die Unterhaltung in eine Flaute geriet.

Ein anderer berühmter Schriftsteller, Marcus Terentius Varro, war der Ansicht, es sollte bei der »Unterhaltung … nicht um beunruhigende oder verwirrende Angelegenheiten gehen«, sie sollte vielmehr »unterhaltsam und fröhlich« sein. Eine Figur in Xenophons *Symposion* sagt uns, man hätte sie früher oft zum Abendessen eingeladen, weil sie ein Scherzbold mit einem flinken Verstand und damit Herz und Seele jeder Party gewesen sei, und die Leute lachten nun einmal gern. Aber wehe dem Gast, der sich an einem Witz versuchte, diesen aber nicht richtig hinbekam – er konnte nur hoffen, dass sich die Erde auftat und ihn verschlang. Da er offensichtlich eine Menge Leute in diese Fettnäpfchen hatte treten sehen, riet Plutarch zur Vorsicht im Umgang mit Witzen: »Ein Mann, der einen Scherz nicht zur rechten Zeit, diskret und mit Geschick anzubringen weiß, der meide Scherze besser gleich ganz.« Darüber hinaus hatten Scherze seiner Ansicht nach »beiläufig und spontan zu sein, nicht … im Voraus vorbereitete Unterhaltung«. Einfach gesagt, Plutarch zog es vor, in Gesellschaft geistreicher Menschen zu sein, nicht Möchtegern-

Seinfelds, die sich in abgedroschenen Routinen ergehen:»Mal im Ernst, Streitwagenrennen, was soll denn das …?«

In China war es übrigens üblicher, das Plaudern vor dem Essen zu erledigen, um beim Essen ein ordentliches Tempo vorlegen zu können, während das traditionelle japanische Bankett eher adagio begann und dann an Tempo zulegte, je mehr die Leute sich entspannten. Zu allen Zeiten und in allen Teilen der Welt war es außerdem Brauch, sich während eines Banketts unterhalten zu lassen, sei es von Jongleuren, Musikern, Sängern, ja selbst von Gladiatoren, die sich gegenseitig abzustechen versuchten – aber dass jemand heute Abend Lust auf ein Wrestling-Match hat, halte ich für eher unwahrscheinlich, wir müssen uns also schon selbst unterhalten. Trotzdem, wir sollten darauf achten, welche Themen wir anschneiden, schließlich wollen wir weder unfein noch langweilig erscheinen, auch nicht unter guten Freunden.

Montaigne war zwar ein brillanter Philosoph, aber eben auch Humanist und bodenständig genug, um frustriert zu sein, wenn die Leute bei Tisch gnadenlos intellektuell zu sein versuchten: »Was? Würden diese Leute sich an der Quadratur des Kreises versuchen, während sie auf ihren Frauen liegen? Ich finde es unerträglich, dass wir verpflichtet sein sollten, den Kopf in den Wolken zu tragen, während unsere Körper zu Tische sind.«

Lord Chesterfield dagegen, Aristokrat aus dem 18. Jahrhundert, riet seinem Sohn, nie in der Öffentlichkeit zu lachen, da ein Gentleman in Würdigung guten Humors nur lächele. Bedenkt man, dass der gute Lord kaum noch Zähne hatte, war er mit einem bloßen Lächeln vermutlich auch besser dran. Zu seiner Zeit hatten junge Leute still zu sein, während man Damen auf vornehme Zurückhaltung trimmte; die Ratschläge hinsichtlich des Tischgesprächs richteten sich also vor allem an die ungehobelten unter den Herren. Ihnen riet man von so einigem ab: ichbesessenem Narzissmus, peinlichen Gesprächsthemen, der Beleidigung von Tischnachbarn, Zoten, langweiligen klassischen Zitaten in toten Sprachen und dogmatischen Meinungen über Politik und Moral. Kurz gesagt, man empfahl ihnen, sich nicht wie hochnäsige Arschlöcher aufzuführen.

Gegen Ende des 19. Jahrhunderts waren – wenigstens in Großbritannien – Ratgeber zur Etikette beliebt, denn die Mittelschicht wollte die Gepflogenheiten des Adels nur zu gern imitieren. Viele dieser Handbücher waren von Frauen geschrieben; entsprechend gaben sie denn Männern gern auch solche Tipps:

> Ein Herr sollte [Frauen] das Kompliment machen, sich ihnen gegenüber des Eindrucks zu befleißigen, er halte sie der gleichen Einsichten für fähig wie die Herren … wenn Sie sich einer intelligenten Dame gegenüber zu Gemeinplätzen oder Smalltalk »herablassen«, wird sie entweder Ihre gönnerhafte Art durchschauen und Sie verachten, oder sie wird sie als die höchste intellektuelle Anstrengung akzeptieren, derer Sie fähig sind, und Sie entsprechend beurteilen.

Autsch.

Achten Sie auf Ihre Manieren!

Das Huhn geht zügig weg, der Wein verdunstet noch schneller; alle sind angesäuselt, ausgelassen, entspannt; es wird lauter. Aber wir müssen uns davor in Acht nehmen, auf Gossenniveau zu sinken – es mögen unsere Freunde sein, die uns einiges nachsehen, aber es gibt keine Entschuldigung dafür, in ihrer Gegenwart zu rülpsen oder uns am Hintern zu kratzen, auch wenn er juckt. Tischmanieren sind etwas, was Anthropologen besonders interessiert, weil sie von Kultur zu Kultur variieren, aber immer für den Zusammenhalt der Gruppe sorgen, indem sie das Individuum zensieren. Einfach gesagt, Etikette ist eine Form sozialisierter Selbstkontrolle, die vermeiden soll, dass wir unsere Umgebung verstimmen. Wir machen Opfer, damit man uns am Arbeitsplatz nicht aus dem Weg geht oder die Einladung zur Hochzeit zurückzieht; und wir bekommen dafür weiter das Vergnügen ihrer Gesellschaft oder – falls wir von unserem Chef reden – das nächste Gehalt.

Ein gutes Beispiel dafür finden wir womöglich in China, wo das bereits erwähnte alte *Buch der Riten* empfahl, Essbares nie mit der linken Hand zu berühren, weil diese historisch mit profanen Tätigkeiten – wie etwa dem Wischen des Hinterns – verbunden ist. Das lateinische Wort für links – *sinister* – sagt eine Menge über die Negativität, die man einst mit der Linkshändigkeit verband; genauso verhielt es sich im Mittelalter in der islamischen Welt. Hier jedoch waren die Regeln etwas lockerer; es war gestattet, Brot oder sonst etwas, was nicht vom gemeinsamen Teller kam, in der linken Hand zu halten. Die Logik dahinter war wahrscheinlich, dass es jedermanns eigene Sache war, wenn er mit Kacke an den Fingern essen wollte; es ging nur nicht an, die Fäzes über anderer Leute Essen zu verteilen.

Vertraut klingt vielleicht das Verbot der chinesischen und japanischen Essstäbchen-Etikette, damit nach den besten Bissen zu fischen und so die Schüssel mit speichelgetränkten Stäbchen zu infizieren; man hatte zu essen, worauf man als Erstes stieß. Außerdem galt es als unhöflich, direkt von den Serviertellern zu essen, der höfliche Gast verfrachtete die Speisen erst in seinen eigenen Napf; außerdem musste man aufpassen, dass man sein Stäbchen nicht mit dem eines anderen kreuzte. Bei Letzterem nahm es die Etikette jedoch nicht so genau; es komme nun mal versehentlich zu Berührungen. Man tat das mit einem Lachen ab, anstatt darin die Rechtfertigung für eine Schlägerei auf dem Parkplatz zu sehen.

So einiges aus der historischen Etikette deckte sich ganz und gar mit unseren eigenen Präferenzen. Der griechische Schriftsteller Hesiod erklärte geduldig, es sei ekelhaft, sich bei Tisch die Fingernägel zu schneiden, und Erasmus wies darauf hin, auf dem Stuhl herumzurutschen erwecke den Eindruck, man lasse diskret einen ziehen, man halte also mal besser still. Im Unterschied zur Hollywood-Vision mittelalterlicher Festivitäten riet die Etikettefibel *De quinquaginta curialitatibus ad mensam* (*Fünfzig Tischregeln*) des Mailänder Dichters Bonvesin de la Riva dem Leser, nicht mit vollem Mund zu sprechen, keine erschütternden Themen anzusprechen, jemandem, der gerade trinken wollte, keine Fragen zu stellen, keine irritierenden Geräusche von sich zu geben und sich nicht endlos in Trivialitäten zu ergehen. Kurzum, das Ziel sei »ein korrektes Verhalten bei Tisch – höflich, elegant, heiter und unbeschwert«. Andere Autoren schlossen sich mit weiteren vernünftigen Vorschlägen an: nicht auf andere niesen, beim Essen keine Tiere streicheln, nicht schreien, nicht prahlen, nicht mit offenem Mund kauen, kein Essen an sich zu reißen, gerade zu sitzen, die Beine nicht übereinanderzulegen oder die Ellenbogen anzuheben, nicht mit dem Finger oder Messer in den Zähnen zu stochern, den Teller nicht abzulecken und auch nicht die Lippen oder das Besteck. Und vor allem nicht furzen!

Erasmus war übrigens nicht ganz so streng wie diese frühen Autoren. Er hielt es für durchaus in Ordnung zu rülpsen, husten, niesen oder einen Schluckauf zu haben, vorausgesetzt, es handelte sich um mechanische physische Reflexe. Ein »Geräusch zu unterdrücken, das von der Natur verursacht ist«, so fand er, »ist charakteristisch für dumme Menschen, die mehr Wert auf gute Manieren legen als auf ihre Gesundheit«. Hiermit folgte er einem Edikt des römischen Kaisers Claudius, laut dem Männer in seiner Gegenwart einen fahren lassen konnten, wenn es medizinisch notwendig war; ihm war nämlich zu Ohren gekommen, dass ein Mann stoisch lieber den Tod hingenommen hatte, als vor seinem glorreichen Führer zu pupsen. Weniger vereinbar mit unseren heutigen Vorstellungen ist die Freiheit zu spucken. Nur die alten Perser haben sich angeblich dieses sonst ganz alltäglichen Gebrauchs enthalten; Griechen und Römer waren der Ansicht, es sei durchaus in Ordnung zu spucken, solange es einigermaßen dezent vonstatten ging. Erasmus war derselben Meinung; er sagte, solange die Leute nicht über größere Entfernungen spuckten wie ein Lama beim Wettbewerb, dann sei das für ihn in Ordnung. Die Spucke müsste auch nicht unbedingt in einem Behälter landen; auf den Boden zu spucken sei völlig okay.

Ganz neue Dimensionen nahm die Spuckerei im Amerika des 19. Jahrhunderts an, wo das Kauen von Tabak zum Volkssport geworden war; selbst Präsident Andrew Jackson verlangte die Installation von Messingspucknäpfen an jeder Ecke im Weißen Haus, um auf dem Weg durch die hehren Hallen priemen zu können. Überraschenderweise hielten sich diese Gewohnheiten bis zum 20. Jahrhundert, bis gesundheitliche Bedenken – getrieben von der Angst vor ansteckenden Krankheiten – dafür sorgten, dass die Mittelschicht das Spucken mit einem Tabu belegte, und nicht einer von uns an diesem Tisch würde auch nur im Traum daran denken, einen Batzen Schleim hochzuräuspern und in die Ecke zu setzen. Wie die Viktorianer entschuldigen wir uns sogar immer noch für unmanierliche Ausrutscher, selbst wenn wir gar nichts dafürkönnen – etwa wenn wir mit einem verhaltenen »'tschuldigung« an unsere Tischnachbarn ein Stückchen allzu zähen Knorpel in unserer Serviette verschwinden lassen.

Ein anderer Punkt, in dem wir uns alle einig sind, ist der, dass unsere Mahlzeit kein Wettlauf ist. Wir sind hier, um unser Essen zu genießen, wir sind hier, um als Gruppe zu interagieren, und niemand würde es wagen, das Geschirr abzuräumen, wenn der Erste seinen Teller geleert hat. Aber genau so hielt man es merkwürdigerweise an Königin Victorias Tafel. Die königliche Etikette verlangte, dass man sie als Erste bediente, und in dem Augenblick, in dem das Futter auf ihrem Teller landete, mampfte sie munter los; dem Rest der Tafel wurde noch serviert, da hatte sie ihren Teller bereits leergeputzt, in Rekordzeit. Was vermutlich erklärte, warum sie im Alter derart aus dem Leim ging.

Dummerweise schrieb das Protokoll vor, den Tisch abzuräumen, wenn Majestät fertig war, auch wenn die meisten Gäste ihr Essen noch nicht einmal angerührt hatten. Das geriet einmal zum denkwürdigen Zwischenfall, als der exzentrische Lord Hartington plötzlich seinen Lammrücken verschwinden sah und explodierte: »Her damit! Geben Sie das wieder her!« Die Gesichter an der Tafel wurden leichenblass ob dieses unmanierlichen Ausbruchs, aber auf einen Wink der Königin, die seine offensichtliche Frustration amüsant fand, stellte man den flüchtigen Teller wieder vor den hungrigen Lord. Selbst eine Monarchin wusste, bei einem guten Gastgeber gehen die Wünsche des Gastes vor.

Nachdem wir den Hauptgang in gebührender Weise abgeschlossen haben, wird es Zeit, das Licht zu dimmen und die Schokoladentorte herauszuholen, um unserer Freundin ein Ständchen zu bringen, während sie die Kerzen ausbläst. Es ist ein wunderschöner Abend, alle sind quietschvergnügt, und wir brauchen noch lange nicht zum Ende zu kommen. Wir sind schließlich erwachsen, morgen ist Sonntag, also machen wir doch die Hausbar auf.

21 Uhr 30

MEHR ALS EIN DIGESTIF

Nachdem unsere Gäste vom Esstisch wieder auf die bequemen Polstermöbel umgezogen sind, obliegt es uns als Gastgeber, ihnen etwas zu trinken anzubieten. Ein Blick in die Runde sagt uns, dass nicht alle denselben Geschmack haben – es sind Weinkenner dabei, Bierliebhaber und Freunde der harten Sachen; also beginnen wir ihnen die Optionen unserer Hausbar aufzulisten, um zu erfahren, wonach jedem Einzelnen ist. Eine Auswahl von Getränken sichtbar aufzureihen, ist auf den britischen Inseln ein ganz junger Brauch, ein Mittelschichttrend, der erst in den 1970er-Jahren aufkam. Vorher ging man einfach ins Pub. Aber machen Sie sich keine Illusionen, der Mensch spricht seit Jahrtausenden dem Alkohol zu. Es ist sogar gut möglich, dass es den Alkohol schon vor dem Auftauchen unserer Spezies gab.

Tierisch abgefeiert

Tippen Sie mal »drunk elk« in Ihre Suchmaschine, und Sie sehen sich mit dem saukomischen Foto eines alkoholisierten schwedischen Elchs belohnt, der sich nach einer gehörigen Portion fer-

mentierter Äpfel in den Ästen eines Baumes verfangen hat, als
er an die höher hängenden zu kommen versuchte. Auch wenn
wir unseren Umtrunk mit einer schillernden Liste berauschender
Getränke komplizieren, Alkohol ist letztlich nichts weiter als vergorener Zucker, und das bedeutet, auch Tiere erfreuen sich hier
und da der Leichtigkeit berauschten Seins. Und damit können
wir getrost davon ausgehen, dass auch der Steinzeitmensch sich
mit verfaulten Früchten die Kanne gab – nicht nur weil es Spaß
macht, sondern weil ein Gramm Äthanol mehr Kalorien enthält
als ein Gramm Protein oder Kohlenhydrate. Abgesehen davon
hört es sich nach einer spaßigeren Methode an, an seine täglichen
Vitamine zu kommen.

Aber wann haben wir angefangen, Alkohol ganz bewusst herzustellen – und warum steht uns eine derartige Menge alkoholi-
scher Getränke zur Wahl?

Bauer oder Brauer?

Der früheste Hinweis auf hausgemachten Alkohol ist etwa 9000
Jahre alt. Chemische Analysen von Steingut aus der neolithischen
Siedlung Jiahu in der chinesischen Provinz Henan haben Spuren
vergorener Getränke ergeben, die aus Reis, Honig und Früchten
hergestellt waren. Dass man Honig und Obst hatte fermentieren
lassen, erinnert an den sternhagelvollen schwedischen Elch, neu
ist in diesem Zusammenhang der Reis – er musste mit den Zähnen zermahlen, seine Molekularstruktur durch menschlichen Speichel aufgebrochen werden, bevor er wieder in den Topf zurückge-
spuckt wurde und getrunken werden konnte. Das hört sich nicht
eben appetitlich an, und die schaumige Brühe, die so entstand, war
sicher auch nicht schön anzusehen. Aber das süße, kalorienreiche
Getränk, das mithilfe eines Strohhalms konsumiert wurde, hatte ei-

nen Alkoholgehalt von etwa 10 Prozent, was die Leute vermutlich schnell vergessen ließ, wie es zustande gekommen war.

Das wirklich Faszinierende freilich ist das Tempo, in dem Ackerbau und Alkoholkonsum fortschritten. Man betrank sich lange vor Alkoholproblemen, von einer Abstinenzbewegung ganz zu schweigen. Und einige Archäologen glauben noch nicht einmal an einen Zufall. Einer Theorie zufolge war die Fermentation überhaupt das, was für die Agrarrevolution der Jungsteinzeit verantwortlich war. Alkohol war demnach weniger ein spaßiges Nebenprodukt der Landwirtschaft, als Feldfrüchte ein praktisches Nebenprodukt der Alkoholproduktion waren!

Mit Geduld und Spucke

Reis sorgte für den wesentlichen Alkoholanteil in Indien, China, Korea und natürlich Japan. Traditionelle Rezepte konnten ganz einfach sein – man mische menschlichen Speichel mit gekochtem Reis und lasse das Ganze eine Woche lang stehen; andere basierten auf komplexeren Prozeduren, die die Geduld eines Heiligen auf eine harte Probe gestellt hätten. Hier haben Sie eine kleine Anleitung, falls Sie Lust haben, sich zu Hause was anzurühren:

1. Säubern Sie den Reis durch mehrmaliges Waschen.
2. Legen Sie ihn eine Woche in Hopfen.
3. Dämpfen Sie den Reis eine Stunde, gießen Sie dann kaltes Wasser darüber.
4. Breiten Sie den Reis zum Trocknen auf einer Bambusmatte aus; dann geben Sie ihn in einen großen Topf Wasser.
5. Geben Sie natürliche Hefen und Enzyme hinzu, außerdem verschiedene Sorten Reis, die ebenfalls gewaschen sind.

6. Lassen Sie die Mixtur in einem warmen Gefäß 70 Tage fermentieren.

7. Pasteurisieren Sie das Ganze durch Zugabe von »zwei Stücke[n] Bienenwachs, fünf Schnitten Bambuslaub und eine halbe Pille *Arisaema serratum*«.

8. Alles kochen und langsam abkühlen lassen.

9. Trinken!

10. Umkippen!

11. Über Kopfschmerzen klagen!

12. Wiederholen!

Durch die bakterienkillende Pasteurisation ließ der Wein sich bis zu zehn Jahre lagern, und beim Stöbern in der Hausbar sehen wir, dass dort einige nicht weniger alte merkwürdige Liköre herumstehen, die wir allzu optimistisch aus dem Auslandsurlaub mitgebracht haben. Leider legt sich auf unser Angebot ein verlegenes Schweigen über den Raum: »Wer will einen kroatischen Pflaumenschnaps Jahrgang 2003?« Wir geben uns geschlagen und versuchen es mit einem bewährteren Vorschlag: »Wer will ein Bier?«

Pint, Halbe, Molle, Maß

Im westlichen Iran, in der Südostecke des Kangavartals, gab es einen gewaltigen Erdhügel, hinter dem fotogen das Zagros-Gebirge aufragte. Für Archäologen war dieser unnatürliche Haufen so unwiderstehlich, dass dort in den 1960er-Jahren ein amerikanisches Team zu graben begann, und es dauerte nicht lange, da war man auf die vor 7000 Jahren gegründete Siedlung Godin Tepe gestoßen. Die Ausgrabungen wurden die nächsten drei Jahrzehnte über mit Unterbrechungen fortgesetzt, bis die Forscher 1992 auf einige Vorratsgefäße stießen, die man auf etwa 3500 vor unserer Zeitrechnung datierte; eingehendere Untersuchungen ergaben Hinweise auf eines der wichtigsten Getränke der Menschheitsgeschichte: Ale.

Godin Tepe war ein winziger Knotenpunkt in einem weiten Handelsnetz, das die frühesten Städte der Sumerer wie etwa Uruk miteinander verband, aber seine bescheidene Größe bedeutete nicht, dass Godin Tepe sein Ale von weither importierte. Die Bewohner stellten es selbst her; was beileibe nicht unkompliziert war. Das Getreide musste angefeuchtet und getrocknet werden, bis es zu treiben begann, um dann noch einmal in einer Darre getrocknet zu werden; erst dann konnte es zwischen Basaltsteinen fein gemahlen werden. Es kam Wasser hinzu, sodass eine breiige Paste entstand, die dann vermutlich unter Zuhilfenahme von kochendem Wasser erhitzt wurde, um den Gärungsprozess in Gang zu bringen, bei dem der Malzzucker zu karamellisieren begann. Hört sich kompliziert an, was? Warten Sie, wir sind noch nicht fertig ...

Als natürliches Nebenprodukt fällt beim Brauen eine bräunliche kristalline Substanz an, die vorwiegend aus Kalziumoxalat besteht und als »Bierstein« bezeichnet wird. Heute achtet man darauf, diese Ablagerungen sorgfältig zu entfernen, weil einem – aus den falschen Gründen – schlecht davon wird, was dem Trinken den Spaß nimmt; vor 5000 Jahren allerdings gab es noch keine Möglichkeit, diesen Bierstein zu extrahieren, sodass die Brauer der Jungsteinzeit sich eine einfachere Lösung einfallen ließen: Sie kratzten Riefen in die Böden von Tongefäßen mit breiten Tüllen, damit der Bierstein sich in diesen absetzen konnte und der Rest des Getränks davon unbelastet blieb. Zu guter Letzt ließ sich das Ergebnis noch mit anderen Ingredienzien würzen, und man gewann so eine ganze Bandbreite von nahrhaften Lagerbieren und Ales.

Hier steckte offensichtlich einiges mehr an Aufwand dahinter, als ein Maulvoll Reis zu besabbern oder einen Apfel in die Sonne zu legen, aber die Pioniere der Braukunst aus dem Zagros hielten es eindeutig mit Homer Simpson, der Bier mit Frauen vergleicht: »Es riecht gut. Es sieht gut aus. Man würde über die Leiche seiner Mutter gehen, um eins zu kriegen!«

Flüssiges Brot

Damit war Ale entdeckt, und dank der eben erfundenen Schrift vergaß man das Rezept dafür auch nicht mehr. Es sagt einiges über die Bedeutung des Alkohols, dass zu den ersten schriftlichen Zeugnissen der Menschheitsgeschichte Verwaltungsunterlagen für die Ale-Produktion gehören. Und das lag nicht etwa daran, dass unsere frühen Vorfahren besoffene Rüpel gewesen wären, die in der antiken Altstadt wankend den nächstbesten Fremden anlallten: »Du biss mein besser Freund, *ech...*« Nein, die wörtliche Übersetzung des sumerischen Begriffs für Ale ist »flüssiges Brot«, und es gehörte sowohl in Mesopotamien als auch Ägypten zur Tagesration für Arbeiter. Auch Ale schlürfte man wie den Reiswein in Jiahu mit einem Strohhalm wie einen schmackhaften Milchshake, und es standen wahrscheinlich 19 Sorten zur Wahl, acht aus Gerste, acht aus Weizen und drei aus einem Getreidemix. Das sind wahrscheinlich mehr, als man heute in einem Pub findet, selbst in Angeberlokalen, in denen ein »Clarence« hinter dem Tresen steht.

Zwar war es die Experimentierfreudigkeit des Menschen, die der Welt dieses wunderbare Getränk bescherte, aber es ist durchaus verständlich, warum man die Erfindung der Göttin Ninkasi zuschrieb, der übrigens auch das erste Trinklied der Welt – die *Hymne an Ninkasi* – galt, die vermutlich ganz anständig war, aber sicher nicht so fetzig wie Thin Lizzys *Whiskey in the Jar*. Aber ich will mal nicht so sein, immerhin war das 3800 Jahre vor der Erfindung des Twin-Guitar-Solos, und es nützt Bierarchäologen (doch, die gibt es!), weil es Anspielungen auf den Brauprozess von Ale enthält, obwohl es im Detail frustrierend lückenhaft ist. Das wiederum ließ die modernen Experimente in Sachen sumerischer Braukunst bis dato wie die *Star Wars*-Prequels ausfallen – so enttäuschend, dass man an der Qualität der Originale zu zweifeln beginnt.

Trotz bester Referenzen aus dem alten Ägypten kam Ale zu einem schlechten Ruf im antiken Mittelmeerraum, weil es dort als Lieblingsgetränk der hosentragenden Waldbewohner galt, die am Rande der Zivilisation Streit suchten. Und da man sie nie besiegen konnte, blieben die germanischen Stämme im Norden resolute Ale-Trinker. Darüber hinaus waren sie aber auch ganz entschiedene Freunde eines Honigtrunks, den sie Met nannten, und diese beiden Getränke spielten eine enorme Rolle in der politischen und sozialen Kultur zweier Völker, die als Wikinger und Angelsachsen bekannt wurden. Der Met war gar von solcher Bedeutung, dass womöglich die Festhalle, das Zentrum politischer Macht, nach ihm benannt war. Schade dass wir diese Tradition nicht beibehalten haben, aber meine Petition, unser Parlament in *National Gin and Tonic Lounge* umzubenennen, kommt irgendwie nie so recht an.

Aber was passierte denn nun in so einer altsächsischen *meadhall?*

Männer auf Met

Stellen Sie sich vor, Sie stehen auf einer Wiese, dem Dorfanger, wenn Sie so wollen, und haben ein großes Holzgebäude vor sich, aus dessen Gebälk ein Heidenspektakel nach draußen dringt. Sie halten darauf zu, treten durch die Tür und sehen sich vor langen Reihen von Metbänken (*medubenc*) voll bärtiger Männer, von denen sich einer wie der andere mit dem berauschenden Nass in seinem Metbecher (*meduscenc*) in den Honigrausch (*medugàl*) säuft. Sie setzen sich dazu, und nach einigen Stunden gibt es etwas zu futtern, doch dann kommt eine aggressivere Stimmung im Saal auf. Es dauert nicht lange, und irgendein ein vom Met beduselter Narr (*meduwanhoga*) beleidigt versehentlich einen Krieger im Metwahn (*meduhátheort*) und kann von Glück reden, nicht Opfer eines Totschlags im Metrausch (*medumanslieht*) zu werden. Nachdem der Streit abgewendet ist, trinkt und singt man weiter, aber schließlich ist der Met alle, und eine allgemeine Verzweiflung über den Metentzug (*meduscerwen*) macht sich breit.

Wie Sie vermutlich – und ganz richtig – erkannt haben, hatten die Angelsachsen eine ausgesprochene Vorliebe für ausgedehnte Saufgelage – was angesichts ihrer metlastigen Sprache vielleicht auch gar nicht so schwer zu erraten war. Wie auch immer, als die christliche Kirche sie zu bekehren versuchte, stand die Sauferei erst gar nicht zur Debatte. Stattdessen ließ sich die Kirche zähneknirschend zum Ale bekehren, und das obwohl bei ihr Wein – das wundersam verwandelte Blut des Herrn – das offiziell sanktionierte Getränk war. Während Jesus zu biblischen Zeiten Wasser in Wein verwandelt hatte, verwandelte im 5. Jahrhundert eine irische Wundertäterin, die heilige Brigida von Kildare, Wasser in Ale. Es dauerte nicht lange, und die irischen Könige des Mittelalters spendierten zu Ostern – der heiligen Jahreszeit – Ale. Wen wundert es da noch, dass die Kirche das Ale nicht nur erlaubte, sondern selbst mit dem Brauen begann.

Gegrüßet seist du, Maria, voll Ale

Dass man in Klöstern Alkohol herstellen sollte, mag zunächst etwas überraschend kommen – stellen Sie sich vor, der Dalai Lama würde seine eigene Zigarettenmarke lancieren! –, aber Dünnbier, ein schwaches Ale aus dem zweiten Sud der Gerstenmaische, war im Mittelalter als Getränk nicht halb so gefährlich wie Wasser, sodass es die gesamte Christenheit in rauen Mengen genoss, selbst die, die mit ihrem Abstinenzgelübde jedem Spaß abgeschworen hatten, weil es einfach keine gesündere Alternative gab. Und mein lieber Scholli, man schluckte den Stoff vielleicht weg! Einige Klosterregeln gestatteten ihren Mönchen bis zu fünf Liter Dünnbier am Tag, was selbst bei dem Alkoholgehalt genügt haben dürfte, um nicht nur zum Gebet auf die Knie zu gehen. Und zu dieser Ration kam noch der Wein! Der Heilige Benedict von Aniane erklärte, seine Brüder dürften doppelt so viel Ale trinken wie Wein, was sie angesichts der großzügigen Weinrationen zu funktionierenden Alkoholikern vom Range eines Hemingway gemacht haben dürfte. Aber wir sollten den mittelalterlichen Mönchen trotzdem dankbar sein, da sie die Ersten waren, die dem Ale Hopfen zugaben, erfanden sie doch damit das allseits beliebte Bier.

Einige unserer Freunde haben sich für Bier entschieden, aber einige sitzen noch vor dem leeren Glas. Ziehen sie womöglich die Trauben dem Getreide vor?

Ein ausgezeichneter Jahrgang

Wir ziehen eine Flasche Merlot aus dem Weinregal und lesen, was auf dem Etikett steht. Offensichtlich ist er fruchtig und eignet sich bestens zu rotem Fleisch, aber woher sollen wir wissen, ob er auch tatsächlich etwas taugt. Immerhin haben wir im Supermarkt gerade mal einen Fünfer dafür bezahlt. Womöglich schmeckt er wie das Zeug, mit dem man einen verstopften Ausguss freikriegt. Natürlich haben die Franzosen aus eben diesem Grund ein Bewertungssystem: da haben wir den stinknormalen *vin de table*, dann haben wir den *vin de pays*, die *d'origine vin de qualité supérieure* und schließlich an der Spitze den besten Stoff; der hat die Bezeichnung *appellation d'origine contrôlée*. Natürlich lauern da viel zu viele unaussprechliche Silben, vor allem wenn man schon etwas angesäuselt ist, aber das System scheint zu funktionieren.

Aber wie hielten das unsere Altvorderen? Waren die genauso streng, oder war ihnen jedes Gesöff recht? Nun, ägyptische Weinsnobs bedienten sich eines Drei-Klassen-Systems. War ein Wein gut, war es ein *nfr*, war er sehr gut, war es ein *nfr-nfr*, und wenn ein ganz außergewöhnlicher Tropfen war ..., genau, Sie haben es wahrscheinlich erraten, dann war es ein *nfr-nfr-nfr*. Gut zu wissen, dass Betrunkene zu allen Zeiten sich gern wiederholten. Ein derart feiner Gaumen mag uns erstaunlich anmuten, aber der feinere Ägypter nahm seinen Wein ausgesprochen ernst; er investierte immense Summen sowohl in die lokale Herstellung seines Lieblingstropfens als auch in den Import aus dem nicht allzu fernen Israel. In ihrer Religion galt der Wein als Geschenk des großen Osiris, der einer ihrer Chefgötter war, und die Reichen rührten erst gar nichts anderes an. Entsprechend stießen Archäologen immer wieder auf alte Amphoren, auf denen detailliert angegeben war, welchen Wein sie enthielten und wo er herkam. Es sind also nicht nur die modernen Weinkenner, die das Etikett studieren, bevor sie den Korken ziehen.

Springen wir tausend Jahre vorwärts zu den Römern, so war dort der Wein aus Falerno König, der bei Frost an den Hängen des Monte Massico geerntet wurde. Es war (mit 16 Prozent) ein so potentes, süßes Getränk, dass Plinius der Ältere behauptete, es sei brennbar, aber wichtiger noch war es das Rauschmittel der römischen Welt, das Kaiser Nero bei seinen kaiserlichen Sausen auftragen ließ. Es gab den Wein in drei Sorten: »grob, süß und dünn«, und der beste Jahrgang, den der Berg je hergab, war der von 121 vor unserer Zeitrechnung, ein Jahrhundert bevor das Imperium die Republik ablöste. Können wir also davon ausgehen, dass Nero diesen exquisiten Jahrgang nie kosten durfte?

Nein, da der Wein aus Falerno im Ruf stand, bei Einlagerung wunderbar zur Reife zu gelangen; wer sich also die völlig absurden Preise leisten konnte, trank ihn auch noch Jahrzehnte nach der Ernte. Julius Caesar dürfte ihn also auch 60 vor unserer Zeitrechnung genossen haben; es war womöglich das Gegenstück zu einem 55er Château Lafite Rothschild. Plinius jedoch war ein Jahrhundert später enttäuscht von dem überteuerten Essig, der 180 Jahre gereift war. Und er war nicht der Einzige, der dem Hype aufsaß. Petronius, Satiriker und Autor des bitterbösen *Satyricon,* ließ die Figur des vulgären Emporkömmlings und Ex-Sklaven Trimalchio seine Gäste mit einer Flasche »Hundertjährigem Opinianischem Falerner« (Opimius war 121 v. Chr. Konsul) beeindrucken. Damit sagte Petronius seinem Publikum, dass Trimalquio ein Vollhonk, aber ein Vollhonk mit dickem Konto war.

Der Ruf des »Falernerweins« führte, wie sollte es anders sein, zu Fälschungen; eine Taverne in Pompeji bot Falerner für eine Sesterze an – als Schnäppchen in etwa das Gegenstück einer Rolex für einen Fuffziger von einem Typ mit dem Spitznamen Honest Trev. Aber Pompeji ist ein ausgezeichnetes Beispiel für

307

die Liebe der Römer zum Wein. In dieser Stadt von gerade mal
20.000 Einwohnern haben die Archäologen über 100 Bars (*popi-
nae*) und Gasthäuser (*cauponae*) entdeckt, und auch wenn so einige davon auch Bordelle gewesen sein dürften, so darf man davon ausgehen, dass die Mehrheit davon Alkohol an zahlende
Kundschaft ausschenkte. Überraschend ist das insofern nicht, da
Pompeji selbst eine Weinstadt war; das lokale Produkt dürfte also
nicht allzu teuer gewesen sein. Anders gesagt, als der Vesuv ausbrach, dürften so einige Pompejaner recht lustig gewesen sein.

Waren dann Ägypter und Römer die Ersten, die Weinberge
anlegten? Nein, um diesem Rätsel auf den Grund zu gehen, müssen wir noch einmal zurück in den Iran …

Binnen eines Jahres zu konsumieren?

Hajji Firuz Tepe ist ein Dorf aus Lehmziegeln unweit von Godin
Tepe, und äußerlich unterscheiden sich die beiden gar nicht so
sehr voneinander. Was Hajji Firuz Tepe so faszinierend macht, ist,
dass die Hinweise auf Wein der Herstellung von Bier noch um
etwa 1500 Jahre vorausgehen; es wurden dort Vorratsbehälter für
Wein gefunden, die auf etwa 5000 vor unserer Zeitrechnung zurückgehen. Wir sprechen damit vom ältesten bekannten Wein der
Geschichte, aber was noch beeindruckender ist, das ist das Ausmaß des dortigen Weinanbaus.

Ein weiterer Beleg für die Voraussicht, die für die Jungsteinzeit typisch war, ist, dass die Dörfler ihren Wein in irdenen Neun-
Liter-Krügen aufbewahrten, die mit Lehm versiegelt waren. Allein sechs dieser Karaffen wurden in einer Küche entdeckt, was
darauf schließen lässt, dass man dort bewusst in Masse produzierte. Man könnte jetzt natürlich mutmaßen, die 54 Liter waren für eine einzige große Sause im Haus, das prähistorische Ge-

genstück zu einer Weihnachtsfeier im Büro, aber Analysen der Pötte haben Spuren von Pistazienharz erbracht, das wahrscheinlich dazu diente, den Wein haltbar zu machen. Das Harz dürfte zweifellos in die gärenden Trauben eingesickert sein, und es ist ein netter Gedanke, dass die Weinsnobs der Jungsteinzeit ihr Trinkgefäß vor der Nase schüttelten, um über das nussig-holzige Aroma zu schwärmen – während die schwer geprüften Gattinnen die Augen verdrehten.

Und die Technik machte Schule. Die Griechen unternahmen ebenfalls Anstrengungen, ihren Wein haltbar zu machen, und würde man einem modernen Kenner ein Glass von Athens bestem Jahrgang reichen, er würde ihn wahrscheinlich über die Schuhe speien, um uns dann mit beleidigtem Blick zu fixieren. Damals gab man nämlich nicht nur Harz an die Trauben, sondern auch noch Gewürze, Kräuter, Pflanzenteile oder Honig. Dem nicht genug, verdünnte man ihn dann auch noch mit Schnee vom nächsten Berg – was im heißen griechischen Sommer sicher erfrischend war – oder, und das hört sich weniger verlockend an, mit salzigem Meerwasser. In den Augen der Griechen tranken nur Barbaren ihren Wein pur, vor allem wegen seiner durchschlagenden Wirkung auf den Verstand ...

In vino veritas

Da wir bereits beim Essen dem Wein zugesprochen haben, sprühen wir nur so vor Feuchtfröhlichkeit; das Lösen alter Befangenheiten erfüllt uns mit spielerischem Selbstvertrauen. Für die alten Griechen war der Wein *(oinos)* Stimulus menschlicher Kreativität, ein Getränk, das Kriegern, Königen, Philosophen und Dichtern würdig, aber Frauen, Sklaven und Jugendlichen verboten war, damit keine dieser Randgruppen auf dumme Gedanken hinsichtlich der herrschenden Ordnung kam. Wein war außerdem wichtiger Bestandteil religiöser Zeremonien und bindender Schwüre zwischen Freunden und Feinden; selbst Ärzte brachten damit so manch siechen Patienten wieder auf die Beine. Vor allem aber war Wein ein Zeichen von Kultur.

Dennoch war Vorsicht geboten, wenn es darum ging, wie viel davon man in einer Sitzung wegschlucken konnte. Die Wirkung des Alkohols hatte für die Alten etwas Magisches; sie meinten, damit einer Person Geheimnisse entlocken zu können, was zu dem römischen Aphorismus *in vino veritas* führte: im Wein liegt Wahrheit. Der griechische Rhetor Athenaios drückte das noch eleganter aus; er bezeichnete den Wein als »Spiegel des Gemüthes«. Es steckte also eine gehörige Portion Zynismus dahinter, wenn der Athener seine Politiker am liebsten angesäuselt auf der Rednertribüne sah, weil sie sich so schwerer taten, vor den Versammelten ihre Hintergedanken zu kaschieren. Politiker, die sich – wie etwa der große Demosthenes – dem Brauch verweigerten, wurden vom Volk als »Wassertrinker« verhöhnt. Es tobte freilich eine heftige Debatte darüber, wie klug die Förderung der Trunkenheit unter Entscheidungsträgern denn nun tatsächlich sei. Der Komödiendichter Amphis meinte: »Es ist oft, so meine ich, Verstand im Weine, und dumm ist, wer mit Wasser speist.« Eubulus dagegen mahnte: »Wein verfinstert und umwölkt den Verstand.« Ansonsten war man sich einig, dass ein Vollrausch einem Staatsmann ebenso wenig stand wie ein Schmerbauch. Einen Boris Jelzin hätte man in Athen nicht gewählt.

Zwischen dem aufrechten Demosthenes und dem horizontalen Alkoholiker jedoch gab es eine habitable Zone optimaler Trunkenheit. *Philopotes* war das Wort für einen, der gern einen über den Durst trank, und es war keineswegs ein beleidigender Euphemismus für einen Problemtrinker, sondern drückte die Billigung einer bestimmten Lebenshaltung aus. Gelage unter Männern, die *symposia*, waren feuchtfröhliche Angelegenheiten, aber alles andere als wüste Orgien – man pflegte dort die philosophische Diskussion, und wie unsere kleine Abendgesellschaft heute waren diese weinseligen Zusammenkünfte voller gefährlicher Fettnäpfchen, was die Etikette anging. Selbst das Gefäß, aus dem man trank, die *kylix*, eine breite Schale mit Griffen auf beiden Seiten, war gar nicht so einfach an den Mund zu führen, ohne dass man sich den Wein übers Kinn schüttete, was einen zum langsamen Trinken zwang. Zuweilen war sie sogar mit einem gestrengen Auge geschmückt, als Erinnerung daran, dass die Gesellschaft um einen herum einem sehr genau auf die Finger sah, nur für den Fall, dass einer zu viel erwischte und es im Suff für saukomisch hielt, an eine der heiligen Statuen zu urinieren oder ein Schlachtschiff zu stehlen …

Das Wasser des Lebens

Das Wort Alkohol kommt von *al-kuhl*, einem arabischen Wort für das Spießglanzpulver, das bei der Sublimation von Antimon entsteht und damals in der Kosmetik Verwendung fand. Das hört sich im ersten Moment absonderlich an, schließlich bestehen heutige alkoholische Getränke nicht aus Schwermetallen, ganz zu schweigen davon, dass die meisten Muslime erst gar nicht trinken. Darüber hinaus bezieht sich der Begriff »Alkohol« erst seit dem 18. Jahrhundert auf ein rein zum Spaß an der Freude konsumiertes Getränk. Was war da los?

Schuld daran war die ebenso merkwürdige wie verlockende Geschichte der Alchemie, eine intellektuelle Bewegung des Mittelalters, die im Bemühen um höheres Wissen und irgendwie magische Kräfte Wissenschaft, Religion und Philosophie miteinander verband. Die meisten Alchemisten waren auf der Suche nach einem Jungbrunnen oder dem Stein der Weisen, und ihre Experimente nehmen sich – trotz des enormen Intellekts dieser Leute – heute eher lächerlich aus. Nehmen Sie nur den italienischen Aristokraten Bernardo de Treviso, der sein ganzes Vermögen und einen Gutteil seines Lebens auf den Versuch verschwendet hat, Blei in Gold zu verwandeln, indem er es mit einer ekligen Mixtur aus Essig, Hühnereiern und Rossäpfeln beschmierte. Aber bei allen unvermeidlichen Fehlschlägen, ganz so nutzlos war die Alchemie auch wieder nicht – sie vermachte der Welt nämlich die Spirituosen.

Wenn man pingelig sein will, waren sie natürlich keine Erfindung des Mittelalters. Die alten Griechen hatten bereits 2000 Jahre vorher destilliert, und in jüngerer Zeit hatten arabische Gelehrte es mit Wein probiert, aber als die europäischen Zauberlehrlinge zum ersten Mal derlei Experimente miterlebten, waren sie sofort wie gebannt und tauften den Weingeist *aqua ardens* (»brennendes Wasser«), weil es durch eine nackte Flamme entzündbar war. Und das war nicht seine einzige verblüffende Eigenschaft, da sie bei Sonnenlicht verdunstete, eine starke Wirkung auf Geist und Körper hatte und dem Fäulnisprozess von Lebensmitteln Einhalt gebot. Schon bald breitete sich gerüchteweise unter hochgelehrten Kinknetern die Kunde von dieser neu entdeckten Quintessenz – dem fünften Element neben Wasser, Luft, Feuer und Erde – aus. Wenn diese wundersame Substanz Nahrungsmittel konservieren konnte, dann konnte man das vielleicht auch beim Erhalt des eigenen Lebens nutzen.

Der spanische Arzt und Alchemist aus dem 13. Jahrhundert Arnaldus de Villanova war einer der Ersten, der Wein zu Weinbrand destillierte und ihm den zündenden Namen *aqua vitae* – »Wasser des Lebens« – gab. Bei einem derart eingängigen Etikett ist es nur zu verständlich, dass der Weingeist im Handumdrehen *die* mittelalterliche Patentmedizin war, zumal praktisch alle anderen Medikamente gegenüber dem gnadenlosen Wüten des Schwarzen Todes sich als kaum nützlicher erwiesen als ein Regenschirm im Orkan. Allerdings scheint auch das *aqua vitae* nicht besser gewirkt zu haben, schließlich starb ein Drittel der Bevölkerung damals einen qualvollen Tod, den die höllischen Kopfschmerzen auf die »Einnahme« von Branntwein sicher nicht leichter machten. Was freilich nicht hieß, dass der destillierte Alkohol wieder aus dem Arzneischrank verschwand.

Auf Abraten des Arztes

Es ist noch etwas früh für ein Glas Whiskey als Schlummertrunk, aber vielleicht bieten wir unseren Gästen ja später noch ein Schlückchen an. Und falls sie sich einen genehmigen, dann treten sie hoffentlich nicht fatalerweise in die Fußstapfen des mittelalterlichen Iren Risderd Mag Ragnaill, der laut den *Annalen von Connacht* im Jahre 1405 feststellen musste, dass das »Wasser des Lebens« im Übermaß genossen durchaus auch die gegenteilige Wirkung haben konnte. Vermutlich war diese durstige Seele irgendwie an medizinisches *aqua vitae* gekommen, oder er war einfach einer der ersten Whiskeytrinker der Welt. Tatsache ist jedenfalls, dass man gegen Ende des 15. Jahrhunderts Gerstenmalz zu etwas destillierte, was bei den Iren später auf Gälisch *uisgebeatha* – »Wasser des Lebens« – hieß. Um ehrlich zu sein, dass Mag Ragnaill überhaupt eine derartige todbringende Menge trinken konnte, ist an sich schon bemerkenswert, denn dieser frühe Whiskey war ja nicht im Fass gereift und schmeckte wahrscheinlich wie Nitroverdünnung; also zollen wir dem wackeren Kerl für sein stoisches Durchhaltevermögen angesichts eines derart grauslichen Stoffs mal etwas Respekt.

Während der Whiskey sich nach Schottland ausbreitete (wo

man ihn seit dem 19. Jahrhundert *whisky* nennt), steckte die Destillationsmanie auch andere Nationen an, und im 16. Jahrhundert begann jede ihre eigenen regionalen Sorten zu produzieren. Die Franzosen machten Weinbrand aus Wein und Cidre, die Dänen Aquavit aus Getreidemaische mit Kümmel und anderen Gewürzen, die Holländer gaben dem Getreide Wacholderbeeren zu und erfanden den Gin. Falls man im 17. Jahrhundert Pirat oder Matrose bei der britischen Marine war, gab es freilich nur ein Getränk. Fragen wir doch mal, mag einer unserer Gäste eine Cola mit Rum?

Yo ho, und 'ne Pulle voll Rum

Wann genau der erste Rum hergestellt wurde, ist unklar. Die Wurzeln dieses populären Drinks der Neuzeit sind aber auf jeden Fall auf den karibischen Zuckerplantagen zu finden. Dort fiel bei der Herstellung von Rohrzucker ein klebriger Rückstand namens Melasse an, der das Interesse der sklavenhaltenden Plantagenbosse erweckte; auf der Suche nach einer Möglichkeit, Kapital aus dem Abfall zu schlagen, begannen sie damit zu experimentieren. Man setzte die braune Masse den Resten des gekochten Zuckers zu; diese Mischung verdünnte man dann mit dem Wasser von der Reinigung der Zuckerkessel; den so entstandenen *wash* ließ man in der tropischen Feuchtigkeit gären und gab zum Ausgleich des Säuregehalts Kohlenasche und Zitrusfrüchte zu. Um noch etwas Extrawürze willen fügte man womöglich noch etwas totes Getier oder menschlichen Urin in den brodelnden Pot. Ich sollte hinzufügen, dass das keine wesentlichen Ingredienzien waren (und keine Bange, unser Cuba Libre heute Abend enthält weder einen toten Dachs noch den Inhalt einer menschlichen Blase); diese Beigaben sollten im Grunde nur die durstigen Sklaven davon abhalten, den Stoff zu trinken, bevor man ihn in Flaschen abfüllte. Wenn der *wash* keine Blasen mehr bildete, erhitzte man ihn und leitete die verdunstende potente Essenz über Rohrleitungen in einen Kühlbehälter, in dem nach dem Abkühlen eine stark alkoholische Flüssigkeit blieb. Und das war dann der Rum.

Auf Barbados bekam der Rum den Spitznamen »Teufelstöter«, ein nicht sehr subtiler Hinweis auf seine feurige Potenz; eine Horde ebenso verstörter wie sonnenverbrannter Einwanderer, die in der Karibik ihr Glück gesucht, aber nur Krankheiten und Enttäuschung gefunden hatten, sprachen dem Zeug in kaum zu glaubendem Übermaß zu. Laut Thomas Verney, einem verzweifelten Augenzeugen, war es nichts Besonderes, junge Männer sturzbetrunken aus den Tavernen torkeln und kopfüber in den Sand fallen zu sehen, wo sofort Heerscharen einheimischer Strandbewohner über sie herfielen; offensichtlich gab es im 17. Jahrhundert auf Barbados bei den Krebsen nicht weniger oft Mensch als bei den Menschen Krebs.

»Teufelstöter« war natürlich nur ein Spitzname; seine offizielle Bezeichnung verdankt der Rum womöglich dem Wort *rumbullion,* einem englischen Dialektwort mit der Bedeutung »Tumult«, »Krawall«. Tatsache ist, dass er nicht sonderlich gut war, dafür aber unglaublich billig; außerdem meinte man, damit Tropenkrankheiten kurieren zu können, und so schüttete die Bevölkerung einer ganzen Insel das Zeug wie Mineralwasser in sich hinein. Die Folgen waren unvermeidlich Gewalt und Zwietracht, daher *rumbullion.* Angesichts eines solchen Rufs ist es leicht zu verstehen, warum der Rum zum Lieblingsstoff von Teufelskerlen wie dem berüchtigten Edward »Blackbeard« Teach, Henry Morgan und dem Psychopathen New Lowe (der seine Gefangenen gern ihre eigenen Körperteile verspeisen ließ) wurde.

Old Grogram

Wie allgemein bekannt, erlaubte auch die Geißel der karibischen Piraterie – die British Royal Navy – ihren Matrosen den Konsum von Rum, da er sicherer war als Wasser und weniger schnell verdarb als Bier. Da es natürlich ganz offensichtlich nicht ungefährlich war, wenn seine Seeleute besoffen über die Decks schießpulverbeladener Kriegsschiffe torkelten, ließ Vizeadmiral Edward Vernon die Rationen ab 1740 verdünnen. Die schwächere Variante bekam den Namen *grog* seines Spitznamens Old Grogram wegen, den Vernon dem Stoff seines bewährten wasserdichten Mantels (Grosgrain) verdankte. Als man 1755 die Wirksamkeit von Ascorbinsäure im Kampf gegen Skorbut bewies, schrieb die Marine vor, Rum und Wein mit Limettensaft zu mischen, ein Umstand, der den britischen Seeleuten in Amerika und Australien den Beinamen *Limeys* einbrachte.

Unter den Landratten Europas war Rum nicht allzu beliebt, aber der Durchschnittsbürger in den Städten der amerikanischen Ostküste trank davon wahrscheinlich fünf Gläschen am Tag – und das galt für jeden, der über 14 Jahre alt war. Strenge Schankgesetze sorgten dafür, dass die Wirte sie auf die eine oder andere Art zu unterlaufen versuchten, und eine Methode bestand darin, allerhand Geschmackszutaten in den Rum zu geben wie etwa Limetten, Blaubeeren, Wacholder, Nelken, Zimt, Minze, Muskat. Aus diesem Brauch scheint sich unser moderner Cocktail entwickelt zu haben, und der beliebteste von diesen wurde der Rumpunsch, den man in einer Schüssel mit geschnittenen Zitrusfrüchten servierte.

Sieht ganz so aus, als hätte nun jeder auf unserer Party ein Getränk in der Hand; wir können uns also wieder hinsetzen und entspannen. Aber auch wenn es ein Samstagabend ist und ein besonderer Anlass, wollen wir es nicht übertreiben und uns auf der nächsten Wache wiederfinden oder im Krankenhaus ...

Randale im Suff

Wissen Sie, wer einem leidtun kann? Noah. Da hat der Mann diese Mordsarche gebaut und von allem, was da kreucht und fleucht, ein Pärchen vor Gottes apokalyptischer Sintflut gerettet, und was macht er nach einem derartigen Erfolg? Nun, laut Altem Testament lässt er sich mit selbst gezogenem Wein volllaufen, zieht sich aus und stolpert in seinem Tran nackt durch sein Zelt. Und dem nicht genug, am nächsten Morgen findet ihn sein Sohn Ham nackt auf dem Boden, praktisch im Koma, und läuft los, um es seinem Bruder zu sagen. Aber wir wollen hier nicht Noah als den Bösen hinstellen, wenn dann schon eher Ham, der undankbar genug ist, seinen Paps zu verpfeifen; die Geschichte soll nur zeigen, dass selbst der Gottgefälligste nicht vor den Unwürdigkeiten der Trunkenheit gefeit ist – welche Hoffnung hat da unsereins?

Der griechische Komödiendichter Eubulos hielt drei Becher Wein für das perfekte Quantum für den klugen Mann, bevor er nach Hause zockelte, um ins Bett zu gehen; jeder Becher mehr hatte zunehmend dramatische Folgen: ein vierter führte zu Hochmut, ein fünfter ließ einen laut werden, nach dem sechsten brach man einen Streit vom Zaun und beim siebten flogen die Fäuste; beim achten gingen Möbel zu Bruch, die Polizei wurde gerufen, beim neunten setzte der Wahnsinn ein und beim zehnten Becher gingen die Lichter aus. Vor diesem Hintergrund können wir vermutlich davon ausgehen, dass die folgende Anekdote des Geschichtsschreibers Timaios von Tauromenion in die »Zehn-Becher-Kategorie« fällt. Er erzählt, wie eine Schar junger Männer sich derart volllaufen ließ, dass sie sich auf einem Kriegsschiff, einer Triere, im Sturm wähnten und meinten, Ladung über Bord werfen zu müssen, um nicht unterzugehen. Man stelle sich das Staunen der Passanten vor, als der Haufen konfuser Trunkenbolde Betten und Stühle aus den Fenstern warf.

Wie wir bereits erfahren haben, überstiegen die Trinkstandards der Angelsachsen jedes biblische Maß; selbst nach der Christianisierung brachten die gewöhnlichen Leute Toasts auf ihre Gesundheit aus, bevor sie einander unter den Tisch soffen. Aber nicht nur die gewöhnliche Bevölkerung gab sich die Kanne; die Gebote entrüsteter Kirchenbürokraten belegen, dass selbst Mönche und Priester in anrüchigen Ale-Häusern zechten; und wenn man sie da herausholte, schienen sie zuhause weitergefeiert zu haben, was den Erzbischof von Canterbury Aelfric im 10. Jahrhundert klagen ließ:»Männer verhalten sich oft so absurd, im Gotteshaus die ganze Nacht über wach zu sitzen, um bis zum Wahnsinn zu trinken und es mit skandalösen Spielen und zotigem Gerede zu entweihen.« Sich im Pub einen Affen zu kaufen war schlimm genug, aber Trunkenheit in einem Gotteshaus, das war nun wirklich ein Stinkefinger gegen den Herrn.

Einer unserer Gäste erkundigt sich, ob wir nicht vielleicht irgendwo einen Gin Tonic versteckt haben? Haben wir, zum Glück, und wir geben uns alle Mühe, damit auch das Mischungsverhältnis stimmt. Zu viel Gin lässt einen zum Tier werden ...

Mutters Ruin

1751 veröffentlichte der engagierte Maler und Grafiker William Hogarth seine gefeierte Radierung »Gin Lane«. Auf dieser sieht man allerhand Gesindel dem Alkohol zusprechen; eine Mutter flößt ihrem Säugling Gin ein, während einer anderen im Tran das Kind die Treppe hinunterfällt. Im Vordergrund sitzt ein zum Skelett abgemagerter Leichnam mit einem Glas in der Hand; auf der anderen Seite teilen Herrchen und Hund sich einen Knochen; wie wilde Tiere nagen sie daran herum. Was konnte eine so schreckliche Vision inspiriert haben?

Spätestens in den 1680er-Jahren war die Affäre der Briten mit dem Branntwein zum Problem geworden. Da die Nation immer wieder mal Krieg mit den Exporteuren – den Franzosen und Holländern – führte, musste man die dadurch entstehende Lücke mit einer hausgemachten Spirituose füllen. Also deregulierte man die Gin-Produktion, was zahlreiche neue Destillen entstehen ließ. Bereits 1726 rühmte London sich Aufzeichnungen zufolge der stolzen Zahl von 8659 *brandy houses* für eine Bevölkerung von gerade mal 700.000 – das macht eine Schnapsbude für 80 Leute, und das über die 5975 *ale houses* hinaus, wo es ohnehin schon Wein und Bier gab.

Eine Folge dieser beispiellosen Trunkenheit war menschliches Elend; Gin bekam den Spitznamen »Mother's Ruin«. Allein zwischen 1749 und 1751 sollen in London durch die Nachlässigkeit trunksüchtiger Eltern über 9000 Kinder gestorben sein; trank eine Mutter Gin in ausreichenden Mengen, so hieß es, schmecke selbst ihre Milch danach. Ging man zu Fuß durch London, stolperte man buchstäblich über Männer, Frauen und Kinder, die nicht nur in den Schenken, sondern haufenweise auch auf der Straße rumlagen. Wie Heroinsüchtige lebten sie im Teufelskreis rauschhafter Hochstimmung und komatöser Untätigkeit; und an den nächsten Fix zu kommen war so einfach wie der nächste Atemzug – über 36 Millionen Liter gab man alljährlich bei den Behörden an, und der schwarze Markt produzierte wahrscheinlich dieselbe Menge noch mal.

Nachdem der Staat selbst für diesen Alptraum verantwortlich gewesen war, versuchte man jetzt auch noch, das Riesenleck mit dem kleinen Finger zu stopfen, indem man die Lizenzen für die Destillen verteuerte – aber es hieß längst *Land unter!* Die Gesetze ließen sich nicht durchsetzen, die Verhaltensweisen waren zu eingefahren, der Gin beherrschte die Straße. In den 60 Jahren, die es dauert, bis der Gin Act von 1751 sowohl Konsumenten als auch Großproduzenten aufs Korn nahm, richtete die Gin-Krise unermesslichen Schaden an. Und doch richtete sich die moralische Panik, die sie begleitete, nicht gegen den Alkohol an sich. Die Meinungsbildner der Mittel- und Oberschichten gaben dem Gin – und nur ihm – die Schuld an dem Desaster. Hogarth hatte zu seiner »Gin Lane« sogar bewusst ein Gegenstück mit dem Titel »Beer Street« geschaffen, auf dem die Londoner robust, gesund und lebenslustig zu sehen sind. Süchtige leben in der Selbsttäuschung, und wie jeder andere Süchtige suchte Großbritannien einen Sündenbock für ein größeres Problem. Es war der Gin, dieser billige Mist aus dem Ausland, der für das Chaos verantwortlich war; ganz anders verhielt sich das mit dem regelmäßigen Genuss von gutem, nahrhaftem englischen Bier.

Gegen Ende des 19. Jahrhunderts sollte man auch diese Ansicht in Frage stellen.

Ein hehres Unterfangen

Vor ziemlich genau einem Jahrhundert kam es in Amerika – einem Land von engagierten Trinkern – zu einem der bemerkenswertesten Ereignisse der modernen Geschichte – man verbot den Verkauf von Alkohol per Gesetz. Wie konnte es dazu kommen? Und warum wurde es ein so spektakulärer Fehlschlag? Nun, Tatsache ist, die Regulierung des Alkohols hat noch nie so recht funktioniert. China hat zwischen 1100 vor und 1400 nach unserer Zeitrechnung 41-mal die Herstellung von Wein verboten, nur um das Verbot jedes Mal wieder zurückzunehmen. 650 vor unserer Zeitrechnung bemerkte ein Mann namens Shu Ching, »das Volk kommt ohne Bier nicht aus. Es mit einem Verbot zu belegen und die völlige Abstinenz davon abzuverlangen, übersteigt selbst die Kraft von Weisen«. Der große mongolische Eroberer Dschingis

Khan gab sich ähnlich pragmatisch: »Ein Soldat darf sich nicht öfter als einmal die Woche betrinken. Es wäre natürlich besser, wenn er sich überhaupt nicht betrinkt, aber man sollte nicht das Unmögliche erwarten.« Dschingis Khan erreichte militärisch so Großes und hat so viele Menschen umgebracht, dass auf den verlassenen Feldern wieder Wälder wuchsen und die CO_2-Werte um 700 Millionen Tonnen sanken – aber selbst ein Mensch, der im Alleingang gegen den Treibhauseffekt ankam, konnte seinen Soldaten den Rausch nicht verbieten.

Es gab also im Verlauf der Geschichte immer wieder Moralisten, die an der Lage der Nation verzweifelten und mit bösem Finger auf die Betrunkenen auf dem Boden der Schenken wiesen, aber etwas dagegen zu tun, war immer schon schwierig oder führte zu unvorhersehbaren Folgen. Nehmen wir ein Beispiel aus dem Mittelalter, und sei es nur, weil es einfach zu komisch ist. Im England des 10. Jahrhunderts versuchte König Edgar der Friedliche die Zahl von Ale-Häusern einzuschränken und die Größe der Trinkgefäße zu standardisieren. Er kam auf die Idee, Krüge mit acht Kerben im Innern machen zu lassen, und sein Gesetz sah vor, dass jeder nur die Menge zwischen zwei Kerben trinken durfte, bevor er den Krug an den nächsten Gast weitergab. Nun wollten sich die Engländer auf der einen Seite ihre bürgerlichen Freiheiten nicht beschneiden lassen, auf der anderen Seite aber auch nicht unhöflich sein – ihnen war sofort klar, wenn sie versehentlich mehr als ihre Ration tranken, dann käme der Nächste zu kurz, und das wäre nicht fair.

Findig, wie wir Engländer nun einmal sind, wurde es üblich, in einem solchen Fall bis zur nächsten Kerbe weiterzutrinken, damit wieder alles in Ordnung war. Aber natürlich konnte man gleich noch mal übers Ziel hinausschießen, was bei der dicken Suppe schnell passiert war. Also versuchte man es noch mal, wurde aber von Mal zu Mal betrunkener, bis schließlich das Urteilsvermö-

gen so getrübt war, dass man vermutlich gleich wieder ... Na, Sie
können sich denken, wie's weitergeht. Und wie bei Verboten nicht
selten, hatte König Edgars Gesetz letztlich die gegenteilige Wirkung, und das Volk trank mehr denn je. Angesichts dieser Fehl-
schläge muss man sich doch fragen, wie die amerikanischen Pro-
hibitionisten die Schließung sämtlicher Bars für eine so gute Idee
halten konnten.

Die Umnachteten Staaten von Amerika

Der Ball zum Amtsantritt von Präsident Andrew Jackson im
Weißen Haus im Jahr 1829 geriet ein wenig außer Kontrolle. Der
Alkohol floss in Strömen, und es wurde zunehmend laut, als Tausende betrunkener Gratulanten die Feier in eine Studentensause
verwandelten. Nachdem man munter Staatseigentum zerschla-
gen hatte, unter anderem einige kostspielige Stücke Feinkeramik,
sah man sich genötigt, den lärmigen Mob mit einigen Schüsseln
Rum-Bowle und Sprit auf den Rasen hinaus zu locken – der Rat-
tenfänger von Hameln hätte es nicht besser machen können. Der
neue Präsident floh derweil aus dem Fenster und nächtigte in einem Hotel. In Versailles hätte das nicht passieren können; aber so
ist das nun mal mit der Demokratie.

Wie Sie sehen, waren nicht nur die Briten dem berauschenden Charme des Alkohols verfallen. Amerika hatte seine heimi-
sche Trinkkultur – Bier, Wein, Rum, Porter, Whiskey, Madeira,
Brandy, alles floss im Exzess. Zu Beginn des 19. Jahrhunderts
waren die Farmer dort auf den Trichter gekommen, dass sich ihr
Überschuss an Getreide und Mais der Herstellung von Whiskey
zuführen ließ, mit dem ein netter Profit zu machen war. Folge davon war, dass sich der Amerikaner um 1830 im Durchschnitt 30
Liter pro Jahr hinter die Binde goss; wer sich ordentlich ins Zeug

legte, brachte es mit links auf 45, anders gesagt auf eine Flasche Jack Daniels pro Woche. Und wenn nicht einmal der Präsident sicher war vor dem tellerzerdeppernden Krakeelen seiner trunkenen Wähler, musste es wirklich ziemlich übel zugehen.

Eine moralische Gegenbewegung war unvermeidlich, und sie kam von der eben gegründeten American Temperance Society, einem Verein der Gegner des Alkoholmissbrauchs. Diese vom Fleck weg populäre Gruppe progressiver Reformer trat zunächst für die persönliche Mäßigung ein, was jedoch zu internen Kabbeleien darüber führte, was denn beim Einzelnen »mäßig« und damit vertretbar sei; es mussten mit anderen Worten strenge Richtlinien her. Die Message der Bewegung verbreitete sich rasch auch in Schweden, Dänemark, Norwegen, Deutschland und in den Niederlanden, wo gleichgesinnte Christen ähnliche Organisationen gründeten. Als Superstar unter den Predigern etablierte sich in Irland Father Theobald Mathew – sieben Millionen Menschen gelobten, keinen Tropfen mehr anzurühren. Der Zuspruch in Europa fiel jedoch nach dem Scheitern der Revolutionen von 1848 jäh ab; nichts macht einen durstiger, als seine politischen Hoffnungen in den Schmutz getreten zu sehen. In den 1870er-Jahren waren von den großen Playern unter den Temperenzvereinen praktisch nur noch die Temperance Society der Church of England und die Irish Temperance League übrig geblieben.

So flüchtig die Affäre mit der Abstinenzbewegung in Europa war, bei den Amerikanern war der berühmte karibische »Teufelstöter« mittlerweile selbst zum Teufel – zum »Dämon Rum« avanciert. Die Konzession eines persönlichen Abstinenzversprechens genügte den Temperenzlern nicht mehr; die religiösen Organisationen waren entschlossen, bis nach Washington zu gehen, um sicherzustellen, dass niemand mehr trank.

Verbietet den Dreck!

1873 gründete man die Women's Christian Temperance Union mit dem expliziten Ziel, ein totales Alkoholverbot einzuführen. Ihrer Argumentation zufolge litten ganz besonders die Frauen unter der Trunksucht; viele von ihnen konnten nicht selbst für sich sorgen, sie lebten in von Missbrauch geprägten Beziehungen mit gewalttätigen Alkoholikern, Rechte hatten sie vor dem Gesetz so gut wie nicht. Darüber hinaus vertraten sie den religiösen Standpunkt, nach dem Alkohol in den Augen Gottes eine moralische Sünde sei, eine Sünde, die der Gesellschaft nicht wiedergutzumachenden Schaden zufüge – wie Tabak, Prostitution, städtische Armut, ungerechte Einwanderungsgesetze und andere soziale Übel. Diese Frauen waren alles andere als Fundamentalisten mit Schaum vor dem Mund, sie wollten einfach nur ein besseres, humaneres Amerika; das Problem war nur, dass sie sich von einer Bande politischer Haie verdrängt sahen, die weniger Skrupel hatten, mit Haken und Ösen zu spielen.

Nach Anfängen im ländlichen Ohio begann die Anti-Saloon League 1895 landesweit zu operieren, und für diese Leute rechtfertigte das Ziel jedes Mittel. Ihr Ableger, die Scientific Temperance Federation, genierte sich nicht im Geringsten, die Öffentlichkeit mit pseudowissenschaftlicher Anti-Alkohol-Propaganda zu (des)informieren, und ihre inoffiziellen Gorillas vom Ku-Klux-Klan vertrieben den Alkohol mit Gewalt aus dem ländlichen Süden. Die Liga selbst war eine politische Organisation, die sich auf das Schikanieren von Politikern verlegte; heute würde man ihre aggressive Strategie wohl mit der einer Pressure Group vergleichen. Der brillante Architekt dieser unerbittlichen Kampagne war Wayne B. Wheeler, der Topanwalt der Liga, ein Mann, der für Empörung in seiner eigenen Bewegung sorgte, weil er mit whiskeytrinkenden Parlamentariern sprach. Aber Wheeler war es egal, ob die Leute tranken, solange er die Heuchler dazu bekam, sich hinter seine Prohibitionsbewegung zu stellen. Und wenn sie nicht spuren wollten, dann zeigte er ihnen die Zähne ...

Zentral für seine Art von Lobbying war eine Art von rächender Vergeltung, wie wir sie von Glenn Close in *Fatal Attraction* her kennen. Wenn ein Politiker der Liga einen Korb gab, dann wurde im Gegenzug dafür gesorgt, dass die politische Karriere des Unverbesserlichen ein jähes Ende fand. Dank des amerikanischen Zweiparteiensystems brauchte Wheelers Verein noch nicht einmal eine Mehrheit zur Ausübung seiner ungeheuren Macht; die Leute waren Königsmacher und konnten im Prinzip kaltstellen, wen immer sie wollten, um ihn dann durch eine loyale Marionette zu ersetzen, die wusste, dass man die Hand, die einen fütterte, auf keinen Fall biss. Man beschrieb Wheeler als einen Mann, der dafür sorgen konnte, dass»der amerikanische Senat sich aufsetzte und bettelte« wie ein gehorsamer Hund in der Hoffnung auf einen Keks, der trotzdem Angst vor der zusammengerollten Zeitung hat.

Bei allen Erfolgen in ländlichen Gegenden, wo der Ku-Klux-Klan auch schon mal skrupellos einen Saloon niederbrannte, die Großstädter erreichte die Liga nicht. Um also die Öffentlichkeit auf ihre Seite zu ziehen, startete Purley Baker, ein Methodisten-Prediger, eine bösartige Hetzkampagne gegen Amerikas wohlfeilste Ziele: Katholiken, Juden und Deutsche, wobei man gerade Letztere als »Fresssäcke« bezeichnete, die tranken »wie die Schweine«. Im Vorfeld des Ersten Weltkriegs kam man mit dieser antideutschen Propaganda groß an, und als die Amerikaner die ersten Soldaten auf die Schlachtfelder Europas zu schicken begannen, hatten 23 amerikanische Bundesstaaten den Alkohol verboten. Der Mehrflankenangriff der Anti-Saloon League war ein durchschlagender Erfolg. Als Amerikas Soldaten 1919 siegreich nach Hause zurückkehrten, stellten sie fest, dass der 18. Verfassungszusatz Herstellung oder Transport von Alkohol zu anderen als medizinischen Zwecken verbot. Amerika war trockener als die Sahara. Oder wenigstens war das die Theorie.

Al Capones amerikanischer Traum

Wir könnten nun den logischen Schluss ziehen, dass mit dem Verbot der Herstellung von Alkohol auch seine schädlichen Auswirkungen auf die Gesellschaft zurückgingen. War nicht die Gin-Krise eine Folge laxer Lizenzierung und zu vieler wirtschaftlicher Anreize zur Massenproduktion gewesen? Nun, es gab durchaus Leute, die es mit dieser naiven Philosophie hielten – und das in einem Maß, dass einige Städte in Iowa angeblich ihre Gefängnisse verkauften, so überzeugt waren sie davon, dass eine trockene Gesellschaft dem Verbrechen entsagen würde. Nur einen wesentlichen Faktor ließen diese unverbesserlichen Optimisten dabei außer Acht – *die Amerikaner liebten nun mal ihren Sprit!*

Kaum war das Alkoholverbot in Kraft getreten, schossen überall im Land wie Pilze illegale Destillen aus dem Boden. Sie produzierten den berühmten »Badewannengin«, der so hieß, weil man ihn entweder in Badewannen fermentieren ließ oder weil man dem nach Glycerin schmeckenden Gebräu in großen Bottichen unter dem Hahn einer Wanne Wasser zugab. Es war damit so viel Geld zu verdienen, dass selbst respektable Leute sich dem illegalen Hobby zuwandten, darunter auch einige Polizisten, die in die 1920ern ihre eigenen raffiniert eingefädelten Schnapskartelle leiteten. Auf dem Land produziert, wurde der qualitativ minderwertige, auch als *moonshine* bekannte Stoff in PS-starken Autos oft im Wettrennen mit der Polizei in die Städte geschafft, eine Tradition, der Amerika die ungemein beliebten NASCAR-Rennen verdankt. Besserer Stoff kam von der Rum Row, einer

Reihe von Frachtern in internationalen Gewässern vor Amerikas Atlantikküste, von denen aus die Ware in kleinen Booten an Land gebracht wurde, wenn man ihn nicht einfach kistenweise anschwemmen ließ. Guter Stoff kam außerdem aus Kanada und Mexiko, aber der war natürlich teurer.

Wo immer der Alkohol herkam, er fand seinen Weg in die *speakeasies,* die »Flüsterkneipen«, und Hinterzimmerpartys, die Hollywood so berühmt gemacht hat. Damit hatte es sich freilich auch schon wieder, was den Glamour angeht. Badewannengin war ein grauenhaftes, manchmal sogar tödliches Gesöff – allein 1925 starben 4154 Menschen daran. Und selbst wenn man nicht gleich daran starb, konnte der Stoff zu furchtbaren Kopfschmerzen oder zu einer Minderung des Sehvermögens führen. Am schlimmsten jedoch erging es Leuten, die tatsächlich glaubten, durch einen Laib Brot gefiltert wäre auch Frostschutzmittel zu trinken, eine Schnapsidee, die sich gefährlicher anhört, als mit Blut beschmiert in ein Haifischbecken springen zu wollen.

In ganz Amerika kam es zu Unfällen, weil die Leute völlig verkatert mit dem Auto unterwegs waren, wenn man nicht einfach betrunken am Steuer einschlief. Wer nicht trank oder nicht an sein Quäntchen Alkohol kam, der wandte sich Kokain, Cannabis und Opiaten zu. Die Wirtschaft stagnierte, die Steuereinkünfte sanken, die Ausgaben für die Polizei gingen in die Höhe, und die Gerichte waren hoffnungslos überlastet (ich denke mal, die Städte in Iowa haben ihre Gefängnisse rasch wieder zurückgekauft). Am schlimmsten jedoch war, dass das organisierte Verbrechen aufblühte und mit ihm Bestechung und Korruption, als Gangster wie Al Capone aus der Situation Kapital zu schlagen begannen.

Kein Sprit ist schon zu viel

Der 18. Verfassungszusatz hatte das Volk vor Schaden bewahren sollen; erreicht hatte man damit das genaue Gegenteil – die Prohibition erwies sich als Schrotladung ins Knie. Abraham Lincoln, der eher maßvoll trank, hatte das bereits 1840 gesagt:

> Ein Alkoholverbot würde der Sache der Mäßigung großen Schaden zufügen, handelt es sich dabei selbst um eine Unmäßigkeit, die über jede Vernunft hinausgeht, insofern sie das Verlangen eines Menschen durch ein Gesetz zu regeln versucht und Dinge zu Verbrechen macht, die an sich keine Verbrechen sind ...

Womit Lincoln den Nagel auf den Kopf traf. Etwas zu verbieten, was so offensichtlich ein Grundrecht zu sein schien, ließ den entrüsteten Mann von der Straße schon aus Protest zur Flasche greifen, und das mit gesundheitsgefährdenden bis tödlichen Folgen. Und so hob man denn die Prohibition 1933 auch wieder auf. Präsident Roosevelts historischer Ausspruch »was Amerika jetzt braucht, ist etwas zu trinken« klang angesichts der Tatsache, dass sich die Nation dreizehn Jahre lang mit hausgemachtem Fusel die Kanne gab, allzu vertraut.

Was Amerika wirklich brauchte, das war die Rückkehr zur Normalität mit all ihren normalen Problemen; immerhin implizierten diese nicht die Übernahme des Staats durch den Mob. Obwohl nur 42 Prozent der Weltbevölkerung trinken, gehört der Alkohol für viele von uns zum Alltag. Und wenigstens für die Briten ist das Pub die Anlaufstelle für alle und jeden unserer Gesellschaft. Wir mögen wie eine Nation von Teetrinkern rüberkommen, aber würde jemand das Pub zu verbieten versuchen, würde sogar der amtierende Monarch in der Downing Street aufmarschieren, ein Glas Ale in der einen Hand, einen Kricketschläger in der anderen, um nötigenfalls ein Fenster einzuschlagen.

Aber ich schweife ab. Wir haben genug intus, und unsere Freunde verabschieden sich nach und nach. Es ist spät, und uns werden langsam, aber sicher die Lider schwer. Mit einem trüben Blick über den Berg schmutziger Teller und Gläser beschließen wir, den Saustall wenigstens bis zum Morgen zu ignorieren. Jetzt gehen wir mal besser ins Bett.

23 Uhr 45

ZÄHNEPUTZEN

Nachdem wir unsere bleiernen Glieder die Treppe hochgeschleppt haben, werfen wir einen sehnsüchtigen Blick nach der Schlafzimmertür. Aber bevor wir dankbar unters Plumeau kriechen können, verlangt ein Nörgeln im Hinterkopf noch ein letztes Alltagsritual, das uns schon unsere Eltern abverlangten, ob wir nun wollten oder nicht: Es ist Zeit zum Zähneputzen.

Weiße Zähne

Wir sind an einem Punkt angelangt, an dem die perfekt symmetrisch geschnitzten Kiefer selbst der C-Prominenz zwei Leisten geradezu gespenstisch weißen Alabasters zieren. Zähne sind weit über ihren biologischen Zweck – dem Zermahlen von Nahrung – hinaus zum modisch-ästhetischen Statement geworden. Dabei waren sie praktisch die ganze Menschheitsgeschichte hindurch in der Hauptsache funktionelle Kauwerkzeuge, ohne die unsere Vorfahren buchstäblich verhungert wären. Anders gesagt, die Herausforderung bestand nicht darin, sein Grinsen mit den nötigen Kilowatt auszuleuchten, sondern einfach dafür zu sorgen, dass einem das Gebiss nicht ausfiel. Zähne sind an sich zähe kleine Biester, aber im Lauf der Zeit leider doch anfällig für Bakterien, Säure, allmähliche Abnutzung, zu schweigen von den Schäden durch stumpfe Gewalt. Kurz gesagt, man kann ihrer durchaus verlustig gehen.

Angesichts der schieren Notwendigkeit, auf seine Zähne zu achten, überrascht es also nicht weiter, dass die Geschichte der Zahnheilkunde bereits in der Steinzeit begann.

Neolithische Beißer

Der Schmerz war durchdringend, ein heftiges Surren, das ihm bis in die Zehen fuhr. Wütend darüber, die Quälerei über sich ergehen lassen zu müssen, schlug er in hilflosem Protest die Hacken in den Boden, aber er blieb auf dem Rücken liegen – auf keinen Fall wollte er, dass dem Mann der Bohrer aus der Hand rutschte und in das weiche Fleisch seiner Zunge fuhr. Mit der Konzentration eines geistesgestörten Holzfällers sägte der über ihm aufragende Dentist an ihm herum. Das Geräusch des Bohrers an dem verfaulten Backenzahn hallte durch den Kopf des Patienten, ein leises Schaben als Begleitung zu seinem gedämpften Wimmern. Der Patient schloss die Augen und versuchte, an etwas anderes zu denken. Bald wäre alles vorbei. Und in einer Minute war es das dann auch.

9000 Jahre ist es her, da übte in Mehrgarh, im heutigen Pakistan, möglicherweise der erste Zahnarzt der Welt sein Gewerbe aus – Tausende von Jahren bevor man Stonehenge in Angriff nahm. Das hört sich nach einer ziemlich vollmundigen Behauptung an, aber wir haben durchaus einen sichtbaren Beweis in den Zähnen der Skelette, die man in der Siedlung aus der Jungsteinzeit fand. Für das untrainierte Auge sind winzige Löcher von 0,5 bis 3,5 Millimeter Tiefe nicht sonderlich beeindruckend, unser-eins würde sie womöglich noch nicht einmal sehen, aber für Ar-chäologen ist ihre Gleichförmigkeit ein unverkennbarer Beweis dafür, dass da gebohrt wurde. Über 5000 Jahre bevor jemand mit formbaren Metallwerkzeugen zu hantieren begann, benutzte die-ser Zahnarzt einen Fiedelbogen mit Flintspitze, um durch den Zahnschmelz nach den schmerzenden kariösen Stellen zu bohren. Normalerweise verwendete man die geschärften Flintsplitter, um Ösen in Schmuckperlen zu bohren. Dazu steckte man sie in ein Stöckchen, um das dann eine Schnur kam, deren Enden an einer Art Flitzbogen befestigt waren; wenn man den dann hin und her bewegte wie eine Säge, dann bewegte sich das Stöckchen, mal im Uhrzeigersinn, mal gegen ihn, um die eigene Achse und bohrte ein winziges Loch in den Zahn.

Aber woher wissen wir, dass es sich um eine therapeutische Behandlung handelte und nicht um ein religiöses Ritual oder ein schlecht beratenes Modestatement? Von den elf Zähnen mit Bohrungen, die man in Mehrgarh fand, waren mindestens vier von Karies befallen, und der Umstand, dass nur an rückwärtigen Backenzähnen – in den kaum sichtbaren Bereichen des Mundes – operiert wurde, dürfte jede Theorie, die Behandlung könnte der Aufhübschung des Lächelns gedient haben, im Keim ersticken. Wenn man sein Grinsen aufmöbeln will, dann lässt man sie die Vorderzähne machen. Angesichts der Tatsache, dass Karies böse Schmerzen verursachen kann, ist es weit wahrscheinlicher, dass die Prozedur chronischen Zahnschmerzen galt. Faszinierender-weise war das Bohren nicht der prähistorischen Zahnheilkunde letzter Schluss. Ein Team italienischer Wissenschaftler hat jüngst bewiesen, dass das Skelet eines etwa vor 6500 Jahren in Slowe-nien verstorbenen jungen Mannes, die erste Füllung – Bienen-harz in einem gesprungenen Zahn – aufwies. Wogegen also das Bohren in Mehrgarh nur dem Ausräumen eines infizierten Lochs gedient hatte, sieht es hier so aus, als ging es um die Ummantelung eines bloßen Nervs.

So gehen denn, bei aller Modernität unserer heutigen Zahntechnik – Röntgenaufnahmen, Laser, elektronische Gadgets – unsere gängigsten Behandlungsmethoden, Bohren und Füllungen, auf Tausende von Jahre zurück. Dem nicht genug wird Ihnen Ihr Zahnarzt sagen, dass süße Nahrungsmittel der Feind Nummer 1 Ihrer Zähne sind, und auch das war unseren prähistorischen Vorfahren bekannt. Die Agrarrevolution der Jungsteinzeit führte zu einem erhöhten Konsum stärkehaltiger Nahrungsmittel wie Brot oder Haferbrei, was die Levels an natürlichen Zuckern im Mund erhöhte und zu Höhlen und Zahnerosion durch Säuren führte. Der Hauptfeind prähistorischen Dentins jedoch war der Sand, der im Brot lauerte, ein bedauerliches Nebenprodukt der Quernsteine, mit denen das Getreide gemahlen wurde.

Das womöglich berühmteste prähistorische Opfer dentaler Abnutzungserscheinungen war unser alter Freund Ötzi der Eismensch, das jungsteinzeitliche Mordopfer aus Tirol. Seine Zähne waren in einem furchtbaren Zustand: verfärbt, hier und da gebrochen, im Großen und Ganzen abgenutzt. An einem seiner Backenzähne fehlte ein Höcker; wahrscheinlich hatte er begeistert auf einem steinigen Stück Brot herumgekaut. Die ernsthaften Schäden an seinen Vorderzähnen lassen darauf schließen, dass ihm jemand oder etwas ins Gesicht geknallt war. Dass er später einen Pfeil in den Rücken bekam, lässt vermuten, dass er nicht gerade einer der liebenswerten Tom-Hanks-Typen war. Auch wenn Ötzi ein besonderer Unglücksrabe gewesen sein mochte, sein Gebiss war typisch für die damalige Zeit. Zähne sind nicht unkaputtbar, und gegen Ende eines jungsteinzeitlichen Lebens, womöglich schon in ihren Vierzigern, hätten die Leute damals sicher nicht mehr gegrinst wie Tom Cruise – oder es wäre eben kein schöner Anblick gewesen.

Ärger mit Zahnwürmern

Winzige Steinchen und allerhand natürlicher Zucker mögen die Hauptschurken gewesen sein, aber die damaligen Sündenböcke waren eher finsterer Art. Mit dem Aufkommen der Bronzezeit entwickelten sowohl Babylonier als auch Ägypter einen starken Glauben an kleine Monster, die sie »Zahnwürmer« nannten; diese entstanden ihrer Ansicht nach – wie kleine *Pac-Man*-Gespenster – spontan im Mund. Die Theorie wurde von den Römern übernommen und war noch im 18. Jahrhundert *en vogue*, was bedeutete, dass Zahnärzte sich über Jahrtausende Behandlungen für kleine Viecher einfallen ließen, die es nie gab.

Entsprechend reagierte man in der Bronzezeit gern mal mit abergläubischen Beschwörungen: Die Babylonier legten schützende magische Amulette um, und wenn sich die fiesen Würmchen dann trotzdem einstellten, flehten sie den großen Gott Ea/Enki um deren Vernichtung an. Erst wenn auch das nichts half, räucherte sie vielleicht ein Dentist aus. Um 2250 vor unserer Zeitrechnung war die orale Ausräucherung die etablierte Behandlungsmethode; man verbrannte dazu in Bienenwachs geknetete Bilsenkrautsamen in unmittelbarer Nähe des Munds. Und wenn der kringelige Feind getötet war, füllte man das Loch mit Harz und weiterem Bilsenkraut. Aber allen Versprechungen neolithischer Bohrversuche zum Trotz, auf Füllungen standen die Babylonier nicht. Ihre Zahnheilkunde war überraschend low-tech.

Die Zähne im Reich Tutanchamuns

Die Nekropole Sakkara ist eine vom Menschen geformte Landschaft, die dem Tod gewidmet ist, auch wenn sie schon lange nicht mehr als Friedhof dient. Sie war die offizielle Begräbnisstätte von

Memphis, der Hauptstadt aus der ägyptischen Bronzezeit, und rühmt sich der ältesten von Ägyptens Pyramiden, Djosers Stufenpyramide, die als symbolisches Testament der Macht der alten Könige heute noch zu bestaunen ist. Dennoch stehen wir vor zahlreichen Rätseln, was Sakkara angeht; einigen optimistischen Ägyptologen zufolge haben wir bislang gerade mal 30 Prozent der Geheimnisse entdeckt. Scherzend fügten sie hinzu, um fündig zu werden, bräuchte man nur irgendwo einen Spaten in die Erde zu rammen.

Eine jüngere Entdeckung in dem Sandmeer ist ein Grab, das Diebe im Jahr 2006 gefunden hatten. Das Monument war offensichtlich für einen Mann von hohem Rang; erbaut wurde es vor etwa 4000 Jahren aus Kalkstein und Lehmziegeln; die Kammern sind herrlich dekoriert und enthalten einen wahren Schatz an Grabbeigaben für das Nachleben. Das Mausoleum hatte aber weder einer Prinzessin noch einem Edlen gehört; es war für ein Trio nicht miteinander verwandter Männer gewesen: Iy Mry, Kem Msw und Sekhem Ka. Obwohl ihre Mumien merkwürdigerweise fehlen, gehen aus den Hieroglyphen eindeutig die Identitäten des Trios hervor: die drei waren Zahnärzte des Pharao, ein Titel, den als Erster 600 Jahre zuvor Hesi-Re innegehabt hatte; er war der erste namentlich erwähnte Zahnarzt der Geschichte und der offizielle Zahnklempner von Pharao Djoser selbst.

Trotz ihrer imposanten Namensschilder waren diese Zahnspezialisten, wie die Babylonier überhaupt, sehr zurückhaltend, was chirurgische Eingriffe angeht. Hesi-Re und seine Nachfolger dürften sich auf Kaumittel, Mundwasser, Myrrhe, Zwiebeln, Kreuzkümmel, Gelberde und Honig verlassen haben – was sich weniger nach Medizin als nach einem ambitionierten Wokgericht anhört. Und es war auch nicht alles so appetitlich; eine besonders merkwürdige Behandlung bestand darin, die warme Leiche einer Maus aufzuschneiden und mit den Hälften den schmerzenden Zahn einzureiben.

Die Ägypter waren ein eitler Haufen; sie legten großen Wert auf ihre Erscheinung. Es überrascht also durchaus, wie wenige Hinweise es auf eine kosmetische Korrektur von Zahnlücken gibt. Die einzigen Hinweise für so etwas wie Zahnprothesen sind künstliche Brücken, einzelne Zähne, durch Golddraht zusammengehalten – man hatte sie einer Mumie in den Kiefer gesteckt. Es scheint sich dabei aber nicht um eine Prothese für den Alltagsgebrauch gehandelt zu haben, eher um einen kosmetischen Eingriff des Bestatters, um die Leiche zu »komplettieren«. Es entsprach also in etwa unserem heutigen posthumen Make-up beim Bestattungsinstitut.

Wir neigen heute dazu, drohenden dentalen Infektionen mit Mundwassern, Zahnseide, Zahncreme und regelmäßigen Besuchen beim Zahnarzt vorzubeugen. Die Ägypter hatten es da um einiges schwerer. Wir wissen zum Beispiel, dass Mutnodjmed – die Gemahlin von Pharao Horemheb, der früher Militärberater Tutenchamuns gewesen war, alle ihre Zähne verloren hatte, als sie in ihren Vierzigern starb … Es ist ziemlich ernüchternd, wenn wir erfahren, dass sie damit nicht allein war: eine wissenschaftliche Analyse von 3000 Mumien hat jüngst ergeben, dass 18 Prozent von ihnen zu Lebzeiten ernsthafte Probleme mit ihren Zähnen gehabt hatten; einige der Infektionen waren sogar tödlich gewesen. Wie bei den Leidenden der Jungsteinzeit ist es sehr wahrscheinlich, dass die Nahrung mit die häufigste Ursache für Probleme mit den Zähnen gewesen war, selbst bei den Reichen und Mächtigen. Was hatte P.J. O'Rourke einmal so schön über die Verlockungen der Nostalgie gesagt? »Wenn Sie an die gute alte Zeit denken, dann denken Sie vor allem an eines: Zähne.«

Es ist nicht bekannt, warum Chirurgie den Ägyptern nicht

bestimmt war. Anästhetika gegen heftige Schmerzen in Form von Opium scheint es gegeben zu haben, und gelegentlich bohrte man den Kieferknochen an, um einen Abszess zu drainieren, aber eine bewusste Extraktion eines infizierten Zahns, die das Leben so einiger Patienten hätte retten können, gab es so gut wie nie. Stattdessen verließen sich Leute mit entzündeten Zähnen darauf, dass die Natur ihren Lauf nahm, wie es in einer Maxim des medizinischen Papyrus *Ankhsheshonq* hieß: »Es gibt keinen Zahn, der einmal angefault an seinem Platz bleibt.« Die arme Mutnodjmed wusste das nur zu gut, und das erklärt vielleicht, warum die Ägypter kein Pendant zur Zahnfee hatten – das arme Ding wäre im Handumdrehen bankrott gewesen angesichts des endlosen Haufens ausgefallener Zähne unter den Kopfkissen …

Im Gegensatz dazu waren die alten Griechen geradezu begeisterte Freunde der chirurgischen Intervention; es war der Vater der Medizin, der gute alte Hippokrates von Kos höchstpersönlich, der auf die Idee für die Zahnzange – *das* Odontagogon – zur *extractio dentium* kam. Hippokrates war der große Rationalist der alten Welt, ein Mann, der größtenteils den Aberglauben zugunsten einer empirischen Diagnose auf der Basis sichtbarer Symptome verwarf. Das ließ ihn mutig nach Hinweisen auf die Krankheiten seiner Patienten suchen, indem er deren Urin, Schweiß, Ohrenschmalz und Nasenschleim kostete. Um es gleich zu sagen, er lag nicht immer ganz richtig mit seiner wissenschaftlichen Genauigkeit – so glaubte er, wie übrigens auch Aristoteles, dass Männer mehr Zähne hätten als Frauen. Man möchte meinen, derartige Genies würden vielleicht mal einen Blick in den einen oder anderen Mund werfen, bevor sie so etwas behaupten, aber sie waren wahrscheinlich zu sehr damit beschäftigt, Kamele zu sezieren und Harn zu degustieren.

Gold im Mund

Wenn wir einen Zahn verlieren, weil wir womöglich versehentlich gegen eine Glastür laufen, können wir davon ausgehen, dass uns unser Zahnarzt mit einer Brücke aushilft. Diese Idee setzten zuerst 700 vor unserer Zeitrechnung die Etrusker um, ein Agrarvolk aus dem Norden Italiens, die eine geniale Technik entwickelten, um fehlende Zähne zu ersetzen oder wackelnde zu stabilisieren. Mithilfe flachgeschlagener Goldstreifen als orthodontische Klammern ließ sich ein gefährdeter Zahn durch seine gesunden, kräftigen Nachbarn stützen – so, als würde man mit einem halben Hemd wie mir die Lücke in einem Rugbyteam füllen.

War ein Zahn bereits verloren, dann bediente man sich etwa bei einem Ochsen, bohrte den Zahnersatz in der Mitte an, steckte ihn auf besagte Klammer und setzte ihn in die Lücke, damit er die lebenswichtige Arbeit seines ausgefallenen Vorgängers verrichten konnte. Wir verbinden dieser Tage ein metallisches Grinsen mit James Bonds berühmtem Widersacher, dem »Beißer«, der mit den Zähnen Drahtseile kappen konnte, aber auch diese alten »Dritten« waren nicht lediglich ästhetische Lückenfüller um ihrer selbst willen. Es sieht durchaus so aus, dass sich damit tatsächlich kauen ließ; anders gesagt, es bewahrte ihre Träger vor der Eintönigkeit einer endlosen Folge von *soupe du jour*.

Ein paar Jahrhunderte später, im 5. Jahrhundert vor unserer Zeitrechnung, benutzten die Phönizier, die seefahrenden Buchstabenbändiger aus dem östlichen Mittelmeerraum, Golddraht anstatt flacher Klammern, um wacklige Zähne zu einem nützlichen Zaun zusammenzuzurren. Ein bemerkenswertes Beispiel für einen solchen mit einem goldenen Lasso geflickten Unterkiefer befindet sich im archäologischen Museum der Amerikanischen Universität in Beirut. Dieses Ford Mandible weist Spuren einer Periodontitis auf, einer fiesen Entzündung der Zahnwurzelhaut, bei der unter normalen Umständen die Zähne ausgefallen wären; der Goldfaden jedoch bewahrte den Patienten davor für den Rest seiner Tage. Es ist schon erstaunlich, dass diese alten Dentisten nicht nur in der Lage waren, Zahnprothesen anzufertigen, sondern den Zähnen obendrein – trotz hartnäckigem Widerstand der Natur – die ihnen von ihr bestimmte Funktion zu bewahren.

Zur Zeit, als die Römer hervortraten – die Etrusker waren plattgemacht, die Griechen geschluckt –, hatte die Zahnkosmetik bereits ein paar wirklich flotte Tricks auf Lager. Neben »Dritten« aus Holz oder Elfenbein waren Goldkronen derart beliebt geworden, dass es ein Gesetz brauchte, um die Edelmetalle auch tatsächlich mit ihren Besitzern unter die Erde oder ins Krematorium zu bringen, da sich die ganze bucklige Verwandtschaft über den Leichen stritt. Zahnprothesen aus Metall waren jedoch nicht immer eine bloße Frage der Notwendigkeit. Zu Beginn des 14. Jahrhunderts berichtete der geheimnisvolle italienische Weltreisende Marco Polo darüber, auf einen mysteriösen chinesischen Stamm namens Zar-Dandan (auf Persisch »Die Goldzähne«) gestoßen zu sein, die ihren Zähnen – wie die Etrusker – goldene Platten anpassten. In ihrem Fall jedoch war das eine rein ästhetische Entscheidung, was die Zar-Dandan zu Pionieren der goldenen Kauleiste machten, lange bevor Lil Wayne sein Zahngold in Hiphop-Videos in die Kamera hielt.

Wo wir gerade dabei sind, die Wikinger scheinen sich bereits lange davor Rillen in die Zähne geritzt zu haben, womöglich um damit ihren Feinden Angst zu machen. Auf der anderen Seite der Welt ließ sich bei Azteken und Maya der Adel Löcher in Schneide- und Eckzähne bohren und mit hübschen Inlays aus Quarz, Gold, Jade oder Türkis füllen – wir sprechen hier von ultimativem Bling.

Schrubben, Gurgeln, Spucken

Angetrunken wie wir sind, wanken wir ins Bad und schrecken erst einmal vor dem Kerl mit dem trüben Blick im Spiegel zurück. Hoffentlich haben wir nicht den ganzen Abend über so ausgesehen! Mit der einen Hand greifen wir nach der Zahnbürste, mit der anderen nach der zerknüllten Tube Zahnpaste. Wir klappen den Verschluss auf, kneifen konzentriert die Augen zusammen und bemühen uns, einen erbsengroßen Klumpen von der nach Minze duftenden Paste auf die Borsten zu drücken. Das ist sonst kinderleicht, aber teuflisch kompliziert, wenn wir Tube und Bürste doppelt sehen.

Ob ein Römer wohl ähnliche Probleme gehabt hätte. Nun, ja. Der brillante Universalgelehrte Aulus Cornelius Celsus empfahl eine regelmäßige Reinigung der Zähne, insbesondere seinen blaublütigen Landsleuten, die sich allerhand raffinierte Speisen zuführten, die er – ganz zu Recht – in Verdacht hatte, dass sie den Zahnverfall beschleunigten. Aber so sehr die römische High Society ein strahlend weißes Lächeln zu schätzen wusste, deswegen gleich auf die üppigen Gelage verzichten? Nein, sie wollten beides. Na schön, und wie hielt so ein römischer Aristokrat seine Gosche in Schuss? Nun, die Antwort braucht nicht weiter zu überraschen – durch regelmäßiges Zähneputzen. Allerdings erledigten die Blaublüter das nicht selbst; man hatte dafür einen Sklaven, der Polierpulver auf einen weichen Zweig gab und damit sachte Zähne und Zahnfleisch seines Herrn und Meisters rieb, um sie von Speiseresten und Flecken zu befreien.

Sehr unterschiedlicher Zahncremes bediente sich die angeblich sexbesessene Messalina, die Gattin von Kaiser Claudius; so benutzte sie gern pulverisiertes Hirschhorn, nicht nur weil es ein weißes Lächeln versprach, sondern weil es als starkes Aphrodisiakum galt (ein Aberglaube, dem man in Asien noch heute aufsitzt).

Und dann hatten die Römer eine Version unserer medizinischen Mundspülungen, um den Atem frisch zu machen, auch wenn sie nicht nach Minze duftete. Stellen Sie sich vor, so abscheulich es klingen mag, aber sie gurgelten womöglich mit unverdünntem menschlichen Urin, vorzugsweise extrastarkem Stoff aus Portugal, der den Römern mehr Ammoniak zu enthalten schien. Ob Messalina überhaupt einen Lover gefunden hätte, wenn sich das herumgesprochen hätte?

Auch die heiligen vedischen Schriften aus Südasien boten Rat in Sachen Zahnhygiene. Die ganz große Nummer ayurvedischer Medizin in Indien war Sushruta – »der Chirurg« – aus dem 6. Jahrhundert vor unserer Zeitrechnung, obwohl die Möglichkeit besteht, dass er eine Legende war, hinter der sich mehrere anonyme Ärzte verbargen. Wie auch immer, sein zahntechnischer Rat bestand darin, ein ausgefranstes Stäbchen einer aromatischen Baumrinde als Zahnbürste (*dantakashtha*) zu nehmen; er empfahl ein regelmäßiges Bürsten damit unter Anwendung einer Paste aus Honig, Pulver und Öl. Abgesehen von dieser Zahnpaste, die sich recht lecker anhört, ließ sich der Atem auch durch Kauen von Blättern der Betelpalme verbessern, die zudem eine leicht stimulierende Wirkung hatten und ebenfalls als Aphrodisiakum galten, weshalb sie wohl auch im *Kamasutra* auftauchen. Gut möglich, dass bei den alten Indern ein bisschen Betel als minzig-frisches Viagra galt.

Betel ist übrigens in Süd- und Südostasien noch heute beliebt, wobei man die Blätter mit der Betelnuss mischt; in Indien verkauft man diese Mischung als *paan*. Das Problem freilich ist, dass der anhaltende Genuss von Betel zu abscheulichen Verfärbungen der Zähne und höchstwahrscheinlich zu Mundhöhlenkrebs führt. Trotz aller Warnungen scheint das der Beliebtheit in Ländern wie Vietnam, Indien und Pakistan keinen Abbruch zu tun.

Und in China ...

Die Zähne mit Hölzchen und Lappen zu putzen war in verschiedenen Teilen der Welt verbreitet, aber die Ersten, die zu diesem Zweck eigens eine Bürste erfanden, waren die Chinesen der Tang Dynastie im Mittelalter, die dazu Schweineborsten in Griffe aus Knochen steckten. Zu der Zeit rauften sich die Angelsachsen mit den Wikingern um die Vorherrschaft in England, und es ist durchaus möglich, dass die Bürste schon vorher in Gebrauch war.

Die Philosophie der chinesischen Mediziner unterschied sich etwas von der der Griechen mit ihren vier Körpersäften und dem babylonischen Aberglauben, obwohl auch die Chinesen an den gefürchteten Zahnwurm glaubten – vor 3500 Jahren war das chinesische Symbol für Karies ein kleiner Wurm, der in selbstgefälligem Triumph auf einem besiegten Zahn saß wie ein Bergsteiger auf dem Gipfel des Everest. Wie auch immer, die Traditionelle Chinesische Medizin (TCM) fußte auf den mystischen Schriften des Gelben Kaisers Huang Di und des Göttlichen Landmanns, des Kaisers Shennong; der Legende nach herrschten die beiden vor etwa 4500 oder 5000 Jahren. Sie waren es, die die Lehre von den Fünf Wandlungsphasen (*wuxing*) Erde, Holz, Metall, Feuer und Wasser begründeten, elementaren Abläufen des Kosmos.

Die beiden schrieben auch über die kosmologische Konstante Yin und Yang, ein wechselseitiges Feedbacksystem miteinander verwobener Gegensätze, laut der es keinen Mann ohne Frau geben kann, kein Dunkel ohne Licht, kein Gutes ohne Böses. Kurz gesagt, die Traditionelle Chinesische Medizin predigte eine harmonische Balance des Körpers und dass jede Störung dieser gleichmäßigen Verteilung der Elemente eine Krankheit zur Folge habe. Aufgrund dieser holistischen Auffassung vom Körper glaubte die chinesische Zahnheilkunde auch nicht daran, in den Zähnen herumzustochern, sondern konzentrierte sich auf Akupunktur, Massage oder Kräutermedizin. Erst wenn das alles nichts half, konnte es sein, dass sich der Dentist näher an den Mund wagte, indem er Pillen aus Knoblauch, Meerrettich, Muttermilch und Salpeter verabreichte, wenn auch nicht oral – er steckte sie dem Patienten in die Nase. Und wenn das immer noch nichts half oder man einen der fiesen Zahnwürmer ausmachte, dann hatte der Dentist moralisch nichts mehr dagegen, dem bösartigen Zahn eine Arsenpille zu zeigen. Was natürlich gefährlich war, da die versehentliche Einnahme von Arsen tödlich sein konnte. Kommt Ihnen unsere moderne Phobie vor Dentisten nun auch bloß kindisch und trivial vor?

Die Schutzheilige der Zahnschmerzen

Was das Abendland und den Nahen Osten angeht, so kam die Zahnheilkunde über die energischen ersten Schritte ihrer Adoleszenz im Altertum dort nicht hinaus – sie war sozusagen wie die Rolling Stones auf ewiger Nostalgietour, mit immer denselben alten Hits: Zahnwürmer, die vier Körpersäfte, Schröpfen. Obwohl im islamischen Glauben die Mundhygiene eine wichtige Rolle spielt und der Prophet Mohammed bereits einen zerkauten Zweig (*miswak*) des Zahnbürstenbaums (*Salvatora Persica*) benutzte, hielt sich in Sachen Zahnschmerzen sogar das Genie aus dem 11. Jahrhundert Ibn Sina an den römischen Brauch, die Mundhöhle auszuräuchern; und eine religiös bedingte Aversion gegen das Blutvergießen veranlasste wahrscheinlich viele arabische Chirurgen, es mit der chinesischen Praxis zu halten und den Zahn langsam mit Arsen zu meucheln, anstatt ihn einfach zu ziehen.

In Westeuropa jedoch herrschte, gefiltert durch die katholische Doktrin, weiter die altrömische Weisheit; der größte Teil

der Dentisten setzte auf Tradition und pulverisierte, kochte, zerstampfte allerhand Ingredienzien – Molche, Eidechsen, Frösche,
Rabendung, Kräuter, selbst menschliche Exkremente – und trug
sie im ewigen Kampf gegen die Zahnfäule auf. Wenn Tränke und
Packungen nicht halfen, konnte man immer noch zum örtlichen
Bader gehen und sich zur Ader lassen; und wenn Messer nicht
ihr Ding waren, dann gab es da noch den heiligen Schrein der
berühmten heiligen Apollonia, einer christlichen Märtyrerin, der
man im Zuge ihrer Folter systematisch die Zähne ausgeschlagen
hatte, bevor sie bei lebendigem Leib verbrannte. Ein Gebet an
ihre Adresse rang dem Mann ganz oben ja womöglich ein Quäntchen göttlicher Gnade ab. Ich an Apollonias Stelle hätte den Leuten gesagt: »Was, ihr denkt, *ihr* habt Zahnweh?«

Auf einen göttlichen Eingriff zu warten war die Wahl des Optimisten, und zweifelsohne konnten viele fromme Christen auf
Beispiele bekannter Wunder verweisen, die sie in ihrem Glauben
bestärkten. Die Pragmatiker unter den Leidenden jedoch dürften mit dem kurzen Horror einer Operation besser gefahren sein,
auch wenn ein mittelalterlicher Dentist als Zahnchirurg nicht
eben vertrauenerweckend war ...

Barbiere und Barbarei

Die lärmende Menge drängt sich um die Bühne; unter Lachen
und Zurufen verfolgen sie wie gebannt die Szene, die sich da vor
ihren Augen abspielt. Ein Harlekin jongliert mit Äpfeln, während ein Mann mit einer Zange in der Hand sich an sein Publikum wendet: »Wer von euch hat Zahnschmerzen?«, fragt er und
fährt mit dem Finger die vorderste Reihe neugieriger Gesichter
entlang. Ein nervöses Raunen geht durch die Menge, aber niemand tritt vor. Der Mann wiederholt seine Frage, lauter diesmal.

Eine Stimme meldet sich aus dem dicht gedrängten Mob: »Ich leide. Kannst du mir helfen?« Lächelnd winkt der Mann den leidenden Patienten auf die Bühne und lässt ihn sich auf den Rücken legen. Der Harlekin legt die Äpfel weg und klettert dem Patienten auf die Brust, um ihn auf den Boden zu pinnen. Wie eine Welle schwappt die Menge nach vorn, um zuzusehen, und hält wie ein Mann den Atem an, als die Zange in den Mund des jungen Mannes fährt und einen verfaulten gelben Zahn zum Vorschein bringt. Alles schnappt geschockt nach Luft, aber ... es kommt kein Blut. Stattdessen winkt der Patient fröhlich: »Ich bin geheilt! Es ist ein Wunder!« Die Menge bricht in begeisterten Jubel aus, und die Vielen, die an Zahnschmerzen leiden, beginnen sich mit ihrer Münze in der Hand anzustellen in der Hoffnung auf eine schmerzfreie Behandlung ...

Zu solchen Szenen kam es wahrscheinlich überall im Europa des Mittelalters. Der Mann auf der Bühne war einer von vielen »Zahnkünstlern« und Scharlatanen, die sich als »Zahnzieher« anpriesen. In England firmierten die besonders Raffinierten als *kind-hearts*, aber sie werden unter dem Strich kaum »gutherziger« gewesen sein als die deutschen »Zahnbrecher«, wobei Letzteres zunächst eine durchaus neutrale Bezeichnung für Zahnärzte gewesen zu sein scheint, »aber früh einen verächtlichen Sinn« gewann, wie es im Grimm heißt, »wozu wohl das marktschreierische Gebaren der umherziehenden Zahnkünstler zweifelhafter Art beitrug«. Ob sie nun nur ungeschickt im Zahnziehen waren oder Gauner, »die Zahnbrecher wurden häufig neben anderem landfahrenden Gesindel genannt«, bis das Wort »als Bezeichnung des quacksalbernden Landstreichers überhaupt« erscheint. Aber das galt nicht nur für Deutschland, sie waren in ganz Europa berüchtigt als eine Klasse anrüchiger Schwindler, für die keine Beleidigung gut genug war. Aber die Höllenqualen eines verfaulten Zahnes ließen die leichtgläubigen Optimisten denn doch immer wieder Schlange stehen; das Charisma des Zahnziehers und der glänzenden Vorstellung von Merrie Andrew oder Zany, seines als Clown verkleideten Gehilfen, konnte man sich kaum entziehen. Außerdem steckten wie bei den Illusionisten in Las Vegas immer wieder Gehilfen im Publikum, die sich schmerzfrei einen Zahn ziehen ließen, und derlei fingierte Extraktionen kamen besonders gut an. Als dann tatsächlich widerspenstige Zähne gezogen wurden und warmes Blut in die ersten Reihen spritzte, gingen die Schmerzensschreie womöglich im Gebrüll des Publikums unter, wer weiß. Ob Scharlatan oder nicht, »wandernde Dentatores und Dentisti verrichteten im ganzen Mittelalter das Ausziehen«, schrieb Dr. Ernst Leopold Grossheim 1830 in seinem *Lehrbuch der operativen Chirurgie.*

Es wäre durchaus möglich, dass wir, während wir so munter vor uns hin schrubben, Schaum mit Pfefferminzgeschmack vor dem Mund, einen schmerzhaften Abszess am Kiefer entdecken oder einen wackligen Zahn; dann würden wir vermutlich gleich am Morgen einen Zahnarzt anrufen, dessen gerahmte Zertifikate an der Wand wir als Beweis dafür nehmen, dass er uns wahrscheinlich nicht verstümmeln wird. Wer sich im Mittelalter gegen den Zahnzieher entschied, dem blieb noch der Besuch bei einem Mann mit einem Pfosten vor dem Laden, der mit blutigen Tüchern umwickelt war; Fenster und Wände zierten furchteinflößende Instrumente und Eimer mit menschlichem Blut. Diese blutigen Requisiten sollten dem Patienten Vertrauen einflößen, schließlich zeugten sie von seiner Erfahrung. Heute würden wir sie als Beweis dafür nehmen, dass wir es mit einem hochgradigen Psychopathen zu tun haben, der mit seinen Trophäen prahlt. Noch banger freilich würde einem ob der Tatsache, dass der Typ, der seinen Patienten mit einer Zange im Mund herumfuhrwerkte, höchstwahrscheinlich gleichzeitig auch noch ihr Friseur war ... Es war also nicht so, dass man keine Optionen hatte, es war nur eine schrecklicher als die andere.

Die unterste dieser Optionen war der gute alte Barbierer oder Barbier, »derjenige, welcher Profession davon macht, andern das Gesicht von den überflüssigen Haaren zu reinigen; ehedem ein Scherer, und in einigen gemeinen Sprecharten noch jetzt ein Bartscherer, oder Bartputzer«; natürlich stutzte er einem auch die Fransen. Darüber hinaus machte er Perücken und praktizierte oft noch niedere Chirurgie: »Schröpfen, Aderlassen, Operieren von Hühneraugen, Ausziehen von Zähnen etc.« In Großbritannien zog der *barber* nebenbei eher nur Zähne; über ihm stand der medizinisch versiertere *barber-surgeon,* der sich auch auf besagte niedere Chirurgie verlegt hatte. In Deutschland teilten sich das Geschäft mit dem Barbier der Bader und der Wundarzt, »ingleichen ein Wundarzt, der auch Baden und Schröpfen gelernet hat, zum Unterschiede eines Wundarztes, der dabey nur barbieren kann«. Wie auch immer, auf diese praktizierenden Klassen sahen die studierten Mediziner herab, die sich der chirurgischen Praxis jedoch mehr oder weniger völlig enthielten, da sie eher an der theoretischen Medizin interessiert waren. Im Lauf der Jahrhunderte hatte man staatlicherseits immer wieder Grenzen zwischen diesen Professionen zu ziehen versucht, aber offiziell reguliert war nur die Humanmedizin. Anders gesagt, es war völlig legal, dass Ihr Friseur Sie als Zahnpatient mit dem Messer in der Hand in die Waagerechte brachte – auch wenn Sie dabei mit den Armen um sich schlugen wie ein angezählter Wrestler.

Aus alledem geht wohl ziemlich deutlich hervor, dass es höchst ratsam war, den zahnchirurgischen Eingriff nach Möglichkeit ganz zu meiden und Zähne und Zahnfleisch zu pflegen.

Die Zähne der Königin

Da wir schon mal dabei sind, welche Toptipps hatte man denn im Mittelalter für die Gesunderhaltung des Mundraums? Das wäre doch eine gute Gelegenheit für eine weitere Liste.

1. Man benutze hölzerne Zahnstocher oder solche aus Federn als frühe Formen der Zahnseide.

2. Die Zähne schrubbe man regelmäßig mit Zahnhölzchen (ähnlich dem *miswak* und nicht zu verwechseln mit dem heutigen Zahnstocher) oder Mundläppchen.

3. Man trage Scheuerpaste oder pulverisierten Tintenfisch auf zur Entfernung der Flecken.

4. Man gurgle regelmäßig mit saurer Mundspülung – vorzugsweise Wein, Essig, ja sogar Aluminiumsulfat.

5. Für frischen Atem nehme man Minze, Gewürznelken, Salbei, Moschus oder Rosenwasser.

Es gibt eigentlich wenig Grund zur Annahme, dass ein mittelalterlicher Mund besonders abstoßend gewesen wäre, weder für das Auge noch für die Nase. Mag sein, dass einem nicht gleich nach einem Zungenkuss gewesen wäre, aber es war nicht so, dass einen ein Grinsen gleich hätte zurückschaudern oder die Nase zuhalten lassen. Als jedoch aus der Neuen Welt und aus dem exotischen Morgenland immer größere Mengen Zucker kamen, begannen ausgefeilte Zuckerdesserts – im Wesentlichen große essbare Skulpturen – die Tische der Wohlhabenden zu dominieren, was unter Aristokraten zu einer regelrechten Zahnkrise führte. Es braucht also nicht weiter zu überraschen, dass Elisabeth I. von England, eine Königin mit einer Schwäche für zum Heulen süße Leckereien, mit furchtbarer Zahnfäule zu kämpfen und so entsetzliche Zahnschmerzen hatte, dass sie nachts nicht schlafen konnte. Aber noch nicht einmal diese erheblichen Schmerzen reichten aus, um sie in die Klauen eines Dentisten zu treiben; erst 1578 ließ sie sich einen faulen Zahn ziehen, und auch das nur, nachdem der Bischof von London sich dem Dentisten wacker als Versuchskaninchen zur Verfügung gestellt hatte, um zu beweisen, dass es so schlimm nicht war.

Zum Ende ihres Lebens hatte Elisabeth praktisch nur noch Zahnschmerzen und einen Mund voll schwarzer Stumpen, was sie mit den Fingern im Mund herumlaufen ließ; außerdem stopfte sie sich ihre eingefallenen Wangen mit Läppchen aus. Und Englands illustre Queen war nicht die Einzige an Europas Herrscherhäusern, die etwas Zahnseide hätte gebrauchen können. Ein halbes Jahrhundert später, auf der anderen Seite des Ärmelkanals, war der Mundgeruch des Sonnenkönigs so überwältigend, dass seine Mätresse, Madame de Montespan, sich das Parfüm flaschenweise überkippte, nur um neben ihm stehen zu können, ohne zu würgen.

Ein zuckriges Lächeln

Zu Beginn des 18. Jahrhunderts, etwa um die Zeit, als der Sonnenkönig starb, begann unter den Reichen und Modischen ein neuer Trend aufzukommen: Plötzlich waren kräftige, gesunde Zähne en vogue. Ein adäquat bestückter Mund trug außerdem enorm zu einer sauberen Aussprache bei, sodass es kein Zufall war, dass sich im Großbritannien des 18. Jahrhunderts die *Received Pronunciaton* herauszubilden begann – die Art von manieriertem Englisch, die man auf dem Todesstern hört, weil Darth Vader seine Offiziere offensichtlich samt und sonders in Hertfordshire rekrutiert. Wie auch immer, es brauchte jetzt Zähne, um sich nobel anzuhören, aber nachdem mehr Zucker seinen Weg in die Speisen fand denn je, wurde es zunehmend schwierig, sie auch im Mund zu behalten.

Wenn wir uns heute die Zähne putzen, während das Wasser verschwenderisch aus dem modernen Hahn plätschert, achten wir sorgsam darauf, die Bürste nicht zu kräftig zu führen, um das Zahnfleisch nicht zu verletzen. Auf die harte Tour mussten das die Aristokraten des 18. Jahrhunderts lernen, die sich von ihrer rigorosen Zahnpflege hinreißen ließen und damit mehr Schaden anrichteten, als dass es ihnen genutzt hätte. Lord Chesterfield zum Beispiel, der uns bereits als Ratgeber in Sachen Toilette begegnet ist, bedauerte die energische Zahnpflege in seiner Jugend und klagte seinem Sohn gegenüber über den Einsatz von »Hölzern, Eisen etc., die sie [die Zähne] völlig zerstörten, sodass mir gerade noch sechs oder sieben geblieben sind«. Tatsächlich veranlasste die Jagd nach dem weißen Lächeln viele, ihre Zähne mit Scheuerpulvern wie Kalk, Salz, Soda und Asche zu polieren. Übereifrige Barbiere und Bader trugen gar Salpetersäure auf den Zahnschmelz auf und zerstörten damit unwissentlich die einzige natürliche Barriere gegen den Zahnverfall.

Das Ungeschick der Dentisten war freilich nicht das einzige Problem. Nach dem Aufstieg der Briten zur Weltmacht war Zucker nicht mehr nur das Vorrecht reicher Monarchen und Dandys in Perücken. Jetzt hatten auch die Massen Zugang dazu, und die einfachen Zahnlappen und Zahnstocher von gestern wurden einem solchen Ansturm von Saccharose einfach nicht mehr Herr. Auch die Besessenheit der Mediziner vom therapeutischen Erbrechen trug zum Problem bei, da es die ohnehin schon gebeutelten Zähne regelmäßig in starker Magensäure badete, und sie ist mit das beste Korrosionsmittel, das die Natur kennt. Es wurde zunehmend klar, dass die Zahnheilkunde die Hemmschuhe amateurhafter Methoden von Barbieren und Badern abstreifen musste, wollte sie dem wachsenden Problem die Stirn bieten. Was der Profession im 18. Jahrhundert fehlte, das war ein Held – nicht einer in bunter Spandex-Montur, sondern jemand mit besserer medizinischer Ausbildung.

Der Vater der Zahnheilkunde

Pierre Fauchard hatte sein Handwerk bei der französischen Marine gelernt, wo es zu seiner Aufgabe gehörte, zerschlagene Kiefer und wacklige Zähne zu reparieren, aber erst als er wieder in Paris war, verdiente er sich den Ehrentitel »Vater der Zahnheilkunde«. Seine erste große Leistung bestand darin, mit dem Mikroskop dem Mythos der Zahnwürmer zu Leibe zu rücken. Allein das hätte genügt, ihn zum Revolutionär zu machen, immerhin räumte er dadurch mit 5000 Jahren Aberglauben auf. Aber sein Radikalismus machte hier noch nicht halt. Falls Sie mal eine Zahnspange getragen haben, Pierre Fauchard ist der Mann, bei dem Sie sich dafür bedanken können ... Na gut, wenn man Sie zu Ihrem Leidwesen als »Drahtfresse« tituliert hat wie mich, dann vielleicht auch wieder nicht.

Wie auch immer, wir verdanken seiner Wissbegier gleich mehrere Behandlungen, die in der heutigen Zahnpraxis gang und gäbe sind. Hat man Ihnen die Zähne als junger Mensch geradegerückt? Das war Fauchards Idee. Hatten Sie Füllungen aus Gold oder Blei? Auch von ihm. Kennen Sie jemanden mit falschen Zähnen? Genau, auch die Dritten gehen auf den illustren Franzosen zurück, der die Techniken der antiken Zahnprothetik perfektioniert hat, Zähne aus Elfenbein zu schnitzen und dann mit Golddraht am Kiefer zu befestigen. Außerdem entwarf er eine bessere Zange, den sogenannten »Pelikan«, einen präziseren Bohrer (nachdem er den Uhrmachern auf die flinken Finger geguckt hatte), und schließlich setzte er seine Patienten in aufrechte Sessel, was der Praxis ein Ende machte, dass man sich auf den Boden zu legen hatte, während der Bader sich an einem zu schaffen machte wie der fiese Laurence Olivier im *Marathon-Mann*.

Fauchard war in vieler Hinsicht ein brillanter früher Wissenschaftler, der verbissen hinter den Scharlatanen und Quacksalbern her war, die ihm unterkamen; sie machten nicht nur mit seinem empirischen Genie Bekanntschaft, er geißelte ihre Inkompetenz auch in zahlreichen Veröffentlichungen, damit die Welt davon erfuhr. Allerdings hielt ihn all sein Genie nicht davon ab, menschlichen Urin als unvergleichlich hygienische Mundspülung zu preisen oder auf den therapeutischen Nutzen des mittelalterlichen Aderlasses zu pochen. *But nobody's perfect …*

Waterloo Teeth

Fauchard versuchte sich auch an Zahntransplantationen, ein Gebiet, auf dem die Zahntechnik bereits einige Jahrhunderte experimentierte, aber alles in allem verbindet man diese Praxis im 18. Jahrhundert eher mit seinem englischen Zeitgenossen John Hunter. Obwohl einige Leute moralische Einwände hatten und die Praxis außerdem die Syphilis übertragen konnte, war das einzige wirkliche Hindernis für Dentisten die hinreichende Versorgung mit Spenderzähnen. In einigen Fällen konnte man arme Familien dazu bringen, die Zähne ihrer Kinder zur Transplantation in den Mund eines betuchten Blaublüters abzutreten, aber aussichtsreicher war die Verwendung von Zähnen Verstorbener. So recycelte man die Zähne von hingerichteten Kriminellen, Opfern von Krankheiten und selbst die Zähne gefallener Soldaten, die man auf Schlachtfeldern fand. Letzteren verdankten diese Zähne auch ihren Beinamen »Waterloo-Zähne« – zu Ehren der großen Schlacht von 1815.

So erlebte das 18. Jahrhundert dank der orthodontischen Fantasie die Rückkehr des breiten Lächelns, am besten zu sehen in dem seinerzeit kontroversen Selbstporträt der Malerin Marie Louise Élisabeth Vigée Le Brun, das mit einer Jahrhunderte alten Konvention brach, indem die schöne Malerin beim Lächeln die Zähne zeigte. Nacktheit, damit konnte die Kunstwelt leben, aber auf einem Gemälde Zähne zu zeigen, das war ein Skandal; wie ein Journalist damals schrieb war dies »eine Affektiertheit, die Maler, Kunstfreunde und Personen von Geschmack einhellig verurteilen«.

Aus dem Rachen des Todes

George Washington und Paul Revere waren beide amerikanische Revolutionäre, beide Helden des Unabhängigkeitskrieges gegen die Briten, aber sie verband auch noch etwas anderes, weniger Illustres, nämlich ihre Zähne oder besser ihr Umgang damit. Revere, ein begabter Silberschmied, Sohn eines französischen Einwanderers, trat in Fauchards Fußstapfen, indem er mit eigenen Zahnbehandlungen experimentierte und eine Zahnpaste aus Butter, Zucker, Brotkrumen und Schießpulver empfahl – man kann nur hoffen, dass seine Kundschaft nicht rauchte. Angesichts der Tatsache, dass sich die Leute buchstäblich Zucker und Explosivstoffe an die Zähne schmierten, ist es nicht weiter verwunderlich, dass der Markt für Zahnersatz blühte, den Revere ebenfalls anbot. Man kann gar nicht anders, als vor so viel Geschäftssinn den Hut zu ziehen.

Und Washington? War er Amateurdentist, der sich die Zeit zwischen zwei Schlachten mit etwas Zahnsteinentfernen vertrieb? Nein, ganz im Gegenteil. Da er angeblich alle bis auf einen seiner Zähne beim Knacken von Paranüssen verloren hatte, war Washington gezwungen, klobige Dritte zu tragen, die ihm ein Zahnarzt in Philadelphia angepasst hatte. Dieser künstliche Zahnersatz bestand aus Elfenbein, Menschenzähnen, Gold und Blei, und obwohl er dem großen Soldaten zu essen und zu sprechen ermöglichte (was nicht unerheblich war für einen, in dessen Händen das Schicksal der Nation lag), bereiteten sie dem ersten Präsidenten der Vereinigten Staaten ein solches Ungemach, dass er immer wieder auf Laudanum, ein dem Heroin ähnliches Opiat, zurückgreifen musste. Es wirft ein etwas anderes Licht auf den Helden der Revolution, wenn man sich vorstellt, dass er entweder unter grauenhaften Zahnschmerzen litt oder auf harten Drogen war, aber wenn man bedenkt, dass ihm die Zähne in seinen Zwanzigern auszufallen begannen, sollten wir vielleicht beeindruckt sein, dass Washington nicht ein gewöhnlicheres Schicksal ereilte.

Geben Sie mir was gegen die Schmerzen

Selbstverständlich kann unsereins heute im Falle eines zahnchirurgischen Eingriffs pharmakologische Unterstützung gegen die Schmerzen erwarten. Aber die Geschichte der Anästhesie in der Zahnmedizin ist ein Kapitel für sich, weil sie länger auf sich warten ließ, als eigentlich nötig gewesen wäre, und sich so mancher arme Patient mit kaum mehr als einem Schluck Gin und einer grauenhaften Grimasse zufrieden geben musste. Immerhin war doch das 18. Jahrhundert die Ära, in der man mit betäubenden Gasen zu experimentieren begann; da könnte man doch meinen, hier beginne die Geschichte der Schmerzlinderung, aber diese Logik greift hier nicht.

Zu Washingtons Lebzeiten hatte der englische Chemiker Joseph Priestly bereits Distickstoffmonoxid – oder einfacher Lachgas – entdeckt; er hatte es mit dem flotten Namen »*dephlostigi-cated nitrous air*« bedacht. Priestleys Forschung wurde rasch von dem jungen Humphrey Davy aufgegriffen, dem damaligen Shooting Star der britischen Wissenschaft, der das Gas buchstäblich mit Freuden inhalierte, er baute sich eine Atemkammer, um sich in dem Zeug zu suhlen, und gab Lachgaspartys für seine Freunde aus der Boheme, wie etwa dem gern berauschten Samuel Taylor Coleridge und dem eher nüchternen Robert Southey, der danach schrieb: »Ich bin sicher, die Luft im Himmel muss aus diesem wunderwirkenden Wonnegas sein.«

Ganz klar hatten Priestley und Davy hier ein potentes Anästhetikum entdeckt, das auf der Stelle in die Hände der Zahnärzte hätte gehen sollen, aber die beiden kamen noch nicht einmal auf die Idee, es für einen derartigen Zweck anzupreisen, und dabei hatte Davy sogar mit dem Gas als Behandlungsmethode für Zahnschmerzen experimentiert. Stattdessen übernahm der junge Lachgasfreak den renommierten Posten eines Chemieprofessors, während Priestley einen weit weniger illustren Karriereschritt machte – er fiel tot um. Und so verkam Lachgas trotz seines offensichtlichen medizinischen Potentials zur Zugnummer von Jahrmärkten und wissenschaftlichen Vorträgen, wo das Publikum in Begeisterungsstürme ausbrach, wenn die unseligen Freiwilligen lachend über die Bühne sprangen und gegen allerhand Sachen knallten, während sie schilderten, was sie auf ihrem abgefahrenen Trip so sahen.

Verständlicherweise war die Obrigkeit gar nicht begeistert von so viel Gaudi, und so kam das Lachgas, der potenzielle Bezwinger von Operationsschmerzen, in den zweifelhaften Ruf des billigen Kitzels für das niedere Volk. Selbst als endlich jemand seine anästhetischen Eigenschaften auffielen, verlief die weitere Entwicklung nicht so wie geplant. Der amerikanische Zahnarzt Horace Wells hatte 1844 so eine öffentliche Vorstellung mit Lachgas gesehen und war fasziniert von der Aussicht, Patienten operieren zu können, ohne ihnen Schmerzen zuzufügen. Aber trotz erfolgreicher privater Versuche wurde die erste öffentliche Demonstration eine einzige Katastrophe. Es kam zu einem Fehler bei der Verabreichung des Gases, und der Patient schoss Zeter und Mordio schreiend aus seinem Stuhl. Die potenzielle Wunderkur hatte damit vom Fleck weg – einmal mehr – einen so lausigen Ruf, dass es weitere 20 Jahre dauerte, bis in den 1860er-Jahren mit dem Äther ein neues Anästhetikum eingesetzt wurde – zur ungeheuren Erleichterung von Patienten der ganzen Welt.

Zahnweh? *Do it yourself*

Wenn wir uns in unserem Bad so umsehen, stellen wir fest, dass es voller Zahnpflegeprodukte ist – Zahnbürste, Zahnpaste, Zahnseide, Mundspülung; und auch wenn das auch nicht unbedingt alles neu ist, ihre Beliebtheit ist ein relativ junger Trend. Mag sein, dass die Zahnbürste in unserer Hand eine Erfindung der Chinesen aus dem Mittelalter ist, aber Königin Elisabeth I. oder dem Sonnenkönig mit dem Mundgeruch stand sie nicht zur Verfügung? Warum? Es sieht ganz so aus, als hätte die chinesische Technik einfach nicht eingeschlagen, und es sind nur einige wenige Belege dafür erhalten, dass Europäer die Dinger zwischen dem 16. und 18. Jahrhundert benutzten. Die moderne Zahnbürste ist wahrscheinlich mehr einem gewissen William Addis geschuldet, der sie 1780 erneut erfand, während er in London wegen Volksaufwiegelung im Gefängnis saß. Enttäuscht von der Putzkraft der Zahnlappen, so heißt es, bohrte Addis Löcher in einen Schweineknochen, der vom Abendessen übriggeblieben war, und steckte in diesen die Borsten eines Handfegers. Kaum tausend Jahre nach den Chinesen erfand er damit die Zahnbürste zum zweiten Mal. Natürlich war sie weit besser, als es an ihre Vermarktung ging, und die Firma, die Addis damals gründete, stellt noch heute Hygieneprodukte her.

Okay, ich denke, wir haben lange genug geputzt, schon gar weil wir uns so richtig schön vollgesabbert haben. Uns dämmert mit einem Mal, dass wir wahrscheinlich die Zähne zuvor mit der Zahnseide hätten reinigen sollen – aber schadet ja sicher nichts, wenn wir das nachholen. Also nehmen wir eine Spule Zahnseide und ziehen ein Stück davon ab. Damit drängt sich natürlich eine weitere Frage auf: Wenn Addis irgendwie die Rolle des Helden der Zahnbürste gebührt, wem gebührt dann dieses Verdienst bei der Zahnseide? Nun, unsere Vorfahren stocherten wahrscheinlich seit Tausenden von Jahren zwischen den Zähnen herum, aber wenn wir denjenigen nennen wollen, der die Zahnseide unter die Leute gebracht hat, dann gebührt diese Ehre dem amerikanischen Zahnarzt Dr. Levi Spear Parmly, der 1815 richtig ins Schwärmen geriet hinsichtlich der Vorzüge des seidenen Fadens bei der vorbeugenden Zahnpflege.

Dr. Parmly war ein weitgereister Mann; er hatte in Großbritannien, Kanada und Frankreich praktiziert und vertrat eine durchaus progressive Ansicht, als er in der Mundhygiene eher eine Frage der regelmäßigen Pflege als einer dramatischen Intervention sah. Außerdem steht ihm ein historisches Lob für die kostenlosen Zahnbehandlungen bei Kindern zu – toller Kerl! Sein Bruder Dr. Eleazer Parmly hatte die Ehre, der persönliche Zahnarzt von Präsident John Quincy Adams zu sein, womit die familiären Connections jedoch noch nicht erschöpft sind. Tatsache ist, dass es fünf Parmly-Brüder waren, von denen vier Zahnärzte waren (der fünfte hatte wahrscheinlich einen Horror vor Familienfeiern und ihren endlosen Zahnsteinanekdoten), und die 80 Prozent Parmlys, die sich Gedanken über Mundhygiene machten, hätten sich gefreut über die zunehmende Verfügbarkeit von Zahnpflegeprodukten im Verlauf des 19. Jahrhunderts.

Nicht nur praktizierten Zahnärzte jetzt in speziell ausgestatteten Praxen mit kippbaren Stühlen, die man 1790 erfunden hatte, spätestens in den 1850ern hatten die Patienten auch Zugang zu besserem Reinigungsgerät zuhause. Zahnbürsten waren mittlerweile in Europa, Nordamerika und im Fernen Osten weit verbreitet, und in den 1870ern ersetzte man die traditionellen Mittel zum Schrubben – Holzkohlenruß, Tintenfischpulver, Salz und Kreide – im Badezimmerschrank durch massenproduzierte Gläser mit Zahnputzmittel, die mit Seife ein ganz neues Ingredienz enthielten, was bedeutete, dass sich der Mund jetzt buchstäblich auswaschen ließ. Aber antibakterielle Verbesserungen der Zahncremes hin oder her, dank raffinierter Werbefeldzüge, die ein eher obskures Produkt als Weltmarke lancierten, sollte das Gerede über Mundgeruch bald eskalieren statt zurückzugehen.

Frischwärts

Wir haben geputzt, wir waren mit der Zahnseide zugange, jetzt ist es an der Zeit, mit diesem merkwürdig beißendem Gebräu zu gurgeln, das wir Mundwasser nennen. Das beschert uns nicht nur einen frischen Atem, es killt auch noch die letzten Bakterien, die jetzt noch im Mund lauern sollten. Während die Römer noch mit portugiesischem Urin vorliebnahmen und das Mittelalter mit Kräutern, tauchten im 19. Jahrhundert in den Badezimmerschränken unserer Vorfahren besagte antibakterielle Mundspülungen auf. Listerine, das seinen Namen dem Entdecker seiner bakterienkillenden Wirkung, dem schottischen Arzt Joseph Lister, verdankt, war der Markenname für eine Phenolverbindung, die ursprünglich für die Behandlung oraler Infektionen bestimmt war – oder die Reinigung von Dielen.

Ein Kabinettstückchen der Werbung, das soziale Ängste mobilisierte, ließ den Verkauf von Phenol in den 1920er-Jahren fast über Nacht explodieren. Ludwig XIV. hatte aus dem Mund gestunken, als wäre dort weiß Gott was gestorben, nur hatte seine Mätresse etwas dagegen unternehmen müssen, um den Gestank zu kaschieren. Ab sofort sollte der Schuldige nicht mehr davonkommen, das Opfer nicht mehr stillschweigend leiden. Jetzt gab es Listerine im Kampf gegen die flugs als »Halitose« bezeichnete Krise; Ausreden für schlechten Atem gab es nicht mehr. Der Absatz war unglaublich; in nur sieben Jahren stiegen die Profite des Unternehmens um 7000 Prozent. Und der Rest ist, wie es so schön heißt, Geschichte.

So erstaunlich Mundspülungen an Popularität zugelegt hatten, eine noch größere Wirkung auf die moderne Zahnpflege hatten wahrscheinlich die 1940er-Jahre. Damals nämlich wurden bei Zahnseide und Zahnbürste die natürlichen Teile durch Kunststoff ersetzt; und Nylon war nicht nur einfach in Masse zu produzieren und damit billiger, es war auch fester und hygienischer. Eine andere Revolution auf breiter Basis war die Zugabe von Fluor ins Trinkwasser, eine Entdeckung, die das Resultat zäher Forschungsarbeit war, die 1909 der junge Zahnarzt Dr. Frederick McKay und der weniger junge Dr. G.V. Black in Angriff genommen hatten. Sie hatten Daten gesammelt, laut denen 90 Prozent der Kinder in Colorado Springs braune Verfärbungen an den Zähnen hatten und diese Flecken – »Colorado Brown Stain«, wie sie sie tauften – sonderbarerweise dem Zahnverfall entgegenwirkten. McKay konnte sich das nicht erklären, schlug aber den Einwohnern vor, ihr Wasser aus einer anderen Quelle zu beziehen, eine Idee, der ein beträchtlicher Erfolg beschert war.

McKay reiste nach Bauxite, Arkansas, um herauszufinden, ob der Bauxitabbau dort zu ähnlichen Verfärbungen an Kinderzähnen führte. Er tat sich mit dem Chefchemiker des örtlichen Aluminiumwerkes zusammen; die beiden fanden hohe Fluoridwerte des Wassers in der Gegend. Für sie war der Fall gelöst. Das ursprüngliche Rätsel der beiden, weshalb Fluorose vor Zahnfäulnis schützte, beschäftigte seit 1931 jedoch auch Dr. H. Trendley Dean, einen Dentalforscher am National Institute for Health. Dean bewies, dass winzige Dosen Fluorid vor Karies schützten, ohne zu Verfärbungen an den Zähnen zu führen. Und so versetzte 1945 Grand Rapids, Michigan, als erste Stadt der Welt sein Trinkwasser mit Fluorid. Binnen elf Jahren zeigte sich bei den 30.000 Schulkindern der Stadt ein Rückgang der Zahnkaries um 60 Prozent.

Es waren jedoch nicht nur technische Neuerungen, die zur Verbesserung der Oralhygiene führten; es gehörte dazu auch ein Wandel in unserer Alltagskultur. Es ist eine alte Weisheit, dass gesunde Soldaten gesunde Zähne brauchen, aber erst während des Zweiten Weltkriegs erklärte die US Army das tägliche Zähneputzen zur Pflicht. Die Resultate waren vielversprechend. Bereits wenige Jahre nach dem Krieg sprachen sich Zahnärzte auf der ganzen Welt für zweimaliges Putzen am Tag und regelmäßige Anwendung der Zahnseide aus. Und hatte Lord Chesterfield sich damit noch das Gebiss ruiniert, mit den weicheren Plastikbürsten war die Gefahr, seinen Mund durch Schrubben in ein gähnendes Schreckenskabinett zu verwandeln, praktisch gebannt.

Heute haben wir angesichts all der raffinierten Mittel zur Zahn- und Mundpflege im Medikamentenschrank unseres Bads kaum noch eine Entschuldigung für schlechte Zähne. Und nachdem wir unseren dentalen Pflichten für diesen Abend nachgekommen sind, gurgeln wir noch mit einem Schluck Wasser, wischen uns den Mund am Handtuch ab und schlurfen endlich in Richtung Bett.

AB IN DIE FEDERN

Die Zähne strahlen, und unsere Blutbahnen durchpulst ein Gemisch aus Blut und – zu viel – Wein. Trotz des unvermeidlichen Verlangens nach einem mitternächtlichen Snack ist es wahrscheinlich besser, sich einfach aufs Ohr zu hauen. Selbst die brillantesten Erfinder haben noch kein Mittel gefunden, dass gegen den biologischen Imperativ, ein Drittel unseres Lebens verschlafen zu müssen, hilft. Also tauschen wir unsere Partykluft gegen den kuschligen Schlafanzug und gehen ins Bett.

Das Bett ist eine beherrschende Größe in unserem Leben, und falls wir alt genug werden, haben wir um die 250.000 Stunden an der Matratze gehorcht. Viele Menschen kommen in einem Krankenhausbett zur Welt; als ungezogene Kinder dann versuchen wir das Bett zu meiden, solange es eben geht; als verdrießliche Teenager weigern wir uns, vor dem Mittag aufzustehen; später verwenden wir viel Zeit und Mühe darauf, die Leute, die uns gefallen, ins Bett zu bekommen, bis wir die eine – oder den einen – gefunden haben, worauf es erst mal zum Bett der Glückseligkeit wird, aber schließlich landen wir wieder im Krankenhausbett, inmitten dezent piepender Maschinen, wo einige sanft entschlafen. Und dann gibt es das Bett in vielen Formen, anhand derer sich allerhand soziologische Aussagen über ihre Besitzer machen lassen. Da gibt es das Himmelbett in der Nobelherberge und den Schlafsack im völlig durchnässten Zelt, die ramponierte alte Couch im Wohnzimmer von Freunden und die Bettchen mit den Gittern im frisch gestrichenen Kinderzimmer, da wären die platzsparenden Stockbetten im U-Boot, die Doppelmatratzen mit der Kuhle im Elternschlafzimmer und nicht zu vergessen: Für viele besteht ihr Bett gerade mal aus ein paar Schichten Pappe.

Aber so vielfältig seine Erscheinungsform auch sein mag, das Bett ist aus dem Leben des Menschen nicht wegzudenken. Praktisch jeder von uns beginnt und beendet seinen Tag liegend; und das ist so seit Tausenden von Jahren.

Steiniges Steinzeitbett

Vor 70.000 Jahren suchten in der heutigen südafrikanischen Provinz KwaZulu-Natal Menschen wie Sie und ich Schutz in der Sibudu-Höhle, einem kuschligen Loch in einer Sandsteinformation. Diese Spezies Homo sapiens war hochentwickelt, ihre Nachfahren sind aus Afrika ausgewandert und haben Europa kolonisiert; sie sorgten dafür, dass die Neandertaler ausstarben und eroberten den Planeten; sie kannten bereits Leim und Nähnadel, beides clevere Hilfen bei der Herstellung von allerhand nützlichem Zeug. Wenn wir morgens unser Bett machen, ziehen wir gerade mal das Bettzeug gerade; wenn diese Leute ihr Bett machten, dann hieß das wahrscheinlich, dass sie es von Hand nähten, aus einem zusammengetragenen Haufen aus Laub und Schilf.

Bei den Ausgrabungen in der Höhle fanden die Archäologen Überreste zollstarker Matratzen aus pflanzlichem Material; darunter entdeckte man Teile von Steinwerkzeugen, verkohlte Knochen und tierisches Fett, was nur einen Schluss zulässt: Unsere Vorfahren knabberten im Bett gern an einem frischen Happen vom Grill. So mancher von uns weiß, dass es nichts Aufregenderes gibt als einen verbotenen kleinen Snack in den Federn – ein gefährliches Spiel mit Krümeln, versteht sich, der Geißel eines gesunden Schlafs, warten sie doch immer bis drei Uhr morgens, bis sie zum stacheligen Angriff auf einen Zentimeter entblößter Haut übergehen. Freilich sind Keksbrösel nichts gegen den Feind, dessen unsere prähistorischen Vorfahren sich zu erwehren hatten: Feuchte Höhlen sind das Zuhause von unzähligem Kriechzeug, das vom faulen Fleisch an den weggeworfenen Knochen verspeister Tiere angelockt wurde. Was taten die Höhlenbewohner gegen dieses unaufhörliche Huschen und Hasten um sie herum?

Wie es scheint, gab es zwei Vorgehensweisen, um sich das Viehzeug vom Leib zu halten: Erstens wählte man das Material sorgfältig aus. Die damaligen Matratzen bestanden aus Blättern der Kap-Quitte, ein Baum, dessen ätherische Öle für Insekten giftig sind; was übrigens auch die tödliche Geißel der Malaria auf ein Minimum reduziert haben dürfte. Zweitens hat man die Matratzen, wenn sie – sei es durch Fliegendreck oder tierisches Fett – verdreckt waren, einfach verbrannt und eine neue über die Asche gelegt. In Kombination schienen diese beiden Vorgehensweisen eine Langzeitlösung gewesen zu sein, da Archäologen in dem Höhlensystem auf mindestens 15 separate Schichten organischer Asche übereinander gestoßen sind, die ältesten 77.000 Jahre alt, die jüngsten 38.000. Es sieht also ganz so aus, als wären diese Schlafstellen über Zehntausende von Jahren hinweg in ständigem Gebrauch gewesen, aber wie unsere Bettgestelle, Matratzen und Laken auch immer wieder ausgewechselt worden zu sein.

An den Überresten von Skara Brae, Orkneys malerischem

Dorf aus der Jungsteinzeit, sehen wir, dass die fehlenden Metall-werkzeuge die Bewohner nicht daran hinderten, ihr Heim mit dauerhaften Möbeln wie Regalen, Schränken, Kommoden, Stühlen und, natürlich, Betten zu bestücken. Natürlich sprechen wir hier noch von der Steinzeit, aber Ausgrabungsstätten in Deutschland zeigen, dass bereits allerhand Geräte für den Haushalt aus Holz geschnitzt wurden. Die Menschen von Skara Brae auf Orkney waren allerdings in einer baumlosen Gegend zu Hause. Mit einem charmanten Augenzwinkern Richtung Fred und Wilma können wir sagen, dort war praktisch alles aus Stein. (Natürlich fläzte bei ihnen kein Dino im Wohnzimmer rum.)

In ihrer frühesten Ausprägung dürfte man Betten in die Wand gehauen haben; spätere Designs bauten sie in den Boden ein, mit etwas angehobenen Rändern rundum. Außerdem gab es sie definitiv in zwei unterschiedlichen Größen, möglicherweise, für »sie und ihn«. Sie sehen alles andere als einladend aus, und man kann sich die Quälerei vorstellen, in so einer kalten Steinkuhle ein Auge zuzutun. Aber wir können wohl davon ausgehen, dass die Leute nicht direkt auf dem Stein, sondern auf Strohmatratzen und weichen Tierfellen lagen. Einer Theorie zufolge hatten einige Betten sogar Vorhänge, vielleicht um ihren Besitzern eine gewisse Privatsphäre zu geben, obwohl das womöglich eher etwas über den edwardianischen Archäologen sagt, der die Stätte ausgegraben hat, als über die Leute, die dort lebten.

Schlummern wie die Pharaonen

Wir schlafen heute Abend jedoch nicht auf Stein. Wir werden in einigen Minuten auf einer Bettstatt einschlafen, die auf vier Beinen steht – die Art von Bett, unter der sich Monster oder Ehebrecher verstecken können, wenn ein Kind oder – unerwartet – ein

Ehegatte ins Zimmer kommt. Daraus könnten wir schließen, dass Beine am Bett ein eher modernes Designdetail sind … Aber so modern sind sie gar nicht. Die erste Erwähnung der vierbeinigen Bettstatt findet sich bei den Ägyptern – wieder mal, ich weiß, Sie haben vermutlich bereits den Kanal voll von den alten Knaben, aber halten Sie durch … wir haben's ja gleich.

Im Gegensatz zu der egalitären Gemeinschaft der Leute auf Skara Brae lebten die Ägypter streng hierarchisch nach Klassen getrennt, und der Platz eines Menschen in der Gesellschaft bestimmte auch, wie er schlief. Die Elite lag im Einzelbett, einem Rahmen mit einem straffen Geflecht aus Lederstreifen oder aus Ried. Die vier Beine sorgten für etwas Distanz zwischen dem Schlafenden und dem Boden, was ihn buchstäblich hinaushob über die niedere Klasse der Bauern, die sich gerade mal auf einem Kissen langmachte; und zur Betonung dieses Unterschieds begann man die Beine denn auch noch zu verzieren. Ich meine, wenn man es sich leisten kann, wer würde sich da keine Löwenpfoten in die Füße seines Betts schnitzen lassen?

Die Ägypter waren jedoch nicht nur Snobs. Sie waren auch furchtbar abergläubisch und gerieten – wie Kinder nachts allein im Dunkeln – in furchtbare Zustände, es könnte jemand im Dunkeln lauern. Der Ghostbuster ihres Vertrauens riet damals zu Zeichnungen von Schutzgöttern auf dem Bettrahmen, um finstere Untote zu bannen, was dem Bett magische Fähigkeiten verleihen sollte – wenn es auch nicht gleich fliegen konnte wie das von Disneys *Tollkühner Hexe*. Eine zweite Form von Schutz, etwas pragmatischer und bodenständiger als die erste, half gegen nächtlichen Vampirismus der Malaria verbreitenden Art. Die Ägypter wussten zwar nicht, dass die Krankheit von Moskitos übertragen wurde, hatten aber auch keine Lust, nachts an sich knabbern zu lassen, also hängten die besseren Leute sich Gardinen ums Bett, um sich vor ihnen zu schützen. Was die Armen anbelangt, so wissen wir von Herodot, dass sie unter ihren Fischernetzen schliefen, was sicher alles andere als angenehm war.

Natürlich liegen wir unter einer weichen Decke, und während den Steinzeitmenschen das Fell eines Tiers oder Ried genügt haben mochte, hielten es die Ägypter wie wir. Die Reichen konnten sich qualitativ hochwertiges Leinen leisten, und diese Laken dürften das ganze Jahr über ausgereicht haben, schließlich sorgten die dickeren Wände der Schlafzimmer dieser Leute für stabilere Temperaturen. Aber so vertraut sich das für uns anhört, es gab auch merkwürdige Abweichungen von der Norm.

Wir sind es gewöhnt, in der Horizontale zu schlafen; ägyptische Bettrahmen jedoch dürften in der Mitte leicht gebogen gewesen sein, wenn sie sich nicht gar sachte nach unten neigten, was eine Art Bremse nötig machte, eine Fußraste, damit man nicht herausrutschte. Am merkwürdigsten jedoch war, dass der betuchte Schläfer sich nicht für die bequemen Kissen und Polster der Bauernklasse entschied, sondern für eine gebogene Kopfstütze aus Elfenbein, Alabaster oder Holz, die obendrein noch auf einer Ziersäule montiert war. Sie hielt den Kopf in einer bestimmten Position, möglicherweise um die aufwändige Frisur vor dem Krümelmonsterlook zu bewahren. Aber wer sich nachts im Bett trotzdem hin und her warf, dürfte ohnehin ausgesehen haben wie nach zehn Runden Mixed Martial Arts, also Kampfkunst mit Körpervollkontakt. Gut möglich, dass sie ein Kissen unter dem Nacken hatten, aber wir haben dafür schlicht keinen Beweis. Den Belegen nach zu urteilen, die uns geblieben sind, bevorzugte der Ägypter blaue Flecke am Kopf.

Tief und flach

Ägyptens Bauern dagegen wohnten in kleinen Hütten aus Lehmziegeln mit nur vier Zimmern und spärlichem Mobiliar. Von diesen Räumen dürfte einer das Schlafquartier für die Frauen gewesen sein; die Männer teilten sich wahrscheinlich eine Plattform aus Ried oder gestampfter Erde, die mit gefüttertem Stoff ausgelegt war und tagsüber wohl auch als Couch und Essbereich diente. Das hört sich recht kuschelig an, nach der kleinen Kistenfestung, die man sich als Kind gebaut hat, aber es bedurfte zweifelsohne einer gewissen Toleranz gegenüber den nächtlichen Gewohnheiten der Bettgenossen. Man kann sich unschwer vorstellen, dass sich so mancher mit seinen Nebenhöhlenproblemen auf eine Papyrusmatte auf dem Flachdach verbannt sah. Da konnten sie dann mit ihrem Geschnarche die Vögel stören.

Fast ist man versucht, den gesellschaftlichen Status eines Menschen universell aus seiner Bodenfreiheit beim Schlafen abzuleiten. Und im alten China hätte diese Daumenregel womöglich sogar gegriffen. Die besseren Klassen entschieden sich dort schon vor 3000 Jahren für das erhöhte Bett, während sich das Leben der Armen in unmittelbarer Bodennähe abspielte; sie schliefen auf dem *kang*, einer Plattform aus Lehm, die tagsüber mit heißer Asche aufgewärmt wurde. Wobei einem das arme Aschenbrödel einfällt, das am Küchenherd schlafen musste, während das fiese Schwesternpaar im sauberen Bett ihr glamouröses Outfit für den nächsten Ball plante. Man darf leider getrost davon ausgehen, dass sich in diesen Haushalten niemand einen schönen Prinzen geangelt hat. Aber dafür entwickelte man in China eine raffinierte Unterbodenheizung (*huodi*), die den Boden permanent warm und aschefrei hielt.

Bei den Japanern verhielt sich das etwas anders; in ihrer Kultur schlief alles und jeder auf dem Boden, ungeachtet des gesellschaftlichen Rangs. Was nicht heißt, dass es keine Unterschiede zwischen den Schlafstätten der Armen und Erhabenen gab. So schliefen Erstere auf groben Strohmatten, die Reichen dagegen auf einer elastischen, faltbaren *tatami* aus geflochtenem Seggenried. So richtig populär wurde die *tatami* vor etwa 800 Jahren, als man sie den Körpermaßen des Einzelnen anpasste, was sie zum mittelalterlichen Vorgänger unserer Campingmatte machte. Die alte *tatami* (etwa 180 mal 90 Zentimeter) ist in Japan heute noch ein Standardmaß, obwohl die Matten selbst im 15. Jahrhundert die Größe von Teppichen erreichten.

Alles in allem kommen einem diese *tatami*-Matten nicht allzu kuschlig vor, und wenn sich die reichen Aristokraten zehnmal teure Seidendecken zum Warmhalten leisten konnten, es dürfte so mancher über Probleme mit dem Kreuz geklagt haben – ein Thema, das bei den *Sieben Samurai* leider fehlt. Nicht weniger merkwürdig nehmen sich für westliche Augen das traditionelle japanische Kissen (*makura*) aus; sie waren oft nichts weiter als ein mit Buchweizen gefüllter Zylinder, den man in Papier gewickelt auf eine lackierte Holzkiste warf. Wie bei den Ägyptern stützte so ein Kissen eher den Nacken, als den Kopf weich zu betten, um die aufwändige Frisur nicht zu zerstören. Es gab auch andere Varianten, wie etwa das Modell aus geflochtenem Bambus oder die hohlen Porzellankissen, die je nach Bedarf mit Wasser zu heizen oder zu kühlen waren.

Der Aufschwung des Welthandels im 17. Jahrhundert bescherte Japan reichlich Baumwolle, was zur Entwicklung des heute weltweit bekannten *futon* führte. Ich muss gestehen, dass für mich ein Futon ein niederes hölzernes Sofa war, das sich in ein Bett verwandeln ließ, aber das ist eine schreckliche Verzerrung des Wortes im Westen. Der japanische *futon* hat mit Holz nichts zu tun; der Name bezeichnet einfach eine Art Bettzeug, das aus zwei

Elementen besteht; dem *shikibuton*, einer dünnen Matratze, die auf einer *tatami* liegt, und dem *kakebuton* zum Zudecken. Nicht dass das die einzigen Decken gewesen wären; im Lauf der Zeit kamen weitere hinzu, etwa die Ärmeldecke (*yogi*), die sich am Körper tragen und im Winter auch noch zusätzlich ausstopfen ließ.

Schlafen unterwegs

Wir werden am nächsten Morgen, sofern wir dazu kommen, unser Bett machen; das dürfte von unserem Kater abhängen. Aber stellen Sie sich mal vor, Sie müssten, anstatt lediglich die Kissen aufzuschütteln und die Decke glattzuziehen, alles einpacken, zusammenfalten, die Wollmatratzen aufrollen und den ganzen Kram in die Ecke eines Stoffzelts stopfen, damit das Bett tagsüber vom Boden verschwindet. So etwa hält man es heute bei einigen Stämmen der Kirgisen noch. Obwohl sie einige Möbel besitzen und sich erkennbar zeitgenössisch kleiden, schlafen diese traditionellen Nomaden in *tushuks*, die kaum mehr sind als mit Tierpelzen ausgestopfte Flickendecken, das Ganze auf geflochtenen Matten aus Schilf, Filz oder Wolle. Angesichts des Umstands, dass »Bettenbauen« bei diesen Leuten Tag für Tag wörtlich zu nehmen ist, würde ich zu gern wissen, ob kirgisische Teenager trotzdem so faul sind wie ich in dem Alter; aber ich denke mal, die können sich das nicht leisten. Wie auch immer, für diese Nomaden muss alles im Leben, selbst ihre Zelte, zu falten sein und auf den Rücken von Pferden, Eseln und Kamelen zu packen, so wie das schon bei den Skythen im 8. Jahrhundert vor unserer Zeitrechnung war.

Im Mittelalter fegten die Nomadenstämme der Turkvölker, die Hunnen, Magyaren, Seldschuken, Türken und Mongolen über Eurasien hinweg; in verheerendem Tempo wischten sie dabei mächtige Imperien aus dem Weg wie unsereins lästige Kinder. Einige dieser Räuber, etwa die Seldschuken, ließen sich nieder und nahmen persische Einflüsse an, hielten dabei aber an gewissen Kernelementen ihrer Identität fest. Selbst als sie später dann von den Osmanen überrannt wurden, behielt der illustre Osmanensultan Mehmed II. beim Bau des prächtigen Topkapi-Palasts in Istanbul an der nomadischen Tradition fest. Sicher, er hätte seinen Palast nicht über Nacht zusammenfalten und Pferde verladen können, aber es war auch nicht so, dass er ihn mit Mobiliar vollgepackt hätte. Es gab weder Tische, Stühle noch Betten; er bestand darauf, in der traditionellen Art auf Kissen und Polstern auf dem Boden zu schlafen, anstatt auf Bodenfreiheit zu achten (obwohl wir natürlich davon ausgehen dürfen, dass seine Kissen megakuschelig waren). Aber alles in allem entbehrt es nicht einer gewissen Ironie, dass bis zum Einfluss des Anglo-Französischen Imperialismus im 19. Jahrhundert die Millionen Bewohner des Osmanischen Reichs praktisch nicht das geringste Interesse an Möbeln hatten, obwohl wir noch heute ein bestimmtes niedriges Liegesofa als Ottomane bezeichnen.

Bei Anbruch der Moderne schliefen die Japaner, wie auch die Koreaner, weiter auf dem Boden, bis in die zweite Hälfte des 20. Jahrhunderts hinein; erst jüngst hat das westliche Bett seinen Weg in die breite Gesellschaft gefunden, nachdem es erst die Business-Class der Hotels erobert hatte. Aber noch immer gibt es keinen Hinweis darauf, dass die alte Tradition völlig verschwinden würde; vermutlich werden so manche noch auf Jahrzehnte *futons* und *tushuks* der Bettstatt mit dem Kopfbrett vorziehen. Wie auch immer, wir verschlafen unser Leben in einem erhobenen, wenn schon nicht erhabenen Bett. Wie kam es, dass sich dieser Brauch im Westen durchgesetzt hat?

Das antike Sofabett

Ägyptische Bauern schliefen, wie wir gehört haben, auf Kissen auf dem Boden, während sich ihre Herren stocksteif wie ein Patient in einem Kernspintomografen niederlegten. Die Griechen hielten es für die beste Lösung, die beiden Varianten zu kombinieren. Womöglich lag es daran, dass sie keinen Wert auf teure Frisuren legten, Tatsache ist, dass sie die beinharte geschnitzte Kopfstütze zum Teufel jagten, wie übrigens auch die Fußraste unten am Bett; sie entschieden sich für ein bequemes Kissen (*proskefaleion*) und ein flexibles Kopfbrett (*anaklintron*), damit das Kissen nicht hinten runterfiel. So entstand die couchartige *kline*.

Diese neue Betonung der Bequemlichkeit erlaubte es den Griechen nicht nur, sich nachts nach Belieben hin und her zu wälzen, die *kline* ließ sich auch tagsüber verwenden, vor allem beim Essen und bei Männergesellschaften. Dieser Bettrahmen kann also als Mischung aus der förmlichen Schlafvorrichtung der ägyptischen Herrschaft und den Schlafstellen der ägyptischen Bauern angesehen werden. Nur drängte sich auf der neuen Vorrichtung nicht eine Handvoll Typen wie auf einem gepolsterten Rettungsboot; mit der *kline* stand jedem Einzelnen diese Kombination aus Ess- und Schlafgelegenheit zu; dass beim Essen darauf noch eine weitere Person Platz hatte, versteht sich von selbst. Selbst Leute in bescheidenen Verhältnissen dürften eine Matratze mit Gräsern, Stroh oder Wolle ausgestopft, auf eine schlicht gezimmerte Bettstatt geworfen und das Ganze in grobes Leinen oder Leder gehüllt haben. Und wenn es Nacht wurde und die Temperaturen fielen, konnte sich der müde Athener in eine dicke wollene Decke, eine *stromata*, hüllen, um von pythagoreischen Gleichungen zu träumen – oder von olympischem Gold.

Dieses Arrangement hört sich recht angenehm an; trotzdem

konnten die kultivierten Perser, die großen Experten in Fragen antiker Schlafkultur, über derlei hässlichen Pragmatismus nur müde lächeln. Nur wer wirklich Geld hatte, verschaffte sich einen Hauch von persischer Opulenz, indem er sich einen Ballen Stoff des zypriotischen Webers Helikon von Salamis leistete; für die meisten anderen, selbst für die relativ Betuchten, musste es fürs Bett eben grobes Linnen tun. Sicher, die stoischen Spartaner kampierten mit ihren Spezis noch auf Disteln, um sich abzuhärten, aber in Athen ließ man selbst Bediensteten und Sklaven ein Minimum an Komfort angedeihen und spendierte ihnen Riedmatten oder Strohballen, wenn nicht gar billige Bettgestelle, die ihnen bis an die Knöchel reichten – was sie über den Status von Hunden hinaushob … na ja, gerade mal so.

Aber bei aller relativen Ähnlichkeit zwischen Reich und Arm, lange hielt die Mäßigung im Mittelmeerraum nicht an. Die Römer bedienten sich ordentlich bei den Griechen – vor allem indem sie sie besiegten und die cleversten versklavten – und passten die *kline* – als *lectus discubitorius* – ihren eigenen Zwecken an. Während die frühen Tage der stoischen römischen Republik kaum etwas zur *kline* der Griechen hinzufügte, strömte in der glorreichen Zeit des Imperiums im 1. Jahrhundert nach unserer Zeitrechnung all die persische Pracht in den von den Römern beherrschten Mittelmeerraum. Chinesische Seide, in Purpur und Gold, wurde *das* Bettzeug der Aristokratie. Aber es waren nicht nur die Stoffe, die für Luxus standen. Sie blätterten auch Unsummen für elegant gearbeitete hölzerne Bettrahmen hin, die mit Elfenbein, Silber, Gold und anderen Edelmetallen geschmückt waren; diese wurden die Hingucker in Schlafgemachen und Esszimmern.

Je reicher einer war, desto auffälliger das »Tischbette«, wie Steinbachs *Deutsches Wörterbuch* von 1734 es nennt. Kaiser Elagabal, der als Teenager an die Macht kam und für seine Lasterhaftigkeit – er hat auch das Furzkissen erfunden – berüchtigt war, hatte sowohl seine Ess-Sofas als auch seine Betten aus purem Silber und Gold fertigen lassen. Was allerdings seine Bodyguards auch nicht davon abhielt, ihn zu ermorden, als er gerade mal 18 war. Die Ironie daran war, dass sich Elagabal – mit großem Flair für Dramatik – einen juwelenbesetzten Selbstmordturm hatte bauen lassen, in dem er sich aufhängen oder mit einem goldenen Dolch selbst hatte richten wollen für den Fall, dass etwas schieflaufen sollte. Aber es läuft eben nicht immer so wie geplant.

Im Bett mit den Römern

Wir können davon ausgehen, dass das Bett (*lectus cubicularis*), in dem der dem Untergang geweihte junge Kaiser schlief, ganz der neuen römischen Mode entsprechend sogar noch höher über dem Boden stand, sodass er einen Schemel brauchte, um hineinzukommen; außerdem dürfte es einen Himmel aus Stoff gehabt haben, der den erhabenen Schläfer vor Staub schützte, vor verirrten Vögeln, Moskitos und was immer sonst noch die Nachtruhe stören mochte. Diese Betten gab es schmal und breit, und sie waren bequem sowohl zum Schlafen als auch, um sich darin zu verlustieren. Allerdings hält die Debatte darüber, ob ein frisch verheiratetes Paar seine Ehe in diesem oder in einem zeremoniellen »Brautbette«, dem *lectus genialis,* vollzog, bis heute an.

Es war Letzteres übrigens auch als *lectus adversus* bekannt, weil es in großen Häusern ziemlich öffentlich im dachlosen Atrium stand, gleich gegenüber der Statue von Janus, dem Hüter der Haustür. Viele Wissenschaftler gehen davon aus, dass das Bett nur symbolische Bedeutung hatte, von dem aus Braut und Bräutigam Gäste in ihrem neuen Zuhause empfangen konnten, aber einige fantasievolle Kenner der Antike haben überlegt, ob es sich nicht vielleicht um den Ort handelte, an dem man die Ehe tatsächlich zum ersten Mal vollzog, vor den Augen geladener Gäste. So unangenehm bis peinlich sich das anhören mag, es war allemal bequemer, als seine Jungfräulichkeit auf dem Rücksitz eines rostigen alten Toyotas zu verlieren.

Das große Problem für die Altertumswissenschaften ist, dass römische Schlafzimmer schwer zu identifizieren und nicht allzu viele Betten erhalten sind; wir können also nicht wirklich sagen, wie der gewöhnliche Römer geschlafen hat. Wir dürfen aber wohl davon ausgehen, dass die schmucklosen Strohmatratzen, die die Körper griechischer Untertanen trugen, auch in der römischen Welt üblich waren. Bei allem Prunk gab es im alten Rom nicht weniger Armut als in London zu Charles Dickens' Zeit.

Betten: Groß, größer, *Great*

Als wir in unser hohes Bett steigen, immer schön vorsichtig, damit wir uns nicht die Zehen oder die Knie am Rahmen stoßen, vergessen wir schon mal, dass solch eine Schlafstätte in der Geschichte eher eine Seltenheit war. Wenn wir uns die Schlafarrangements der Angelsachsen ansehen, sieht es nicht so aus, als hätten die Leute allein oder paarweise geschlafen. Das Epos *Beowulf* lässt vermuten, dass die Bänke, die in den großen hölzernen Methallen der Häuptlinge und Könige an der Wand entlang standen, auch dazu da waren, dass betrunkene Krieger sich den Rest der Nacht ausschlafen konnten. Aber auf der anderen Seite ist dort von Monstern die Rede, die nachts in die Methallen eindrangen und die Krieger in Fetzen rissen ... vielleicht sollte man das nicht alles für bare Münze nehmen.

374

Im Mittelalter schlief man in der Regel gemeinsam. Das Gesinde in Burgen oder aristokratischen Häusern haute sich auf strohgefüllten Säcken aufs Ohr, den Kopf unbequem auf Holzscheiten; und natürlich drängte man sich in den großen Hallen aneinander, um es warm zu haben. Es war auch völlig normal, das Bett mit völlig Fremden zu teilen, so normal, dass Reiseführer aus dem Mittelalter so manche praktische Phrase boten, mit der sich in der jeweiligen Landessprache Schnarcher, Deckenhamster und allzu energische Träumer zur Ordnung rufen ließen. Allerdings dürfte einem so ein Satzbüchlein im Dunkeln auch nicht viel geholfen haben, da man es weder fand noch lesen konnte, noch so recht wusste, wen von den zahlreichen Bettgenossen man in seinem gebrochenen Englisch auszanken sollte.

Natürlich war nicht jeder gezwungen, nachts anderer Leute ungewaschene Füße im Gesicht zu haben. Es kam durchaus vor, dass treue Bedienstete sich die Ehre erarbeitet hatten, in der Schlafkammer von Herr und Herrin nächtigen zu dürfen – wenn auch in einem kleinen Rollbettchen wie ein Hund. Und Hausherren lebten natürlich weit komfortabler als die anderen; sie schliefen, womöglich als Einzige, in handgearbeiteten Holzbetten. Interessanterweise ist das mittelalterliche *Great Bed* auf Illustrationen und Gemälden von Monarchen und Heiligen zu sehen; nur dass sie darauf meist sitzend und in Triumphpose abgebildet sind, ganz so, als seien die Betten am Fußende tiefer als am Kopfteil. Das kann natürlich auch einen darstellungstechnischen Grund haben, da Leute im Liegen auf Gemälden irgendwie tot wirken, aber es könnte auch eine andere Erklärung dafür geben: Zwar hatten damals bereits einige mittelalterliche Betten Holzleisten, die meisten jedoch spannten nach wir vor Stricke über den Rahmen, auf denen die Matratze auflag. So hingen die Betten in der Mitte zwangsläufig durch wie eine Hängematte, was wiederum die Person auf der Matratze in besagte vorgebeugte Haltung zwang. Entsprechend mussten die Seile regelmäßig gespannt werden; dieses Nachziehen – *tightening* – führte möglicherweise zu dem netten Gute-Nacht-Wunsch *sleep tight,* mit dem wir Engländer heute noch unsere Kinder ins Bett schicken.

Freilich, auch mit Holzleisten als Matratzenauflage hatten die besseren Betten im Mittelalter Polster unter den Kissen, um die Schlafenden zu stützen, also war das vielleicht einfach die Haltung, in der man damals bei besseren Leuten schlief. Wie auch immer, der Umstand, dass man nicht völlig flach liegen konnte, erforderte die Entwicklung klotziger Kopfbretter, die dafür sorgten, dass die – zuweilen mit aromatischen Kräutern und Gewürzen parfümierten – Polster und Kissen nicht einfach auf den Boden fielen. Die einfacheren, mit Seilen bespannten Betten hatten eine Strohmatratze (*pailasse*); auf dieser lag eine *matelas* aus Leinen und eine handgenähte Steppdecke nach Art eines Quilt, eine sogenannte *courtepointe.* Wer Geld hatte, konnte sich eine daunengefüllte *coquette* leisten; sie wiederum musste aufgeschüttelt und geglättet werden, wozu die Bediensteten einen speziellen *bâton de lit* benutzten. Falls Sie ein Reinlichkeitsfreak sein sollten, dann halten Sie das jetzt womöglich für eine prima Idee, aber hüten Sie sich, in einem Pariser Hotel danach zu fragen, da mit *bâton de lit* auch euphemistisch das männliche Gemächte bezeichnet wird.

Betten machen mag sich nach einer Menge Arbeit anhören, aber sich um die Schlafkammern der Aristokratie kümmern zu dürfen, war eine große Ehre; womöglich gehörte es zu den Pflichten des großen englischen Schriftstellers Geoffrey Chaucer während seiner Zeit als *valet de chambre* von König Edward III. im Jahre 1367. Zum Glück für den Schreiberling war er nicht der arme Kerl, der den entrüsteten Gänsen die Federn für die Matratzen ausrupfen musste; er profitierte natürlich doppelt von diesem mutigen Knaben, auch hinsichtlich der Schreibfedern. Genaugenommen dürfte sich König Edward III. auch gar nicht mit Gänsedaunen zufriedengegeben haben. Wer das Beste vom Besten wollte, der musste die Federn schon einem weit majestätischeren, wenn auch nicht weniger beängstigendem Vogel stehlen – dem Schwan.

Obwohl es ganz so aussieht, als wären Betten fester Bestandteil des mittelalterlichen Schlafgemachs gewesen, waren die mittelalterlichen Herren mehrere Monate im Jahr unterwegs und damit nicht zu Hause, was wiederum bedeutete, dass nicht selten alles, woran ihnen besonders lag – auch Betten und Wandbehänge – mit ihnen unterwegs war. Die besten Betten waren entsprechend so gebaut, dass man sie zerlegen, mitnehmen und mit Ketten wieder zusammensetzen konnte, praktisch wie Möbel dieser schwedischen Einrichtungshäuser heute, obwohl man sich kaum vorstellen kann, dass je ein König selbst nach einer fehlenden Schraube hat suchen müssen. Wie auch immer, die *Great Beds* des Mittelalters nahmen dem Status ihrer Besitzer entsprechend an Größe zu, sodass man sie vermutlich kaum noch zerlegte.

Spätestens im 13. Jahrhundert gehörte zu dem eleganten Holzrahmen auch das klotzige Kopfbrett, das bald über den Kopf des Schlafenden ragte und sich schließlich zu einem Dach, dem Baldachin oder Himmel, entwickelte. Dieser brauchte dann vier Pfosten, die durch die Verlängerung der Bettpfosten entstanden; indem man diese oben durch Hölzer verband, ließen sich Seidenvorhänge und Pelze daran aufhängen, was einen privaten Kokon schuf, der die Herrschaften vor den neugierigen Augen der Dienerschaft schützte; außerdem bewahrte er die Wärme. Während der Renaissance kam man in Italien von Baldachinen und Pfosten ab und auf das freistehende Bett; den Himmel hängte man stattdessen mittels Schnüren und Flaschenzügen an der Decke auf. Wenn sich das nach Theater anhört, dann wahrscheinlich, weil das die Absicht dahinter war; so wurde das Aufstehen wahrscheinlich jeden Tag zu einem choreografierten Ballett zwischen Bediensteten und wartender Herrschaft, damit sich niemand versehentlich in den teuren Textilien verfing.

Staatsbetten für Staatsoberhäupter

Derlei majestätische Betten waren nicht unbedingt nur zum Schlafen da; sie konnten auch Ort königlicher Machtausübung sein. In Frankreich saßen die Monarchen bis zu Ludwig XVI., den man 1793 einen Kopf kürzer machte, in ihrem *lit de justice* – dem Bett der Justiz – sogar dem Parlament vor; es handelte sich hierbei um einen komfortablen Thron mit fünf sorgfältig platzierten Kissen und einem Baldachin. Das Ganze diente dem Zeremoniell, der Betonung königlicher Macht, aber dem königlichen Rücken tat es wahrscheinlich auch ganz gut. Und warum auch nicht?

Fernab vom Gedränge verwandelte Sonnenkönig Ludwig XIV. seinen Versailler Luxuspalast in einen seiner eigenen Glorie gewidmeten Schrein; und einer der Brennpunkte dort war sein Schlafzimmer. Da er das abscheuliche politische Hickhack unter den Aristokraten von Kindheit an kannte, hatte Ludwig eine Methode gefunden, ihre nervigen Egos an die Kandare zu bekommen, indem er ihnen bedeutungslose, aber prestigeträchtige rituelle Pflichten übertrug. So erwachte Ludwig Morgen für Morgen in einem Raum voll immens mächtiger Leute, aber keiner von ihnen wartete darauf, ihn zu ermorden. Stattdessen zog einer die Vorhänge des königlichen Betts beiseite, der Nächste rieb dem Monarchen den Schweiß vom Körper, ein Dritter hielt ein vorgewärmtes Hemd für ihn bereit.

Diese *petit levée*, das königliche Aufstehen, war eine relativ intime Angelegenheit zwischen dem Monarchen, seinen Ärzten und den renommiertesten seiner Höflinge, die für die Zeit mit ihm bezahlt hatten. Als Nächstes begab der König sich in ein angrenzendes Zimmer, wo ihm eine Hundertschaft geringerer Adeliger dabei zusah, wie er den Tag mit einer Rasur und der Wahl seines Outfits begann. Am Abend wurde daraus die *couchée*, bei der man die Prozedur umkehrte. Hört sich entnervend an? Nun, Louis und seine Nachfahren gingen in der Tat ganz gern ein paar Stunden auf die Jagd, bevor sie so weit waren, sich dieser merkwürdigen voyeuristischen Morgenzeremonie auszusetzen; trotzdem war die *levée* bemerkenswert effektiv. Während sich die Adeligen darum stritten, wer dem König die Socken anziehen durfte, hatten sie keine Zeit für Gedanken, Intrigen gegen ihn zu schmieden. Bald übernahm man eine etwas bescheidenere Version des Rituals, die sogenannte *toilette*, auch am englischen Hof.

Man brauchte übrigens nicht gleich ein König zu sein, um einen Hauch von Theater in seinem Schlafzimmer haben zu wollen. Wir akzeptieren Freunde heute bestenfalls während der Genesung am Krankenhausbett oder wenn uns jemand aus der Apotheke etwas gegen unsere Grippe ans Bett bringen soll; in Versailles dagegen hielten die Damen bei ganz besonderen Anlässen im Bett Hof, beim Tod eines Gatten, bei der Geburt eines Kinds. Ein Bett war mehr als ein Ort für Schlaf und Sex.

Ten in the bed, and the little one said ...

Der junge Mann kann sein Glück nicht fassen. Er ist weit gereist, um seiner jungen Geliebten den Hof zu machen, und ihre Familie hat ihn als würdigen Freier aufgenommen. Aber jetzt ist es dunkel; es wird Zeit, schlafen zu gehen. Ihm kommt die peinliche Erkenntnis, dass er nicht weiß, wo er schlafen soll, aber die Antwort seines künftigen Schwiegervaters hat er nicht erwartet: »Du kannst bei ihr schlafen.« Ganz aus dem Häuschen beim Gedanken an etwas intimen Kontakt mit seiner Verlobten, zieht der junge Mann sich aus bis auf die Unterwäsche; er will sich eben ins Bett legen, als der Vater hereinkommt – mit einem Sack in der Hand. »Zieh den hier über«, sagt er. Unser junger Freier tut wie geheißen, als er merkt, dass er eine Art Zwangsjacke angelegt bekommt. Dann erscheint die junge Frau in eben dem gleichen Ding im Schlafzimmer und steigt ins Bett. Die beiden lachen über ihre alberne Lage; anstellen lässt sich so nichts, aber wenigstens sind sie beisammen. Dann schiebt sich mit einem Mal ein Brett wie eine Wand zwischen sie, und alle Hoffnung auf etwas Romantik ist dahin. Die beiden teilen ein Bett, aber das ist auch alles.

Es war im 17. Jahrhundert in Großbritannien und Amerika ein Brauch, Verlobte so eingepackt eine Matratze teilen zu lassen, ohne dass etwas passieren konnte. Aus den Erkenntnissen einer neueren Studie lässt sich der Schluss ziehen, dass 40 Prozent aller englischen Bräute im 18. Jahrhundert an ihrem Hochzeitstag bereits schwanger waren, und die jungen Leute so einzupacken sollte vermutlich eine Maßnahme dagegen sein. Sich des Sacks zu entledigen und über das Holzbrett zu kommen, hätte sogar einen Harry Houdini überfordert; wir können also davon ausgehen, dass sich die Paare in der Regel in ihr Schicksal fügten.

Das Bett mit anderen zu teilen war eine gängige Praxis bei Platzmangel; bei minderbemittelten Familien in Irland drängten sich bis zum Anfang des 20. Jahrhunderts nicht selten alle in einem Bett wie die Schweine im Koben. Bei so vielen Leuten auf engstem Raum musste sich zwangsläufig eine Etikette herausbilden: Jungen und Mädchen lagen am äußersten Rand, die Kleinsten gleich neben den Eltern in der Mitte – praktisch eine nach Geschlecht geordnete russische Schachtelpuppe. Es waren aber nicht nur Familienmitglieder, die sich da unter einer Decke drängten. Wir wären heute entsetzt, würden wir in einem Hotel einchecken und bereits eine andere Familie in unserem Bett finden; im 17. Jahrhundert jedoch war es vor allem im kolonialen Amerika gar nicht so unüblich, das Familienbett zu vermieten. Begonnen hatte das als holländische Tradition; beim *queesting* krochen Vater, Mutter Kinder, Besucher, ja sogar zahlende Gäste unter ein und dieselbe Decke in der Hoffnung, das bisschen Wärme zu teilen. Man kann getrost davon ausgehen, dass es eine Menge Redakteure von konservativen Blättern zerreißen würde vor moralischer Entrüstung.

Kuschlig warm

David, König der Israeliten und Bezwinger des Philisters Goliath, war alt und gebrechlich. Trotz zahlloser Decken wollte ihm nachts einfach nicht mehr warm werden. Also versuchten es seine Berater mit einer neuen originellen Variante der Wärmflasche und suchten dem alten Patriarchen eine schöne Jungfrau, um sein Bett zu teilen: »Laßt ... dem König eine Dirne, eine Jungfrau, suchen, die ... sein pflege und schlafe in seinen Armen und [ihn] wärme ...« Der Autor des Buchs der Könige weist eigens darauf hin, dass David sie nicht »erkannte«. Man stelle sich heute die Schlagzeilen vor!

Als wir unter die Decke schlüpfen, denken wir womöglich einen Augenblick daran, die Heizdecke anzuknipsen, je nachdem, ob wir allein sind oder nicht. Wie am Beispiel König Davids zu sehen, ist die Idee von etwas zusätzlicher Bettwärme gar nicht so neu, und man hat es auf alle möglichen – mal mehr, mal weniger gefährlichere – Arten versucht. Denken Sie nur mal an König Karl II. von Navarra, der in Folge eines grausigen Unfalls aus der

Welt schied; so wie es aussieht, setzten die heißen Kohlen seines mechanischen Bettwärmers die Laken in Brand, sodass der König in Flammen aufging.

König Karl II. war weit und breit unbeliebt; er hatte es sogar zu dem Beinamen Karl der Böse gebracht. Einige Moralisten hielten sein Schicksal denn auch für die gerechte Strafe Gottes. Dennoch wäre ich überrascht, wenn die gekrönten Häupter Europas auf diese Nachricht hin nicht womöglich etwas beunruhigt ins Bett gingen aus Angst davor, selbst in Flammen aufzugehen. Sie benutzten nämlich alle dieselbe Technik: eine Wärmflasche aus Kupfer und Silber voll heißer Kohlen. Eine weniger effektive, aber auch weniger gefährliche Methode war die, heiße Steine in Decken zu wickeln. Später dann füllten diejenigen mit bescheidenerem Budget eine Wärmflasche aus Metall oder Steingut mit heißem Wasser, eine Methode, die sich bis weit ins 20. Jahrhundert hielt. Natürlich war Wasser nicht die einzige Flüssigkeit, die sich dazu verwenden ließ; der viktorianische Premier William Gladstone machte aus seiner Wärmflasche eine Thermoskanne voll Tee. Sag noch einer, wir Briten tun nichts für unsere Klischees ...

Sie schlafen allein?

Hatte man früher das Bett aus reiner Notwendigkeit geteilt, begann sich ab dem 17. Jahrhundert die eben entstehende Mittelschicht der Annehmlichkeiten eines Ehebetts nur für zwei zu erfreuen, eine Intimität, die im Falle des berühmten Tagebuchschreibers Samuel Pepys für einige peinliche Szenen gut war. Einmal plärrte ihn seine Frau drei Nächte lang an, nachdem sie ihn mit dem Hausmädchen erwischt hatte; und dann riss sie ihn aus dem Schlaf und drohte ihm mit einer heißen Kohlenzange aus dem Kamin. Womöglich war Pepys nicht auf die Idee gekommen, dass sich der Ehebruch rächen könnte, aber so wie man sich bettet, so liegt man nun mal.

Dieser Schritt hin zu einer geringeren Auslastung der Betten war nicht einfach nur eine Frage des zunehmenden Wohlstands. Vor allem in Großbritannien und Amerika tauchte im 18. Jahrhundert eine neue Architektur auf, die die Räume um ein zentrales Atrium bzw. ein Treppenhaus herum anordnete, sodass man auf dem Weg zum Schlafzimmer der Hausherren nicht mehr durch sämtliche anderen Zimmer musste. Dieses Mehr an persönlichem Raum wirkte sich auf die Moral aus, die plötzlich wie besessen war vom Gedanken der Privatsphäre; so sehr bestimmte er das öffentliche Bewusstsein, dass viktorianische Maler plötzlich Schlafzimmerszenen in ihrem Werk zensierten aus Angst vor einem Skandal.

Die andere interessante Entwicklung jedoch war die Rückkehr – nach zwei Jahrtausenden! – des Einzelbetts. In Zeiten von Tuberkulose und Cholera ließ es sich mit hygienischen Erwägungen rechtfertigen, seine eigenen sauberen Laken zu haben; außerdem glaubten besonders fantasievolle Menschen, dass es junge Kinder schwächte, das Bett mit Erwachsenen zu teilen – die alten Weiber würden ihnen wie runzlige Seelenparasiten ihre jugendliche Vitalität stehlen. Nicht jeder schloss sich dieser etwas paranoiden Meinung an, und John Harvey Kellogg, der berühmte Ernährungsfachmann, machte sich darüber in seinem Buch *The Ladies' Guide in Health and Disease* lustig. Nichtsdestoweniger äußerte sich Kellogg besorgt darüber, dass Bruder und Schwester dasselbe Bett teilten; das könnte, so meinte er, zu »wahllosem Beischlaf« führen oder zu Inzest, wie wir es nennen würden – wenn einem so viel Fantasie mal nicht die Cornflakes vergällt. Allerdings muss man ihm lassen, dass er auch von Babys im Bett der Eltern abriet, weil die sie versehentlich ersticken könnten; wir wissen aus den Berichten von Leichenbeschauern und Spenden an Heiligenschreine im Mittelalter, dass das jahrhundertelang eine gar nicht so seltene Tragödie war. Der deutsche Arzt Bernhard Christoph Faust hat in seinem *Gesundheits-Katechismus: zum Gebrauche in den Schulen und beym häuslichen Unterrichte* aus dem Jahr 1794 die Zeichnung eines einschlägigen Holzgestells mit folgender Anmerkung:

> In Italien decken die Mütter, die ihre saugenden Kinder zu sich ins Bett nehmen, nachstehendes Gehäus über dieselben, um sie vor Schaden und Gefahr zu bewahren. Dieses hölzerne Gehäus nennen sie Arcuccio, und es ist 3 Fuß 2 Zoll lang, und am Kopfbrette 14 Zoll breit und 13 Zoll hoch; der runde Einschnitt ist für die Brust.

Aber es waren nicht nur die Kinder, die man ihn höchster Gefahr wähnte; es tobte sogar eine Debatte darüber, ob Ehepartner im selben Bett schlafen sollten. Für die einen war es der Tod der Romantik, den schnarchenden, furzenden Partner neben sich zu haben; die anderen fanden es einfach störend, wenn dem einen zu kalt war, dem anderen zu warm oder sich einer gestresst im Schlaf herumwarf; die Moralisten hatten – wie immer – Angst, so viel Nähe brächte zu viel Versuchung mit sich; und die Ärzte schließlich hielten es einfach für unhygienisch, sich in den Ausdünstungen eines anderen zu suhlen. Der eben zitierte *Katechismus* des deutschen Leibarztes Faust bringt es auf den Punkt:

> *227. Ist es gut, wenn Kinder bey erwachsenen Menschen, oder wenn mehrere Kinder in einem Bette schlafen?*
> Es ist gar nicht gut; der Athem und die Ausdünstungen sind schädliche, ungesunde Dünste: jedes Kind und jeder Mensch sollte allein in seinem Bette schlafen, dann schläft man gesund und ruhig.

So fanden sich Mann und Frau denn um der Gesundheit willen nicht selten in Einzelbetten, wenn nicht gar in separaten Zimmern.

Schlaflose Nächte

Pepys mag in seinem speziellen Fall ganze Nächte lang gegrübelt haben, wie sich der schiefe Haussegen wieder zurechtrücken ließ, aber auch über derlei Gedankenstudien hinaus war ihm die nächtliche Aktivität womöglich gar nicht so fremd. Einer interessanten Theorie zufolge schliefen die Menschen das ganze Mittelalter über womöglich bis zum 18. Jahrhundert die Nacht nicht durch, sondern ein paar Stunden im Rahmen eines »ersten Schlafes«, nachdem man wieder aufstand und sich im Haus zu schaffen machte: Man kochte, putzte, betete, verlustierte sich mit dem Gespons oder machte sich gar auf Einbruchstour, bevor man sich zum »Morgenschlaf« hinlegte. Die Franzosen prägten sogar ein Wort für diese aktive Periode; sie nannten sie *dorveille,* ein Kurzwort aus *dormir* (schlafen) und *réveiller* (wecken aufwachen), was den Gedanken nahelegt, die gesamte französische Nation könnte nachts am Schlafwandeln gewesen sein – aber bevor wir in apokalyptischen Bildern gallischer Zombies schwelgen, belassen wir es dabei: Die Leute waren hellwach. So merkwürdig das sich für uns heute anhört, es entspricht weit eher den Maßgaben unserer biologischen Uhr, die tatsächlich acht Stunden Schlummer in zwei Phasen von je vier Stunden teilt. Würde mich nicht wundern, wenn uns die Wissenschaft das demnächst empfiehlt …

Auf der Mauer, auf der Lauer ...

Während wir es uns unter der Decke so richtig bequem machen, können wir sicher sein, dass sie frisch und sauber ist, und sollte sie speckig werden, werfen wir sie einfach in die Waschmaschine, die spült das schon wieder raus. Unsere Vorfahren hatten es da nicht so einfach; wie behalfen die sich ohne all den modernen Komfort? Nun, um es gleich vorwegzunehmen, nicht sehr gut. Wie wir das seit der Steinzeit und den alten Ägyptern wissen, waren Stechmücken, Läuse und andere Parasiten lästige Untermieter in so manchem historischen Bett.

Im Mittelalter war das nicht anders – obwohl es von einigen besonders asketischen Mönchen heißt, sie hätten sich bewusst mit Flöhen schlafen gelegt, um die Leiden Christi zu imitieren. Aber mal von derart extremen Formen der Schlafsabotage abgesehen, in der Regel versuchte man die kleinen Plagen eher loszuwerden. Die Kartäuser behaupteten, das Problem über die vegetarische Ernährung gelöst zu haben, womöglich in der Annahme, das Blut des Salatlutschers an sich schrecke die Biester ab, aber auch der Durchschnittsmensch des Mittelalters hatte eine beachtliche Auswahl an Möglichkeiten, sich nächtlicher Attacken im Bett zu erwehren. So ließ sich das Schlafzimmer etwa mit diversem Gezweig von Farnen oder Erlen schmücken, während andere auf grobe Kleidung schworen; der Nächste steckte eine Kerze an, tränkte einen Laib Brot in Terpentin, stellte eine Schale Milch mit Hasengalle auf, tauchte Lappen in Honig oder Zwiebelsaft – oder warf eine Wolfspelzdecke über sein Bett.

Man lächelt ob des Gedankens, der Mensch des Mittelalters könnte Nacht für Nacht einen Hindernisparcours für blutsaugendes Ungeziefer aufgebaut haben, auch wenn man nicht alle Methoden auf einmal angewandt haben dürfte; weniger lustig ist der Gedanke, dass das alles vermutlich nichts half. Eine andere Methode, nämlich Flöhe in einer verschlossenen Truhe zu ersticken, war – so cartoonhaft dusslig sie sich anhören mag – gar nicht so dumm, da selbst ein Floh Luft zum Atmen braucht. Alles in allem war Ungeziefer im Bett so normal, dass es die Leute eher kalt ließ; so schreibt Samuel Pepys: »Auf unsere Betten in gutem Zustand, aber verlaust; was uns gefreut hat« – wir würden darin eher einen merkwürdigen Widerspruch sehen.

Die Italiener begannen das Problem dadurch zu umgehen, dass sie ihre Bettstatt nicht mehr aus Holz, sondern aus Eisen fertigten, das die Läuse weniger anheimelnd fanden; die stoischen Briten freilich blieben stur bei ihren Holzrahmen. Noch 1819 empfahl ein Ratgeber mit dem Titel *The Young Woman's Guide to Virtue, Economy and Happiness* von Ungeziefer befallene Holzgegenstände in einem Metallzuber in Vitriollösung zu kochen, um die Viecher loszuwerden. Sofort stelle ich mir eine junge Frau vor, die ihr Schlafzimmermobiliar in brodelnde Kessel zu bringen versucht – aber vermutlich waren die Damen gescheit genug, das Vitriol auf den Möbeln anzuwenden, anstatt das ganze Bett wie einen Riesenkeks in einen Zuber tunken zu wollen.

Leider half aber auch das nicht immer; das mit goldbesticktem Damast behängte herrschaftliche Bett in Londons Mansion House, immerhin Amtssitz von Londons Bürgermeister, musste 1824 verbrannt werden, nachdem eine eingehende Inspektion es als »Behältnis für alle Arten von Ungeziefer« ausgewiesen hatte. Da mussten selbst die sturen Briten zugeben, dass die Tage des hölzernen Bettgestells gezählt waren. Spätestens Mitte des 19. Jahrhunderts begannen Metallbetten und kochfeste massengefertigte Baumwollbettwäsche der langen Herrschaft des Ungeziefers endlich ein Ende zu machen.

Nicht vergessen, Matratze wenden

Angesichts der zahlreichen Einzelbetten eines besseren Haushalts im 19. Jahrhundert hätte man meinen können, die Leute hätten das Prozedere vereinfacht, aber derlei Denken lässt den geradezu heroischen Eigensinn der Briten der viktorianischen Zeit außen vor. Das Bettenmachen wurde zum schweißtreibenden Durchhaltetest für Hausmädchen; besonders strenge Hausfrauen ließen sie die Betten womöglich tagtäglich abziehen, um sicherzugehen, dass auch alles ordentlich gelüftet war. Und wir dürfen nicht vergessen, dass ein standesgemäß ausgestattetes Bett – mit Daunendecke, mehreren Kopfkissen, vier Decken, drei Laken, Bettauflage, der Feder- und einer Rosshaarmatratze über den Sprungfedern – weit komplexer war, als wir es heute gewohnt sind.

So konnte denn ein Haushalt von normaler Größe durchaus gerade mal fünf, sechs solcher Betten haben, aber an Bettzeug den Wochenbedarf eines modernen Hotels. Was die unhandlichen Matratzen anbelangte, die die Hausmädchen an die Fenster stellen und umdrehen sollten, so waren die teuren Varianten ab Ende des 19. Jahrhunderts mit Federkern ausgestattet; da konnte der Rest des Materials – von Schwanenfedern obenauf, Stroh am Boden über Rosshaar-, Seegras-, Holzspan- und Laub-Optionen – noch so leicht sein. Trotz des offensichtlich unvergleichlichen Komforts sahen medizinische Koryphäen wie Kellogg oder der bereits erwähnte Bernhard Christoph Faust die Federbetten mit Argwohn und rieten von ihrer Verwendung in Kinderbetten unbedingt ab.

Angesichts des ungeheuren Aufwands beim Machen viktorianischer Betten ist es schier ein Wunder, dass wir bis in die 1970er-Jahre warten mussten, bis die leichten Steppdecken aus Schweden kamen und sich das Bettenmachen buchstäblich im Handumdrehen erledigen lässt. Aber natürlich haben wir immer noch Millio-

nen von Teenagern, die es schon als Verstoß gegen die Menschen-
rechte empfinden, wenn sie mal eine federleichte Kunststoffdecke
zurechtzupfen sollen.

Natürlich brauchen wir unser Bett erst am nächsten Morgen
zu warten, schließlich haben wir uns eben erst reingelegt. Aber
Augenblick mal, fast hätten wir etwas vergessen! Wir haben den
Wecker nicht gestellt. Verdammt, wo ist denn das Ding wieder,
immer wenn man es braucht …

WIR STELLEN DEN WECKER

Bevor uns ein mehr oder weniger geruhsamer Schlaf vergönnt ist, müssen wir noch den Wecker stellen, sonst liegen wir unweigerlich am nächsten Morgen bis Mittag im Bett.

Da wir nun am Ende des Buches angelangt sind, schließen wir doch den Kreis und gehen wieder zurück zum Anfang. Wir haben uns im ersten Kapitel gefragt, wie unterschiedliche Kulturen die Zeit gemessen haben; jetzt wollen wir uns noch ansehen, wie der Einzelne sich seinen Tag so aufgeteilt hat. Und da beginnen wir am besten mit der Reveille. Künstliche Beleuchtung, dicke Vorhänge und allerhand technische Spielereien ermöglichen es uns, die Grenzen zwischen Tag und Nacht verschwimmen zu lassen; wir brauchen also nicht mehr mit den Hühnern aufzustehen und zu Bett zu gehen. Und dennoch ist der Wecker nicht annähernd so modern, wie man annehmen könnte, und der Mensch kämpft seit Tausenden von Jahren mit dem frühen Start in den Tag. Wie alt also mag dieses morgendliche Ritual wohl schon sein?

Grund zur Aufregung

Die Akademie war eine abgeschiedene Einrichtung, fernab vom Zentrum Athens; die Olivenbäume ringsum machten aus dem ehemals öffentlichen Garten einen intimen Kokon. Es war ein ausgezeichneter Ort sowohl für die Innenschau als auch für die Debatte, fernab vom lärmigen Treiben der großen Stadt. Früher war es ein *gymnasion* – ein Ort der körperlichen Ertüchtigung für nackte junge Männer – gewesen, jetzt war es das Zuhause einer der großartigsten Bildungseinrichtungen aller Zeiten, der berühmten Schule des Philosophen Platon. Man möchte meinen, dass bei einem mit seinem Ruf die Leute Schlange gestanden hätten wie die Fans vor dem Hotel einer Boygroup, aber es sah ganz so aus, als hätte Platon ein Problem gehabt, was das Erscheinen seiner Schüler anging – offensichtlich fanden die nie rechtzeitig aus dem Bett.

Ich sage »offensichtlich«, weil die Quellen für die folgende Anekdote alles andere als zuverlässig sind; es sieht jedoch ganz so aus, als hätte der illustre Denker 427 vor unserer Zeitrechnung – vielleicht im Zorn auf seine faulen Schüler – eine geniale Vorrichtung gegen das Verschlafen konstruiert. Es war womöglich der erste Wecker der Welt. Dummerweise ist uns nichts über seinen Mechanismus bekannt, und überhaupt basiert die ganze Geschichte auf einem Satz von Athenaios: »Platon hat einen Wecker gebaut.« Im Gefolge haben sich Wissenschaftler und Ingenieure immer wieder vorzustellen versucht, wie so ein Wecker ausgesehen haben mochte. Einem Vorschlag zufolge bestand er aus drei aufeinandergestapelten Gefäßen; das oberste war mit Wasser gefüllt, das über ein winziges Loch langsam in den Behälter darunter tropfte. Nach einer bestimmten Zahl von Stunden könnte sich das untere Gefäß randvoll gefüllt haben, was die darin gefangene Luft durch einen schmalen Schlitz an der Seite zwang; das wiederum könnte zu einem Pfeifen geführt haben. Danach könnte das

Wasser in den dritten Behälter gelaufen sein, worauf es sich von Hand wieder in den obersten gießen ließ.

Das mag sich nach einer eher windig improvisierten Geschichte anhören, aber wie immer der Wecker tatsächlich ausgesehen haben mag, das Konzept dahinter war allem Anschein nach ein vollautomatischer Zeitmesser mit programmierbarer Alarmfunktion. Wenn wir also den Arm nach unserem Wecker strecken und uns an den Knöpfen zu schaffen machen, wiederholen wir nur, was bereits für Platon ein allabendliches Ritual gewesen sein könnte. Und wenn er mal früher aufstehen wollte, dann brauchte er womöglich nur die Wassermenge zu reduzieren, damit die Konstruktion früher zu pfeifen begann. Kinderspiel! Augenscheinlich modifizierte Platons Schüler Aristoteles das Design etwas ab, indem er die Pfeife durch lärmigere Kupferkugeln ersetzte, die zur richtigen Stunde mit lautem Geklapper in eine Metallschale fielen.

Nun, sich auf eine Maschine zu verlassen ist eine Sache, aber sich von einem Mitmenschen aufwecken zu lassen, ist auch nicht schlecht. Dieser Tage ist der Weckruf reine Routine für eine Hotelrezeption; manchmal kommt er auch in Form eines automatisierten Dienstes, der uns mit der schaurigen Sprachmelodie eines Roboters zum Aufstehen auffordert, aber meiner Erfahrung nach ist es meist ein höflicher Angestellter, der geduldig auf mich einredet, während ich noch wirr am Stammeln bin: »Wer ist da? Was wollen Sie? Großer Gott, brennt das Hotel? Warten Sie! *Brenne ich?* Nein, alles in Ordnung. Ich brenne nicht … Wer ist da?« Derlei beflissene Gastlichkeit mag sich modern anhören, aber das Prinzip war schon in geschäftigen britischen Städten des 19. Jahrhunderts üblich, wo man einen Wachklopfer (*knocker-upper*) bezahlte, der durch die Straßen lief und mit einem langen Stab ans Fenster klopfte, bis von drinnen die Bestätigung des Geweckten kam.

Diese menschlichen Wecker waren oft Freiberufler, die mit den individuellen Gepflogenheiten ihrer Kunden vertraut waren; Letztere konnten die Zeit, zu der sie geweckt wurden, auch mit Kreide an Tür oder Fenster malen. Die Wachklopfer in den endlosen Reihen der Mietshäuser in der Nähe der riesigen Stahlwerke und Fabriken jedoch waren Firmenangestellte, die die Arbeiterschaft um drei Uhr morgens en masse aufweckten; diese Leute waren nicht zum Narren zu halten, und sie zu ignorieren brachte einem ein Bußgeld vom Chef. Witzigerweise brauchten auch die Wachklopfer Leute, die sie für ihre Schicht wachklopften, und das waren dann die »Wachklopfer-Wachklopfer« (*knocker-uppers' knocker-upper*).

In den 1870er-Jahren wurden aufziehbare mechanische Wecker mit stellbarer Weckfunktion auch für die Massen erhältlich, was die Verantwortung fürs Aufstehen dem Schlafenden selbst übertrug. Wie war es zu diesem schlauen Gadget gekommen? Nun, um das zu erfahren, müssen wir bis ganz zurück in die Antike und uns die Entwicklung des automatischen Zeitmessers ansehen.

Tropf, tropf, tropf

Platos pfeifende Weckmaschine war (falls es sie tatsächlich gegeben hat) eine *clepsydra*, eine Wasseruhr, und auch wenn die Bereicherung um die Lärmfunktion sie zu einer neuen Erfindung machte, auf die Idee, die Zeit mit Wasser zu messen, waren wahrscheinlich schon die alten Ägypter gekommen. Während der Herrschaft von Pharao Amenhotep I. um 1500 vor unserer Zeitrechnung beschloss ein findiger Priester, über einen Zeitraum von 24 Stunden die Länge von Tag und Nacht mithilfe einer Wasseruhr zu vergleichen. So stellte er fest, dass es zur Sommersonnenwende 18 Stunden hell und nur sechs Stunden dunkel war; zur Wintersonnenwende war es genau umgekehrt. Ich bin kein Wissenschaftler, aber 18 Stunden scheinen mir definitiv arktisch, schließlich war der Mann im milden Klima Ägyptens zuhause. Vermutlich hatte er sich in seinen Berechnungen vertan, indem er mit Winterstunden von nur 40 Minuten Länge gerechnet hatte. Oder er war betrunken.

Die vielleicht berühmteste Wasseruhr im antiken Griechenland ist heute noch auf der römischen Agora von Athen zu sehen. Dort finden Sie den Turm der Winde, ein achtseitiges Gebäude, vermutlich aus dem 2. Jahrhundert vor Christus. Dieser elegante, rundum mit kunstvollen meteorologischen Skulpturen geschmückte Bau mit seinem spektakulären Techno-Hattrick – Sonnenuhr, Wetterfahne *und* Wasseruhr – war das Schweizer Offiziersmesser der klassischen Wissenschaft. Die Wasseruhr war ein Lieblingsspielzeug der alten Griechen, die damit pfiffig die Redezeit bei Gerichtsverhandlungen deckelten; sie setzten sie dazu wie eine Stoppuhr zum Countdown ein. Es ließen sich damit aber auch gleichmäßige Stunden zu je 60 Minuten messen, woran die Griechen jedoch weniger interessiert waren.

Eine präzise Uhr hatte wenig praktischen Nutzen, wenn sie nicht auf das verfügbare Tageslicht abgestimmt war; selbstgefällige Pedanterie hilft einem auch nichts mehr, wenn man im Dunkeln in einen Brunnenschacht fällt. Und so hatten sich denn die Ingenieure des Altertums einige clevere Tricks einfallen lassen, damit ihre Wasseruhr die Veränderlichkeit der Sonnenzeit reflektierte. So merkwürdig sich das anhört, aber die Herausforderung lag darin, sie *weniger* präzise zu machen. Die einfachste Methode bestand nun darin, das Tempo zu ändern, indem die Flüssigkeit aus der Rohrleitung des obersten Behälters lief; auf diese Weise füllte sich der Uhrenbehälter schneller bzw. langsamer um für kürzere bzw. längere Stunden zu sorgen. Eine denkbare Methode, das zu erreichen, bestand darin, einen kegelförmigen Stöpsel (stellen Sie sich einen modernen Spülbeckenstöpsel vor) vom Ende einer Wippe baumeln zu lassen. Im Sommer neigte sich der Balken der Wippe so, dass sich der Konus senkte, was den Wasserfluss auf ein Tröpfeln reduzierte; im Winter hob sich der Balken und damit der Konus, die Öffnung vergrößerte sich, das Wasser lief schneller ab.

Womöglich weil Wasser unter der herrlichen Sonne der Ägäis zum raschen Verdunsten neigte, gab es neben dem Flüssigkeitszeitmesser auch noch andere Methoden. So waren Sanduhren recht praktische Timer; sie allerdings wollten stündlich auf den Kopf gestellt werden – man musste sie mit anderen Worten im Auge behalten wie neugierige Kleinkinder neben dem Messerblock in der Küche. Nach dem Zusammenbruch des römischen Reichs 476 machte sich in Europa eine Zeitlang ein gewisser Schluderjan breit, eine Zeit, die man oft – unfairerweise – als *finsteres* Mittelalter bezeichnet, in der aber nichtsdestoweniger so manche raffinierte Technologie in die sprichwörtlichen Ritzen des Sofas fiel. Und während in Europa die alten Mächte wieder auf die Beine zu kommen versuchten, liefen ihnen in Sachen technischer Finesse andere Kulturen mit Riesenschritten davon.

Ein uhriger Schlamassel

Zu Beginn des 9. Jahrhunderts hielt der illustre Karl der Große sich auf seinem Thron in Aachen für das konkurrenzlose Schwergewicht unter den politischen Denkern der Zeit, und als Kaiser des Heiligen Römischen Reichs herrschte er über einen Gutteil Deutschlands und Frankreichs. Auf eine zündende PR-Kampagne gestützt, verwandte er viel Mühe auf das Knüpfen von diplomatischen Banden mit der ganzen damals bekannten Welt. So hatte er Geschenke an einen Mann schicken lassen, den er für den »König von Persien« hielt, vielleicht in der Hoffnung auf eine Allianz mit den Abbasiden gegen die Dynastie der Umajjaden in Südspanien, und wenn Karl der Große jemandem etwas schenkte, dann erwartete er eine respektvoll ergebene Antwort, sogar vom Papst. Entsprechend dürfte er sich gefreut haben, als er die Geschenke sah, die ihm das jüngste Mitglied seines Fanclubs aus dem fernen »Persien« zukommen ließ. Seine Freude hielt jedoch nicht lange an ...

Der Sultan Harun al-Raschid, fünfter Kalif der Abbasiden – und Held einiger der *Geschichten aus 1001 Nacht* –, hatte einige Sachen geschickt, bei denen Karl die Spucke wegblieb: »Balsam, Narden und verschiedene Salben, Gewürze, Wohlgerüche und die mannigfaltigsten Heilmittel, so daß sie den Orient geleert und den Westen angefüllt zu haben schienen.« Sogar einen »Elefanten und Affen« bekam er! Das Tollste von allem war jedoch eine Wasseruhr aus Messing, ein Prachtstück an Eleganz. Allem Anschein nach waren die islamischen Handwerker auf der Basis von Aristoteles' rasselndem Wecker in die Vollen gegangen – bei ihrem Modell landeten kleine Metallkugeln mit hellem Klingen auf einem Becken und ein kunstvoll geschnitzter Reiter kam aus einer von zwölf Türen. Das war mehr als nur ein funktioneller Zeitmesser für die überlangen Reden von Politikern; hier trafen sich Technik und hohe Kunst.

Unser überheblicher Karl dürfte sich vorgekommen sein wie der Ehemann, der seiner Gattin einen Büchergutschein zu Weihnachten schenkt und von ihr einen Jet-Ski bekommt. Die fränkischen Geschichtsschreiber versuchten dem natürlich etwas Positives abzugewinnen; so schrieb etwa Notker der Stammler aus dem Kloster St. Gallen:

Als das Harun sah, der tapferste Erbe seines Namens, erkannte er an der kleinen Probe die Stärke Karls und rief zu seinem Lobe diese Worte aus: »Jetzt erkenne ich, wie wahr das ist, was ich von meinem Bruder Karl gehört habe ... Was denn kann ich ihm zurücksenden, das seiner würdig wäre, der mich so hat ehren wollen?«

Aber bei aller Propaganda, die überwältigenden Geschenke des Kalifen von Bagdad hatten den Ansprüchen des Römischen Kaisers einen gewaltigen Dämpfer aufgesetzt. Karl hatte dem Gründer und Gönner von Bagdads renommiertem Haus der Weisheit – einer Akademie mit Bibliothek – in einem gebrauchten Honda Civic imponieren wollen und sah einen nagelneuen Lamborghini auf der Zufahrt stehen.

Dieser Wasseruhr nach zu urteilen, war die islamische Welt dem Abendland technologisch um Meilen voraus. Und als hätte er den Beweis dafür führen wollen, präsentierte 70 Jahre nach Karls peinlicher Bescherung ein weiterer Herrscher des Mittelalters, Alfred der Große, seine eigene Alternative des Stundenglases. Man gab ihr den Namen Kerzenuhr oder Stundenkerze; sie brannte mit verlässlicher Gleichmäßigkeit ab, und die jeweilige Tageszeit war an ihrer Restgröße abzulesen. Dem Arsenal der Zeitmesser – Wasser, Sand und Sonne – auch noch das Wachs hinzuzufügen, war an sich keine schlechte Idee, oder? Ich weiß nicht … ein bisschen unspektakulär? Oder ist mein Urteil zu hart? Na ja, vielleicht, aber überlegen Sie mal, was die Chinesen zur selben Zeit machten.

Die Zeit im Orient

Wie erkennen wir heute, wie spät es ist? Die Optionen sind relativ beschränkt: Wir fragen jemanden, wir werfen einen Blick auf eine Uhr oder wir blinzeln in die Sonne wie Crocodile Dundee. Sagen wir mal so, wenn wir die Uhrzeit wissen wollen, benutzen wir entweder unseren Gesichtssinn oder unser Gehör. Aber was, wenn wir die Zeit riechen könnten? Im chinesischen Mittelalter, während der Song-Dynastie, zwei Jahrhunderte nach König Alfreds Tod, verpasste man der Stundenkerze ein aromatisches

Upgrade mit der Erfindung der Räucheruhr, bei der man sorgfältig kalibrierte Räucherstäbchen oder -pulver in hübsch verzierten Räucherfässchen abbrannte. Waren diese durchgeschmolzen, so fielen kleine Glocken aus dem Räucherfass in eine Metallschale, was für ein angenehmes Klingeln sorgte, eine Mechanik, die an Aristoteles' angeblichen Wecker erinnerte. War das an sich schon recht clever, so war der eigentliche Clou daran, dass jede Stunde ein anderer Duft abgebrannt wurde; so konnte man in ein Zimmer kommen und brauchte nur zu schnüffeln, um zu wissen, wie spät es ist. Solche Räucheruhren waren sowohl zuhause als auch in Tempeln beliebt; sie breiteten sich nach Japan aus, aber außerhalb von Asien kannte man sie nicht – was eigentlich merkwürdig ist, so weit wie China dem Westen voraus war, hätte man ihre Ideen ruhig stehlen sollen.

Immerhin hatten chinesische Erfinder nicht nur die Zuverlässigkeit der Wasseruhren durch den Einsatz von Quecksilber erhöht (es verdunstet und gefriert nicht), sie hatten ihre Mechanik noch um einige Meisterleistungen der Ingenieurstechnik bereichert. Perfektes Beispiel für diese Fusion war die riesige Wasseruhr – oder Kosmische Maschine – des Universalgenies Su Song aus dem Jahre 1088. Sie war etwa zehn Meter hoch und hatte drei Stockwerke voll Tabellen und astronomischer Gerätschaften, mithilfe derer sich die Bewegung der Gestirne verfolgen ließ; mechanische Figuren schlugen zur Stunde Glocken an. Noch außergewöhnlicher war, dass diese ganze Ansammlung von Gadgets völlig autonom von einem Wasserrad am Fuße des Turms betrieben wurde. Es war also die erste Uhr der Geschichte, die völlig von allein funktionierte.

Es brauchte Jahre, sie zu bauen, und tragischerweise stand sie noch nicht einmal ein halbes Jahrhundert, als plündernde Invasoren sie zerstörten – sie eroberten sie, nahmen sie auseinander, verschleppten sie, versuchten sie wieder zusammenzusetzen und mussten schließlich einsehen, dass sie keine Ahnung hatten, was sie da machten. Dummerweise hatte Su Song – nicht sehr entgegenkommend – seine Pläne versteckt, um sie geheim zu halten, und als er starb, gab es niemanden, der den Uhrenturm wieder hinbekam. Und ich meine damit nicht nur im Mittelalter. So hoch war der Standard mittelalterlicher Findigkeit, dass selbst ein Team moderner Forscher seine liebe Mühe hatte, Su Songs Rätselwerk zu lösen, als es sich beauftragt sah, eine etwas kleinere Replik davon für das Museum für Naturwissenschaften in Taichung zu bauen.

Ticktack

Die Kosmische Maschine entsprach technisch insofern der heutigen englischen *clock,* als sie die Zeit durch Anschlagen einer Glocke – lateinisch *clocca* – bekanntgab. *Clock* wurde übrigens zunächst nur für diese Art von Uhren mit Glocke verwendet; genau gesagt ist jede andere Uhr bei uns ein *horologe,* von *Horologion* bzw. *Horologium* (Stundenzeiger), was sich zugegeben eher nach einer Spielerei aus Hogwarts anhört. Weshalb das Wort in Deutschland vermutlich auch nie so recht Anklang fand; *Horolog* für Uhr ist längst veraltet, und die Eindeutschung der griechischen bzw. lateinischen Version als u.a. *orolei, orlei, urlei, urleug* konnte sich nie durchsetzen. Die Deutschen benutzen seit dem 15. Jahrhundert lieber *or, ur, uhr* für das Instrument, mit dem die Stunden gemessen werden. Und so wie in Deutschland das Wort für »Stunde« zur Bezeichnung für den Zeitmesser selbst wurde, setzte man im Englischen im 14. Jahrhundert mit dem Aufkommen der mechanischen Uhren die *clocca* mit dem »Stundenanzeiger« gleich und rückte damit die Zeitmessung von der bloßen Organisation klösterlicher Routine ab. Aber wie unterscheiden sich nun unsere modernen Chronometer von ihren innovativen Vorfahren im Mittelalter, und wann begannen sie von vom weltlichen Glockenturm herabzusteigen und in unser Wohnzimmer zu spazieren?

Die ersten Uhrenmodelle waren, gelinde gesagt, nicht sehr präzis. Und obwohl sie relativ simpel waren, ist ihre Mechanik furchtbar schwer zu beschreiben. Ich versuche es trotzdem mal ... Die Uhren des Mittelalters wurden mittels Schwerkraft betrieben, aber stellen Sie sich jetzt nicht gleich aufregende Scifitechnik vor; wenn ich »schwerkraftgetrieben« sage, meine ich nichts weiter als Gewichte an einem Seil. Die Seele so einer Uhr war die Spindel bzw. die Spindelhemmung: ein langer dünner Metallstab mit je einem im rechten Winkel zueinander abstehenden Blech (Spindellappen) oben und unten. (Stellen Sie sich einen Zahnstocher mit je einem kleinen Wimpel an den Enden vor.) Jetzt stellen Sie sich oben auf dieser Spindel einen Querbalken (das Foliot) vor, an dem an beiden Seiten schwere Gewichte hängen.

Mit seiner Achse im rechten Winkel zu besagter Spindel dreht sich das Kronrad – stellen Sie sich eine Königskrone mit dreieckigen, wenn auch schrägstehenden Zacken vor; während diese Zacken oben und unten in die Blechlein der Spindel greifen, ist auf der anderen Seite der Achse ein Seil aufgespult, an dem ein Mordsbrocken von Wackerstein hängt. Dessen Schwerkraft sorgt nun dafür, dass das Seil sich abzuwickeln versucht, was die Achse mit dem Kronrad zum Drehen bringt. Da aber dessen Zacken in die Spindellappen oben und unten greifen, wird die Achse in ihrer Drehung gebremst; die schrägen Zacken schieben mal am einen, mal am anderen Spindellappen und sorgen so für eine Pendelbewegung der Spindel, die das Foliot, den Querbalken obenauf, zum Schwingen bzw. zum Tanzen bringt. (»Foliot« dürfte sich vom altfranzösischen Verb *folier* ableiten: »den Narren geben, herumtanzen«; das dürfte wohl alles sagen.)

Die Pendelbewegung gibt kurz einen Zacken der Krone frei,

die sich wieder ein Stückchen dreht; schwingt das Foliot wieder in die andere Richtung, hemmt der Spindellappen das Kronrad wieder. So ging das hin und her, wobei das Einrasten für das Ticktack sorgte, bis das Seil um die Achse des Kronrads abgewickelt war und ein armer Teufel auf den Turm steigen musste, um es wieder aufzurollen. *Puh!* Lassen Sie uns einen Moment verschnaufen ... ich meine, es ist nach Mitternacht und unser Verstand ist leicht mariniert. Geht's wieder? Okay, dann fahren wir fort.

Bei allem technischen Fortschritt, zu schweigen von dem kulturellen Prestige für die Stadt, war die Installation einer solchen Uhr ein unglaublicher Aufwand. Allein die Glocken wogen bis zu vier Tonnen pro Stück; das Uhrwerk war aus klobigen Gusseisenteilen, die Gewichte des Foliots entsprachen praktisch dem eines heutigen Pkw. Wen wollte es wundern, dass es Jahre dauerte, um eine dieser monströsen Vorrichtungen in fast 20 Meter Höhe zu bringen; das beschwerliche Unterfangen bedurfte der engen Zusammenarbeit zwischen Schmieden, Seilmachern, Zimmerleuten, Maurern, Steinmetzen, Glockengießern und den Uhrmachern selbst; und nach der Installation konnte so ein infernalisches Teil durchaus wieder einstürzen, und selbst wenn es stehen blieb, war es zu warten und zu reparieren. Dessen ungeachtet erlaubten Verbesserungen an der mechanischen Uhr spätestens im 14. Jahrhundert, die Stunden mit einer entsprechenden Zahl von Schlägen anzuschlagen, also vier Uhr mit vier Schlägen. Und das wiederum sagte den Leuten zum ersten Mal, was es tatsächlich geschlagen hatte, anstatt sie einfach wissen zu lassen, es war eine weitere anonyme Stunde ihres Lebens vorbei.

Die Uhr, wie wir sie heute kennen, ist damit freilich noch lange nicht fertig; allein das Ziffernblatt einer Uhr aus dem Mittelalter würden wir noch nicht einmal als solches erkennen. So hatte sich vor dem 14. Jahrhundert nicht etwa der Stundenzeiger, sondern die Stunden an einem starren Zeiger vorbeibewegt; und da solche Uhren mit der beschriebenen Mechanik ohnehin gerade mal auf eine Viertelstunde am Tag genau waren, konnte man sich den Minutenzeiger sparen. Der Vorrichtung fehlte einfach noch ein von Haus aus stabileres System, das für einen regelmäßigen Rhythmus sorgte, damit das Ganze auch wie … na ja, wie eben ein Uhrwerk lief. Für Fortschritte sorgte erst einmal die Spiralfeder; sie half bei der Miniaturisierung und machte es möglich, Elisabeth I. von England zu Weihnachten eine reichverzierte Armbanduhr zu schenken. Nicht dass das Problem mit der Feder allein schon gelöst war, nein, der wirklich große Schritt in der Uhrmacherkunst war das Pendel.

Das Pendel der Zeit

Wie es heißt, besuchte Anfang der 1580er-Jahre ein junger Medizinstudent die Messe in der romanischen Kathedrale von Pisa, und als er so unter dem Gewölbe stand, begann er, in Gedanken abzudriften. Die Kathedrale ist ein prächtiger Bau; das Auge kann gar nicht anders, als die aus dem Boden wachsenden Granitsäulen emporzuwandern, die oben in runden Bögen aus schwarzem und weißem Marmor zusammenwachsen, um schließlich auf den Fresken des Gewölbes zu verweilen. Vielleicht war es diese Pracht am Himmel, die ihn von der Messe ablenkte, vielleicht war der Singsang des Priesters auch einfach zu eintönig, jedenfalls verfing sich der Blick des jungen Mannes an etwas, was über ihm von der Decke hing: ein gewaltiger Weihrauchkessel, der sachte pendelnd die versammelte Gemeinde mit göttlichem Duft bedachte – so wie Thomas von Aquin es empfohlen hatte. Vom Rhythmus dieses Metronoms im Kirchenschiff hypnotisiert, begann der Medizinstudent seinen Puls am Hin und Her des Kessels zu messen.

Nur, was war so faszinierend an diesem pendelnden Ascher über den Köpfen der selbstvergessenen Gläubigen? Nun, es war die geradezu unheimlich übernatürlich Energie, die ihn in die eine, dann in die andere Richtung zog, wo er doch aller Logik nach bei seinem Gewicht einfach reglos hätte herabhängen sollen. Er hatte allen Grund, sich das Schauspiel so genau anzusehen, schließlich war er auf ein faszinierendes natürliches Phänomen gestoßen: den Pendeleffekt. Und wer war dieser neugierige, so leicht abzulenkende junge Mann? Nun, für die meisten Leute in der Kathedrale war er nur ein Student, der die Messe verträumte, aber während die Weltgeschichte die Leute in den Bankreihen vergessen hat, war sie etwas freundlicher zu dem Wunderknaben – es war Galileo Galilei.

Von diesem eher unspektakulären Augenblick an widmete sich Galileo der Erforschung des Pendels; er war der Erste, der das kontraintuitive Gesetz entdeckte, dass zwei Pendel derselben Länge sich im selben Takt bewegen, auch wenn man das eine mit weit größerer Kraft in einem weiteren Bogen anstieß. Natürlich war dies nur eine von vielen wichtigen intellektuellen Leistungen des gefeierten Italieners, der auch in der Astronomie einiges geleistet hat, aber wir sollten ihn hier nicht allein loben. Gerade das 17. Jahrhundert war eine Zeit großer wissenschaftlicher Neugier, und zu seinen Zeitgenossen, die einander neue Ideen zuspielten wie intellektuelle Volleybälle, gehörten Universalgenies wie René Descartes, Blaise Pascal und Marin Mersenne, einer wie der andere großartige Kandidaten fürs Kneipenquiz-Team – vorausgesetzt, man hätte sie nicht mit zu vielen Fragen über Kricket vergrault.

Der Talente nicht genug, versammelte die englische Royal Society 25 Jahre nach Galileos Tod ein Kollegium brillanter Köpfe, darunter die Beatles der experimentellen Philosophie: Isaac Newton, Christopher Wren, Robert Hooke und Robert Boyle. Bei so vielen Schlauköpfen war natürlich auch auf dem Gebiet der Uhrmacherkunst ein Upgrade gefällig. Galileo hatte sich zwar später in seinem Leben mit Uhren befasst, hat aber selbst nie eine gebaut – er war viel zu beschäftigt damit, den Papst einen Trottel zu heißen. (Na, immerhin Stoff für eine spätere Rockgruppe namens Queen.) So war es denn der Holländer Christiaan Huygens, der 1657 der Uhr ein Pendel hinzufügte, das bei ihm das Foliot, den Querbalken über der Spindel mittelalterlicher Zeitmesser ersetzte. Es half, aber selbst Huygens' Modell verlor noch etwa 60 Sekunden am Tag. Man möchte wirklich meinen, die Titanen der Wissenschaft des 17. Jahrhunderts hätten etwas mehr draufgehabt.

Hatten sie, hatten sie. Genau genommen war es zum großen Durchbruch bereits 1644 gekommen. In diesem Jahr nämlich hatte der französische Theologe, Mathematiker und Musiktheoretiker Marin Mersenne festgestellt, dass ein Pendel von – je nach geographischer Breite – 99,1 bis 99,6 Zentimeter genau eine Sekunde schwingt. Trotzdem dauerte es 13 Jahre, bis Huygens sich 1657 seine Pendeluhr patentieren ließ, weil dazu noch ein weiteres neues Teil nötig war. Erinnern Sie sich an die Spindelhemmung der mittelalterlichen Uhr? Nun, wenn man hier ein Pendel dazu gäbe, dann müsste das in einem Bogen von 80 Grad schwingen, soll das auch funktionieren – nun, genauso gut könnte man den Cancan in einem Kleiderschrank tanzen wollen.

Stattdessen erfand der englische Wissenschaftler Robert Hooke – der George Harrison der Royal Society, den man trotz seines Talents gern vergisst – die Ankerhemmung. Hierbei handelt es sich im Wesentlichen um eine Metallklaue, die an einer Achse über dem gezahnten Kronrad hängt; das reduzierte den Winkel, den das 90-Zentimeter-Pendel schwingen muss, auf gerade mal vier Grad. Anstatt also mit einem Mordsschwung jedes Mal 80 Grad von rechts nach links zu pendeln, bewegte es sich jetzt – wie ein verlegener Tänzer in einer Disco – nur noch sachte hin und her. Mit diesem praktischen Duo tauchte denn auch das heute geläufige Ziffernblatt mit dem hinter dem trägen Stundenzeiger herhastenden Minutenzeiger auf. Diese Zeitmesser waren dann bis auf eine Sekunde am Tag pünktlich; und was noch wichtiger war, so ein Ding konnte man auch zuhause unterbringen. Denn wer schleppt seine Uhr schon gern auf einen Turm?

Als Erster stellte diese Uhren fürs eigene Heim der Engländer William Clement in den 1670er-Jahren her. Er packte das lange Pendel und das Ziffernblatt mit den zwei Zeigern in eine hohe Kiste aus Holz und Messing und trat damit eine Begeisterung für ein Design los, die sich – zumindest unter Antiquitätenhändlern – bis auf den heutigen Tag gehalten hat. Womöglich haben Sie selbst so eine Standuhr, wie wir sie nennen, geerbt oder bei einer Auktion gekauft. Während wir sie heute als hübsche, wenn auch etwas altmodische Überbleibsel einer vergangenen Zeit betrachten, waren mechanische Zeitmesser vor 350 Jahren eine sexy Technologie. Sie waren unglaublich teuer, sicher, aber die Leute konnten durch die Stadt schlendern und mit ihren handgefertigten Taschenuhren angeben, die wunderbar in die fesche neue Weste passten, die Standard bei den Hipstern im modebesessenen England von Karl II. war. Und war man der Stadt müde, konnte man nach Hause gehen, sich vor die Standuhr im Salon setzen und mit Engelsgeduld leise die Sekunden mitzählen.

Die Zeit jedenfalls war nicht länger durch die Kirche oder die im Mittelalter übermächtigen Gilden reguliert; sie war dem restriktiven Zugriff des täglichen Gebetsrufs entzogen; es brauchte keine großartigen Proklamationen von erhabenen Turmuhren mehr. Nach Tausenden von Jahren gehörte die Zeit endlich dem Volk; die Leute konnten damit machen, was sie wollten, sie sogar verschwenden, wenn ihnen danach war. Sie mussten dazu nur regelmäßig ihre Uhren aufziehen; und selbst diese Arbeit nahm man ihnen mit der Zeit ab. Immerhin funktionieren unsere heutigen Wecker mit Strom, was Sie vermutlich auch für eine ziemlich neue Erfindung halten, aber ist dem wirklich so? Hätte unser Ur-Ur-Großvater eine elektrische Uhr erkannt? Überraschenderweise vermutlich ja.

Strom der Zeit

Wir liegen im Bett und tasten im Dunkeln nach dem Wecker. Es ist eine kleine netzbetriebene Plastikbox mit digitalem Display auf unserem Nachtschränkchen, und würden wir sie gegen die Wand werfen – und um ehrlich zu sein, wer hätte nicht hin und wieder Lust dazu? –, wir würden darin kein winziges Pendel finden. Weit wahrscheinlicher finden wir darin einen Quarz. Nachdem man entdeckt hatte, dass Quarz, in einen elektrischen Schwingkreis gebracht, mit hoher Frequenz und außergewöhnlich konstant vibriert, baute man 1929 auf dieser Erkenntnis die erste Uhr. Der Quarz als Taktgeber wurde schließlich die Norm in Zeitmessern für den Massenmarkt; es dauerte jedoch noch einmal fast 40 Jahre, bis es so weit war. Das bedeutet, dass 150 Jahre vor den 1970ern in der Kategorie elektrische Uhr noch andere Konkurrenten im Spiel waren.

Die ersten Errungenschaften auf dem Gebiet der elektrischen Zeitmessung reichen zurück in die Zeit, als Napoleon und Wellington sich bei Waterloo in der Wolle lagen. Die elektrostatische Uhr, wie sie der italienische Physikprofessor Giuseppe Zamboni 1815 gebaut hat, funktionierte mit zwei gegensätzlich geladenen Trockenbatterien, die zu beiden Seiten eines Pendels platziert waren; durch elektrostatische Impulse bewegte sich das Pendel hin und her. Das mag sich nach der Art Experiment anhören, wie wir sie im Physikunterricht gemacht haben, aber die Batterien waren derart geladen, dass die Uhr angeblich 50 Jahre hätte ticken können, bevor ihr der Saft ausging; es war also ein beeindruckender Start.

Bei aller Effizienz dieses Prototypen gingen die elektrostatischen Uhren nie in die Fertigung; der große Publikumsrenner im 19. Jahrhundert waren elektromagnetische Uhren, die, wie schon der Name sagt, das Pendel mithilfe unter Strom gesetzter Magneten hin und her bewegen. Es ist durchaus möglich, dass unsere Vorfahren zwischen den 1840er-Jahren und dem Ersten Weltkrieg einen solchen Zeitmesser besaßen, genügend Kleingeld vorausgesetzt, obwohl natürlich mechanische Uhren üblicher waren. In den 1930er-Jahren, als immer mehr Haushalte ans Stromnetz kamen, wurde die elektromagnetische Uhr durch die elektrische Synchronuhr ersetzt, die mit den natürlichen Schwingungen von 50-60 Hertz des Wechselstroms aus der Steckdose betrieben wird.

Damit war das Pendel für immer passé; 300 Jahre lang hatte es für die alles entscheidende Gleichmäßigkeit gesorgt. Das Zeitalter der Steckdose hatte begonnen; ab sofort steckten Kinder Metallgegenstände in Wandsteckdosen. (Mein kleiner Bruder flog darauf in Frankreich einmal buchstäblich durch den Raum!) Es ist gut möglich, dass der Wecker auf Ihrem Nachttisch heute noch immer mit Wechselstrom funktioniert, aber seit 1970 ist es wahrscheinlicher, dass Uhren und Armbanduhren die Schwingungen von Quarzkristallen nutzen. Anfänglich waren diese Uhren das Modernste überhaupt, der Kauf einer LED-Uhr war furchtbar aufregend; heute kostet eine einfache Quarzuhr weniger als ein ordentliches Sandwich. Ich habe sogar schon welche als Beigaben in Frühstückflocken gesehen.

Wie auch immer Uhren betrieben wurden, die meisten setzten weiter auf Zeiger, die sich über einem Zifferblatt drehen; William Clements Design von 1670 war auch in den 1970er-Jahren noch in. Seither sind freilich häufiger digitale Displays zu sehen. Zum Glück brauchen wir die komplexen Berechnungen dahinter nicht mitzuverfolgen, und statt digitalem Gepiepse wandelt ein cleveres Programm die Frequenzen in Binärzahlen um, die dann sichtbar für uns auf dem Display zu Stunden, Minuten und Sekunden werden – die wir ignorieren und später anschreien können, wenn wir wieder mal zu spät dran sind.

Heute Nacht freilich ist der Wecker unser Verbündeter, nicht unser Feind, und als unser Finger endlich auf dem richtigen Knopf landet, atmen wir erleichtert auf; die korrekte Zeit für den Alarm am Morgen ist gestellt, der Raum um uns scheint zu verschwimmen, unsere Muskeln kapitulieren vor der Müdigkeit. Wir haben einen netten langen Samstag hinter uns, in einem modernen Haus, im 21. Jahrhundert. Einiges von dem, was wir heute gemacht haben, wäre unseren Großeltern gar nicht möglich gewesen. Die Qualität moderner Kleidung, Nahrung, sanitärer Einrichtungen und Hygienegerätschaften ist beruhigend, garantiert sie uns doch eine komfortable, relativ ungefährliche Existenz.

Und dennoch, hätten wir heute – mittels einer genialen Zeitmaschine – Besuch von unseren Vorfahren aus der Steinzeit gehabt, sie hätten fast jedes unserer täglichen Rituale wiedererkannt. Sie wuschen sich in Wasser, sie aßen Tiere und was sie angepflanzt hatten, sie wischten sich den Hintern, sie hatten was zum Anziehen, sie spielten mit ihren Tieren, kommunizierten mit Freunden, betranken sich, aßen zusammen, stocherten sich Nahrungsreste aus den Zähnen, wussten, wie spät es war, und schliefen im Bett.

Seit dem Auftauchen unserer Spezies haben sich 107 Milliarden Menschen mit Alltagsproblemen herumgeschlagen, und mit jeder neuen Generation kam es zu einem Auswertungsprozess, der dazu führte, dass man das Alte entweder aufrechterhielt oder verwarf. Im Zentrum dieses kulturellen Gärungsprozesses standen Menschen wie Sie und ich, immer darauf bedacht, lebend über den Tag zu kommen und ihr Los zu verbessern. Nicht die Geschichte, sondern der Mensch wiederholt sich.

Und morgen wiederholen wir uns einmal mehr. Aber für jetzt erstmal: »Gute Nacht, schlafen Sie gut ...«

EIN WORT ZUM SCHLUSS

Bevor Sie das Buch aus der Hand legen, lassen Sie mich noch kurz den Hunderten von brillanten Historikern danken, auf deren Forschungsarbeit es sich bezieht. Geschichte ist eine Gemeinschaftsdisziplin, ein monumentaler Bau unaufhörlich wachsenden Wissens, an dem Legionen Gelehrter unermüdlich Stein auf Stein setzen, jeder auf seinem eigenen Gebiet, um dann seine Erkenntnisse selbstlos mit uns zu teilen. Allein ihre übermenschliche Neugier, Sorgfalt und Fähigkeiten konnten mich überhaupt daran denken lassen, so ein Buch anzugehen. Na ja, ohne die Berge von Schokokeksen hätte ich es wohl auch nicht geschafft.

Isaac Newton schrieb seinem Kollegen von der Royal Society Robert Hooke: »Wenn ich weiter geblickt habe, so deshalb, weil ich auf den Schultern von Riesen stehe.« Das Bild suggeriert ein selbstbewusstes Genie, das von seinem erhabenen Platz aus gebieterisch auf die Welt hinausblickt. Was mich angeht, so bin ich nicht schwindelfrei; ich bin diesen Riesen eher auf den Rist geklettert, habe von da unten ihren Gesprächen zu lauschen und so viel wie möglich von ihrem gewaltigen Wissen mitzubekommen versucht. Es handelt sich also hier nicht um die definitive Geschichte des Alltags, sondern lediglich um Kostproben historischer Leckerbissen, die ich in einem Jahrzehnt beruflicher Neugier zusammengetragen habe. Für diejenigen, die sich eingehender mit einem Thema befassen wollen, habe ich eine Liste großartiger Bücher angehängt, die Ihre Zeit unbedingt wert sind. Auch wenn es abgedroschen klingt, aber die Recherchen zu diesem Buch haben meine Weltsicht verändert, und ich hoffe, die Lektüre bewirkt dasselbe bei Ihnen. Und womöglich schneiden Sie jetzt beim Kneipenquiz besser ab.

So bedanke ich mich mal fürs Lesen und dass Sie sich mit mir auf die Reise gemacht haben. Ich hoffe, Sie waren hier und da genauso überrascht, entzückt und verwirrt wie ich.

Alles Gute

Greg

Surrey, England – 2014

DANK

Um mich bei all den Leuten zu bedanken, die mir bei der Ausformung dieses Buches geholfen haben, müsste ich ein eigenes Kapitel anhängen; sehen Sie mir es also nach, wenn ich mich kurz fasse.

Ich wäre nichts ohne meine liebe Familie. Insbesondere mein brillanter Bruder reibt mir seinen überlegenen Verstand nicht unter die Nase, was nett von ihm ist; und liebere Eltern als die meinen hätte ich mir nicht wünschen können, sie haben mich in jeder Hinsicht unterstützt und gefördert. Zweifelsohne verdanke ich meine Leidenschaft und meine Neugier meinen Mitmenschen gegenüber ihnen.

Außerdem erfreue ich mich einer Reihe von ebenso treuen wie großzügigen, gescheiten und witzigen Freunden. Einige von ihnen kenne ich von frühester Kindheit an, andere erst seit einigen Jahren; sie alle bereichern mein Leben ganz ungemein. Ich schulde ihnen so einige Biere, und sei es nur für all die Male, die ich eine Unterhaltung mit »Hast du gewusst, dass …?« begann.

Außerdem sollte ich mich bei Richard Bradley und Bill Lock von Lion Television dafür bedanken, mir eine Laufbahn beim Fernsehen ermöglicht zu haben – und das, obwohl ich mit blauen

Haaren und einem Heavy-Metal-T-Shirt voll Totenköpfen zur Arbeit kam. In diesem Sinne bedanke ich mich auch bei den komödiantischen Genies von *Horrible Histories:* Caroline Norris, Giles Pilbrow und Dominic Brigstocke; sie haben sich nicht nur auf mein historisches Urteil verlassen, wenn ich wieder einmal einen ihrer Witze mit pingeligen Fakten zerschlug, sie haben mich auch großzügig mit ihrer Zeit bedacht, als ich tapsig mit der geheimnisvollen Kunst der Komik zu experimentieren begann.

Was das Buch selbst anbelangt, so wäre es dazu nie gekommen ohne meinen wunderbaren Agenten Donald Winchester. Bevor er mich unter Vertrag nahm, traf ich mich mit ihm in einem Café und versuchte ihm anderthalb Stunden lang eine Idee zu verkaufen, von der er nach fünf Minuten wusste, dass kein Verlag sie würde haben wollen. Jeder andere Agent wäre wieder gegangen. Donald wartete nachsichtig, bis ich fertig war, und fragte mich dann, ob ich sonst noch Ideen hätte. Glücklicherweise hatte ich. Seither arbeite ich zu meiner großen Freude mit ihm.

Meine Lektorin bei Orion, Bea Hemming, ist furchtbar gescheit; von ihr stammt auch die Idee, das Buch am Ablauf eines modernen Tags aufzuhängen. Doppelt dankbar bin ich ihr, weil sie mir überhaupt erst die Chance gegeben hat, ein Autor zu werden – wovon ich bis dahin nur geträumt hatte – und mir dann mit Engelsgeduld beibrachte, dass der Schlüssel zu einem guten Text in der Redaktion besteht. Offensichtlich muss man nicht seinen gesamten Wortschatz in einen einzigen Satz packen. Wer hätt's gewusst? Keine weiß den Rotstift so sachte zu führen wie sie.

Natürlich bedarf es Vieler, um ein Buch herauszubringen, und Orion hat dazu den richtigen Stab. So gern ich mich bei jedem einzeln bedanken würde, muss ich hier die stets gut aufgelegte Holly Harley herausheben, die Marketinggenies Claire Brett, Marissa Hussey und Hannah Atkinson sowie die Queen of Publicity Kate Wright-Morris. Meine Korrektorin Kay Macmullan hat ein Wunder gewirkt, meine Zeichensetzung für das menschliche Auge präsentabel zu machen, und fand so manchen unfertigen Satz, der hinten und vorn keinen Sinn ergab. Nachdem mein Text korrigiert war, sorgte Helen Ewing dafür, dass er jetzt richtig nach was aussieht, und der Schutzumschlag von Steve Marking und Harry Hayson hat mich schlicht umgehauen. Außerdem muss ich Paul Hussey salutieren, der für den reibungslosen Ablauf der Operation gesorgt hat.

Da ich das Buch ohne Hiwi geschrieben habe, geht mein aufrichtiger Dank an die kenntnisreichen #twitterstorians, die so nett waren, mein Manuskript zu lesen und auf Verbesserungen und augenfällige Fehler hinzuweisen. Sie sind nicht nur renommierte Wissenschaftler, sie sind ein freundliches, geistreiches und rundum reizendes Volk. Falls sie einen Account bei Twitter haben, folgen sie doch: Dr. Peter Frankopan, Dr. John Gallagher, Amber Butchart, Dr. Fern Riddell, Dr. Kate Wiles, Dr. Sophie Hay, Dr. Sara Owen, Dr. Matthew Pope, Dr. Rebekah Higgitt, Dr. Vanessa Heggie, Dr. Chris Naunton, Dr. Gillian Kenny und Dr. Sara Perry.

Ich verdanke Twitter nicht nur die Bekanntschaft mit diesen großartigen Historikern, es hat mich auch vor dem Wahnsinn bewahrt, wenn ich wieder mal 16 Stunden am Tag allein am Schreibtisch saß. Sollten Sie mir mal getweetet oder bei einem meiner *pun-tastic*-Wortspielen mitgemacht haben, dann klopfen Sie sich auf die Schulter: Sie haben mich davor bewahrt, mir aus meinen zahllosen Büchern ein Iglu zum Überwintern zu bauen. Im Ernst, ich habe mindestens einmal im Monat ernsthaft daran gedacht. Danke, Twitter!

Last, but not least gilt meine Anerkennung, mein Respekt meiner wunderbaren Frau. Obwohl wir seit zehn Jahren zusammen waren, haben wir uns erst während der Arbeit an diesem Buch verlobt, ein Haus gekauft und geheiratet. Mit mir ist schon im günstigsten Fall nicht einfach auszukommen, und ich hatte mein

Auf und Ab. Und über all meine Fehler hinaus musste sie mich zwei Jahre lang mit einem überhitzten Laptop und einer riesigen Bibliothek teilen – ihre Geduld, Unterstützung und Liebe sind unermesslich. Ich bin so dankbar, sie neben mir zu haben. Ich danke dir, Kate.

LITERATUR

Im Lauf der letzten sechs Jahre musste ich für meinen Job beim Fernsehen über 1000 Bücher und Artikel zu den verschiedensten Themen lesen. Viele davon halfen mir bei den Recherchen zum vorliegenden Buch. Ich werde auf meiner Website eine umfassendere Liste posten. Für den, dem ein paar Lektürevorschläge lieber sind, folgt hier eine Liste zugänglicher Titel, die mir gefallen haben. Ich habe sie nach den thematischen Kapiteln des Buchs aufgeteilt. Es sind darunter auch einige allgemeine Vorschläge zu bestimmten Epochen und Kulturen. Mein Buch war als amüsanter Galopp durch die Geschichte gedacht; die folgenden Bücher vermitteln Ihnen ein tieferes Verständnis unserer Vergangenheit.

Zeit

Aveni, Anthony. *Rhythmen des Lebens: Eine Kulturgeschichte der Zeit.* Stuttgart. Klett-Cotta, 1991.

Barnett, Jo Ellen. *Time's Pendulum: The Quest to Capture Time – From Sundials to Atomic Clocks.* New York. Perseus Books, 1998.

Bruton, Eric. *Uhren: Geschichte, Schönheit und Technik.* Eltville. Rheingauer VG., 1984.

Cipolla, Carlo M. *Gezählte Zeit: Wie die mechanische Uhr das Leben ver-änderte*. Berlin. Wagenbach, 2011.

Ekrich, A. Roger. *At Night's Close: Time in Times Past*. London. Phoenix, 2006.

Hawking, Stephen W. *Eine kurze Geschichte der Zeit*. Reinbek bei Hamburg. Rowohlt, 2011.

Holford-Strevens, Leofranc. *Kleine Geschichte der Zeitrechnung und des Kalenders*. Stuttgart. Reclam, 2008.

Lenz, Hans. *Universalgeschichte der Zeit*. Wiesbaden. Marix Verlag, 2013.

Levine, Robert. *Eine Landkarte der Zeit. Wie Kulturen mit Zeit umgehen*. München. Piper, 1998.

Mainzer, Klaus. *Zeit: Von der Urzeit zur Computerzeit*. München. Verlag C.H. Beck, 2005.

Menny, Klaus. *Die Uhr und ihre Funktion: Für Sammler und Liebhaber*. Königswinter. Heel, 2011.

Meyer, Jörg. *Die Sonnenuhr und ihre Theorie*. Frankfurt. Deutsch, 2008.

Prerau, David S. *Seize The Daylight: The Curious and Contentious Story of Daylight Saving Time*. New York. Thunder's Mouth Press, 2005.

Zenkert, Arnold. *Faszination Sonnenuhr*. Frankfurt. Harri Deutsch, 2005.

Toiletten

Carter, W. Hodding. *Flushed: How The Plumber Saved Civilization*. New York. Atria, 2007.

Everleigh, David J. *Privies and Water Closets*. Oxford. Shire Publications, 2008.

Furrer, Daniel. *Wasserthron und Donnerbalken: Eine kleine Kulturge-schichte des stillen Örtchens*. Darmstadt. Primus, 2004.

Haug, Albert. *Von der Kloake zur Kanalisation: Die Geschichte der Abwas-ser-Entsorgung in Ulm*. Stuttgart. Kohlhammer, 2012.

Henning, Manfred. *Die vergessenen Tempel: Zur Geschichte der Sanitär-technik*. Marburg. Verlag Blaue Hörner, 1988.

Horan, Julie L. *Sitting Pretty: An Uninhibited History of the Toilet*. London. Robson Books, 1998.

Kohl, Stephan und Christina Huber-Yüzgec. *Das stille Örtchen – Tabu und Reinlichkeit bey Hofe: Begleitband zur Wanderausstellung der Staat-lichen Schlösser und Gärten Baden-Württemberg*. Berlin. Deutscher Kunstverlag, 2011.

Neudecker, Richard. *Die Pracht der Latrine. Zum Wandel öffentlicher Bedürfnisanstalten in der kaiserzeitlichen Stadt. München.* Pfeil, 1994.
Payer, Peter. *Die unentbehrlichen Requisiten der Großstadt. Eine Kulturgeschichte der öffentlichen Bedürfnisanstalten von Wien.* Wien. Löcker, 2000.
Smyth, Richard und Bum Fodder: *An Absorbing History of Toilet Paper.* London. Souvenir Press, 2012.
Wright, Lawrence. *Clean and Decent: The Fascinating History of the Bathroom and the Water Closet.* London. Penguin, 2000.

Nahrung

Alcock, Joan P. *Food in the Ancient World.* Santa Barbara. Greenwood Press, 2006.
Davidson, Alan. *Oxford Companion to Food.* Oxford. Oxford University Press, 1999.
Flandrin, Jean-Louis. Massimo Montanari. *Food: A Culinary History.* New York. Columbia University Press, 2013.
Freedman, Paul. *Essen: Eine Kulturgeschichte des Geschmacks.* Darmstadt. Primus Verlag, 2007.
Gööck, Roland. *Erfindungen der Menschheit, Gesundheit, Nahrung, Wohnen, Bauen.* Würzburg. Sigloch, 2000.
Hirschfelder, Gunther. *Europäische Esskultur: Eine Geschichte der Ernährung von der Steinzeit bis heute.* Frankfurt. Campus, 2005.
Jones, Martin. *Feast: Why Humans Share Food.* Oxford. Oxford University Press, 2008.
Kiple, Kenneth F. und Kriemhild Conee Ornelas. *The Cambridge World History of Food.* Cambridge. Cambridge University Press, 2000.
Lemke, Harald und Tadashi Ogawa. *Essen – Wissen: Erkundungen zur Esskultur.* München. Iudicium, 1. Auflage, 2008.
Rubel, William. *Bread: A Global History.* Chicago. Reaktion, 2011.
Standage, Tom. *Der Mensch ist, was er isst.* München. Artemis & Winkler, 2010.
Wiegelmann, Günter. *Alltags- und Festspeisen in Mitteleuropa: Innovationen, Strukturen und Regionen vom späten Mittelalter bis zum 20. Jahrhundert.* Münster. Waxmann, 2006.
Wuketits, Franz M. *Wie der Mensch wurde, was er isst: Die Evolution menschlicher Nahrung.* Zürich. Hirzel, 2010.

Waschen

Ashenburg, Katherine. *Clean: An Unsanitized History of Washing*. London. Profile, 2011.

Blenke, Peter und Ulrike Schuster. *Götter Helden Heinzelmännchen: Ein Streifzug durch die Geschichte der Sauberkeit und Hygiene von der Antike bis zur Gegenwart*. Limburg. Verlag Josef Jung, 2005.

Bonneville, Françoise de. *The Book of the Bath*. Mailand. Rizzoli International, 1998.

Brödner, Erika. *Römische Thermen und das antike Badewesen*. Darmstadt. Primus, 2011.

Burschel, Peter. *Die Erfindung der Reinheit: Eine andere Geschichte der frühen Neuzeit*. Göttingen. Wallstein, 2014.

Everleigh, David J. *Bogs, Baths & Basins*. Stroud. Sutton, 2002.

Fuchs, Stefan. *Hygiene in Rom: Was verstanden die Römer unter Hygiene und stand sie allen Gesellschaftsschichten gleich zur Verfügung?* München. Grin Verlag, 2013.

Kotelmann, Ludwig. *Hygiene im Mittelalter: Kulturgeschichtliche Studien – Nach Predigten des 13., 14. und 15. Jahrhunderts*. Taschenbuch. Hamburg. Severus Verlag, 2013.

Sagner, Karin. *Schöne Frauen: Von Haut und Haaren, Samt und Seife – Die gepflegte Frau in der Kunst*. München. Elisabeth Sandmann, 2011.

Smith, Virginia. *Clean: A History of Personal Hygiene and Purity*. Oxford. Oxford University Press, 2008.

Haustiere

Baumgartl, Nomi und Susanne Fischer-Rizzi. *Mit Tieren verbunden: Die geheimnisvolle Beziehung zwischen Mensch und Tier*. Aarau. AT Verlag, 2007.

Bondeson, Jan. *Amazing Dogs: A Cabinet of Canine Curiosities*. Stroud. Amberley, 2013.

Caras, Roger A. *A Perfect Harmony: The Intertwining Lives of Animals Throughout History*. West Lafayette. Purdue University Press, 2001.

Fink-Keßler, Andrea. *Milch: Vom Mythos zur Massenware*. München. oekom verlag, 2012.

Führmann, Petra und Nicole Hoefs. *Auf Hundepfoten durch die Jahrhunderte: Kulturgeschichten rund um den Hund*. Stuttgart. Franckh Kosmos Verlag, 2009.

Fürstauer, Johanna. *Wie kam die Katze auf das Sofa?: Eine Kulturgeschichte*. Wien. Residenz, 2011.

Herzog, Hal. *Wir streicheln und wir essen sie: Unser paradoxes Verhältnis zu Tieren*. München. Carl Hanser Verlag, 2012.

Joy, Melanie. *Warum wir Hunde lieben, Schweine essen und Kühe anziehen: Karnismus*. Münster. compassion media, 2013.

Kalof, Linda. *Looking at Animals in Human History*. Chicago. Reaktion, 2007.

Knötzele, Peter. *Der Hund ist des Thrones wert: Die Kulturgeschichte des Hundes*. Reutlingen. Oertel & Spörer, 2011.

Lorenz, Günther. *Tiere im Leben der alten Kulturen*. Wien. Böhlau Wien, 2000.

MacDonogh, Katherine. *Reigning Cats And Dogs: A History of Pets At Court Since The Renaissance*. New York. Fourth Estate, 1999.

Oeser, Erhard. *Katze und Mensch. Die Geschichte einer Beziehung*. Darmstadt. Wissenschaftliche Buchgesellschaft, 2005.

Reinhardt, Ludwig. *Kulturgeschichte der Nutztiere*. München. Ernst Reinhardt, 1912.

Serpell, James. *Das Tier und wir*. Zürich. Müller Rüschlikon, 1990.

Walker-Meikle, Kathleen. *Medieval Pets*. Woodbridge. Boydell & Brewer, 2014.

Wischermann, Clemens. *Von Katzen und Menschen: Sozialgeschichte auf leisen Sohlen*. Konstanz. UVK, 2007.

Kommunikation

Baumann, Margret und Helmut Gold. *Mensch Telefon: Aspekte telefonischer Kommunikation*. Heidelberg. Edition Braus, 2001.

Campbell-Smith, Duncan. *Masters of the Post: The Authorized History of the Royal Mail*. London. Penguin, 2012.

Faulmann, Carl. *Schriftzeichen und Alphabete: Aller Zeiten und Völker*. Wiesbaden. marix Verlag, 2004.

Fischer, Claude S. *America Calling: A Social History of the Telephone to 1940*. Oakland. University of California Press, 1994.

Giesecke, Michael. *Der Buchdruck in der frühen Neuzeit*. Frankfurt. Suhrkamp Verlag, 2006.

Kovarik, Bill. *Revolutions in Communication: Media History from Gutenberg to the Digital Age*. London. Continuum, 2011.

Münker, Stefan und Alexander Roesler. *Telefonbuch: Beiträge zu einer Kulturgeschichte des Telefons*. Frankfurt. Suhrkamp Verlag, 2000.

Pettegree, Andrew. *The Invention of News: How the World Came to Know About Itself*. New Haven. Yale University Press, 2014.

Reuter, Michael. *Telekommunikation: Aus der Geschichte in die Zukunft*. Taschenbuch. Berlin. R. von Decker, 1999.

Standage, Tom. *Das Viktorianische Internet*. Zürich. Midas Management Verlag, 2002.

Standage, Tom. *Writing On The Wall: Social Media The First 2000 Years*. London. Bloomsbury, 2013.

Stein, Peter. *Schriftkultur: Eine Geschichte des Schreibens und Lesens*. Darmstadt. Primus, 2010.

Strunck, Christina. *Geschichte der Buchkunst: Vom Pergament zum E-Book*. Petersberg. Imhof, 2013.

Weber, Therese. *Die Sprache des Papiers: Eine 2000-jährige Geschichte*. Bern. Haupt Verlag, 2004.

Wenzel, Gabriele. *Hieroglyphen: Schreiben und Lesen wie die Pharaonen*. München. Nymphenburger, 2001.

Wilke, Jürgen. *Unter Druck gesetzt (Medien in Geschichte und Gegenwart)*. Köln. Böhlau, 2002.

Kleidung

Kindersley, Dorling. *Mode. 3000 Jahre Kostüme, Trends, Stile, Designer*. London. Dorling Kindersley, 2013.

Kopp, Rita. *500 Jahre Mode*. Ostfildern. Jan Thorbecke Verlag, 2008.

Mönninghoff, Wolfgang. *King Cotton. Kulturgeschichte der Baumwolle*. München. Artemis & Winkler, 2006.

Pastoureau, Michel. *Blau – Die Geschichte einer Farbe*. Berlin. Verlag Klaus Wagenbach, 2013.

Pastoureau, Michel. *Des Teufels Tuch: Eine Kulturgeschichte der Streifen und der gestreiften Stoffe*. Frankfurt. Campus Verlag, 1995.

Rieff Anawalt, Patricia. *Weltgeschichte der Bekleidung: Geschichte Traditionen Kulturen*. Bern. Haupt Verlag, 2007.

Riello, Georgio. *Cotton: The Fabric That Made The Modern World*. Cambridge. Cambridge University Press, 2013.

Schimmel, Ulrich und Helga Schimmel. *Indianische Genussmittel, Rohstoffe und Farben: Von Konquistadoren entdeckt und von der alten Welt genutzt*. Göttingen. Die Werkstatt, 2009.

Slade, Toby. *Japanese Fashion: A Cultural History*. London. Berg, 2009.

Steele, Valerie. *The Berg Companion to Fashion*. London. Berg, 2010.

Thiel, Erika. *Geschichte des Kostüms: Die europäische Mode von den Anfängen bis zur Gegenwart*. Berluin. Henschel Verlag, 2010.

Timmermann, Irmgard. *Die Seide Chinas. Eine Kulturgeschichte am seidenen Faden*. München. Diederichs, 1986.

Wolter, Gundula. *Teufelshörner und Lustäpfel: Modekritik in Wort und Bild 1150–1620*. Marburg. Jonas Verlag, 2002.

Essen & Etikette

Chang, K.C. *Food in Chinese Culture: Anthropological and Historical Perspectives*. New Haven. Yale University Press, 1977.

Faas, Patrick. *Around the Roman Table: Food and Feasting In Ancient Rome*. Chicago. Chicago University Press, 2009.

Maurer, Michael. *Kulturgeschichte: Eine Einführung*. Stuttgart. UTB, 2012.

Paczensky, Gert von und Anna Dünnebier. *Kulturgeschichte des Essens und Trinkens*. München. Orbis, 1999.

Paston-Williams, Sara. *The Art of Dining. A History of Cooking & Eating*. London. National Trust Books, 2012.

Spang, Rebecca L. *The Invention of the Restaurant: Paris and Modern Gastronomic Culture*. Cambridge, Mass. Harvard University Press, 2001.

Visser, Margaret. *Mahlzeit*. Frankfurt. Eichborn, 1998.

Visser, Margaret. *The Rituals of Dinner: The Origins, Evolution, Eccentricities and Meaning of Table Manners*. London. Penguin, 1992.

Weber, Felix. *Geschichte der Speisen und Getränke, der Tischsitten und Tafelfreuden verschiedener Voelker und Zeiten*. Dresden. Fachbuchverlag-Dresden, 2015.

Wilson, Bee. *Am Beispiel der Gabel: Eine Geschichte der Koch- und Esswerkzeuge*. Berlin. Insel Verlag, 2014.

Wrangham, Richard. *Feuer fangen: Wie uns das Kochen zum Menschen machte – eine neue Theorie der menschlichen Evolution*. München. Deutsche Verlags-Anstalt, 2009.

Alkohol

Brown, Peter. *Man Walks Into A Pub: A Sociable History of Beer*. London. Pan, 2011.

Burns, Eric. *The Spirits of America: A Social History of Alcohol*. Philadelphia. Temple University Press, 2004.

Curtis, Wayne. *And a Bottle of Rum: A History of the New World In Ten Cocktails*. New York City. Three Rivers, 2007.

Gately, Iain. *Drink: A Cultural History of Alcohol*. London. Gotham Books, 2009.

Haydon, Peter. *An Inebriated History of Britain*. Stroud. The History Press, 2005.

Hengartner, Thomas und Christoph Maria Merki. *Genussmittel: Ein kulturgeschichtliches Handbuch*. Frankfurt. Campus Verlag, Oktober 1999.

Johnson, Hugh. *Hugh Johnsons Weingeschichte. Von Dionysos bis Rothschild*. München. Hallwag, 1989.

Krauß, Irene. *»Heute back' ich, morgen brau' ich –«: Zur Kulturgeschichte von Brot und Bier*. Ulm. Franz Spiegel Buch, 1994.

McGovern, Patrick E. *Uncorking The Past: The Quest For Wine, Beer, and Other Alcoholic Beverages*. Oakland, CA. University of California Press, 2011.

McNie, Maggie. *Champagne*. London. Faber & Faber, 2000.

Meußdoerffer, Franz und Martin Zarnkow. *Das Bier: Eine Geschichte von Hopfen und Malz*. München. C.H.Beck, 2014.

Rosta, Judith und Manfred V. Singer. *Über die Kunst des rechten Alkoholgenusses: Eine kleine Kulturgeschichte des Alkohols*. Herzogenrath. Shaker, 2008.

Schivelbusch, Wolfgang. *Das Paradies, der Geschmack und die Vernunft: Eine Geschichte der Genußmittel*. Frankfurt. Fischer, 1990.

Schwelle, Wolfgang P. *Alkohol: Die mächtigste Droge der Welt. Band 1: Geschichte, Religion, Gesellschaft und Kurioses*. Solothurn. Nachtschatten Verlag, 2013.

Standage, Tom. *Sechs Getränke, die die Welt bewegten*. Berlin. Bibliographisches Institut, 2012.

Weise, Susanne. *Branntweinpest und Temperenz: Alkohol im 19. Jahrhundert*. München. Grin Verlag, 2013.

Zahnhygiene

Böhme, Hartmut und Beate Slominski. *Das Orale: Die Mundhöhle in Kulturgeschichte und Zahnmedizin*. München. Wilhelm Fink Verlag, 2013.

Halioua, Bruno und Bernard Ziskind.*Medicine in the Days of the Pharaohs*. Cambridge, Mass. Harvard University Press, 2005.

King, Roger. *The Making Of The Dentiste, c. 1650–1760*. Farnham. Ashgate, 1998.

Lässig, Heinz E. und Rainer A. Müller. *Die Zahnheilkunde in Kunst- und Kulturgeschichte*. Köln. DuMont, 1995.

Porter, Roy. *Die Kunst des Heilens. Eine medizinische Geschichte der Menschheit von der Antike bis heute*. Stuttgart. Spektrum, 2003.

Porter, Roy. *Geschröpft und zur Ader gelassen: Eine kurze Kulturgeschichte der Medizin*. Frankfurt. Fischer, 2006.

Wynbrandt, James. *The Excruciating History of Dentistry. Toothsome Tales & Oral Oddities from Babylon to Braces*. New York, N.Y. Verlag St. Martin's Griffin. 2000.

Das Bett

Bryson, Bill. *At Home: A Short History of Private Life*. Perth. Black Swan, 2011.

Burgess, Anthony. *Wiege, Bett und Récamier. Kleine Kulturgeschichte des Liegens*. München. Südwest-Verlag, 1985.

Carlano, Annie und Bobbie Sumburg. *Sleeping Around: The Bed from Antiquity to Now*. Seattle. University of Washington Press, 2006.

Dibie, Pascal. *Wie man sich bettet. Die Kulturgeschichte des Schlafzimmers*. Stuttgart. Klett-Cotta, 1994.

Henning, Nina und Heinrich Mehl. *Bettgeschichte(n). Zur Kulturgeschichte des Bettes und des Schlafens*. Heide. Boyens Medien, 1999.

Mortimer, Ian. *Im Mittelalter: Handbuch für Zeitreisende*. München. Piper, 2014.

Worsley, Lucy. *If Walls Could Talk*. London. Faber and Faber, 2012.

Allgemein

Baker, Simon und Mary Beard. *Rom: Aufstieg und Untergang einer Weltmacht.* Stuttgart. Reclam, 2008.

Beard, Mary. *Pompeji: Das Leben in einer römischen Stadt.* Stuttgart. Reclam, 2011.

Benn, Charles. *China's Golden Age: Everyday Life in the Tang Dynasty.* New York. Oxford University Press, 2004.

Bertman, Stephen. *Handbook To Life In Ancient Mesopotamia.* New York. Facts On File, 2003.

Brown, Peter. *Autorität und Heiligkeit: Aspekte der Christianisierung des Römischen Reiches.* Stuttgart. Reclam, 1998.

Carcopino, Jerome. *Rom.* Stuttgart. Reclam, 1992.

Cunliffe, Barry. *Die Kelten und ihre Geschichte.* Bergisch-Gladbach. Lübbe, 1987.

Cunliffe, Barry. *Illustrierte Vor- und Frühgeschichte Europas.* Köln. Avus Buch & Medien, 2000.

Cunliffe, Barry. *Rom und sein Weltreich.* Bergisch-Gladbach. Lübbe, 1994.

Cunliffe, Barry. *The Oxford Illustrated History of Prehistoric Europe.* Oxford. Oxford Paperbacks, 2001.

David W. Anthony, *The Horse, The Wheel, and Language: How Bronze Age Eurasian Riders Shaped the Modern World.* Princeton. Princeton University Press, 2010.

Dreher, Martin. *Athen und Sparta.* München. C.H.Beck, 2012.

Fagan, Brian. *Cro-Magnon: Das Ende der Eiszeit und die ersten Menschen.* Stuttgart. Theiss, 2012.

Fara, Patricia. *4000 Jahre Wissenschaft.* Stuttgart. Spektrum Akademischer Verlag, 2010.

Franke, Otto. *Geschichte des chinesischen Reiches.* Berlin. De Gruyter, 1936.

Garland, Robert. *Daily Life of the Ancient Greeks.* Indianapolis. Hackett, 2008.

Gehrke, Hans-Joachim und Helmuth Schneider. *Geschichte der Antike: Ein Studienbuch.* Stuttgart. Metzler, 2013.

Gehrke, Hans-Joachim. *Kleine Geschichte der Antike.* München. Deutscher Taschenbuch Verlag, 2003.

Hartmann, Elke. *Frauen in der Antike: Weibliche Lebenswelten von Sappho bis Theodora.* München. C.H.Beck, 2007.

Heider, Jennifer. *Frauen im antiken Griechenland in Sparta und Athen: Ein Vergleich.* München. Grin Verlag, 2011.

Hodder, Ian. *The Leopard's Tale: Revealing the Mysteries of Catalhoyuk.* London. Thames and Hudson, 2011.

Kuhn, Dieter. *Chinas Goldenes Zeitalter. Die Tang-Dynastie (618-907 n. Chr.) und das kulturelle Erbe der Seidenstraße.* Heidelberg. Edition Braus, 1993.

Lucie-Smith, Edward. *Furniture: A Concise History.* London. Thames and Hudson, 1979.

McKeown, J.C. *A Cabinet of Roman Curiosities.* New York. Oxford University Press, 2010.

Meier, Christian. *Athen. Ein Neubeginn der Weltgeschichte.* München. Pantheon, 2012.

Miles, Richard. *Ancient Worlds.* Cambridge. Cambridge University Press, 2008.

Mithen, Steven. *The Prehistory of The Mind: A Search for the Origins of Art, Religion and Science.* London. Phoenix, 1998.

Porter, Roy. *Die Industrielle Revolution in England, Deutschland, Italien.* Berlin. Wagenbach, 1998.

Possehl, Gregory L. *The Indus Civilisation: A Contemporary Perspective.* Lanham, AltaMira, 2010.

Rottloff, Andrea. *Lebensbilder römischer Frauen: Kulturgeschichte der Antiken Welt.* Darmstadt. Zabern, 2006.

Rudgley, Richard. *Abenteuer Steinzeit: Die sensationellen Erfindungen und Leistungen prähistorischer Kulturen.* Essen. Magnus-Verlag, 2004.

Schindler, Heinrich Bruno. *Der Aberglaube des Mittelalters: Ein Beitrag zur Kulturgeschichte.* Barsinghausen. Unikum, 2012.

Schmitz, Winfried. *Haus und Familie im antiken Griechenland.* München. Oldenbourg, 2007.

Shelmerdine, Cynthia W. *The Cambridge Companion to the Aegean Bronze Age.* Cambridge. Cambridge University Press 2008.

Stein-Hölkeskamp, Elke. *Das archaische Griechenland: Die Stadt und das Meer.* München. C.H.Beck, 2015.

Strouhal, Eugen und Werner Forman. *Ägypten zur Pharaonenzeit: Alltag und gesellschaftliches Leben.* Tübingen. Wasmuth, 1994.

Vogt-Lüerssen, Maike. *Der Alltag im Mittelalter.* Norderstedt. Books on Demand, 2006.

Weeber, Karl-Wilhelm. *Alltag im Alten Rom: Das Leben in der Stadt.* München. Artemis & Winkler, 2011.

Weeber, Karl-Wilhelm. *Baden, spielen, lachen. Wie die Römer ihre Freizeit verbrachten.* Darmstadt. Primus, 2007.

REGISTER

Abenddämmerung 15 f.
Abendessen 17, 90, 122, 167,
    261, 275, 290, 356
Aberglaube 105, 159, 272, 337,
    340, 342, 351
Abstinenz 239, 299, 305, 320, 323
Absurdität 13, 19
Agrarpolitik 84
Agrippa 27, 58
Alkoholmissbrauch 323
Alkoholverbot 324, 326, 328
Alphabet 8, 176
–, abendländisches 179
–, aramäisches 179
–, chinesisches 175
–, griechisches 180
–, Kühlschrank-Alphabet 184
–, lateinisches 179 f.
–, Proto-Alphabet 175
–, römisches 180
–, Runenalphabet 180
–, Winkeralphabet 193
Alphabetisierungsrate 182, 281,
    343, 374, 394

Altertum 179, 225
–, christliches 160
–, griechisches 113
–, jüdisches 51
–, klassisches 98
Anonymität 56
Äquator 23, 168
Aquin, Thomas von 134,
    160 f.
Archimedes 26, 123 f.
Aristokratie 71, 155, 230,
    245, 248, 250, 269, 372,
    376
Aristophanes 53, 123
Asket 129, 386
Assisi, Franz von 160
Astronomie 13, 403
Atomuhr 41
Aufklärung 18, 239
Aufsteiger, sozialer 271
Augustinus 160
Augustus 27, 58, 201 f.
Australopithecus 16

Babylonier 15, 18, 20, 24, 241,
   281, 334 f.
Bacon, Francis 137, 146
Badehäuser 126, 134
Badewanne 45, 118, 122, 326 f.
Bahnhofsuhr 34
Bankett 266, 268, 274, 278
–, japanisches 291
–, religiöses 265
Barbaren 92, 126, 131, 265, 267,
   309
Baumwolle 178, 220, 235, 243,
   368
Bell, Alexander Graham
   168–172
Bier 95, 264, 297, 300, 302 f.,
   305, 308, 316, 319 f., 322
Bierstein 301
Blog 183, 186
Brieffreund 206, 208 f.
Briefmarke 212
Brieftaube 197, 204–206
Bronzezeit 15, 47, 49 f., 61,
   107 f., 115, 118 f., 145, 175,
   177, 192, 220, 241, 263 f., 278,
   334 f.
Brunnen 56 f., 60, 116, 126, 155,
   189, 312, 294
Burka 243
Busfahrplan 22, 39

Caligula 281
Champagner 254, 256 f., 259 f.
Chanel, Coco 121
Chaos 11, 34, 38, 205, 251, 320
Chintz 221
Cholera 75, 77, 383
Christentum 128 f., 133, 158,
   181 f., 207

Churchill, Winston 35
Clemens von Alexandria 128
Cloaca Maxima 58
Columbus 98–101, 131
Cornflakes 43, 81, 84, 89, 282,
   383
Couch-Potato 7
Cromwell, Oliver 188

Damenhose 240
Dampfbad 122, 130, 136, 141,
   143
Deodorant 146
Descartes, René 162, 403
Desinfektionsmittel 89, 113
Dessert 277, 348
Dickens, Charles 141–143, 284,
   374
Digestif 297
Dom Pérignon 256–259
Dusche 45, 111 f., 117 f., 122,
   125, 131, 139, 142 f., 145,
   147 f., 241

Edison, Thomas 170–172, 174
Effizienz 30, 32, 79, 109, 185,
   407
Einzelbett 365, 383, 385, 388
Elisabeth I. 64 f., 136, 209, 230,
   248, 253, 348, 402
E-Mail 166, 175 f., 180, 183,
   201, 210
Erasmus 288 f., 294 f.
Ernährungsleiter 103
Erster Weltkrieg 36 f., 76, 114,
   205, 240 f., 325, 407
Essstäbchen 286 f., 293, 341, 398
Etikette 173, 265, 271, 286,
   292–294, 296, 311, 380

Fastenzeit 93
Fast Food 265
Fernseher 111, 167, 173
Festmahl 206, 273, 276 f., 279
Fladenbrot 109
Franklin, Benjamin 30–33, 103,
    190
Frühstück 9, 80 f., 84–86, 89,
    104, 106, 110, 112, 166,
    407

Gabel 280–287, 289
Ganzkörperwaschung 130
Gastgeber 74, 266–268, 271,
    274, 277, 288, 296 f.
Gilgamesch 107
Glühbirne 13
Götter 54 f., 117, 160, 267, 279,
    306, 365
Grabkammer 22
Greenwich Mean Time 34, 38
Greenwicher Zeit 34 f.
Gutenberg, Johannes 183–185,
    199

Halskrause 253, 255. 289
Handy 11, 32, 167, 171, 205
Haustier 148 f., 152, 157,
    159–161, 163 f., 166
Haute Couture 242, 246
Heinrich VIII. 64, 109, 155, 209,
    232
Herculaneum 153, 181
Herodot 24, 51, 201, 220, 366
Herzog von York 210 f.
Hesiod 54 f., 294
Hexenwahn 158
Hieroglyphen 8, 22, 176, 335
Hinduismus 127, 158

Hippokrates 75, 337
Hollywood 16, 106, 163, 216,
    237, 255, 294, 327
Holmes, Sherlock 17
»Hungerlücke« 83
Hungersnot 83 f., 103
Hyde Park 74
Hygiene 48, 51, 56, 59 f., 71,
    77 f., 112, 115, 126 f., 130, 136,
    341, 343, 357, 360, 408
Hygienehysterie 112

Ilias 120, 264
Industal 50, 59, 98, 116
Islam 28 f., 60, 93, 98, 128, 130 f.,
    134, 158, 235, 243, 293, 343,
    396 f.

Jahreszeiten 16, 20
Jeans 236–238, 252
Jefferson, Thomas 69
Julius Caesar 307
Jungsteinzeit 47–49, 87, 104,
    107 f., 115, 157, 263, 299, 301,
    308 f., 331, 333, 336, 364

Kalender 17, 20, 22
–, Florentinischer 15
–, lunisolarer 18
Kapitalismus 30
Karl II. 68, 165, 188, 190, 210,
    231, 258, 381 f., 405
Kartoffeln 101, 103
Katzenbabys 150, 157, 193
Keilschrift 8, 176–179, 192
Kellogg, John Harvey 85–87,
    196, 383, 388
Kimono 246
Kleopatra 24, 241

Kloster 28, 62, 129, 133, 256,
 305, 396, 399
Kommunikationsnetz 207
Konserve 95–97
Körperpflege 113 f., 123, 134
Korsett 232–234, 242, 251
Kosmos 17, 342
Kreativität 309
Kreuzfahrer 133
Kühlschrank 82, 84, 89, 104,
 184
Kulturrevolution Maos 227

Lachgas 354 f.
Laptop 167, 414
Läuse 113 f., 117, 134, 160, 386 f.
Leibeigenschaft 83
Locke, John 140
Ludwig XIV. 67, 70 f., 139, 159,
 280, 359, 378

Manieren 289, 292, 294
Mao 84, 227
Marie Antoinette 103, 250
Matratze 220, 361–364, 369,
 371, 374–376, 380, 388
Metronom 41, 402
Milchmannprinzip 79
Mittelmeerraum 59, 145, 179,
 226, 279, 303, 338, 372
Mittelschicht 68, 78, 86, 109,
 142, 221, 236, 245, 260, 292,
 295, 297, 320, 382
Mitternacht 14 f., 34, 54, 108,
 361, 401
Mobiltelefon 9, 25, 168
Morgendämmerung 14 f., 21, 32
Morgengebet 81
Muezzin 28

Mumie 92, 219, 232, 335 f.
Mundhygiene 343, 357, 360

Nachtgeschirr 54, 58
Nachttopf 46, 53, 55, 58 f., 68 f.
Napoleon Bonaparte 95–97,
 141 f., 194, 234, 276, 406
Neandertaler 7, 17, 362
Nerd 170
Nero 8, 281, 288, 307
Neugier 17, 61, 101, 127, 143,
 185, 344, 377, 395, 403,
 409 f.
Neumond 17
Niltal 117, 179

Oberschicht 50, 320
Odysseus 120 f.
Ötzi 217 f., 333
Outfit 215, 224, 229, 236, 246,
 255, 367, 379

Papyrus 55, 60, 177, 182, 337,
 367
Parasiten 47, 113, 383, 386
Pascal, Blaise 403
Paulus (Apostel) 8, 181, 202
Phönizier 8, 104, 179 f., 338
Piktogramm 175 f., 178
Platon 391 f.
Plinius 98, 307
Pluderhosen 239
Plutarch 124, 265 f., 274, 290
Polstersessel 7
Pompeji 153, 181, 217, 307 f.
Priester 15, 23, 107, 117, 318,
 393, 402
Ptolemäus 97, 99

Ramses II. 219, 273
Räucheruhr 398
Reifrock 248–251
Reinlichkeit 112, 115, 117,
    127 f., 132 f., 142, 146, 219,
    376
Reiswein 302
Renaissance 101, 161, 275, 377
Revolution
–, beim iPad Nano 183
–, des Agrarwesens 47, 299, 333
–, digitale 199
–, Französische 18–20, 107, 193,
    238, 249 f.
–, im Bereich Druckwesen 187,
    190
–, im Bereich Telefonie 168
–, im Bereich Toiletten 75
–, im Bereich Wäsche 137, 139
–, im Postwesen 213
–, in der Küchenkunst 95
–, neolithische 47, 90
–, von 1848 323
Ritual 15, 28, 123, 130, 158, 163,
    271, 278, 330, 332, 379, 390,
    392, 408
Routine 9, 14, 148, 291, 392,
    399
Royal Society 96, 403 f., 409
Royals 36, 109, 165, 246, 259
Rundkragen 289
Rushhour 39

Sari 245
Sarkophag 22, 143, 224
Sauna 131 f.
Schattenuhr 25
Schlagzeilen 174, 181, 185,
    187 f., 195, 224, 381

Schwarzbrot 110
Seide 219, 222–224, 230 f., 246 f.,
    276, 368, 372, 377
Seidenstrümpfe 230
Seife 112, 117, 122, 131, 134 f.,
    145 f., 220, 358
Seifenoper 12, 147
Serviette 121, 287–289, 295
Signalfeuer 191–193
Simplicissimus 229
Sklaven 55, 88, 101, 122,
    124–126, 185, 244, 273, 280,
    307, 309, 314, 340, 372
Smartphone 167
Snob 174, 229, 268, 365
Sommerzeit 33, 36–40
Sonnenaufgang 12, 14, 21, 30,
    32 f.
Sonnengott Ra 14, 24
Sonnenkönig 67, 349, 356, 378
    (siehe auch Ludwig XIV.)
Sonnenschein 24, 31
Spätmittelalter 62
Speisegesetze, jüdische 93
Speisekarte 176, 276
Spezialisierung der Arbeit 107
Spülklosett 44 f., 65, 71–73,
    75–79
Stadtleben 47, 49
Statussymbol 245
Steinzeit 9, 17, 46–49, 87, 89,
    104, 107 f., 114 f., 150, 152,
    157, 174–176, 178, 217 f., 263,
    281, 298 f., 301, 308 f., 331,
    333, 336, 362, 364, 366, 386,
    408
Strauß, Löb 237, 275 f.
Symbolik 175

Tablet 167, 244
Talmud 52, 94
Taschenuhr 30, 34 f., 405
Tattoo 205, 247
Telefonitis 167
Telegraphie 35, 191–193, 196
Terminkalender 167, 188
Therme 57, 124–126, 128, 134
Thora 94
Tischgebet
Tischgespräch 178
Tischtuch 277, 288
Toilette 9, 43–46, 48–54, 56–59, 61–80, 130, 142 f., 163, 350, 379
Toilettenpapier 61, 79 f.
Tradition des Rangs 279
Traditionelle Chinesische Medizin (TCM) 142
Trojanischer Krieg 120 f.
Trunkenheit 310, 317–319
Twain, Mark 159
Typhus 77

Umgangsformen 271
Ungeziefer 114, 386 f.
Unordnung 11
Unterhosen 8, 224–227, 229, 231, 234, 242
Unterwäsche 168, 219, 224, 226 f., 229, 231, 247, 253 f., 380

Vespasian 59
Victoria 296
Vollmond 17
Vorfahren 7–9, 16, 18, 45, 83 f., 87 f., 90 f., 104, 108, 114, 150 f., 154, 157, 174, 185, 199, 216, 218, 264, 302, 330, 333, 337, 358, 363, 386, 400, 407 f.

Washington, George 40, 156, 160, 197, 260, 323, 353 f.
Wassersteuer 126
Wasseruhr 393 f., 396–398
Wecker
Weihrauch 134, 402
Weinsnob 306, 309
Weißbrot 82, 109
Weltausstellung 74, 145
Wikinger 60, 131 f., 226, 235, 302, 339, 342
Wildbeuter 89, 115, 262

Zahnersatz 338, 353 f.
Zahnhygiene 341
Zahnprothese 336, 339
Zahnschmerzen 332, 343–345, 348 f., 354 f.
Zeitmessung 11, 15, 17–20, 23, 25, 30, 35, 40, 42, 399, 406
Zeitung 31, 165, 173, 180 f., 183, 185–187, 189 f., 197, 206, 208, 210 f., 325
Zeitzonen 38 f.
Zweiter Weltkrieg 76, 154, 224, 240, 260, 360